台湾研究系列

海峡两岸谱牒文化研究

中国闽台缘博物馆　编

九州出版社
JIUZHOUPRESS

图书在版编目（CIP）数据

海峡两岸谱牒文化研究 / 中国闽台缘博物馆编. —北京：
九州出版社，2014.6
ISBN 978-7-5108-3070-9

Ⅰ. ①海… Ⅱ. ①中… Ⅲ. ①谱牒－文化－中国－文集
Ⅳ. ①K820.9-53

中国版本图书馆CIP数据核字(2014)第141052号

海峡两岸谱牒文化研究

作　　者	中国闽台缘博物馆　编
出版发行	九州出版社
出 版 人	黄宪华
地　　址	北京市西城区阜外大街甲 35 号（100037）
发行电话	(010)68992190/3/5/6
网　　址	www.jiuzhoupress.com
电子信箱	jiuzhou@jiuzhoupress.com
印　　刷	北京京华虎彩印刷有限公司
开　　本	720 毫米 ×1020 毫米　16 开
印　　张	23.5　　　　彩插　14P
字　　数	422 千字
版　　次	2014 年 12 月第 1 版
印　　次	2014 年 12 月第 1 次印刷
书　　号	ISBN 978-7-5108-3070-9
定　　价	72.00 元

编委会

前　言

本书汇集的是首届海峡两岸民间谱牒文化交流大会所交流的论文。

首届海峡两岸民间谱牒文化交流大会于 2013 年 7 月在泉州西湖北侧的中国闽台缘博物馆举办。这次会议得到海峡两岸谱牒专家、学者和地方史工作者的热情支持，他们分别来自福建、台湾、广东、浙江、四川、安徽等地区，可谓群贤毕至，少长咸集，充分体现了这次大会具有民间性、草根性、开放性和包容性的特点。

提交本次大会交流的论文内容涉及面广，涵盖两岸谱牒对接服务、编修、信息化及谱牒文化传承等多方面的内容。学者们秉着务实求真、传承创新的态度，对两岸谱牒文化内涵展开了多角度、多层次的探讨，其中不少论文见解新颖，论述翔实，颇有见地。本论文集是海峡两岸各界人士长期共同努力探索的成果，也是首届海峡两岸民间谱牒文化交流大会的一大成果。

两岸民间谱牒文化是一个无尽的宝库，我们期待海峡两岸有更多谱牒专家、文史工作者、仁人志士参加我馆主办的每两年一届的海峡两岸谱牒文化交流大会，以此推动两岸民间谱牒文化更为深入地交流与对接，促进两岸民间优秀传统文化得到更好地传承与弘扬。

编者

2014 年 4 月 1 日

首屆海峽兩岸

民間譜牒文化交流大會

譜繫兩岸

蕭萬長 題

閩臺六緣同譜繫

海峽兩岸共姓艟

中國閩臺緣博物館　惠存

歲在癸巳年曉譜節

閩籍台員　陸炳文

弘揚中華姓氏源流一脈相承

頌讚龍的傳人孝感兩岸流播

福建省金門縣許氏家族會暨

金門珠浦許氏族譜發行執委會 恭賀

公元二〇二三年七月十三日 創辦人 許金龍 撰

張水團書

泉州中國閩台緣博物館主辦

首屆海峽兩岸民間譜牒文化交流大會頌讚

胸懷強烈民族意識深耕閩南譜牒文化

以譜架橋文緣常通百家爭鳴圓中國夢

公元二〇一三年七月十三日 歲次癸巳林鐘初六

金廈漳中華姓氏譜牒收藏交流基地
財團法人金門愛心慈善事業基金會 仝賀

創會董事長
許金龍撰
張水圖書

溫陵盛會喜空前筆卷家牒叙

五緣共築「三祝」中國夢寶台椽

筆繪新篇

賀首屆海峽兩岸譜牒文化交流大會召開

松坡 書

大会与会人员合影

陆炳文先生转交萧万长先生赠送的题字

陆炳文先生赠送题字

财团法人金门爱心基金会、金门许氏族谱
发行执行小组捐赠族谱及颁发证书

参观谱牒文献馆

目　录

务实开展两岸民间谱牒文化交流

朱定波

为了发挥闽台"五缘"优势，充分展示海峡两岸民间谱牒文化的内涵延续，大力弘扬中华民族优秀族谱文化的历史传承，促进闽台谱牒对接联谊和两岸族谱民间的互动交流，推动海峡两岸和平统一的发展进程，报经福建省台办批准同意，中国闽台缘博物馆定于2013年7月13日至14日，在泉州举办首届海峡两岸民间谱牒文化交流大会，来自海峡两岸氏族宗亲、专家学者以及谱牒文化爱好者、志愿者共有100多名报名参加。

首届海峡两岸民间谱牒文化交流大会的最大特色，是海峡两岸首次举办民间的、以谱牒文化为中心主题的交流活动；是一次民间谱牒的文化传承，也是一次民间谱牒的互动交流；许多与会嘉宾是自费参加本次会议的。本次会议突出务实精神，强调大会的民间性、开放性、基础性和务实性。

一、举办两岸民间谱牒文化交流大会重大意义，体现在五个方面：

1. 巩固闽台谱牒的文化根基

闽台谱牒文化是中华民族与中华文化形成和传承发展的大根大本，也是两岸之间所有关系形成和不断发展的重要根基。我们组织关注两岸谱牒文化的专家学者和民间宗亲代表，深入探讨交流闽台谱牒修编、谱牒研究的新成果和新进展，介绍交流闽台族谱文化、族谱收集整理、调查考证谱牒研究的新发现和新资料，研究讨论闽台族谱历史渊源、姓氏繁衍播迁、宗亲寻根谒祖、族谱对接服务的新情况和新特点，提出促进闽台族谱文化、族谱研究交流的新意见和新建议，必将有力地推进两岸宗亲续编族谱、寻根谒祖活动，尤其是增强台湾同胞的血缘意识和对祖国大陆的认同感、归属感和自信心。

开展两岸民间谱牒文化研究与交流，能够彰显的主要特征是：两岸社会发展的必然性；立足民间社会的基层性；民众关注参与的广泛性；闽台文化交流的互动性；中华民族认同的凝聚性。

2. 搭建两岸族谱的对接平台

开展两岸民间谱牒文化研究与交流，搭建两岸族谱的共同修编、收集利用、对接服务、增进情感的服务平台。以建设闽台缘族谱文献的数据库为核心，开发闽台谱牒文化保护管理的信息化平台，构建点击闽台谱牒查询软件系统，重点展示闽台姓氏族谱文献信息、谱牒图片资料和族谱研究的重要成果。我们通过组织闽台谱牒文化交流，发挥民间力量广泛开展闽台族谱对接，加强闽台族谱文化的学术研究，为两岸民众提供知根识源、寻根谒祖的血缘图谱和服务指南，能够不断扩大闽台谱牒文化在台湾民间社会的影响力和亲和力。

3. 构建两岸一体的谱牒体系

开展两岸民间谱牒文化研究与交流，通过重点梳理闽台各主要姓氏派系、支脉的繁衍迁徙、分布、流向，不断完善两岸各姓氏在台湾聚落的开基先祖及迁播台湾的根系或世系；通过重点整理闽台的姓氏、族谱、祖墓、祖祠的基本情况，不断完善闽台姓氏源流的发展脉络；通过重点整理闽南先民开发台湾、建设台湾的历史功绩，不断传承闽台的姓氏家族文化和人文历史内涵；通过重点开展两岸民间谱牒互动交流的对接服务，不断推进台湾政要及宗亲的追源报本、寻根谒祖活动；通过对闽台的祖祠家庙、祖坟古厝、昭穆字辈、碑铭匾联、谱牒名录、知名人物事迹记载等等方面的补充完善，推动建立两岸融合为一体的谱牒文化传承体系。

4. 增强台湾同胞的民族自信

两岸民间谱牒，能够充分展示闽台唇齿依存的相连情缘，是闽台社会同荣共进的必然选择。闽台民间族谱，是在中华民族历史沧桑岁月中形成的，承载着闽台社会文明历史的延续。我们通过全面认识闽台谱牒文化的形成发展，能够看到海峡两岸悠久的地缘历史渊源和深刻社会根源，更能深刻认识到海峡两岸难以割断的血缘关系。我们不断挖掘闽台谱牒文化资源，推动两岸民间谱牒文化交流，可以使台湾同胞正确了解历史，正视自己文化的根在大陆。开展两岸民间谱牒文化研究与交流，根本价值在于：不仅能够加深对闽台地缘关系和血缘关系的深刻理解，而且能够加深对闽台人文历史内涵的深刻认识，更能够增强台湾同胞对中华民族的认同感、凝聚力和向心力。

5. 推动两岸和平统一的发展进程

开展两岸民间谱牒文化研究与交流，有利于理清两岸姓氏家族的渊源关系，增进两岸姓氏家族的高度认同和血脉亲情。闽台谱牒文化已成为加深两岸同胞的血脉亲情、广泛团结两岸乡亲的重要纽带。我们通过组织闽台族谱文化研究与对接，积极开展姓氏寻根交流活动，可以增进两岸同胞的一家亲情，使两岸宗亲敦宗睦族，不忘血统，不忘本根，进一步加强宗亲情谊团结，共同弘扬家族传统美德，有利于进一步弘扬中华优秀传统文化，有利于台湾同胞回祖籍地寻根问祖，更有利于增进中华民族认同感，构建闽台文化精神家园的新平台。

闽台谱牒文化以一种姓氏血缘文化的特殊形式记录了中华民族人文社会的历史形成，在中华民族文化的高度同化和国家高度认同的基础上，曾起过独特的、巨大的凝聚作用。闽台谱牒文化已成为根植在闽台民众内心深处的价值标准与根本理念，这是不可撼动的中华民族文化基础，是推进两岸走向和平统一的历史必然。因此，进一步弘扬闽台祖地的谱牒文化，让广大台湾民众知根识源，促进台湾同胞的民族认同，有效遏制"文化台独"和民族分裂主义，必将积极推动祖国和平统一大业的发展进程。

二、举办两岸民间谱牒文化交流大会主要内容，分为五个部分：

1. 探讨如何不断完善编修谱牒的表现形式

谱牒，又称家谱、家乘、祖谱、宗谱、族谱等。谱牒是记载一个以血缘关系为主体的姓氏家族世系繁衍、以血缘宗族后裔人物为中心的姓氏家族人物事迹、重要宗族事件的特殊文献体裁。谱牒与方志、正史构成了人文历史的三大支柱。谱牒是一种特殊的姓氏家族历史文献，就其内容而言，是中国五千年文明史中最具有姓氏家族人文特色的文献，记载的是同宗共祖血缘族群世系、人物、人文和事迹等方面情况的历史传承图籍。在新的时代背景下，我们需要不断探讨创新闽台谱牒的编修方法，完善闽台谱牒的编修结构。大会将开展如何完善闽台编修谱牒的表现形式进行探索交流。

2.探讨如何不断完善编修谱牒的主要内容

在新的历史时期，完善编修谱牒的主要内容，包括家族的姓氏起源、宗族世系表、家族祖训、艺文著述、家谱图像、郡望堂号、家谱体例、世代谱昭以及其他相关专题资料或专项介绍等等。例如，宗姓的世代谱昭能显示姓氏宗族的血缘关系，具有联系姓氏与宗族关系的意义，也是族裔后代寻根问祖的重要线索之一。谱牒文化是姓氏血脉的宗亲文化，根植在社会民间，立足于基层民众，为两岸民间所广泛认同，具有极其广泛的社会基础，是中华民族认同感的重要依据和主要根源。闽台民间自古注重宗族文化传承，编修祖谱更是宗族之大事，因此编修族谱便成为研究宗族发展、往来迁移的重要材料。在新的历史时期，我们需要不断探索完善编修谱牒的主要内容，并组织对闽台编修谱牒经验方面进行深入交流。

3.探讨如何强化编修谱牒的社会功能

编纂闽台家谱的目的，主要是为了说世系、序长幼、辨亲疏、尊祖敬宗、睦族聚族，关注亲亲之道，倡导代代传承。家谱中的家训内涵和人文历史，在教化族人孝敬、和睦、祭祀、亲情、乡情等方面，有着不可替代的潜移默化作用。海峡两岸同根同祖、血脉相连，谱牒文化成为维系两岸血脉情缘的重要纽带。在海峡两岸民间交流交往特别是民间编修谱牒交往中，闽台谱牒文化的社会功能已经起到越来越重要的作用。因此，在新的历史时期，如何挖掘闽台族谱的人文历史价值，如何探索提升编修闽台族谱所涉及的丰富历史内涵，如何不断强化编修闽台谱牒的社会功能，都需要我们组织闽台姓氏宗亲从不同的层面和视角，去进行研究探析。

4.探讨如何做好闽台谱牒文献的征集工作

闽台谱牒文献资料，是中华民族文化的重要组成部分，是了解海峡两岸民众血缘亲情关系、开展寻根认祖最为可靠的文献依据。闽台谱牒文献资料，包括闽台各个时期出版的谱牒文献资料，也包括在闽台社会书市流通或出售的谱牒文献资料，还包括新旧版本闽台谱牒文献资料的电子版和复制品，都是十分宝贵的历史文献资料。同时，广泛征集闽台谱牒文献资料，对于充实闽台缘博物馆谱牒文献资料馆藏量、加强谱牒文献的研究交流、丰富海峡两岸文化交流的内涵，具有重要意义。闽台谱牒文献信息如何持续进行征集、采集、整理，如何不断拓展闽台族谱收集的渠道，如何推动民间捐献族谱文献资料等方面，都是值得深入探讨研究的重要课题。

5. 探讨如何做好闽台谱牒对接的服务工作

做好闽台谱牒文献资料的采集、保护、研究、开发、利用工作，特别是组织对闽台谱牒文献进行数据化处理，构建闽台谱牒文献信息的对接服务网络平台，深入开展闽台谱牒文献的信息数据查询研究，有效地为海峡两岸民众提供有关谱牒文献资料查询、对接服务，是我们谱牒文献信息工作的重点。因此，在新的历史时期，探析如何做好闽台谱牒对接的服务，以及如何更准确快速地确认族谱之间的对接关系，将是我们重要的工作任务，也是这次大会将要进行探索研究的重要内容。

三、两岸首届民间谱牒文化交流大会重要活动，还有三个项目：

1. 举行闽台谱牒文献资料展示交流

今年举办的海峡两岸首届民间谱牒文化交流研讨会，将举行闽台谱牒文献资料的展示与交流。在闽台缘博物馆东苑展厅专设一个闽台谱牒展馆，展示中国闽台缘博物馆重要馆藏谱牒文献及与会者提供的有关谱牒文献资料共 4000 多册。同时，设立两岸族谱对接咨询服务台，以方便两岸宗亲对接家谱、寻根溯祖、服务乡亲。

2. 举行两岸谱牒文献资料捐赠仪式

首届海峡两岸民间谱牒文化交流大会期间，与会台湾谱牒专家和大陆代表，已经报来准备向中国闽台缘博物馆捐赠族谱文献资料 330 册。其中，纸质族谱 210 册，电子版族谱文献 120 册。最值得一提的是，台湾谱牒专家陆炳文先生将捐赠纸质谱牒文献 3 大类计 52 种 65 册，台湾谱牒专家廖庆六先生将捐赠纸质谱牒文献 10 册，台湾谱牒专家、金门许金龙先生将捐赠纸质谱牒文献 10 册和电子版族谱文献 120 册。台湾谱牒专家捐赠的谱牒文献，将大大丰富中国闽台缘博物馆的谱牒文献馆藏。

为祝贺首届海峡两岸民间谱牒文化交流大会的顺利召开，台湾地区原副领导人萧万长题词"谱系两岸"，意义十分重大。题词由台湾谱牒专家陆炳文先生亲自携往泉州，将在首届海峡两岸民间谱牒文化交流大会开幕式上转送给中国闽台缘博物馆。陆炳文先生现任台湾文化艺术界联合会理事主席、全球粥会世界总会长、海峡两岸和谐文化交流协进会会长、中华将军教授书画院院长、于右任书法收藏研究院院长、中华姓氏渡海过台湾宗亲联谊总会会长等民间社团领袖职务，他经常在报章杂志刊载姓氏宗祠专栏文章，或在电视做谱牒文化的专题节目，传播中华民族的精神文明，并出版了六本谱牒文化研究的专门著作。

3. 推广传承中国民间优秀传统节日——"晒谱节"

此次海峡两岸首届民间谱牒文化交流研讨大会的开幕时间，特别选择在农历六月六日召开，因为这一天具有重要的历史意义和现实作用：每年的农历六月六日，是中国历史悠久的民间传统节日——"晒谱节"。古人有云"六月六，人晒衣裳龙晒袍"；因这时天气已非常闷热，再加上正值黄梅天，万物极易因潮湿而霉腐损坏，取出族谱来晒一晒，可避免霉斑、霉烂，起到保护族谱文献的作用。故旧时读书人也在这日曝晒书画，宗庙祠堂翻晒经书族谱，因而农历六月六日这天又名"晒谱节"，并举行各种各样的晒谱祭祖活动。晾晒家谱的目的，一个是缅怀祖先功德，再一个就是增强宗亲团结。晾晒家谱的活动，能起到联络家族宗亲感情、增强民族凝聚力的作用。

今年的海峡两岸首届民间谱牒文化交流研讨会在"晒谱节"举办，我们将立足于推广、普及、传承中国民间优秀的谱牒文化，弘扬闽台民间优秀的"晒谱节"文化，这对于推动两岸民间谱牒文化交流，促进中国闽台缘博物馆的闽台谱牒文化交流平台建设，推动海峡两岸和平统一发展进程，都具有十分重要的意义。会议期间，我们还将组织部分与会者参观泉州著名台胞祖籍地或重要涉台文物保护单位。我们期待并预祝通过务实精神开展的首届两岸民间谱牒文化交流取得圆满成功！

（本文为本届大会主题报告）

（作者系中国闽台缘博物馆副馆长、研究馆员）

在首届海峡两岸民间谱牒文化交流大会上的贺词

蔡干豪

尊敬的大会主席、尊敬的各位领导、尊敬的台湾学者专家同仁，尊敬的各位来宾、各位同仁，女士们先生们：上午好！

七月流火，鲤城生辉，在全党全国人民紧跟党中央为实现中国梦伟大历史进程中，迎来了首届海峡两岸民间谱牒文化交流大会。在此，请允许我代表福建省姓氏源流研究会对与会的各位领导、各位来宾、各位同仁，各位宗长宗贤，女士们先生们表示亲切的问候！对辛勤筹备大会的闽台缘博物馆的领导和同仁表示衷心的感谢和敬佩！并预祝大会圆满成功！

今天我有幸应邀参加首届海峡两岸民间谱牒文化交流大会，是我一个很好的学习机会。姓氏文化是中华民族文化的重要组成部分，是中华民族文化的重要基础。祠堂和谱牒是姓氏文化的最重要组成。谱牒与国史、地方志构成我国三大志书。它产生于上古时期的商朝，完善于封建时代。3000多年来，家谱在不同时代显现出不同的形态，发挥着不同的作用，其价值与特色非常值得我们研究和探讨。谱牒俗称族谱。在古时候，分为三种：

第一种是"家传"，这是最初级的形式。一个家族之所以在一个地方兴旺发达起来，必有几个人对家族的发展作出过杰出的贡献，或者朝廷要员，或者封疆大吏，子孙为他们立传，显彰他们的功绩，显示家族的身份。

第二种形式，是"家谱"，是单姓族谱。家传是传而不是谱，只能记载家族名人事迹，不能把所有族人都记上去，无法搞清家族所有人的血缘关系。"家谱"就是以家族的世系为脉络，把所有族人都贯串起来，注明他们之间的血缘关系。

第三种形式，是"簿状"或"簿状谱牒"，又叫做《百家谱》、《天下望族谱》、郡望族谱等，类似于现在地方志的《姓氏志》。

家传、家谱都是私家撰述，而"簿状"是一种得到朝廷认可的官撰的谱牒，据以确定谁是士族，谁是庶族。这种界限早已打破。现在修谱已经走进了平常百姓家，是平民百姓的传家宝典。而且随着社会发展、时代进步，各地各姓氏族谱都融进了许多时代科技发展的特色，形式也有许多新的创新，而且日益致臻。

家谱是一个以血缘关系为主体的家族世系繁衍及其重要人物事迹的特殊图书形态，记载的关于家庭起源、家族形成、民族融合及其繁衍生存、迁徙分布、发展兴衰和人物的世系、传记的重要史籍，以忠孝廉节为典范，记载各种家法族规、家训家范、祖宗训诫、家声等，凝结着华夏文明的形成、发展、传播及各民族、各地区之间经济、文化交流的各种内容，蕴藏着丰富的文化遗产，是中华民族血缘关系的记录，是社会文明进步的轨迹。谱牒的出现是中国人民尊重祖先的一种自然美德，不论谱牒编撰的主观愿望如何，客观上起到尊宗敬祖、敦亲穆族、扬善弃恶的作用，所以并不为封建家族和剥削阶级所独有，而是一部文明的历史，是中华民族文化的重要组成部分。

由于家谱记载的内容又反映当时的一些重要事件及经历，史料殷实，对研究中国的人文发展及其构成有着不可多得的史料价值。研究族谱，修好新谱，意义更是重大。

著名启蒙思想家、文学家梁启超在《中国近三百年学术史》中指出，谱牒的性质属于历史范畴。他说："中国乡乡家家皆有谱，实可谓史界瑰宝。将来有国立大图书馆，能尽集天下之家谱，俾学者分科研究，实不朽之盛业也。"今天我们已经有中国闽台缘博物馆这样专业性很强的博物馆。这是我们关心和从事谱牒人士和专家的梦想成真。我们要好好依托这个美好的平台，众人添柴，都把新、旧族谱交托到这里管理，共同创建新型的管理模式，共同把它建设得更加美好，这也是我们共同努力的中国梦！

晋江潮涨潮落，刺桐花开花馨。谱牒命运也就如晋江潮水，经历过无数次的兴衰起伏。这次的兴起是在20世纪的中后期，是伴随着台湾同胞、海外侨胞的寻根热而兴起，是伴随着海峡和谐、国家和平统一的浪潮而兴旺！我相信经过各位同仁的共同努力研究和推广，首届海峡两岸民间谱牒文化交流大会会在中国梦中结出丰硕之果。

祝大会圆满成功，祝谱牒研究的事业做得更好上加好！再次祝大家身体健康，万事如意！

（作者系福建省姓氏源流研究会副会长）

从"谱系两岸"谈到两岸谱系之我见

陆炳文

壹、前言：从"谱系两岸"谈两岸谱系

顷接中国闽台缘博物馆的邀请函后，专程到台湾地区原副领导人办公室，取得萧万长先生题词"谱系两岸"墨宝，申贺"首届海峡两岸民间谱牒文化交流大会"成功召开，到笔者决定提出学术论文，自订题目《从"谱系两岸"谈到两岸谱系之我见》，为时一周内却只有一个念头萦绕着：台湾与大陆，过去与现在，一直血脉相通，枝干相连，任凭什么力量，都无法长久分割切断。这句话就是本文结论"两岸谱系有助于谱系两岸"的演绎，在此衷心期盼由泉州交流大会开始，两岸民间谱牒文化有更好的发展，今后两岸和平关系也有正向的进展，真正做到之后必然有助于实现"中国梦"，也将有助于中华民族的伟大复兴。

其实我似乎早有先见之明，上面那句话是在二十五年前讲的，那个年代两岸关系尚且非常严峻，还真是不容易看到有明天，十七年后的 2005 年中国国民党荣誉主席连战先生首次登陆，竟然真有看到春燕飞来的一天。1988 年 9 月 24 日，笔者在"中华民国宗亲谱系学会"、及"中国地方文献学会"联合举办"族谱方志学术演讲会"中，以《从中国姓氏源流谈台湾与大陆之一体关系》为题，当着数百听众所作专题演讲，若干石破天惊语句里的那一句，已让主持人，时任台湾"国史馆馆长"、原任"教育部部长"朱汇森先生为之惊叹不已，并当场点评："立论精辟、见解宏博。"讲稿全文也被收录在同年 12 月出版的"国史馆"馆刊复刊第 5 期上面，我曾折服于该馆和朱馆长的道德勇气，敢于认同此一纯粹学术观点，而不理会当时之政治氛围。

当然亦很佩服我的老领导"微笑老萧",他是我二十多年前承乏"行政院"内务总管时的阁揆,今天为大会旨在构建两岸谱牒文献信息交流模式及合作平台,勖勉题写"谱系两岸",的确是神来之笔,一如今年4月间博鳌会议"萧习会"中出神入化地,他二度面对中共总书记习近平先生所提出的,进一步推动两岸和平发展三点新期许:以"新的思维",寻找"新的支点",建立"新的模式",来促使两岸文化经济合作全面深化与升级。

萧万长先生思想新但很念旧,对旧属照顾极其自然,对旧情绵绵其来有自,尤重氏族根亲之情,原因在于他早知道,自己世系直溯黄帝,系出名门"兰陵世家"。先祖是梁武帝萧衍之后,派衍至福建南靖,再渡台承续上涌萧氏世系,因此返回大陆寻谱祭祖,受到乡亲宗亲热烈欢迎。可惜的是,老萧到的地方只祖先发祥地厦门乌石埔萧氏家庙,尚未进去原籍南靖在深山里的萧氏涌山派始祖萧孟容开基地。

根据《南靖县志》记载,该县金山镇下永、祥永两村萧氏,为齐梁房萧开春的后代。明正统十四年(1449年),金山镇下永村上永社开基始祖萧孟容,从书洋镇移居金山镇水美,后再移居下涌开基,传八子。复据《上涌萧氏世系》族谱略载,清朝康熙年间,六房七世祖萧氏一家,迁往台湾米罗山北社尾。依我的了解,此即现在嘉义市北社区,萧氏始迁祖居住地,旧名北社尾,颇值得后人纪念。因而当萧万长接"行政院长"之初,我有权责决定行止保安工作,便订名寓所警卫室与随扈行动代号,均为"北社"乃别有居心,可是好心用来帮萧先生记住祖姓发迹地,迄今他周边的人多不知个中底细原来如此。

上涌《萧氏族谱》上还记录着萧氏"涌山"派后裔移居台湾一事。清康熙年间,六房七世祖一家人,迁往台湾米罗山北社尾(现为嘉义市北社区)居住,随后,又有四十五人迁往台湾彰化、嘉义、台中等地。另据台湾《青年战士报》登载的《唐山过台湾》一文称:"涌山"派来台开基,一开始便阵容庞大,人多势众。"涌山"派始祖是萧孟容,后裔在台湾兴建两座宗祠,即南投镇仁美里的"南兴祠",嘉义市北社区的"孟容公祠"。过去十几、廿年来,笔者就曾追随萧先生回北社多次,陪他到这座萧氏家庙祭祖还愿,中国人天生的慎终追远、明德归厚之情油然而生,老萧这回题颁"谱系两岸"的本意在此。

贰、从无谱到有谱之溯源长路——源远流长

中国人不忘根本的天性,自古表现在姓氏寻根上最为自然,从世系族谱中溯源

最为简单,派衍子孙到宗祠里探本又最为明显,作为两岸硕果仅存的姓氏宗祠学家、兼为昔日"微笑老萧"僚属情谊犹存,我在去年(2012 年)3 月 1 日特地去上涌萧氏探本问底过。当天上午先赴漳州市南靖涌山萧氏宗祠四美堂,下午转往厦门市乌石浦萧氏家庙采撷资料,一心想帮老长官从无谱到有谱之漫漫长路做点能力所及的事,也等于替自己的中国姓谱田野调查工作续写宗族源远流长新章。

寻幽访胜一族车行数十公里道路,终于找到今名南靖县金山镇霞涌村的老萧老家。萧氏孟容公派下嫡传宗祠"四美堂",这座具有 300 多年历史的萧家祖庙,为邻近千户姓萧人氏的精神家园。整座祖祠为单进主殿面阔三间抬梁式悬山顶结构,四根木柱配石础,两对书写镏金传世楹联句曰:"本河南,从永邑,先镇漳州绵瓜瓞;溯书滩,移水美,继开永里绍箕裘。"梁间透雕花卉鸟兽,主殿配建门楼泮池。堂前保存有清嘉庆年(1817 年)的一进士旗杆座,表示古代霞涌这里是出过功名的显赫之地。一位地方耆老介绍,村名在"文革"期间一度被改成"下永",稍早还是尊重村民意见,还原为本来的"霞涌"二字。

兰陵世系涌山萧氏十五世裔孙、萧氏四房小宗祠堂管理人萧旺发说:台湾副领导人万长宗长,乃四房廷旭公传下十一世世铤公徙台支系,分布嘉义市北社尾的十七世孙,其昭穆即辈序诗上下有句:"……世元胜必昌,宗枝庆择长……",我十五世是昌字辈,万长宗长晚两辈当排字"枝",但属他的成就最大、政治地位最高,光大了门楣,乃萧家的荣耀,这本 2007 年新修家谱尚请转呈宗长鉴督。上述辈序亦即昭穆,实为谱牒核心价值之一。

在萧氏小宗祠堂内,高高挂出《祖德福荫》牌匾一方,证实确系时任"行政院长"的萧万长署名,1997 年由我属下经手辗转颁发到位。后来到了 2007 年,经涌山宗亲联谊会倡议,下永村村民踊跃捐资,开通前往漳州"四美堂"的大道,并沿路架设路灯,以便海内外宗亲回乡谒祖;同年 11 月 3 日,台湾嘉义市涌山堂 26 位萧氏宗亲,首回南靖县金山镇下永村老家,专谒涌山派祖籍地"四美堂"宗祠,和参拜涌山派祖先萧孟容之墓,这是历年来萧家班最大的祭祖阵容。我的霞涌寻幽访胜之旅,来客多也算人声鼎沸。

霞涌村中共党支书记萧旺发有感而发:万长宗长至今犹未有机会返回祖庙"四美堂",可是又因荣膺了台湾"副总统",2008 年当选时我们宗亲特地着人,在庙埕前献立旗杆志庆,后来他也托在台叔祖带口信,向南靖涌山祖地宗长问好。萧氏村人另行领路,让我步行走到四美堂山下左前方、涌山萧家祖妈龚氏的大墓,庐墓陵园已经修葺一新,并砌起了高高的祭台;涌山始祖孟容公的墓地则在上涌自然村，也被完好保护起来。近几年两岸宗亲往来频繁，台湾宗亲还曾出资重修祖坟及村路；每年农历正月初三、七月十四，下永村萧氏后裔都要来到这里，祭祀祖先以追溯祖德追怀宗功，依据的必然是家乘、谱牒上面所记载图文。

萧书记又语带兴奋对笔者说：我们涌山派下萧姓都很感谢万长宗长，他在厦门大学85周年校庆会场合登高一呼，得以让宗亲骄傲地"还我萧姓"，之前我们姓萧的人，都被迫改成不伦不类的"肖"姓，还真成了"萧"家的不肖子孙。此时萧旺发迫不及待拿出证据来，恢复为"萧"姓的首批身份证让我拍照，同时不忘感激党和政府的开明作风。临去秋波，笔者多问了一句：你还有要谢谢的台湾人吗？村书记马上补上两人：当然就是促成送匾的您老前辈以及1990年捐资重建四美堂的台胞宗亲萧哲昌。

是日午后笔者转往厦门市，走访市中心区的乌石浦萧氏家庙。该祖厝始建于1515年，最近一次1988年复建，是一座二进中天井木、石、砖结构、具有典型闽南古建筑传统风格的经典寺庙，我发现与台湾有效管辖下金门县东萧村的"萧氏家庙"遥遥相望。乌石浦家庙是台湾与海外萧氏的主要祖籍地，每年到这儿寻根谒祖的萧姓人士络绎不绝。

叁、离谱就要靠谱之寻根亲情——根深蒂结

八年以前，即2005年9月9日上午，萧万长始乘去厦门开会之便，于参加第九届中国国际投资贸易洽谈会后，实现了他长久以来的溯源心愿，首度在萧家人簇拥下，到乌石浦萧氏家庙谒祖，上香之后，当场再为家庙题字："光宗耀祖，庇佑子孙"，并为自己2004年亲手题字《兰陵世家》的赐匾揭牌，同时替厦门涉台文物古迹立石揭碑。当年参加厦门乌石浦隆重拜祖仪式的，有来自福建、广东、湖南、湖北、四川、江西等六省萧氏宗亲，多达500余人，大家聚集在家庙里外，迎接萧万长及其家人。

乌石浦家庙管委会理事长萧增加，2012年2月29日从台湾参加第8届全球萧氏宗亲恳亲会归来，向笔者亲情喊话：我刚和你们彰化出席恳亲大会，很荣幸与万长宗长有缘再次握手，这里我准备了萧氏家庙地界内取土一包，务望"陆大哥"返台面呈萧"副总统"留存。另外就是乌石浦一带宗亲"纠肖复萧"、还我姓氏工作，经过大家的共同努力，证明"萧"与"肖"根本就不存在繁简关系，最近也可望大功告成，实足以告慰萧氏列祖列宗。我闻讯表示嘉许，当局从善如流，应为中华姓

氏谱牒文化昌明的大成功大胜利。

由姓萧一度被迫改姓肖的离谱叛道行径，我们发觉真正解放的其实是有谱为证，因为根深蒂结之世传千百年谱系当中，几十代甚至上百代萧氏列祖列宗，就从来没有一个人姓氏汉字作"肖"字的，这可不能推说简体字以讹传讹，更不可以视之为姓字混化变革，而是对不起祖宗血脉的头等大事，也就必须正视加以全面更正，所以"纠肖复萧"原本是好事一桩，值得表彰之外，还要从此引以为戒，子子孙孙不得再有类此情事发生才好。

台湾在日据时期，也发生过这种事情，统治者迫令推行"皇民化"运动，一些台湾同胞无可奈何，只有顺从一途，改用了日式姓名，少数姓林竟成了"并木"、石氏变成"岩下"二字姓，但改姓者终究为数寥寥，数典忘祖者少之又少，绝大多数均不忘木本水源，沿用原有汉字姓氏，墓碑依然故我，照刻祖籍或郡望堂号，此种情形委实感动人心。特别令人敬佩的事，在于台湾人民族观念很强，自始至终沿袭"族谱世系相承"之风未改。

我演说《从中国姓氏源流谈台湾与大陆之一体关系》，第四段子题，即"族谱世系相承"单元，强调有言："两、三百年前就已开始移民，世居台湾的闽、粤人士，以及三四十年前，被迫离乡背井而旅台的大陆各省人士，不管是先来，还是后到，很多都没能携带族谱同行，先民或其子孙，无不深深引为憾事，历来均以伺机返回祖籍抄谱为念。清嘉庆年间与日据时代的民国初年至十五年之间，台湾各姓同胞此风尤其盛行。大陆改革开放以来，前往内地找寻族谱，从世系寻根探源之举，又蔚为风气。据闻已经有不少人透过各种途径或管道，从老家抄录到族谱。他们不惜千里迢迢，只为了传续香烟，一方面带着台湾族谱的复印件，一方面在祖籍遍访可能收藏有相关族谱的宗亲，一旦如愿以偿，就将两方面数据连贯起来，自中原得姓始祖，以迄这代在台每一个子孙，衔接成一个完整的世系。"然而连贯和衔接并非那么容易，幸运儿才会一次便成功对接。

二十五年以前我就举出幸运的真人真事，为族谱成功寻根作明证。"故事发生在 1987 年中秋节前夕，一位客家徐姓青年回到他陌生的祖籍故土——广东梅县地区，凭着族谱上的记载，接续了台湾、大陆两地的血脉。徐仁修代表了他这一迁台届满两百年的徐氏一族，也代表了久居台湾的客家人，在离开大陆这么多年以后，返回台湾客族当初迁出的祖地。当他在今蕉岭（古称镇平）挨家挨户探访，好不容易才从一位 87 岁的徐氏父老处，找到一本家谱。这本在"文革"期间私下藏起来的族谱，始终纹风不动，没有人再碰过，等送到了徐君手上，简直如获至宝。他一个字一个字核对，终于有段触及祖先的名讳：'十四世祖日万公三子宏珂公，于乾隆五十二年，偕房族多人，往台湾谋生。'宏珂公，即徐仁修这一系徐氏家族渡台祖。"笔者很替台粤客籍徐姓庆幸，在失联离谱百余年后，借由靠谱而接上祖根，找回可靠且值得相信的"谱"，这种根深蒂固的亲情才得以体现。

肆、套谱不如修谱之以正视听——枝繁叶盛

对照新竹《徐氏族谱》正好有此一段：宏珂公原籍广东省嘉应州镇平县兴族乡侧角厝，生于乾隆二十七年正月五日，语言为客家四县韵。乾隆五十二年，偕同配偶王妈、招玉公、抬玉公、并宏球公和房族等，首经广东省松口，乘坐小型帆船，沿韩江至汕头，再聘雇大型帆船，航渡台湾海峡，达淡水河上陆。以上两段文字内容，竟然不谋而合。

前述萧、徐二氏的播迁发展历史，不论闽南人抑或客家人，皆系一个移民和再移民的过程，由中原而闽粤而过海渡台成型。在谱牒文化型塑产生的历史过程中，移民作为常民文化传播的载体，成为隔着海峡两岸文化形成的基础。作为宗族历史的忠实文本，族谱的编修、补谱与保存工作，渐成宗族成员理清彼此血缘关系，进一步形成祖上认同的凭证，今以萧谱、徐谱为代表的赴台移民家庭，对各姓家族成员在两岸文化、教育、社会、俗信、冠姓冠籍地名等方面的记载，充分说明了当前两岸关系，本是血缘相通的同根一体，这种枝叶茂盛自然成长关系，绝不是人为的政治因素所能切割的或斩断的。

基于移民社群需要，有时候光找寻族谱、抄录家谱还是不够，犹未足以接续历代世系，找出家族宗支派衍关系。换言之，前后数据无法对接，各自谱系仍旧连贯不起来，闽南话这叫"烂肚仔"，意思说前祖不接后人，是谱牒追根究底的一大瓶颈，亦为制造攀龙附贵的一大流弊。再者，趋炎附势与趋吉避凶，自古以来是人的本能天性，所以姓秦的人鲜少承认系出宋朝奸臣秦桧，反倒是文氏一旦沾上忠肝义胆文天祥的边就沾沾自喜，此乃人之常情而无可厚非，不过就事论事论谱系出身，这可是俗话说的套谱行为，人际关系是乱套交情，此人伦关系则专套谱情，利己不损人也就无所谓了。

然而修谱纯系大事一桩，万万不可胡乱大修一通，就必须有根且有据，以明正典兼以正视听。修纂祖谱诚属浩大工程，没有充裕的资料、缺乏宽裕的经费和不够富裕的人家，可是想做却难以做到的，主修人本于良知、忠于史料很重要，万事俱

足后还要时机对、时间够长才做得到修得好，急就章可成不了事修不好谱。笔者2001年首度踏上祖国故土，受邀参访了正在江苏无锡编修之《中华吴氏大统宗谱》，皇皇巨著四百万字，相关素材资料堆满工作室，是我素来见过最慎重其事、工程最浩大而令人大开眼界。

当时修谱已到了最后校勘阶段，主修统谱者吴伟勋通过粥贤牵成，安排我在前往粥会精神导师吴稚晖外婆故里雪堰桥途中，见到吴伟勋本人和宗谱初稿，彼此都够专业却都没有摆谱端架子，交流后笔者不揣简陋，大胆提出若干具体可行意见，及随身稀有资料供其参考，终于与有荣焉协助完成大统谱，得知2003年如期脱稿付梓，了却全球各地泰伯世系吴家人，包括台湾在内吴氏一大心愿。这部延绵三十三个世纪的《中华吴氏大统宗谱》，系由主修者组织当地退休教师等二十多人征集编谱，经过漫长十二年的辛勤努力才大功告成，并请粥贤顾毓琇题写书名而倍增光彩，顾氏乃中共原总书记江泽民前在上海交通大学和台湾地区领导人马英九之父、粥贤马鹤凌前在南京中央大学的共同老师。

拜读后我发现吴氏宗谱大有看头，全谱系统地记述吴氏宗亲历史与现状，在时间上跨古今三千八百二十七载，从地区上波及海内外宗亲四千余万。它的问世已成了一座可沟通海内外吴氏宗亲的桥梁，近几年来已有五千多个海外吴氏子孙，因吴谱牵引来到无锡梅村寻根祭祖。就连国民党荣誉主席吴伯雄先生也颇看重此事，2008年特为无锡谱牒研究亲笔题写了吴氏专辑刊名墨宝。笔者更在稍早出面，帮泉州华光粥会会长吴其萃，另行筹设"世界吴氏宗亲会"，会名有必要恭向宗长吴主席求字，以示两岸吴氏同根同源之情谊。

巨著里翔实记下三让王位的吴氏始祖泰伯，与弟弟仲雍率部离开繁华的陕西，南奔尚十分落后的太湖畔，生活四十九年后去世，归葬无锡鸿山。为了纪念泰伯及其子孙在江南奋斗历程，东汉永兴二年，泰伯四十一世孙开始修宗谱，后来又有十五次补谱，才使得吴氏宗谱延续下来，如今枝繁叶盛愈编愈大本，拢统成了大靠谱大套谱。

伍、统谱易通谱难之本支百世——其来有自

在历来修谱的成功案例中，能像吴氏统谱这样本支百世，把远自三千二百多年前至今，谱系素材几乎全部收入的，已经很不容易了；前如赴粤客籍徐仁修轻易靠上谱，返台后依据增补资料，而必须重新修正家谱，亦属常有之正常事，但在台徐

氏家族史，只能上溯六百载而已，那也算是幸运的。后者，我在讲"族谱世系相承"单元时，就曾引用徐君的话说：我是五百年来徐家这一系，第一个回到大陆祖居之地去探源的，把我家的历史，突然由二百年一下子往上推六百年，也把我原来认定的家乡新竹县，一下子推到大陆岭南大片土地上。此话不假，现在编修、补谱的困难，难就难在连原始资料都没有了，有的是逃难避祸，根本没把族谱携带出来，例如1949年前后，拥入海角一峒台湾之各省人士；有的则是时代潮流变迁下，早已被抛弃丢入垃圾桶，有如台湾所谓的本省人家户，多半是明清两季渡过黑水沟入台，部分闽粤两省人士之后人。

《唐山过台湾的故事》一书著者彭桂芳，台湾前辈姓氏学家在1979年出书中的第五篇"谱牒究竟是什么？"一开头便坦白写道：一家一姓的谱牒，是后代子孙溯源的最具体依据。过去在台湾民间，几乎家家户户都拥有属于自己的族谱，有关谱牒的种种，当然也是耳熟能详。然而，现在呢？说起来很惭愧，这一代的子孙，就很可能有不少的人，甚至连族谱是个什么样子都没见到过，更别提对谱牒的意义、目的和内容有所认识！

自古以来各个姓氏族裔，最轻易可以溯源的氏族，依我看就非孔孟世家了，理由有三：其一、文明古国一向尊儒，历代帝王尊崇孔孟；其二、近世民国肇造以后，政府重视设奉祀官；其三、字辈谱序接轨清楚，世家谱系脉络分明。这造因于特权，形同两个特例。

粥贤孔德成生前就在粥集例会指出：孔子世家大宗通谱世系其来有自，我家自黄帝至孔子父叔梁纥，历四十七世。上自孔子始，至清末民国初，衍圣公孔令贻，孔子世家大宗历七十六代。第七十七代嫡孙即本人孔德成，于1920年袭封三十二代衍圣公，后由国民政府改任大成至圣先师奉祀官，1949年渡海来到台湾，1958年粥会在台北倡复，未几便加入文人雅集。按说，现任至圣先师奉祀官为第七十九代嫡孙孔垂长，2009年才就任不久。

孔孟一直合称，至圣孔家世系分明，亚圣孟家也不遑多让。孟子先祖由不窋起至孟捷，皆取于正史。孟墓至孟激一段，则取自《孟子与孟氏家族》一书。然而孟子以后，四十五代孟宁以前相承之世系，有多处与正史不符，似乎不足采信，只作参考。孟子世家大宗世系：自孟子始，至第一任宗圣奉祀官孟庆棠，孟子世家大宗系历七十三代，于清光绪二十年代袭五经博士，三十一年正式承袭。民国初改为奉祀官，1935年改称亚圣奉祀官。

第二任亚圣奉祀官，第七十四代孟繁骥1939年袭任，1949年奉命到台湾。第三任第七十五代孟祥协，1990 年袭任奉祀官。七十六代孟令继，代理奉祀官至今。相对于至圣先师奉祀官，亚圣奉祀官较不被重视。孔孟二氏看来一脉相传，均为历代族谱完整无缺、昭穆辈序连贯、家祠保存较完善、岁时祭祖不间断，始成少数不离谱的家族，但关键还在其字辈谱，通常通谱昭穆动见观胆，其他重要性就等而下之。

族谱必备内容之字辈谱，又称昭穆、派语、派行字、行辈字派、辈序、排行、派行、字伦等，专门登载人名排行以明伦常的用字，首个名字一订都是十几、廿个，原则上隔一段时间字句用完了，再推请家族中某一位名人制订的，很多皆编成几句吉祥话，有的文人甚至均写成诗句，唯独孔圣这支享有御赐荣宠，孔氏家谱辈分用字，据说是皇帝御赐的。

孔子后代各朝也都有赐字，孔氏家族即以此作为辈分排名的依据，明代以来已排序五十五代。依据有关资料介绍：明洪武三十三年（1400 年）御赐十字："希言公承彦，宏闻贞尚衍。"清乾隆五年（1740 年）御赐十字："兴毓传继广，昭宪庆繁祥。"道光十九年（1839 年）御赐十字："令德维垂佑，钦绍念显扬"。民国九年（1920 年）孔令贻续 20 字："建道敦安定，懋修肇益常，裕文焕景瑞，永锡世绪昌。"及至孔令贻为孔子七十六代孙，续上后二十字后，曾报请当时的北洋政府批准。族谱辈序最为有名的，当属孔家族谱御赐排行字。孟子后代也相沿，用孔氏家族的排辈用字，但孟子晚孔子三代，因此字辈也推迟三代。

陆、联谱衍生连谱之两岸连缘——广结善缘

一家一姓一谱牒这是常态，但晚近也有一种新态势，有两家族甚至多家族合和，共成一谱传为家乘，叫做合谱或联谱的情形出现；换句话说，合谱意味着同姓氏却不同宗支的，抑或是异姓在特殊因缘下共拥有一合谱。经我深入考证和研阅更多资料，找来去年底大陆学者项超修正文《富顺项氏与长寿项氏合谱过程析》，再行刊出证实：富顺、长寿两地项氏合一谱，在历史上仅只一次，即民国八年（1919 年）合谱，而非之前的有两次说。

该文证称：长寿项氏第一次族谱，是清咸丰乙卯年（1855 年）版"项氏宗谱"，该版"项氏宗谱"并未与富顺项氏合谱（也未与祯祥公在贵州、云南的后裔合谱）。在该版"项氏宗谱"中，由宝树公撰写的序（三）中说："因华、淳两公远迁，支派难备考矣。""耳后有肖子贤孙，不惮跋涉，俾前人所未竟者，合淳、华两公子

孙，与吾族共成一谱，重而修之。"可见，在 1855 年长寿项氏第一次重修族谱时，并未与居住富顺上西路（今自贡沿滩）伯淳公后裔合谱。造成有第一次合谱错误的原因是，民国八年版长寿项氏合谱篡改镛公文内容所致。在民国八年版长寿项氏宗谱，第六卷即第五篇伯淳公首页，载有富顺谱盛公第十三世孙项镛，于乾隆四十九年（1784 年）写的短文，其中说："乾隆甲申岁，余访川东……是以不惮焦思积虑，合川东共成一谱，传为家乘。"

合谱在今日台湾同样存在，例如：在桃园新屋范姜复姓、范姓、姜姓有合谱，也有合祠"范姜祖堂"，范姜复姓在我国姓谱中尤独创一姓。再如：金门洪、江、翁、汪、龚、方六姓有联宗合谱，系六桂堂派下分衍金城西门里的六桂家庙、和烈屿（小金门）东坑的六姓宗祠，两地六桂联芳家族共享一谱。三如：由欧阳柳主编，世界欧阳、欧、区、阳氏宗谱篡修委员会印行，1983 年出版的《世界欧阳、欧、区、阳氏宗谱》，亦为典型之大宗合谱，全面涵盖了全球各地，这四姓联宗人家衍生的世系联谱。

联谱实即合谱，连氏族谱简称连谱，只有对连家人来说，连谱就是联谱。此前，国民党荣誉主席连战永平先生在台北，躬亲接见了福建省连氏宗亲会会长、漳州市长泰连氏粥会会长连文成，同姓兄弟煮酒话亲情，连会长当场送给永平宗长的见面礼，是用《江都连氏族谱》、《中华连姓》季刊等结缘，连战以先祖连横（雅堂）著《台湾通史》回赠。

当天，连主席翻阅着族谱喜滋滋表示："一家人，一家人，我就是佛保的子孙啊！"原来马崎连氏始祖佛保，于明初至龙海市榜山镇长洲马崎（旧称岐山）社肇基，迄今已有五百多年历史，连氏宗祠始建于明万历年间（1573—1620 年），毁于清初"迁界"，康熙三十一年重建，嗣于 2003 年再由族人捐资大修。

祠堂正门上悬"连氏宗祠"木匾，石门柱有重镌古祠联云："前起龙山仁看凌云在迩，后环珠水快睹照象连翩"。前堂、左右庑廊为宗亲祭祀活动之所；后堂梁上悬清代重镌木匾：祖龛上悬"思成堂"匾，龛侧悬挂马崎连氏昭穆联句："肇式昭宗德鸿基振有功，徽声宣奕世长发永兴昌。"

据连雅堂二十岁前后书写的《家乘》称"系出连山氏，望出上党"，故尊连南夫为鼻祖。宗祠供祀宋室宝文阁学士、广东经略安抚使、霞漳连氏鼻祖连南夫及连南夫的第十代孙、岐山始祖连佛保。马崎村的连氏大宗祖龛内，安放着连佛保的神位牌。而赴台之连兴位，是连佛保十世孙，村中的连氏宗祠，正是台湾连兴位及其后裔的祖庙。

连文成也据谱载回话,连氏得姓于齐国大夫连称,堂号"上党",现福建有十多万宗亲,台湾也有三万多宗亲。两岸宗亲在长泰县枋洋镇江都村,又合资于祖地上新修了宗祠,连战曾携家人到此寻根祭祖,大家凝聚在光宗耀祖的姓氏下,认同"连"这个好字眼,足以团结宗谊,连接四面八方、五洲四海,既可连成一条线,也可接成一条龙,想连多远就有多远。因而几年前,我们合办两岸将军文化节之前,还恭请连前"副总统"题词"两岸连缘",祝愿因此连缘两岸和平发展,百姓人家广结善缘和谐共处。

柒、看谱查谱多诀窍以明世系——瓜瓞连绵

连横《台湾通志》里,有《台北县虎丘林氏族谱》称:"先世固始人,祖有林一郎者,仕客,于光启乙巳迁福建永春桃源大杉林保。"《台湾通志》载列姓黄人家各个宗谱,有如:《黄氏族谱》、《东石檗各氏族谱》、《闽杭黄氏族谱》、《虎丘义山黄氏世谱》以及《金敦黄氏族谱序》,其始迁祖完全一致,皆称先祖来自光州固始。台湾《陈氏大宗谱福清陈氏宗谱》,称其开基祖来自固始,至三世祖迁至长乐之江田。台北市文山区木栅一带,世居台湾人的《安平高氏族谱》,称其入闽始祖为固始人高钢,唐末避黄巢之乱挈眷居闽侯县凤岗。而新北市汐止区《蓬岛郭氏家谱》,尊固始人郭嵩为入闽始祖。由此可见,我们世系如何,先世出身为何,从何而来,谁是得姓祖,始迁祖,开基祖,在各姓家谱绵延可说一览无遗,各家世系瓜瓞绵绵也一目了然。

单从上面这一段文字,随意列举台湾早岁之黄、陈、高、郭四姓先祖,全都有中原古光州、今河南固始来的事实。再看笔者这次配合谱牒文化交流会,准备好要捐赠给闽台缘博物馆的十七册族谱,包含十七个姓氏入台祖先,也都是同样来自光州固始。另查 2007 年出版,由台湾"内政部门"所编印,《全国姓氏要览》里,胪列全台总共五千五百四十二姓中,前十大依序为:陈、林、黄、张、李、王、吴、刘、蔡、杨氏,几占总人口数 53%,渠等最初开台祖出身,民族大迁徙中出发点亦皆固始。而最近统计百大姓人口数,占台湾总人口数达 97%,追溯其中先祖十之八九,又系从中原一带辗转迁移而来。"固始乃全台中国人根亲祖地",兼从姓氏源流、族谱世系考据,俱证此言不虚。

谱系记述家族世系、及登谱入列人物生平简介,这是家谱最主要内容之一,诚为族谱中最核心、最重要部分,通常都占到谱内篇幅一半以上。如何看谱查谱诀窍

在此，要先了解如何井然有序展示，这些历代族人传承关系和事略简历，也需要设计一套适宜之科学格式。此种统一格式就称之为体例，也称凡例、谱例，主要是阐明家谱的纂修法则，一般在每次修谱前，都会先订出若干条规则，凡适合社会潮流与需要皆加考虑，以作为修谱时必要遵循的原则，各姓谱牒记述世事时，才足以一体通适用，而避开可能差别性。

譬如 1985 年出版，金门县尚义黄氏宗亲编印《尚义黄氏家谱》内"修谱凡例"简要六条，当中前两条：1. 古代编谱分上下篇，曰谱录、曰谱图，今采并编法，以谱图为主，谱录志于名下，俾索阅简明。2. 谱图定五世一提，于是而五世，而九世，而十三世，愈远愈多而皆可通。而另册虽同为黄谱，系属澎湖马公黄家，第二次重修的《紫云黄氏菜园族谱》，名目却繁复些，因而谱本也厚些。不过任何体例都应是牒记式，否则就称不上谱牒；登录上谱每人名下，都应该有相关简介，系统篇章有如：何人之子女、排行、字号、科举、配偶、所生子女、功名、官爵、生卒年月、寿数、庐墓、行谊功绩等。

按说族谱卷首都有序言，一篇或者数篇皆可，文言白话体不拘，如属重修再修或是统修、合修，序言更会包括新序旧序，有的还加刊族外名人的客序。澎湖菜园黄氏宗祠印行《紫云黄氏菜园族谱》的谱序，文体就颇具代表性。三百五十年前的明朝，菜园黄姓鼻祖正束公，从福建泉州来到了菜园，黄姓子孙至今，已繁衍了十五代，人数也多到无法统计，而能延续这份源头的资料，全靠不少人默默记下的族谱。

自从紫云黄氏派衍澎湖后，植基于耆宿默记编成族谱，到谱成又循线寻根有谱，故事精彩更成代表作。事情发生在族谱出版的 1991 年，该谱总编辑黄宗吉福至心灵，给泉州海外交通史博物馆捎去一封信，翌年获得供职于该馆的宗亲回音略以：嘱寻根源之事……终于近日完成使命，同安金柄村宗事负责人文管宗亲、及内厝村天恩宗亲携族谱来弟处，披阅之后认为正确不误，查正束公祖籍系现属晋江县永和乡内厝村，兹将该谱复印四张供兄台参考。到如今这一册黄氏宗谱，连同泉州黄姓宗长回信，及信中所称原谱复印件均在笔者手中，也都打算汇集后送回泉州，交给中国闽台缘博物馆并案典藏。

捌、简谱总能代谱之变通固本——本固邦宁

再来谈谈我们陆家的谱系，可说是因姓溯源，按谱结缘的关系，才情牵谱系两

岸。由于姓源使然，我在 2010 年 11 月受到四川陆游文化节组委会邀请，为崇州举行陆游诞生八百八十五周年、逝世八百周年纪念祭拜仪式中，代表各地陆游后裔献礼祈福，也在先祖复出故地蜀州，见到海内外各地宗亲，彼此论字伦比辈分，分享两岸同宗亲情。今年端午诗人节前夕，笔者也挟着放翁诗名与喜梅图，前往彰化遍植兰花之屈家村，与屈原后裔屈国会面，这是千古两位爱国诗人裔孙，在台首次促成的"梅兰会"，见面立即比谱论世系；两家人初次摆谱，陆氏《重修侍郎支谱序》和湖北秭归《临淮派下屈氏族谱》难得并排在一起，一下子便拉近了系出月湖陆家、跟"临淮衍派"间异姓兄弟距离。我遂感赋未是草以为记："轩辕嫡系吊湘累，癸巳端阳共赋诗。哀郢怀沙全大节，孤忠千载系人思"。

我祖宋陆游《老学庵笔记》卷三尝曰："黄鲁直有日记，谓之《家乘》，至宜州犹不辍书"。所谓家乘谱牒，是我国族姓文化的重要表现形式之一，是记述家族世系传承演变和人物活动的姓氏谱书，也可以说是一家一族的历史专书。在古代原只有帝王之家世系由史官专记，称玉牒，详载其宗室房派，追溯其先世渊源，以区分血缘亲疏，后来平民百姓才有属于个人私家笔记或记载家事的笔录，来作为家谱、家史谓之家乘的替代品。以《陈氏家乘》为例，最重要是"陈奏庭（王廷）"这个人的部分，原文如下："陈奏庭，名王廷，明庠生。清入武庠，精太极拳。往山西访友，见两童子扳跌。"《台湾豫章堂铁坑罗氏家乘》自 1990 年底产生在新竹关西地区，来自清朝时代嘉应州镇平县铁坑罗氏德达公派下裔孙所记，家乘亦属简要族谱的一种，这种简谱总能代谱的事例，印证变通但求溯源固本而已。

历来一部完整的族谱，应具备下列廿个项目：谱名、谱序、凡例、谱论、姓氏源流、恩荣录、像赞、世系、家传、族规家法、家训、图像、昭穆、宗祠楹联、五服图、族产契约、祖坟、艺文著述、撰谱人传略、后记等，内容不一而足。可是常见家乘宗谱，并不会如此周全，主要能有个七、八项，在谱内交代清楚就好；至于现今人心不古，各地社会风气丕变，变通之下能成个简谱，或者改以代谱出现，有谱总是比没谱好，也就阿弥陀佛了。若讲至少得有几项恰当，我可一时说不上来，但凭三十多年经验，看过上百册族谱，直觉观察心得是，起码得有三项不可或缺，此即：姓氏源流、世系和家训，原因在于三语：姓源乃氏族之根由，世系为宗亲之依归，家训系民族之张本。

试以最后一语来申论，民族张本之家训，实际上是一些治家教子的名言警句，有的是从世上名人或先贤启示金言摘录而来，也有采取族贤名家所撰，其间古有明训，"一粥一饭，当思来之不易；半丝半缕，勿忘物力维艰"，宣扬的就是我国传统节俭持家思想，与现在提倡的简约风依然吻合。在古今家训当中最被人推崇的，想必是颜氏家训、和朱子治家格言了，至今脍炙人口，一直流传甚广。

在笔者主持广播电视节目那二十年岁月，现场开放叩应时段最常被问到的问题，永远记得住只有两个，就是：我从哪里来？将往何处去？我的答复始终都不会改变，仅有一句话"尊前裕后"，其中却包含两种意涵，对列祖列宗系尊前敬祖，为后世子孙则垂裕后昆；说的更白一点，其实这正是吾人修谱之目的或谓族谱之作用所在，通常皆会开宗明义列在卷首谱序里，亦有一部分明载于家训篇章，然各姓人家用词发挥就大有文章。

我国汉族很早就有谱牒，各姓各家自成相异其趣的族谱体系，其他各民族也都有各自的谱书，从中皆可找到大同小异的内容与样貌。例如汉族谱内有家训，回族穆斯林则用"圣训"一词。泉州市历史研究会编印出版《泉州回族谱牒资料选编》，书中购成"圣训"的基本元素，是仅次于《可兰经》的典籍，为行教固本的重要准据，且因宗教教义的诠释不尽相同，对中心信仰理想也各有各的坚持，可是各民族各姓氏对本固邦宁看法一致。

玖、结语：两岸谱系有助于谱系两岸

革命先行者孙中山先生昭示："族谱记述中华民族由宗族的团结，扩展到国家民族的大团结，这是中国人才有的良好的传统观念，应加以利用。"借重族谱来团结宗族，还要结合宗族团体，进而成为强盛国族，这是团结必经之路，因此在我写"寻根三书"第一部《台湾各姓祠堂巡礼》书前，才去世的台湾省政府原主席林洋港，曾引经据典为序："国父在民族主义第六讲中，有言：要善用中国固有的团体，像家族团体和宗族团体，大家联合起来，成一个大国族的团体，共同去奋斗。"依我浅见，通过族谱联结谱系，共促宗族的团结，成为团体的国族，诚属两岸中国人的时代使命。

笔者基于个人志趣和使命感，自上个世纪70年代开始，即倾全力在本兼职公余之暇，长期投入姓氏宗祠调研工作，其间约莫有十几年光景，脚踏实地走遍台湾各地宗祠三百座，千方百计搜罗两岸各姓族谱上百册，此一在当时算是冷僻不受重视的志业，当年给予我最大的实质帮助，并不在于主持广电节目通告费和稿费惊人收入，而是借此帮自己找到老祖宗，惊人发现的宗功祖德值得崇拜，后者直接收益的还不只是我本人，各个姓氏的阅听人朋友都间接受惠，大家从此知道木本水源就要寻根,从此晓得源流如何就要报本返始。前如我当中华电视台节目主持人,"鲲岛探源——百家姓"单元介绍到姓刘人家时,曾令许多顶着光荣姓氏者兴奋不已。

那时候走访了嘉义溪口刘氏宗祠,并拜读兴宁刘氏族谱姓源篇有句:"综西汉之世,皇子而封王者三十余人,王子而封侯者四百余人。卯金之裔,由是遍布天下。"其实细数最近十年,我在两岸五地,所翻阅过刘氏宗谱,从台湾刘氏历代族谱一卷、河北沧州刘氏家谱三卷首一卷、南皮刘氏家谱、上元刘氏家谱六卷,山西洪洞刘氏宗谱八卷首一卷末一卷、洪洞刘氏族谱五卷、洪洞刘氏宗谱六卷、洪洞刘氏族谱、洪洞刘氏族谱不分卷、洪洞刘氏族谱十七卷首一卷、平定刘氏族谱不分卷、辽宁沈阳刘氏家族谱不分卷、沈阳刘氏家谱、辽阳刘氏宗谱一卷、凌源刘氏宗谱十卷,到江苏南京刘氏家谱、沛县彭城堂刘氏族谱、丰县刘氏宗谱十卷、丰县刘氏宗谱十三卷、泗阳橡树刘氏宗谱四卷、宝应刘氏家谱六卷首一卷、宝应刘氏家谱一卷,以上二十二部家乘谱牒,无一不把两岸刘姓乃至各姓人家,根缠在一起,心系在一起,关系绊在一起,交往凑在一起,前途拌在一起。

两岸关系一度中断,但因谱系两岸的关系,两岸谱系可从未中断,今后还要再一统起来。两岸交往一度中止,却因谱系两岸的牵成,两岸亲情也从未中止,今后还要能连贯起来。两岸前途一度无望,却因谱系两岸的照明,两岸统一也充满希望,今后还会更光明起来。作为浪得虚名"姓专家"的我,在此根据专业良知申明,两岸谱系确实做得到谱系两岸。

长久以来闽台间关系,相对于其他各省市来说,比较密切,独具渊源,素有五缘之说:地缘、血缘、法缘、商缘和文缘,所以几年前在泉州召开首届闽南文化节时,我已请伯公吴主席题匾"闽台五缘",现在就存藏在中国闽台缘博物馆。今天又回到同一博物馆,首次举行谱牒文化交流活动,由于谱牒大会主题鲜明,海内外各地学者专家,各姓宗亲因谱而连缘,更好地推动两岸民间谱牒流通发展,共同促进对中华民族姓氏谱牒此一珍贵文明遗产的传承与保护,实有助于两岸关系和平发展,亦有益于中华文化伟大复兴。

前些日子"习吴会"在北京成功举行,吴伯雄先以家族背景为例说"从母语血缘来说,我是客家人,我在台湾出生成长,当然是台湾人,但从民族认同来讲,我是中国人。"继而向总书记习近平先生提出"增强民族认同,祖先无从选择"的主张,分从血缘、文化、宗教等角度,强调"祖先不能选择"。对于两岸两党的互动,吴伯雄表示"我们对得起历史、民族、子孙"!最后笔者也要接伯公的话续说,"今后对得起历史、民族和子孙,有效落实的做法是,重新建构'闽台六缘',即在地缘相近、血缘相亲、法缘相依、商缘相通、文缘相承之后，再加上谱缘相连"，如此凡事六六大顺，顺利圆满成就伟业。

（作者系台湾文化艺术界联合会理事主席，海峡两岸和谐文化交流协进会会长）

谈传统家族的疏离：以台湾人口老化问题为中心

林瑶棋

前　言

汉人自古以来即有"修身齐家治国平天下"的文化传统，修身是指个人的修身养性，有了个人的修身养性，才有健全的家族。换句话说，家族即是国家的基础单位团体，没有健全的家族，国家即将崩溃灭亡，所以家族的重要性，我们的祖先老早就已经告诉我们后代子孙了。

同支同祖可以组合成一个家族群体，许多的家族群体再往上联结到相同的始迁祖，就可组合成一个宗族群体。由于家族或宗族都是同姓氏同祖先，所以台湾人所称呼的家族或宗族往往混淆不清，更有许多场合，把宗族扩大到只要是同姓，也都称之为宗族，闽南语称为"亲堂"。但是本文所指的家族应该只是包括家族和宗族。

在台湾与金门，祠堂是非常普遍的地方文化景观。祠堂是家族或宗族的精神中心，也是族人向心力的聚点，所以通常所见的祠堂都是风格古雅，气势宏大，肃穆庄严。祠堂是家族宗族的观念、组织、制度的空间形态表现。

明代后期，闽粤赣地区开始广泛出现组织化和制度化的新型宗族，即祠堂宗族，是以明嘉靖十五年（1536年）为开端。这一年，礼部尚书夏言上疏建议世宗皇帝允许臣民祭始祖，促成"诏天下臣民祭始祖"（郭志超：《闽南宗族社会》，福建人民出版社2008年，第59页）。始祖之祭的礼制改革，推动宗族祠堂的兴建，并迅速推广到全地区。现在的闽粤台民众大多数自称是二十三四代，足以证明这地区的人是从明嘉靖才开始广泛修谱及建立祠堂。

本文内容将以近年来在媒体所见之学者专家文章为依据，并以台湾人口老化为中心，针对传统家族的疏离滋生之问题，提出个人浅见，就教于方家。

台湾文化即是闽粤文化

台湾人口大多数移民自闽粤地区，当然闽粤文化是随着移民而移民，所以台湾自有文字记载的三四百年历史长河中，台湾的家族宗族文化与唐山闽粤文化是一致的，连众多没有文字的南岛语族人（平埔族人），他们也因为与唐山移民混居而被唐山人的家族宗族文化所同化。所以说，现在台湾岛上的居民，其家族文化可以说都是相同的。台湾地区因为没有受到上个世纪文化大革命的影响，其所保留的宗族文化，可说是全汉族人中最为完整的地区，人民不的修谱、保存下来的姓氏族谱，其成果与数量确实相当可观，这是汉人文化中，台湾最值得骄傲的所在。

台湾这种优良的宗族传统文化，一直维持到上世纪 60 年代才起了剧烈的改变，原因是台湾从那时候开始经济起飞，原来的农村社会急速转型为工商社会，年轻人往都会区集中，原来的农村只剩下老人。过去所谓汉人传统家族文化只剩下留在乡下的老人在乎，住在都会区的年轻人，对于汉人的传统文化已不重视，除了过年或清明节回乡下探视长辈，并且"顺便"谒祭祖先外，对于汉人这种传统文化已急速淡化。笔者猜测，再过二三十年后，现在的老一辈的人都凋零了，所谓祭拜祖先、团结家族宗族的台湾文化传统可能只剩下口号。

目前这种不重视祖先、不重视家族文化的情况已隐隐约约可见，现在最令人担忧的是少子化现象。据主计处部门的统计，2010 年台湾每对生育夫妻出生婴孩数只有零点玖零玖人，全台一年只有十六点六万多婴孩出生（台湾《联合报》2012年 12 月 28 日，A6 版），与二十世纪五六十年代每年出生婴孩三到四十万人不可同日而语。虽然 2012 年出生婴孩达到二十三点四万多人（台湾《自由时报》2013年 1 月 16 日，A8 版），是十年来最高出生婴孩数，笔者猜测那是受到龙年的影响，因为汉人都希望生"龙子、龙女"。可是 2013 年第一季统计，比龙年同一季婴孩出生率减少百分之十点五（台湾《联合报》2012 年 12 月 28 日，A6 版），表示龙年过去之后，又恢复往年的新生婴孩数。从少子化现象告诉我们一个事实，就是现在的年轻人已不在乎香火传承，所以有很多人结婚宁愿当一个丁克族（Dink），有的只生一胎女孩或二胎女孩，他们也不强求生男孩，足以说明现在的年轻人已不在乎什么叫做家族，什么叫做香火传承。

据统计数据显示，每对生育夫妻必须有一点六个小孩（指长寿先进国家），才能世代传承，否则人口数会逐年减少。台湾如果少子化如此下去，据估计，台湾到2018年，人口数将呈现负成长（台湾《联合报》，2013年1月27日，A4版），主要原因是老化指数急速增加，也就是婴孩出生率减少，老人人口增加，使台湾成为一个严重的老龄化地区。又据"经建会"预估，倘若这趋势不变，2025年台湾将从高龄社会步入超高龄社会，2060年台湾人口从目前的两千三百万人降到两千万人以下，2108年台湾人口只剩八百万人（台湾《联合报》2011年1月23日，A2版），不过这只是未来的预估，时间还那么久远，谁知时局会有什么变化？

全球人口老化已成为近几十年的一种趋势，尤其我们台湾，自从二十世纪六零年代经济起飞之后，台湾人开始富裕起来，再加上医学的进步，以及1995年实施全民健康保险制度，使得台湾人的寿命大为延长。台湾社会也跟着加速老化了，也因为社会的老化，台湾人对家族观念因此逐渐疏离与淡薄。据内政部数据显示，1993年台湾的老年人口突破总人口的百分之七，因此迈入联合国所定义的高龄社会（Aging Society），此后，到2000年老年人口已占总人口的百分之八点六二，到2011年更高达百分之十点八九，2013年预估将达百分之十一点七。据"行政院经建会"预估，到2017年将增加到百分之十四，成为老龄社会（Aged Society），到2023年将达到百分之二十，即是超老龄社会（Hyper-aged Society），到"超高龄社会"的时候，台湾社会老化现象在世界上将名列前茅（林瑶棋：《家庭医学会会讯》，台北市：台湾家庭医学会2013年版，页14）。

台湾人口老化指数快速

据统计数据显示，台湾人口这几年的老化指数（老年人口／幼年人口）比先进的欧美国家快速得多，2012年台湾地区老化指数是百分之七十六（日本是一百七十六点九二），较2002年的百分之四十四点一七大增百分之三十二（台湾《自由时报》，2013年1月27日，A4版）老化的速度法国是经过一百一十五年才慢慢变老化国家，瑞典是八十五年，美国是七十三年，但是台湾仅仅用了二十四年，其速度之快，实在令世人讶异。造成今天台湾人口急速老化的最主要原因是现在的年轻人不生小孩及医疗的进步。

据台湾最近的统计，台湾的人瑞（一百岁以上）有一千八百七十六人，创下历史新高，可是人口五倍于我们的日本，人瑞竟达五万人。换言之，假如我们台湾人口老化到目前日本的程度，人瑞将达1万人，那是多么可观的数目。

今天台湾地区人口老化造成了许多对于国家的负面影响，例如：1. 青壮年劳动力社会负担增加。2. 劳动力资源短缺。3. 社会资源偏向老年人福利及医疗开支（目前健保局对老年人口的给付是百分之二十八）。4. 退休人员占高人口比例，尤其台湾军公教百分之十八高利率及慰问金是造成国家对退休人员严重的财政负担等，这些负面影响近四五年来，由于政府的能力问题，恶化的情形正加速恶性循环中。

老人重视健康　不再重视家族

我们再看看台湾"内政部门"于 2010 年 3 月份公告的老年人状况调查统计：老年人自觉健康及身心功能状况不佳者占百分之二十七点二；如果光以独居老年人来说，自觉健康及身心功能不好者占百分之三十一点五；从整个老年人人口来说，有百分之十六点八自理日常起居活动感觉有困难。

老年人对他们老年生活期望前三项，依序为：身体健康的生活、能与家人团圆和乐的生活、经济来源无虞的生活；至于老年人生活最担心的三项问题，依序为：自己的健康问题、经济来源问题、自己生病照顾问题。从上面的统计数据发现，老年人最期待或最担心的问题，即是"身体健康"，而不是像过去老人特别重视家族观念。

近二三十年来，由于台湾社会高度工商化与都市化，年轻人口因工作上的需要，都往都会区集中，在乡下只剩下一些老年人，加上现在的年轻人晚婚、不婚、不生，所以三代同堂的家庭越来越少。在传统习俗上，所谓家族就是三代同堂的聚合体，既然乡下只剩老年人，而年轻人却往都会区集中，对于家族观念，老年人与年轻人的距离就变得越来越疏远。据《自由时报》2011 年 7 月 12 日报道，在新北市的平溪区，老年人口已达百分之二十五点八％，也就是不到四个人就有一个老年人；苗栗县的狮潭、西湖，高雄市的田寮区，新竹县的峨嵋，台南市的龙崎、左镇区，新北市的双溪区，嘉义县的六脚、鹿草等地，其老年人人口比率都已超过百分之二十二，其他乡镇地区，拥有二成老年人人口者，更是多得不胜枚举。

年轻人对家族观念渐渐疏离

现在的台湾社会，老年人住乡下，年轻人住都会区，只有过年过节或有重要选举，年轻人才会回到乡下向长辈请安与关心。但是毕竟次数有限，因而造成隔代越来越疏离，再下一代就更免谈了。如果平时长辈有病痛，晚辈也不能亲自回家照顾，多数都把他们弄到赡养院去，经济好一点的，顶多是请个外劳来家看护。所以现在的台湾人，多数没有机会去体会传统家族制度好处的一面，如今仍保有家族观念的人，就寥若晨星了。《孟子·梁惠王上》所谓的"老吾老以及人之老"，也就是敬老、孝道，推己及人的人伦关系，对现代的年轻人来说，已经变成一件越来越遥远的东西。

年轻人不关心家族，老年人因病痛已自顾不暇，想要关心家族就更力不从心了。过去，在五服之内的族人，其亲情都还能紧密凝聚在一起，而现在的人，五服亲谊却互不认识者比比皆是，据笔者二年前的统计，年轻人（四十岁以下）对五服内堂亲完全都认识的人不到百分之十，五等亲以内的姻亲全都认识者几乎为零。现在的年轻人什么叫做亲人或族人，很多人不会去在乎这个属于非物质层面的亲情关系。

另一个年轻人不重视家族观念，是因为台湾人的离婚率高。离婚后往往母亲也要争取子女监护权，如果母亲养得起子女，法院通常会把监护权判决给女方。如果孩子由母亲监护，母亲不只对小孩灌输爸爸的坏话，还把小孩改从母姓（2007年5月23日正式公布姓氏双轨制，即可从父姓可从母姓）。据内政部统计数据显示：1998年十四点六万对结婚，四点三六万对离婚。2003年十七点一万对结婚，六点四九万对离婚。2009年十一点七万对结婚，七点七二万对离婚（台湾《自由时报》2010年2月17日，1版）。离婚率急速升高，由母亲监护的子女就不会认同父系家族，但他也不能成为母系家族的成员，这些子女就变成没有家族宗族观念的人了。

又据社会研究专家指出，现代的孙子女只有百分之三十一可以说出阿公阿嬷的名字，可以说出阿公阿嬷生日的就更少了，虽然政府也担心家族的疏离对社会有负面影响，但政府想去克服也是力不从心。从前年（2010年）开始，由教育部明令每年八月份的第四个礼拜天，订为"祖父母节"，政府希望借此机会举办祖孙共聚活动，以恢复过去良好的伦理道德传承。虽然仅仅二年，效果还不明显，但笔者在今年的"祖父母节"当天，透过网络略做调查，竟然有八成八的人（应该都是大人）不知道有祖父母节这个节日。这不能只怪罪政府宣传不力，主要原因应该是祖孙关系严重疏离。

家族观念淡薄 丧礼冷冷清清

在此我愿意举一例来说明现代人对家族观念的疏离与淡薄，以丧礼来说，我们不难发现丧礼越来越冷清。主要是因为现在的亲友平时就很少联络，年轻一代也不愿负担"人情世故"，最多只做到"礼到人不到"的情形，所以能参与家祭的哀眷，往往只有寥寥三五人。反观他们所发出的讣闻，却仍印着"族繁不及备载"，此景此情，无不令人觉得讽刺与唏嘘。更有甚者，直系子孙身在国外，他们也不愿意回来奔丧，给长辈送上最后一程，从这一点足可说明时代在转变，现代人家族观念已大大的淡薄了。

今天，台湾人的亲情关系的疏离与淡薄已经让人无法想象，笔者并没有夸大其词，在此愿再举一实例：我有一老友在南部开设诊所，妻儿均在美国，多年前我这位朋友因心肌梗塞过世，通知他在美国的亲人，结果只有他老婆回台送他最后一程，有人问她为什么二个小孩没有一起回来？她直截了当的说："小孩回来他也不会再活起来，回来有什么用！。"可怜的老友就这样孤孤凄凄出殡前往西方世界，这就是今天台湾亲情的疏离状况，相信在未来的二三十年后，笔者预料台湾人的人性尊严与人情世故的淡薄必将达到非常严重的地步。

严重的少子化现象

人口老化与不婚、晚婚及少子化是直接密不可分的关系，尤其是少子化之影响最为深远。据内政部统计数据显示，2010 年出生婴儿只有十六点六万人，平均一对夫妻的生育率只剩零点九零九人，是全球排名最后一名，比起 1950 年一对夫妻有七点零四个子女不可同日而语。我们以最近的十年来说，2000 年出生婴儿有三十点五万人，民国 2002 年有二十四点八万人，2004 年为二十一点六万人，2006 年为二十点四万人，2008 年为十九点九万人，我们从这统计数可以约略看到台湾近十年来，社会加速老化的严重程度。

有人苛责现代的年轻人住都会区，为何不把长辈也一起带去，免得老年人孤零零地住在乡下。其实这是不容易办到的事，因为牵涉到的因素太多了：一来老年人愿意留在乡下照顾公妈龛及祖坟，二来每个老年人都有一个想法，希望在自己成长的房子里走完人生，三来年轻人在都会区是住鸟笼屋，没有多余的房间让父母使用，四来现代年轻夫妻的生活不愿意受人干扰。从这些原因，即可知道老年人住乡下、年轻人住都会区已成为现代台湾社会定型发展的模式。换言之，台湾社会之家族观念的淡薄，是必然的趋势。

结　语

总而言之，今天台湾社会的高龄老化，晚婚、不婚、不生是因，高龄老化是果，尽管政府都在想尽办法以奖励方式鼓励年轻人多生（台湾《联合报》：2013年5月13日，A6版），但看来好像是缘木求鱼。究其不生之原因，问题是现代人的家族观念逐渐淡薄，香火传承的观念也逐渐消失，不像从前的人不生一个男丁来传承香火不甘心，过去的人虽然已有好几个女孩了，也会继续生下去，直到男丁出生才心甘情愿，这是现代人与古早人最大差异所在。可是现在年轻人晚生、少生、不生，他们有一套的说法是：养不起，收入低，房价高，教育费贵等（《联合报》2011年1月23日，A2版），其实家族观念淡薄及香火逐渐消失是相互恶性循环的结果。所以说，人口老化与家族观念的逐渐淡薄息息相关，如何挽救人口老化速度，应该是政府未来的重要施政重点。

少子化是目前世界先进国家的趋势，现在各国奖励生育的政策不外乎减税、现金补贴、健全托婴环境等。OECD研究发现，减税是各国最常用的措施，但是效果最差。直接给予现金补贴效果稍好，提供完整的幼托服务效果最好（台湾《自由时报》2011年1月9日，A10版）。但台湾的方式是现金补贴，效果仍然未能显现出来。

笔者所属的"台湾姓氏研究学会"，这三十年来积极推广台湾人的修谱与研究，并发行一本《台湾源流》期刊，广为宣传家族与族谱的重要性，或许大势所趋，在工商社会形态之下，与大众讨论家族或族谱，已引起不了现在年轻人的兴趣，一来大家都在过忙碌生活，二来少子化的关系，不能形成家族或宗族。这几年，有关这方面研究，笔者发现大陆比台湾略胜一筹（从两岸学者投稿本会期刊的踊跃度观察），在可预见的未来，台湾人的家族观念与族谱的编纂可能不会有乐观的情形表现。

（作者系台湾省姓氏研究学会原理事长、著名谱牒专家）

因血缘与地缘形成的漳台聚落地名

涂志伟

聚落是人类各种形式的聚居地的总称。聚落一词古代指村落，《汉书》载：黄河"时至而去，则填淤于肥美，民耕田之。或久无害，稍筑室宅，遂成聚落"。[1]近代泛指一切居民点。聚落既是人们居住、生活、休息和进行各种社会活动的场所，也是人们进行生产的场所。聚落由各种建筑物、构筑物、道路、绿地、水源地等物质要素组成。它受经济、社会、历史、地理诸条件的制约。

聚落的地缘性分为初垦居民与开基居民，初垦居民指最先进入某地区开垦土地的居民；开基居民则指最早进入聚落内定居的居民，这两类居民均可看作为该聚落开发的先驱，族谱或口碑所称定居年代与该地区开垦年代一致者。二次移民或二次以上移民是指从大陆祖籍地来台迁移到某处，再迁移到他处的移民。聚落与地缘关系可划分为，同省、同府（州）、同县之同籍性聚落与非地缘性聚落四种。同省、同府、同县之同籍性聚落是指来自大陆祖籍地同省、同府如漳州府、同一县如漳浦县所形成的同祖籍聚落。明清以来，漳州移民来到宝岛后，在异常艰苦的环境里，漳州人和泉州人、闽粤客家人一道，筚路蓝缕，合力拓垦，耕种渔牧。漳籍移民的迁入，促使当地人口增加，经济发展，形成了新聚落，一个个聚居地逐渐开发成一片片繁华的村镇街区。在新聚落点，漳籍移民不仅捧来家族的祖先神主牌，修建了宗祠，迎来了唐山的民间信仰保护神香火，盖起了庙宇；同时还移用了家乡的地名，把漳州祖籍地的府、县、乡、村地名、街巷名和宗祠名、寺庙名乃至山川名胜名称甚至开发建设台湾有功的历史人物、有影响的漳籍垦台名人、移民首领名字、家族姓氏作为新聚居地的乡镇村里街区的地名，甚至作为祖祠、庙宇名称。这些旧地名具有当地人口组成来源的指标性，有的是同地域或同乡地缘聚落、有的是同姓聚落、有的是同宗血缘聚落，至今漳籍人口仍然是本地总人口的多数。

这些旧地名产生变更的背后，都与漳籍开拓者紧密相联，成了漳籍开拓者的代名词。每一个地名背后都会有许多生动的故事，要了解一个地方，应该从它的地名开始，因地名通常可显示出当地地形、地物或地貌景观的特征。也可能代表了当地特殊的地理现象，更可能隐藏着台湾漳籍先民许多胼手胝足、可歌可泣的传奇和拓荒血泪史。而几个地名串联起来，也许就诉说了一条漳籍先民从闽南漳州来台，由登陆、转进、开发以至于定居的路线。

一、台湾的涉漳冠籍地名

根据《台湾省通志》的统计，台湾地区冠籍地名有八十六个不同的名称，一百九十个村落；冠姓地名有六十九个不同的姓氏，一百六十三个村落。冠籍地名一百一十处，冠姓地名一百三十四处。[2] 但实际上如加上小地名，则远远超过。其中，漳籍地名占了相当部分。据已出版《台湾地名辞书》各卷，[3] 对其中列有各县市的《各乡镇市区村里名的起源》资料进行统计，仅十五个县市的四千五百九十五个村里中，源于血缘与地缘而命名的有一百五十三个村里。据笔者的调查考证核实统计，台湾移用漳州府的涉漳冠籍地名已知的至少有一百六十八处，明清漳州府辖有的七个县及云霄厅在台湾都有冠籍地名，如加上衍生的地名则有一百八十五处。其中以嘉义县最多，有三十四处，如加上嘉义市二处，嘉义地区有三十六处。彰化县十九处，台北市十七处，新北市十四处，新北市如加上衍生的地名则有十九处，加上基隆市一处，大台北地区共有三十七处。台中市十四处，宜兰县十三处，南投县十三处，台南市十三处，云林县八处，高雄市八处，高雄市如加上衍生地名则有二十二处，较少的桃园县有五处，澎湖县三处。而在新竹、苗栗地区，是客家人聚居区，在台湾后山东海岸花东纵谷的屏东、花莲、台东，是漳籍人分布较稀少之处，故涉漳冠籍地名也较少，如新竹县二处，苗栗县一处，屏东县二处，花莲县一处，金门县一处。新竹市、台东县则无。移居的漳州人密度越大，聚落越多，相对来说，漳籍旧地名就越多。特别是在山区，由于地形地貌丰富多彩，小地名更多，其中涉漳地名相对也多。特别是在云嘉南地区、台北地区、台中地区、高雄地区、宜兰地区等。在兰阳平原，漳州籍的比例高达百分之九十四，因此，漳州人命名的地名到处都有。这些涉漳地名分布数量总体上和台湾漳籍人的分布状况是大致相同的。

我们可以借由地名了解当地民众来自何方，如漳州寮、漳州里、白礁亭、漳浦厝、云霄厝、诏安厝、诏安城、铜山馆、平和里、南靖宫、弥靖村、长泰等。明清时漳州府所辖的各个县份都成为台湾的漳籍旧地名，甚至许多乡、村、社小地名也成为台湾的漳籍旧地名，如长泰山重村的茄埕与高雄市茄萣区、漳浦佛昙的鉴湖与宜兰县进士路的陈氏鉴湖堂，平和县小溪镇琯溪与南投市平和里琯溪宗祠，移用自平和县坂仔镇心田村的台中市北屯区心田赖家等，又如移用自漳浦县官浔镇横口村的桃园县大溪镇瑞源里的横圳。如台南市盐水区月港与原漳州府海澄"外通海潮，内接山涧，其形似月"相同，因而均命名为月港。台南市盐水区雅称月港，因街区的东、南、西三面环水，状似新月，故称为月港或月津，为盐水区旧称。海澄月港为龙海市海澄镇旧称，是福建历史上四大商港之一。台南月港明郑时期有"一府二鹿三艋舺四月津"的俗谚，曾为台湾第四大港。海澄月港晏海楼又名八卦楼，台南月港有八角楼，海澄、台南月港都有武庙等。

在考察台湾聚落地名时，我们发现一种十分有趣的地名现象，如嘉义县民雄乡的漳籍何姓血缘聚落的冠籍地名平和村，实际上是在今云霄县马铺镇何地。台南市佳里区的冠籍地名漳州里、海澄里如今却不在漳州或龙海；祖籍泉州市晋江东石镇的迁台移民命名的九龙里、主祀九龙三公的嘉应庙祖庙却来自原龙溪县（今华安县）旧地名。更有甚者，嘉义市西区漳籍罗姓聚居地的宗庙公厝冠籍地名美源里白沙庙却不是源于漳籍罗姓开基原乡云霄县，而来自广东台山市。云林县西螺镇冠籍地名河南里命名者不是1949年后迁台的河南省移民，而是来自漳州诏安县籍程姓血缘聚落，而且这些冠籍地名的命名都发生在1945年台湾光复后。经考查，民雄乡平和村旧名双援，明郑时期由明郑部将招徕漳州移民屯田开垦，入垦的何姓祖籍原为漳州府平和县。清嘉庆三年（1798年），从平和县新安里划入三图五个约二十五保划入云霄厅，其中包括三图安厚约的何地、马铺、呈奇岭（车墩、龙镜等）、峰头等保。何地是漳州市云霄县马铺乡一带何氏聚居地的总称，在乾隆年间，台湾何氏族人曾回云霄县马铺乡认祖归宗。经过三百多年的变迁，在1945年之后，民雄乡何氏族人仍以祖先迁台时的家乡所属的县份平和县，将双援命名为平和村。南明永历十五年（1661年），漳州霞阳杨氏二房十一世杨文科从漳州府海澄县三都新恩里新安堡霞阳社随郑成功军队来台，后居台南县番仔寮，为最早渡台的霞阳杨姓。道光年间，番仔寮杨姓派人回原乡抄录族谱。1946年台南县佳里镇将番仔寮命名为漳州里、海澄里。但1958年8月，漳州市析海澄县海沧、新霞二个甲包括霞阳村，归厦门市郊区（集美）管辖。

二、漳台冠姓聚落地名

地名是人类生活的记录，台湾许多漳籍旧地名都带有地缘和血缘结合的特点。1975 年 5 月至 1985 年 12 月期间，美国犹他家谱学会正式在台湾地区各地进行族谱、方志等与谱系相关的资料调查收集，共得台湾民间所存的各种新旧谱牒资料两千多种一千五百余卷，《台湾区族谱目录》收入了谱牒资料一万零六百一十三种，记载了大陆二十四个省市二百五十一个姓氏向台湾移民开基祖的族谱资料。据对该目录所载资料进行分析统计，族谱中所登录祖籍地为福建各府县的姓氏族谱共有四千七百三十部，其中，登录祖籍地为福建的有五十二姓。漳州府属的各姓族谱有一千六百零八种，其中所登录祖籍地为漳州府各县的累计有二百七十四姓，登录祖籍地为漳州的有九十八部三十七姓。经合并统计，登录祖籍地为漳州府各县有八十二个姓。[4]

实际上不止这些姓氏，据二十世纪九十年代漳州与台湾两地四百多部姓氏谱牒记录统计，漳州府七县明清时期至少有九十八个姓氏六千八百九十五人迁居台湾开基。[5] 如与 1985 年 12 月期间，台湾地区各地进行调查收集谱牒有八十二个姓相比，漳州迁台姓氏增加了谌、程、董、傅、韩、胡、纪、欧、汤、童、涂、向、辛、尤、俞、卓等十二姓。2006 年，漳州市政协在全市组织开展千村万户姓氏普查中，与二十世纪九十年代相比，笔者又发现迁台姓氏还有欧阳、唐、凌、汪、蒋、姚六姓。漳州向台湾移民已知姓氏共一百零四姓。[6]2009 年，漳州市政协在全市组织征集涉台族谱，赴台湾收集一批台湾涉漳族谱，与 2006 年相比，笔者又新发现一批漳州迁台姓氏。从现已查知的有开台祖记载的漳州和台湾民间一千多部族谱看，笔者新发现漳州迁台姓氏还有白、丁、杜、甘、龚、侯、佘、宋、麦等九姓。至此已知，漳州向台湾移民姓氏共一百一十三姓。[7]这漳州迁台一百一十三姓即：白、蔡、曹、陈、陈林、陈蔡、谌、程、戴、邓、丁、董、杜、范、方、冯、傅、甘、高、龚、官、管、郭、韩、何、洪、侯、胡、黄、纪、简、江、姜、姜林、蒋、康、柯、柯蔡、赖、蓝、李、连、梁、廖、林、凌、刘、柳、卢、陆、吕、罗、马、麦、倪、欧阳（欧、区）、潘、蒲、邱（丘）、阙、阮、佘、沈、施、石、宋、苏、孙、汤、唐、田、童、涂、汪、王、王游、魏、温、翁、巫、吴、伍、向、萧、谢、辛、徐、许、薛、严、颜、杨、姚、叶、尤、游、余、俞、曾、詹、张、张廖、张简、赵、郑、钟、周、朱、庄、侯、卓、邹、左。

较早渡海迁台开垦的移民以家族中敢于闯荡冒险的男子居多，这些人有了安身之地，就会返籍带眷迁居台湾，同族的其他人也会纷纷过海投靠。漳州《白石丁氏古谱》称赞二十五世丁品石入台创下基业后，"族人来投，皆善遇之"，[8] 能够为刚刚来台发展谋生的族人提供各种帮助，受到乡亲族人的交口称道。经过若干年后，同族人逐渐增多，就形成小聚落。大陆移居的乡亲都是成群结队来到台湾，在异地他乡，人地生疏，同籍同乡、同宗同族的人自动组织起来，同心协力，艰苦创业，生活上互相关怀帮助，生产上互相支持，共同对付自然灾害，避免外族欺侮。姚莹在《东溟文集》说："台湾之民不以族分，而以府为气类。漳人党漳、泉人党泉、粤人党粤；潮虽粤而亦党漳。"[9] 这说明了台湾早期社会同籍同姓聚居形成姓氏冠地名的现象十分普遍。在台湾南部开发比较早的地区，移民进入早，族亲聚居多，如康熙末年至雍正年间，台南、凤山一带是早期移民先落脚的地方，聚居经久，多数已有家室，相安耕作，逐渐形成村落，于是营建村庙、宗祠，开路建桥，插竹围庄等公共建筑已出现。这些先期到达台湾的移民，经过几十年的发展，已安居乐业，并组成早期的家族形式。康熙三十四年（1695 年）修纂的《台湾府志》就说："隶斯籍者，非有数世高、曾之土著也。有室有家，父而子，子而孙，即为真土著矣！"[10] 可见在康雍年间，台南地区大部分人已经进入定居生活，康熙五十六年（1717 年）编修的《诸罗县志》就记载了当地有五世同堂、男子有四十八人的大家庭，还有四世同堂的大家庭。[11] 这就形成一个宗族群体，形成一种"同字姓"的宗族，并把新开垦的地名以自己共同的姓氏命名，外庄人也以姓氏名称呼其聚居的村庄。据林嘉书《福建祖籍台湾姓氏与家族数目简表》资料进行统计，祖籍漳州各县的台湾姓氏家族合计有两千零二十七个，其中南靖有五十三姓五百四十六个家族，诏安有三十六姓三百五十三个家族，平和有三十一姓三百一十三个家族，漳浦有三十五姓三百二十三个家族，龙海有四十二姓二百七十五个家族，漳州有三十七姓一百七十一个家族，长泰有十五姓三十四个家族，云霄、东山各有一姓一个家族。按民间谱牒记载，明清期间，漳州迁台姓氏人口最多的前三县分别为南靖、平和、诏安县。[2] 迁台人数一百人以上的家族有二十八个。

从闽南、广东为主移居台湾的百余个姓氏，其中用来作为地名命名就有四十多个姓氏。陈正祥教授编写的《台湾地名手册》收录了五千六百个台湾地名资料，其中有八十七个以姓氏为地名的词条。[13] 据《台湾省通志》卷一土地志地理篇所载地名统计，台湾全省冠姓地名有一百三十四处。再据《台湾省通志》、陈正祥《台湾地名手册》、伊能嘉矩的《大日本地名辞典·台湾篇》三书所录冠姓地名统计，登载的台湾全省冠姓地名有六十九姓，一百六十三个村落，另有陈、黄、吴三姓合居之村落一处。[14] 这里所指的同族村落冠姓地名主要是血缘聚落。这些同族村落主要是以福建籍的移民为主。[15] 如范围扩大到仅以姓氏为地名的聚落，漳台冠姓聚落地名数量则远远多于冠籍地名。在漳州，据对《漳州姓氏》所载的《漳州市各（县、市、区）村、社地名一览》进行分析统计，[16] 漳州市冠姓聚落至少有五百七十四个。其中芗城区有十一个，龙文区有十七个、龙海市有一百四十七个、漳浦县有一百二十九个，云霄县有二十一个，诏安县有五十九个，东山县有十五个，平和县有六十四个、南靖县有五十八个、长泰县有三十一个、华安县有二十二个，实际上这类历史地名肯定还不止这些。

在漳台，经常出现带有区域性姓氏聚居现象，表现出某些地方性特点的高比例的姓氏，其中有许多是著姓望族，形成了冠姓地名。所谓"张王李赵遍地刘（流）"，"陈林半天下，黄蔡满街走"。在台湾岛地，各个年代形成的名门望族，遍布台湾全岛，有的已成为历史记忆，有的正如日中天。如基隆颜家、宜兰陈家、宜兰黄家、台北李家、艋舺高家、艋舺张家、稻江陈家、士林杨家、士林、潘家、北投陈家、南港阙家、内湖叶家、板桥林家、深坑黄家、大溪李家、龙潭萧家、新竹郑家、内埔姜家、台中张家、西屯廖家、北屯赖家、雾峰林家、丰原张家、清水杨家、龙井林家、社口林家、彰化吴家、员林张家、鹿港辜家、竹山林家、草屯洪家、斗六吴家、西螺廖家、刺桐林家、嘉义萧家、麻豆林家、台南吴家、高雄陈家、桥头余家、屏东张家、澎湖欧家、金门下坑陈家、琼林蔡家等等。漳籍迁台姓氏家族中也有许多成为望族。在传统上，台湾五大家族是指台湾自日据时期一直到台湾光复后，地方上最具政经影响力的五大家族，由北至南分别为基隆颜家、板桥林家、雾峰林家、鹿港辜家、高雄陈家。其中板桥林家、雾峰林家为漳籍。根据吴文星的研究资料，日据时期，称为富豪与望族之名者，资产为一万日圆以上，至百万以上。而其中台湾中部富豪最多且财力雄厚。而台中四大家族中，雾峰林家林献堂为六十万，林纪堂为四十万，林烈堂七十万，太平吴鸾旗九十万，神冈吕汝玉十万，竹山林月汀六万。[17] 台中雾峰林家、太平吴家、神冈吕家、竹山林家均为漳州籍。

三、以始祖、家庙、宗祠命名的涉漳聚落地名

在台湾还有许多以漳籍冠姓始祖、家庙、宗祠命名的聚落地名。据已出版《台湾地名辞书》各卷，[18] 对其中列有《各乡镇市区村里名的起源》资料进行统计，仅

台湾十五个县市的四千五百九十五个村里中，源于血缘与地缘而命名的有一百五十三个村里。据考查核实，已知的仅迁台漳籍二十六个姓氏中，就至少有八十三处涉漳聚落地名。其中，以漳籍始祖、家庙、宗祠命名的至少有二十七处，以冠姓厝、村里命名的至少有三十二处，实际上远远不止这些。这些漳籍冠姓村落通常是由于漳籍或同姓的人口占大多数，成为该村落的主体而得名，也有的是纪念最初移民开垦者而命名。

在漳州，以开基始祖命名的，如漳浦县杜浔镇文卿村，清代文卿村为旧城堡，为邱姓聚居地。据文卿村所存邱姓旧族谱残本记载："祖上光州固始人，于后唐天成二年（927年）入闽。文卿之祖邱翰，元朝居南炉，生一子维周（号明孙）。维周生九子，长子长卿，赘陈家；次子文卿，元朝任潮州路揭阳县主簿，归休居杜浔。"文卿村邱姓开基始祖邱韩保，谥号文卿，原居漳浦县二十八都南炉（今属龙海市东泗乡西岭村），于元朝任潮州路揭阳县主簿，归休居杜浔开基，后裔衍成大族。于是民国时期始以"文卿"为保名，新中国成立初期为第七区（杜浔区）文卿乡，1958年9月公社化后为杜浔公社文卿大队，1989年杜浔公社改为杜浔镇，文卿大队改为文卿村。漳浦县杜浔镇正阳村为洪姓聚居地。明代时，洪君志与子洪原性自海澄县（今龙海市）河福来此开基，成为洪姓开基祖。正阳村原为明代大洋社，清代正阳保。今近城村霞美（下尾）保原为许姓聚居区有"下尾许"之称，民国时期洪姓成为主要姓氏，1944年，遂以洪姓开基始祖原性（谥号）为保名。将清代霞美（下尾）保并为范阳、文卿、原性三保。1988年8月正阳大队改为正阳村。陈献章是广东新会县白沙村人，明代著名教育家、理学家，因有恩于罗姓，被奉为罗姓保护神。明宣德年间，罗美源迁入云霄县马铺乡开基，成为云霄罗姓开基祖，云霄罗美源派下传衍于云霄、平和、南靖等地。马铺乡时属平和，后划入云霄。康熙年间，罗姓族人迁台，他们都世代相承祖先的传统，建庙奉祀罗姓保护神白沙爷公。1953年，将聚居地以云霄开基祖名字命名为美源里，将宗庙命名为白沙庙，如嘉义市西区美源里、嘉义县水上乡南和村美源村。又如台南市下营区贺建里，意为开台祖郭贺所建之村，为纪念漳州府龙溪县二十九都锦湖乡石美保寮西社即今龙海市角美镇西边村寮西郭贺最早入垦而命名。九龙里、诏安里、河南里的命名也是出自同样的缘故。从中，我们看到了千百年来炎黄子孙不管身处何方，不管政区变化，对祖根的追寻的传统宗族文化一脉相传，始终不变。在这种慎终追远的文化传统影响下，必然是在漳台各地大小村落修建的姓氏宗族祠堂数量相当多，也形成一批这类地名。如长泰县武安镇溪东村的三房、岩溪镇湖珠村祖厝边、祖寮、尚吉村祖厝边、江都村祖厝边，华安县新圩镇绵治村长者地、仙都镇中圳村百子堂，龙海市浮宫镇八坑村祖厝，南靖县船场镇张坑村祖洞、梅林镇璞山村祖厝角、南坑镇村雅村仙祠公、龙山镇龙山村祖厝边、宝斗村大宗、奎洋镇光祠村、山城镇溪边村上祖厝，平和县安厚镇三隆村祖厝、南胜镇云后村三房、五房，云霄县云陵镇享堂村文公祠，诏安县南诏镇城内社区圣祖、许厝祠、李厝祠、东门社区郭厝祠，漳浦县南浦乡后坑村祖厝、六鳌镇鳌东村祠堂、霞美镇眉田村大祖后、石古农场祠堂顶，计有二十七处。

明清以来，祠堂是漳台宗族祭祀先祖、议决大事的重要场所。堂号作为家族的徽号和别称，不仅有明显的地域特征和血缘内涵，而且带有浓厚的封建宗法色彩，既是对某一姓氏家族特色的高度概况，也是当时社会形态的反映。同样具有区分宗支族别、血缘亲疏的社会功能。它的产生、发展，多与修族谱、建宗祠、祭祀祖先、宗亲联谊活动同时进行。台湾中研院民族研究所林美容通过对《草屯镇之聚落发展与宗族发展》的研究后认为，血缘聚落的发展与宗族的发展有密切的关系，由聚落的血缘性，进而有跨聚落的血缘结合，这从祭祀公业、宗祠的设立可见一斑。聚落的血缘姓对聚落内与聚落之间因神明信仰而产生的地缘组织，如神明会、寺庙组织，亦有很大的影响，因此不论是聚落性的神明会或是跨聚落性的神明会，均表现出相当的血缘姓，而一些跨聚落性的庙宇，几乎都是为集结同姓聚落而设。

在漳州，除冠姓地名外，还有相当数量的以姓氏宗族祠堂作为地名，据对《漳州姓氏》所载的《漳州市各（县市、区）村、社地名一览》进行分析统计，[9] 全市计至少有二十七处这类地名。如长泰县武安镇溪东村的三房、岩溪镇湖珠村祖厝边、祖寮、尚吉村祖厝边、江都村祖厝边，华安县新圩镇绵治村长者地、仙都镇中圳村百子堂，龙海市浮宫镇八坑村祖厝，南靖县船场镇张坑村祖洞、梅林镇璞山村祖厝角、南坑镇村雅村仙祠公、龙山镇龙山村祖厝边、宝斗村大宗、奎洋镇光祠村、山城镇溪边村上祖厝，平和县安厚镇三隆村祖厝、南胜镇云后村三房、五房，云霄县云陵镇享堂村文公祠，诏安县南诏镇城内社区圣祖，漳浦县南浦乡后坑村祖厝、六鳌镇鳌东村祠堂、霞美镇眉田村大祖后、石古农场祠堂顶等。

在台湾，以家庙、宗祠命名的涉漳聚落、史迹遍布各地。仅漳州迁台陈姓、涂姓、林姓、江姓、罗姓、郑姓、廖姓、张廖姓、张姓、洪姓、潘姓、刘姓、杨姓、方姓、吴姓十五个姓氏，就至少有二十九处聚落，如台北陈德星堂、台南陈德聚堂、榕仔脚陈氏宗祠、嘉义等地的涂姓开基祖庙、涂厝、台中林氏宗庙、月眉龙德庙、林厝底、彰化江九合济阳堂、嘉义罗姓美源里、美源村、新竹郑氏家庙、西螺七崁张廖宗祠、台中西屯张廖家庙、廖焕文墓园、台中张氏祖庙、草屯镇草屯炖伦堂、台北士林潘宅、刘家宗祠、台南杨家古厝、杨协发公厝、方家祖祠、高雄吴家古厝等，分布在台北市大同区、士林区；新竹市北区；台中市南区、西屯区、南屯区；南投县草屯镇；云林县西螺镇；彰化县和美镇、埔心乡、永靖乡、员林镇；嘉义县朴子市、水上乡；台南市中西区、安平区、柳营区、大内区、关庙区；嘉义市东区、西区；高雄市弥陀区；金门县金沙镇等地。此外，尚有澎湖县湖西乡许家村的许氏宗祠、下社祖厝等，实际上远远不止这些。

四、漳台以冠姓厝、村里命名的涉漳聚落地名

林美容认为，同宗族人自然的聚合来自同一祖籍乡村的同姓族人，并非全体一起就到台湾开拓，他们前前后后分批地进入台湾，并非每个来的人都留下来了，有的回大陆，也并非每个终老于此的都有后代在台湾传衍，但只要二、三代的族亲共居一处之后，就足以应付开垦的人力需要及形成同族聚落。一方面建立家园，一方面就是要建立家族的势力，能够有一个安定的基础，有余产留给子孙，子孙才有结合建立宗族的基础。[20] 民居是人们安身立命的地方，漳台民间俗称为厝，而结构完整具有特色的民居，则称为宅第。它需要能够长居久安、融入自然的特质，主要在体现现实生活的需求及生活和环境的互动。另外受到文化传统、政法地位或经济条件等因素的影响，民居建筑也会展现出不同的艺术形式。常常在厝、寮前加上姓氏作为地名。于是在漳台就产生了许许多多以冠姓厝、村里命名的涉漳聚落地名。闽南人一般称房屋为厝，客家人称房屋为屋。

在闽南农村至今还有许多的这样的村庄。据对《漳州姓氏》所载的《漳州市各（县市、区）村、社地名一览》进行分析统计，[21] 在漳州市五百七十四个冠姓聚落地名中，其中，龙海市用作聚落地名的厝字有九十六个，其中冠姓厝地名有五十四个；长泰县有四十六个，其中冠姓厝地名有八个；南靖县有七十九个、其中冠姓厝地名有十一个；东山县有八个；龙文区有八个，其中冠姓厝地名有六个，其他县也还有许多。在台湾，这类的姓氏地名也相当多，如漳州迁台许姓、郭姓、赖姓、游姓、何姓、沈姓、童姓、柯姓、黄姓、叶姓、刘姓、蓝姓、吕姓十三个姓氏，目前已知的就至少有三十二处以冠姓命名的涉漳聚落地名、史迹，如许家村、许厝港、许厝埔、郭氏古厝、郭厝、心田赖家、赖厝廊、赖厝里、赖明里、赖清标墓、游厝、何厝庄、沈祖祠、沈厝、童厝、柯厝、姓黄仔、叶厝里、刘家里、蓝家古厝、

吕家顶瓦厝等，实际上远远不止这些。例如台中市有由平和县、诏安县何姓族人建立的何厝庄，有由平和县赖姓族人建立赖厝庄、赖厝廓、南靖县邱姓族人开发的邱厝庄。乾隆年间，漳州府龙溪县苏共入垦嘉义，嘉义县六脚乡有苏厝村，旧称苏厝、苏厝寮。明万历初年漳州府龙溪县苏正顺携长子苏振文入垦今台南安定，台南市安定区有苏林里、苏厝里。如台湾嘉义县的沈厝寨是诏安沈楸公派系的移民开辟的，如今居住的还是诏安沈姓后裔。其他遍布台湾各地的闽南籍聚落，又如陈厝在台北市和平里、台中市梧栖区福德里、彰化县永靖乡永兴村、云林县土厝村都有，以及嘉义县民雄乡的陈厝寮、新北市三芝区的陈厝坑等。如刘厝埔、朱厝仑、曾厝仑、许厝港、胡厝寮、谢厝寮、林厝、林厝寮、黄厝、黄厝村、张厝村、王厝、吴厝、蔡厝巷、刘厝、杨厝、许厝、涂厝、施厝寮、颜厝、廖厝、苏厝、江厝店等等。也有将姓氏冠于地名后的村社，如台南市的官田陈、麻豆林、柳营刘等等，则为当地于建庄当初有该姓氏兴建家屋或垦拓而命名。

注释：

1.（汉）班固：《汉书》第六册卷29，中华书局1964年11月版，第1692页。

2. 林衡道主修、盛清沂纂修、廖汉臣纂：《台湾省通志》卷二，台中：台湾省文献委员会、众文图书1973年6月印行，第206—207页。

3. 施添福总编纂：《台湾地名辞书》卷一至二十一，台湾省文献委员会、国史馆台湾文献馆出版。

4. 赵振绩：《台湾区族谱目录》，中坜：台湾省各姓历史渊源发展研究学会等1987年元月版。

5. 林嘉书：《闽台移民谱系与民系文化研究》，黄山书社2006年5月版，第248页。

6. 林殿阁主编：《漳州姓氏》下册，中国文史出版社2007年9月版，第2207页。

7. 江玉平主编：《漳州与台湾族谱对接指南》，厦门大学出版社2011年8月版，第6页。

8. 陈在正：《济阳丁始迁闽入台考》，载《台湾研究集刊》1989年4期。

9.（清）姚莹撰：《中复堂选集》，台北：台湾银行经济研究室1960版，第1—3页。

10.（清）蒋毓英撰、陈碧笙校注：《台湾府志校注》，厦门大学出版社1985年版。

11.（清）高拱乾等纂辑：《台湾府志》卷七，台北：台湾银行经济研究室1960版，第185—187页。

12. 林嘉书：《闽台移民谱系与民系文化研究》，黄山书社2006年5月版，第211—212页。

13. 陈正祥:《台湾地名手册》,台湾省文献委员会1959年出版。

14. 林衡道主修、盛清沂纂修、廖汉臣纂:《台湾省通志》卷二,众文图书1973年6月印行,第200,209页。

15. 张广敏主编:《福建省志·闽台关系志》第三章,福建人民出版社2008年12月版。第52页。

16. 林殿阁主编:《漳州姓氏》,中国文史出版社2007年9月版,第1931页。

17. 吴文星:《日据时期台湾社会领导阶级之研究》,台北:正中书局1992年版,第72—86页。

18. 施添福总编纂:《台湾地名辞书》卷一至二十一,台湾省文献委员会、国史馆台湾文献馆出版。

19. 林殿阁主编:《漳州姓氏》,中国文史出版社2007年9月版,第1931页。

20. 林美容:《草屯镇聚落发展与宗族发展》,原载中央研究院《第二届国际汉学会议论文集》,收录于《乡土史与村庄史——人类学者看地方》,台北:台原出版社1989年版。

21. 林殿阁主编:《漳州姓氏》,中国文史出版社2007年9月版,第1931页。

（作者系漳州市政协文史委主任）

从谱志文献记载看闽台姓氏源流

纪谷芳

查阅闽台民间的族谱，你可发现大量族谱记载祖先来自光州固始，当然也有一部分来自光州固始以外的广大中原地区。中原地区人口南迁入闽的历史可谓源远流长，上自远古，下至宋元之交，在漫长的岁月里，从未间断。随着大量中原人口的南迁入闽，大量中原姓氏也随之入闽传播。时至明清时期，随着众多福建移民迁居台湾，中原姓氏也随之入台传播。

一、从中原到闽地

据史料记载，在光州固始历史上形成过多次较大规模的南迁入闽移民潮。由于大量移民都来自光州固始，因而，及至宋代，"闽人称祖皆曰自光州固始来"。然而，南宋史学家、谱学家郑樵（1103—1162 年）在为《荥阳郑氏家谱》所写的序中指出："今闽人称祖者，皆曰光州固始。实由王绪举光、寿二州，以附秦宗权，王潮兄弟以固始众从之。后绪与宗权有隙，遂拔二州之众入闽。王审知因其众以定闽中，以桑梓故，独优固始。故闽人至今言氏谱者，皆云固始，其实谬滥云。"[1]的确，从闽人谱志记载看，也有一部分祖先来自光州固始以外的广大中原地区。因此说，福建地区的姓氏绝大部分都来自古代的中原地区。

中原地区是中华文明的发源地，这里是自三皇五帝到北宋中国长期的政治、经济和文化中心，因此古有"得中原者得天下"之说，历来为兵家必争之地。正是因为这里地处战略要地，所以几乎每次改朝换代，这里都有战事发生，致使中原大地屡遭洗劫，生灵涂炭，社会动荡不安，经济遭受严重破坏，由此引发形成过多次向外迁徙的移民潮，移民主要向南方尤其是向闽地迁徙。根据袁家骅先生在其主编的《汉语方言概要》中指出："中原人民迁移入闽的过程，大概始于秦汉，盛于晋唐，而以宋为极。"历史上形成较大规模的南迁入闽移民潮，有四次：一是西晋末年"永嘉之乱"形成的移民潮；二是唐初跟随陈政父子入闽形成的移民潮；三是唐末五代跟随王审知兄弟入闽形成的移民潮；四是两宋之际宋元之交战乱形成的入闽移民潮。

据福建省志记载，福建有文字记载的历史可以上溯到西周（约公元前 11 世纪中—公元前 771 年）。西周时期福建境内居住着称为"闽"的原始居民。闽族人在种族上与中原华夏人不同，属我国古代南方百越族的一个分支，故称闽越族。周代福建人口数量史籍无记载。秦始皇统一中国后（公元前 221 年），曾设闽中郡，但只是虚设，并没有实际行政统治，福建仍然是闽越族的势力范围。由于缺乏文献记载，秦朝福建人口数量无从稽考。汉元鼎六年（公元前 111 年），闽越王余善"刻武帝玺自立，诈其民为妄言"，公开叛汉分裂。汉武帝于元封元年（公元前 110 年）发兵攻打闽越。据《史记·东越列传》载，汉武帝平定闽越后以"东越狭多阻，闽越悍，数反覆，诏军吏皆将其民徙处江淮间。东越地遂虚"。"明·王应山《闽大记》卷二《闽记》载，汉昭帝始元二年（公元前 85 年），有逃遁山谷的闽越族人复出，自立冶县，属会稽南部都尉。西汉末，冶县属会稽郡，其版图几乎包括今天的福建全境。《汉书·地理志》记载，汉平帝元始二年（2 年），会稽郡领 26 县（冶县是其一），共计户数 223038，人口数 1032604。如果以 26 县平均计算，每县约 8600户，40000 人。[2] 东汉末至三国时期，称雄于江东的孙氏政权为了确立其对闽中的统治，在孙吴对闽用兵的 62 年间，汉族入闽的人数不少，主要是孙吴的军队和流民等。这使福建的民族结构开始发生重大变化，由闽越族为主逐渐转变为以汉族为主。三国时属吴国，设建安郡，辖建安、南平、将乐、建平（建阳）、东平（松溪）、昭武、吴兴（浦城）以及候官、东安（南安、同安）共 9 县。西晋统一后，由于建安郡人口增加，于太康三年（282 年）从建安郡中分出晋安郡。从两晋南北朝到唐宋，由于中原战乱，北方汉族人民因避战乱大量南迁并辗转入闽，福建人口不断增加。至唐天宝元年（742 年）已有 91186 户，410587 人；到唐建中（780—783 年）又增至 93535 户，536581 人。至宋代，福建进入封建社会的鼎盛时期，人口持续增长，北宋元丰年间（1078—1085 年）福建路 1043839 户，2045918 人，至南宋嘉定十六年（1223 年），福建已有 1599214 户，3230578 口。[3]

随着大量中原移民的南迁入闽，中原姓氏也随之南迁入闽传播。

据《晋书·地理志》卷三一八云："闽越遐阻，僻在一隅。永嘉之后，帝室东迁，衣冠避难，多所萃止。"《三山志》载："永嘉之乱，衣冠南渡，始入闽者八族。"《福州府志》载：晋永嘉年间，"中州板荡，衣冠始入闽者八族，林、黄、陈、郑、詹、邱、何、胡是也"。[4] 而实际上在晋代以前就有不少姓氏入闽，比如，根据《闽台百家姓·吴》载，吴姓徙居福建历史悠久，公元前473年越灭吴时，吴姓先民为逃避战争祸患，由吴国迁徙入闽，西汉时期已聚族六千多户，人口三万众。[5] 又如，汉武帝时许州许濴，奉命讨平闽越，其子15人分镇闽地。[6] 另据《宁化客家姓氏》载，有管姓于东汉初入闽。[7] 据《紫云黄氏锦田大宗族谱》记载，东汉末有光州固始人黄道隆曾任会稽市令，后避乱入闽，成为锦田黄氏之祖。[8] 根据对《闽台百家姓》及各有关姓氏志书、谱牒文献资料的归纳整理，唐代以前入闽的姓氏大体上有：陈、林、黄、郑、詹、丘（邱）、何、胡、张、刘、杨、梁、锺（钟）、温、巫、王、吴、蔡、许、谢、廖、赖、周、江、萧、余、孙、魏、戴、邓、薛、卓、董、欧、汤、康、严、金、阮、邵、柳等41姓。

唐初，根据《漳州姓氏》记载，随陈政、陈元光父子开基漳州的河南光、中、蔡三州7000多将校府兵中就有中原姓氏58姓，两批共64姓，连同随军入闽开漳军眷姓氏共有87姓，形成众多的漳州姓氏开基祖。两批入闽开漳的64姓是：陈、许、卢、戴、李、欧、马、张、沈、黄、林、郑、魏、朱、刘、徐、廖、汤、涂、吴、周、柳、陆、苏、欧阳、司马、杨、詹、曾、萧、胡、赵、蔡、叶、颜、柯、潘、钱、余、姚、韩、王、方、孙、何、庄、唐、邹、邱、冯、江、石、郭、曹、高、钟、汪、洪、章、宋、丁、罗、施、蒋。随同入闽开漳军眷姓氏有40姓，其中不重复的姓氏有23姓：卜、尤、尹、韦、甘、宁、弘、名、阴、麦、邵、金、种、耿、谢、翁、伍、瞿、薛、上官、司空、令狐、吐万。[9]

唐末五代，黄巢自河南起兵反唐，历时7年，再度促成大规模的迁徙。当时，"中原乱，公卿多来依之"，从各姓的源流记载看，大都说其祖先来自河南光州固始。据明嘉靖《固始县志·隐逸》记载，王审知入闽带固始乡民"18姓"。其中记明的有：方、胡、龚、徐、顾、丘、白7姓。清末固始进士何品黎考证王审知带领固始乡民5000多人入闽。1994年出版《固始县志·人口迁徙》记载，随王审知入闽的固始籍民为27姓：陈、张、李、王、关、蔡、杨、郑、谢、郭、曾、周、廖、庄、苏、何、高、詹、沈、施、庐、马、付、董、薛、韩、孙等。而根据固始县史志研究室《根在固始》一书汇集近些年豫闽台有关文史专家考证的随王审知入闽的姓氏有王、陈、林、刘、郭、谢、吴、张、黄、周、许、杨、苏、邹、詹、薛、姚、朱、李、郑、程、严、董、吕、孟、连、湛、虞、庾、戴、蔡、庄、邓、柯、沈、萧、卓、何、孙、缪、赵、高、施、曾、卢、廖、马、傅、韩、释、余、骆、蒋、包、阮、袁、赖等57姓。[10]根据以上三种文献记载，唐末五代随王审知入闽的姓氏，剔除重复者，合并字义相通的姓，共有65姓，分别是：方、胡、龚、徐、顾、丘（邱）、白、关、庐（卢）、王、陈、林、刘、郭、谢、吴、张、黄、周、许、杨、苏、邹、詹、薛、姚、朱、李、郑、程、严、董、吕、孟、连、湛、虞、庾、戴、蔡、庄、邓、柯、沈、萧、卓、何、孙、缪、赵、高、施、曾、廖、马、傅（付）、韩、释、余、骆、蒋、包、阮、袁、赖。

另，根据《闽台百家姓》载述，唐至五代时期入闽的姓氏有：李、郭、洪、曾、廖、徐、叶、苏、庄、吕、罗、高、潘、朱、游、施、沈、赵、卢、颜、柯、翁、范、宋、方、杜、傅、侯、曹、丁、马、蒋、唐、冯、姚、石、纪、程、连、古、姜、田、邹、白、涂、尤、韩、龚、袁、陆、倪、夏、童、钱、伍、章、关、乐等姓。《漳州姓氏》载，辛姓最早在唐开元年间入闽；常姓在隋唐时期入闽，那么，至迟在唐朝时已入闽；商姓在唐末随王审知入闽。[11]《泉州姓氏堂号》载，留氏在唐朝入闽。[12]根据余保云《宁化客家姓氏》载，唐至五代时期从中原南迁入宁化的客家姓氏有：杜、纪、赖、李、傅、练、龚、余、陈、黎、江、尧、时、黄、羊、伍、马、魏、邹、范、杨、刘、温、伊、严、唐、邬、胡、施、孔、夏、高、涂、贝、柯、冯、薛、官、蒋、张、游、谢、何、吴、孙、彭、王、游王、郑、蓝、郭、董、晏等53姓。

综合上述有关唐至五代时期入闽的姓氏，剔除重复者，共有120姓，分别是：方、胡、龚、徐、顾、丘（邱）、白、关、庐（卢）、王、陈、林、刘、郭、谢、吴、张、黄、周、许、杨、苏、邹、詹、薛、姚、朱、李、郑、程、严、董、吕、孟、连、湛、虞、庾、戴、蔡、庄、邓、柯、沈、萧、卓、何、孙、缪、赵、高、施、曾、廖、马、傅（付）、韩、释、余、骆、蒋、包、阮、袁、赖、洪、叶、罗、潘、游、颜、翁、范、宋、杜、侯、曹、丁、唐、冯、石、纪、连、古、姜、田、涂、尤、陆、倪、夏、童、钱、伍、章、关、乐、练、余、黎、江、尧、时、羊、魏、温、伊、严、唐、邬、孔、贝、官、彭、游王、蓝、晏、辛、常、商、留。

到宋朝，全国政治、经济重心南移，同时，在两宋之际、宋元之交，由于战乱，许多中原人士纷纷入闽。这一时期新入闽的姓氏有：简、佘、阙、裴、占、斥、焦、鄢、邢、谭、聂、毕、郝、荚、崔、俞、华、危、饶、鲍、过、花、居、科、通、梅、艾、滕、熊、万、易、谌、莫、毛、蒲等姓。

尽管在宋元之后大规模的中原移民基本结束，但小规模、小批量的移民始终不断，因此，在元、明、清、民国时期也还有不少新的姓氏入闽，主要有：帖、文、揭、安、于、贺、龙、刁、桂、贾、房、修、封、褚、齐、任、单、项、史、段等姓。

综合上述各个时期入闽的姓氏，剔除重复者共有 204 姓，分别是：陈、林、黄、郑、詹、丘（邱）、何、胡、张、刘、杨、梁、锺（钟）、温、巫、王、吴、蔡、许、谢、廖、赖、周、江、萧、余、孙、魏、戴、邓、薛、卓、董、欧（欧阳）、汤、康、严、金、阮、邵、柳、庐（卢）、李、马、沈、朱、徐、涂、陆、苏、司马、曾、赵、叶、颜、柯、潘、钱、姚、韩、方、庄、唐、邹、冯、石、郭、曹、高、汪、洪、章、宋、丁、罗、施、蒋、卜、尤、尹、韦、甘、宁、弘、名、阴、麦、种、耿、翁、伍、瞿、上官、司空、令狐、吐万、龚、顾、白、关、程、吕、孟、连、湛、虞、庾、缪、傅（付）、释、骆、包、袁、游、翁、范、杜、侯、纪、连、古、姜、田、尤、倪、夏、童、钱、关、乐、练、黎、尧、时、羊、伊、邬、孔、贝、官、彭、游王、蓝、晏、辛、简、佘、阙、裴、占、斥、焦、鄢、邢、谭、聂、毕、郝、荚、崔、俞、华、危、饶、鲍、过、花、居、幸、科、通、梅、艾、滕、熊、万、易、谌、莫、毛、蒲、帖、文、揭、安、于、贺、龙、刁、桂、贾、房、修、封、褚、齐、任、单、项、史、段、常、商、留。

显然，由于资料不全，还有一些入闽姓氏未收入。因此，中原历代入闽的姓氏实际上有多少并无准确统计数字，但有据可考的至少有上述所列（扣除重复）204个。这 204 个姓氏绝大部分都是汉族姓氏，只有少数几个姓氏，如钟、雷、蓝等属于少数民族姓氏。此外，宋、元、明时期，还有来自中原以外的粘（元朝）氏、出氏（明朝）等北方少数民族姓氏，以及有来自阿拉伯后裔的丁氏（宋朝）、蒲氏（宋朝）、郭氏（元朝）、锡兰国的世氏（明朝）传入泉州地区。进入现代社会，人口出现了大流动，又有新的北方姓氏传入福建，但不在本文探讨之列。

二、从唐山过台湾

台湾人称大陆移民到台湾开基为"唐山过台湾"。台湾各族群的先民们都是在不同时期先后从"唐山"渡过海峡来到台湾的。台湾彭桂芳女士在《唐山过台湾的故事》中写道："'我们的祖先是从唐山来的！'这句话，长时期以来在台湾民间父告子，子传孙，一代叮咛一代。一直到今天，从来没有一个人会忘记：自己的'根'，是深埋在台湾海峡的彼岸，那一片五千年来绵延不绝孕育着炎黄子孙的芬芳泥土中。"

据史料记载,自明清以来,闽粤沿海地区人民,分别在明末郑芝龙经略东南沿海时期、荷据时期、明郑时期和清代乾嘉时期,先后掀起了四次移台高潮。此后,在抗战胜利、台湾收复后,也有不少大陆人民往台湾寻亲、谋生,或被抓去做壮丁,或随国民党党政机关撤往台湾。

台湾的大陆汉族移民在荷兰统治时代结束时(1661 年),大约是两万五千人左右。郑氏政权结束时(1683 年),大约是十二万人。光绪十九年(1893 年),全台人口两百五十四万余。一九〇五年日本人第一次在台湾从事比较科学的"户口调查",全台人口是三百一十二万。[13]

大陆移民,主要来自福建。连横先生在《台湾通史》中也写道:"台湾之人,中国之人也,而又闽、粤之族也。"据清末成书的《安平县杂记》说,台湾汉人隶漳泉籍者十分七八,隶嘉应、潮州籍者十分之二,其他福建府州及外省籍者仅占百分之一。[14] 1926 年日本殖民者对台湾人口祖籍地调查显示:全台湾人口总数 375.16 万人,其中祖籍地为福建省者 311.64 万人,占人口总数 83.1%。[15]

随着众多福建移民迁居台湾,中原姓氏也随到台湾传播。

根据泉州市 1991 年的调查,泉州清代以前至少有 101 个姓氏 8000 人迁居台湾开基。[16] 其中,百人以上的姓氏则有陈、林、黄、李、吴、蔡、郭、曾、梁、颜、康、白等姓,而陈、林、黄三大姓均超千人。主要迁移地点在西部沿海平原地带的台北、新竹、台中、台南、高雄、澎湖等地。[17] 迁台的 101 个姓氏分别为:陈、林、黄、张、李、王、吴、刘、蔡、杨、许、郑、谢、郭、洪、丘、曾、廖、赖、徐、周、叶、苏、庄、江、吕、何、罗、高、肖、潘、朱、钟、彭、詹、胡、施、沈、余、赵、卢、梁、颜、柯、孙、魏、翁、戴、范、宋、方、杜、傅、侯、曹、温、薛、丁、马、蒋、唐、卓、蓝、冯、姚、石、董、纪、欧、连、汪、康、白、涂、尤、龚、严、金、阮、倪、夏、柳、钱、出、伍、蒲、宫、祈、穆、粘、骆、雷、贺、褚、章、单、甘、辜、陆、欧阳、诸葛。

据《漳州姓氏》载:早在南宋祥兴二年(1279 年),就有两批漳州人去台湾。一批是参加护卫南宋末代小皇帝南逃的将士,他们在广东被击溃后,一部分人突围,逃往澎湖、台湾避难;另一批是同年四月元军进攻东山时,沿海百姓为避难而举家渡海到澎湖、台湾安居。[18] 近些年漳州市政协对漳台族谱对接做了大量卓有成效的工作,2011 年出版了《漳州与台湾族谱对接指南》。据此书记载,已查知的明清以来漳州共有 112 姓向台湾移民。这 112 个姓氏分别为:白、蔡、曹、陈、陈蔡、陈林、谌、程、戴、邓、丁、董、杜、范、方、冯、傅、甘、高、龚、官、管、郭、韩、何、洪、侯、胡、黄、纪、简、江、姜、姜林、蒋、康、柯、柯蔡、赖、蓝、李、连、梁、廖、林、凌、刘、柳、卢、陆、吕、罗、马、麦、倪、欧阳（欧、区）、潘、蒲、邱（丘）、阙、阮、佘、沈、施、石、宋、苏、孙、汤、唐、田、童、涂、汪、王、王游、魏、温、翁、巫、吴、伍、向、萧、谢、辛、徐、许、薛、严、颜、杨、姚、叶、尤、游、余、俞、曾、詹、张、张简、张廖、赵、郑、钟、周、朱、庄、卓、邹、左。

台湾之姓，大姓人口特多，小姓姓量特多。据 2007 年 6 月 12 日户籍登记资料统计，当年台湾总人口 22896250 人，共有姓氏数量 1542 姓，其中单姓 1422 姓，复姓 120 姓。前 10 大姓人口占台湾总人口数的 52.79%，而前 100 大姓人口 22105105 人，占总人口数 96.54%。[19] 小姓姓量特多的一个重要原因，是抗战胜利、台湾收复后，大陆各个省份的人民往台湾寻亲、谋生，或被抓去做壮丁，或随国民党党政机关撤往台湾导致的，但随众多姓氏迁台的人数相对来说并不多。因此，至今台湾占绝大多数人口的姓氏仍然是明清时期迁台的福建籍移民的姓氏。对此，我们可以从台湾前十大姓氏与福建省前十大姓氏的关联度得到佐证：

台湾前十大姓：陈林黄张李、王吴刘蔡杨。

福建前十大姓：陈林黄张吴、王李郑刘杨。[20]

从以上两个地区姓氏排序看，其前四大姓排名完全一样，说明闽台两地，陈、林、黄、张都是大姓。在福建前十大姓中除郑姓外（郑姓为台湾的第十二大姓），其他九大姓都在台湾的十大姓之列，仅后面几姓排列次序略有改变。闽台两地的前十大姓，都各占所在地区总人口的一半以上。

我们再从入台始况看。根据林永安、许明镇《姓氏探源—台湾百大姓源流》载，台湾前十大姓入台始况大体如下：

陈姓：明、清二代，陈氏族人渡海来台祖，以开漳圣王、太傅及南朝等三大支派为主，并以来自福建同安者居多。

林姓：明、清二代，林氏族人渡海来台祖，以福建漳州居多。

黄姓：明、清二代，黄氏族人渡海来台祖，多属黄守恭派下（黄守恭即泉州紫云黄氏始祖）。

张姓：明、清二代，张氏族人渡海来台祖，以张化孙十八大房、鉴湖等派居多（张化孙于南宋嘉泰二年〈1202 年〉从宁化县石壁村迁居上杭，后裔遍布闽、赣、粤、桂、湘、浙、港澳台及泰国、马来西亚等。唐昭宗干宁三年〈896 年〉，张延鲁请命屯垦晋江南岸，并迁居湖澄，后雅称鉴湖，即今湖中）。

李姓：明、清二代，李氏族人渡海来台祖，多属李火德派下（唐江王李元祥之后李纲，南宋高宗时拜相，其孙李珠迁居福建宁化，生子五：金德、木德、水德、火德、土德。宋末元初，李火德迁居上杭，为闽、粤李氏大始祖）。

王姓：明、清二代，王氏族人渡海来台祖，以福建籍居多。

吴姓：明、清二代，吴氏族人渡海来台祖，吴坤派下居多（后晋天福元年〈936年〉吴简子吴宣迁居江西临川，未几，携子吴纶再居今江西南丰嘉禾驿，后又徙居祝家山，吴纶次子吴宥，迁居福建宁化，是为闽、粤吴氏始祖，宥生四子，次子吴坤迁居永定，生三子，后裔传衍闽粤各处）。

刘姓：明、清二代，刘氏族人渡海来台祖，以刘开七派下居多（至宋宁宗嘉定元年〈1208年〉之后，刘氏东派后裔，自宁化经上杭，徙广东兴宁、平远，子孙传衍分支，而有刘开七肇基广东梅县，子刘广传及十四孙播居各地）。

蔡姓：明、清二代，蔡氏族人渡海来台祖，以青阳、琼林二派居多（青阳位于今晋江，琼林位于今金门）。

杨姓：明、清二代，杨氏族人渡海来台祖，以福建籍居多。

从上述入台始况看，大多数的入台始祖都来自福建，就算有一部分来自广东，但他们大多数人的祖籍地也都在福建。

台湾学者潘英在《台湾人的祖籍与姓氏分布》一书中指出："台湾的拓殖是近三、四百年来的事。台湾现住人民，除'先住民'外，都是近三、四百年来由中国大陆移殖过来的；而且这些由大陆彼岸移殖台湾的中国人，除台湾光复以后大批来台的所谓'外省人'外，绝大多数是来自闽、粤两省的所谓'福佬'（即从福建迁移到台湾的汉族人）和'客家人'。"根据他的研究，台湾在1956年9月共有87个大姓，它们依次是：陈、林、黄、张、李、吴、王、刘、蔡、杨、许、郑、谢、郭、洪、邱、曾、廖、赖、徐、周、叶、苏、庄、江、吕、何、萧、罗、高、潘、简、朱、詹、游、彭、钟、施、沈、胡、余、卢、颜、柯、梁、赵、翁、魏、孙、戴、方、宋、范、邓、杜、温、傅、侯、薛、钟、丁、曹、蓝、连、卓、马、石、蒋、古、欧、纪、董、唐、姚、程、冯、汤、康、田、汪、白、姜、尤、邹、巫、龚、严。这87个大姓仅占台湾总姓氏的8.5%，却囊括了台湾总人口的96.4%。其中以"福佬"人口居多的姓氏共73姓，以"客家人"人口占多者13姓，以"外省人"人口居多者1姓。[21] 根据相关研究资料表明，全球客家1亿多人口，其中台湾600万，大多认同根在闽西。[22] 由此可见，台湾绝大多数人的姓氏都来自福建。

三、两岸本同根

如前所述，闽台姓氏绝大多数来自中原，其中又以来自光州固始地区居多。历史上的光州固始位于今河南省的东南部，它北临淮河，南靠大别山，包括今淮河支流小潢河、白露河、史灌河流域。"光州"是中国古代的一个州（郡）级政区，"固始"则是一个县级政区。"光州固始"连称，始于唐代。"固始"，为光州的属县，这种关系一直延续到民国建立。[23] 古代光州固始地区大规模南迁入闽的基本原因当然是战乱。然而，为什么移民都是从光州固始而来呢？查阅相关资料，可发现此地具有一些独特的地理和人文条件，正是这些独特的地理、人文条件形成了历史上光州固始地区向外移民的社会基础：

一是地处战略要地。光州固始一带所在的史灌河流域通过淮河干流与华东地区连通，是中原地区进入华东的咽喉要地。春秋时期处于吴、楚两国交界处。秦汉以降，时而属于中原地区的"豫州"，时而属于东南部的"扬州"，因而有"吴头楚尾"、"豫南扬北"之称。它是南北交会之地，东西连通之区，进可取，退可守，地理位置十分重要，历来为兵家所必争。在没有大的战乱和灾荒情况下，此地应该是比较理想的人口聚集地。

二是物产相对丰富。就地貌而言，南部为山区和丘陵，北部为淮河及其支流冲积平原，地势平坦。光州固始一带地处淮河以南，气候四季分明，光照充足，雨量充沛，温暖湿润。境内河网密布，水系发达，既利于灌溉，也利于水上交通。战国时期，楚国的孙叔敖在淮河支流决河上兴建期思陂，建均济闸，设三孔闸门，开渠两道，引河水入众多小陂塘，以灌溉农田，这是一项大型水利设施。此工程几经后代重修，在历史上曾发挥巨大作用。固始县水利发达，有"固始水利甲中州"[24] 之称。由此固始自然是中原地区重要的水稻产区，鱼米之乡，又是茶叶、板栗、腊肉等农副土特产品的重要产地，因而有"北国江南"之誉。这样的地区更是符合人口积聚的地区。

三是多元文化交融。该地区夏商时期就有古老的部族方国存在。西周时有蓼（一作缪，夏东夷人皋陶之后）、蒋（姬姓国）、黄（嬴姓国）和弦等国。春秋时又有番（即潘，据说是祝融八姓昆吾之后），春秋中晚期，楚灭诸国，设置有蓼、黄、蒋等县邑。此外，又有雩娄（今固始县南），为吴国城邑。战国时期此地仍属楚，有曾、期思、雩娄等县邑。先秦时期这里就有华夏、苗蛮和淮夷人居住，有多个部族的封国存在，因此，该地区是一个多种民族相交汇的地区，也是多种民族文化相交融的地区。春秋战国时期，又是中原文化与荆楚文化、吴越文化的交汇融合之地。多种文化的相交融，必然促进各种文化相互取长补短，从而促进先进文化的诞生与发展。而文化的发展也必然促进社会环境的改善，促进人口的进一步聚集，为大规模南迁创造条件。

四是具备移民基础。固始县的始设属于侨县，它本身就是人民流移的产物。古代北方的百姓为避战祸和逃荒，曾多次被迫向南方大规模迁徙。北方汉人的南迁，大多由淮河支流汝、颍河东南下进入淮，或者从淮河上游沿河而下。为了安置北来的流民，东晋南朝的统治者就在江南、淮南设置侨州、侨郡、侨县。隶属于光州的固始县就是在南朝宋明帝泰始年间设置的侨县。非光州固始籍的北方人士来到这里，已经比较安全。于是他们在此集结、休整，再继续南迁。因而此地成为中原汉人南迁的积聚地和中转站。[25]另据固始县史志研究室《根在固始》载，固始地于汉唐时代，居住有较多的中原衣冠士族，这些衣冠士族聚族而居，世代耕读，具备一定的人力物力在朝代之末、战乱之际远徙入闽的条件。

从前述的分析中可以看出，光州固始这个地区是一个很适合人们聚集、生活的地区。因此，这个地方在中原北部遇到战乱或灾荒情况下，它就是避乱的好地方、逃荒的好去处，而当遇到更大战乱或更大灾荒时，也必然导致这个地方的人民再向外迁徙。仅唐至五代时期在光州固始地区就形成过两次移民南迁入闽高潮，形成了众多的姓氏随之迁徙入闽。

除了大量移民来自光州固始，也有一部分来自光州固始以外的中原地区。对此，可从众多闽台谱牒文献资料和一些地方志书中得到查证。如《台湾通志·人民志·氏族篇》记载，在1953年台湾的户籍统计中，当时户数在500户以上的100个大姓中，有63个姓氏的族谱记载其先祖来自河南光州固始。显然，其余37个姓氏就是来自光州固始以外的地区。据介绍，许多台湾人称自己为"河洛郎"或"河洛人"。"河洛"，泛指黄河与洛水交汇的流域。以今天的地域观念，其主要区域，即河南省全境，也即狭义的中原地区。[26]而广义的中原指黄河流域，包括今天河南省的大部分及陕西、山西、河北、山东的一部分。[27]因此，追根溯源，历史上闽台姓氏中主要大姓的来源绝不仅限于光州固始地区，而是涵盖了整个中原地区，甚至涵盖更广的黄河、长江两大流域，但绝大多数源于中原地区的定论不会有误。

我们看看台湾 2007 年前十大姓的郡望堂号：

陈姓：颍川（今河南许昌）、汝南、下邳、广陵、东海、河南（以上是郡号）、德星、德聚、德馨、三恪、绳武、存诚等堂号，其中又以颍川、汝南堂最为著名。

林姓：西河（今山西汾阳）、南安（以上是郡号），问礼、忠孝、永泽、林本、善庆、崇本、十德、济南、九牧等堂号，其中又以西河堂最为著名。

黄姓：江夏（今湖北云梦）、栎阳、安定、房陵、汉东、上谷、谯郡（以上是郡号），紫云、种德等堂号，而以江夏、紫云为最著。

张姓：清河（今河北清河）、南阳、吴郡、安定、敦煌、武威、范阳、犍为、沛国、梁国、中山、汲郡、河内、高平（以上是郡号），百忍、金鉴等堂号，以清河为最著。

李姓：郡号为陇西。

王姓：太原（今山西太原）、琅琊、北海、陈留、东海、高平、京兆、天水、东平、新蔡、新野、山阳、中山、章武、东莱、河东、金城、广汉、长沙、堂邑、河南（以上是郡号），三槐等堂号，以太原、琅琊为最著。

吴姓：延陵（今江苏武进）、渤海、濮阳（以上是郡号），让德、种德。

刘姓：彭城（今江苏铜山）、沛国、弘农、河间、中山、梁郡、顿丘、南阳、东平、高密、竟陵、长沙、河南（以上是郡号），藜照、德馨，以彭城为最著。

蔡姓：郡号为济阳（今山东定陶）。

杨姓：弘农（今河南洛阳）、天水（以上是郡号），四知、栖霞。

从上述我们可以清晰看到，台湾的前十大姓世代相袭的郡望堂号，多数位于古代的中原地区。其中的第一郡望分别位于现今的河南、山西、湖北、河北、甘肃、江苏、山东各地，除有 7 姓（陈、林、张、李、王、蔡、杨）的第一郡望位于黄河流域，另有 3 姓（黄、吴、刘）的第一郡望已经跨过了黄河，位于长江流域。因此，也可以说台湾前十大姓中的大多数祖先首先从古代的中原地区南迁入闽，而后又从福建迁往台湾的。当然，如果要从前一百大姓或更多的大姓姓氏郡望堂号看，也同样能说明闽台绝大多数大姓姓氏来源于古老的中原地区。

"参天之木必有其根，怀山之水必有其源"。闽台两地自古一家，两岸人民同祖同宗、同根同源，一脉相承，都是中华民族血缘的延续，即从中原延续到福建，又从福建渡过海峡而延续到台湾各地。

注释：

1. 转引自陈支平：《福建族谱》，福建人民出版社 2009 年版，第 128 页。

2. 《福建省志·人口志》，方志出版社 1998 年版，第 1 页。

3. 《福建省志·人口志》，方志出版社 1998 年版，第 5 页。

4. 《福建省志·人口志》，方志出版社 1998 年版，第 15 页。

5. 蔡干豪主编：《闽台百家姓》，海风出版社 2011 年版，第 105 页。

6. 蔡干豪主编：《闽台百家姓》，海风出版社 2011 年版，第 149 页。

7. 余保云：《宁化客家姓氏》，海风出版社 2010 年版，第 4 页。

8. 黄磐石主编：《紫云黄氏锦田大宗族谱》2008 年编印，原文记载："道隆公，河南光州固始县人也，为东郡会稽市令，黄舜夫之幼子，任官东郡会稽市令。东汉之乱，弃官入闽，初居仙游大尖山、小尖山之阳，即今之平明山，俗称双阳也。考盘瘝歌，矢高尚之志，后以里匪困扰，非宜所居，改迁于桐城（今泉州市）之西门，相土而居，爰留作室。其子又自桐城复归。"

9. 林殿阁：《漳州姓氏》，中国文史出版社 2007 年版，第 2191 页。

10. 参考固始县史志研究室：《根在固始》，第 81 页。

11. 林殿阁主编：《漳州姓氏》，中国文史出版社 2007 年版，第 65、1001、1383 页。

12. 许在全、林中和：《泉州姓氏堂号》，福建人民出版社 2006 年版，第 182 页。

13. 尹章义：《台湾开发史研究》，台湾联经出版事业股份有限公司 1989 年版，第 26 页。

14. 崔之清：《台湾是中国领土不可分割的一部分》，人民出版社 2001 年版，第 14 页。

15. 中国闽台缘博物馆：《闽台缘》，福建人民出版社 2006 年版，第 13 页。

16. 实际上应该包括清代在内。

17. 陈晓亮、万淳慧：《寻根揽胜话泉州》，华艺出版社 1991 年版，第 43 页。

18. 林殿阁主编：《漳州姓氏》，中国文史出版社 2007 年版，第 2201 页。

19. 林永安、许明镇：《姓氏探源——台湾百大姓源流》，大康出版社 2009 年 1 月版，第 41 页。

20. 许明镇：《台湾姓氏与中国大陆之渊源》，载蔡干豪主编《闽台百家姓》，海风出版社 2011 年 6 月第 1 版，第 9 页。

21. 潘英：《台湾人的祖籍与姓氏分布》，台原出版社 1998 年版，第 42 页。

22. 《首届海峡百姓论坛文选》，2007 年印发，第 48 页。

23. 张新斌：《"光州固始"的历史文化解读》，《寻根》2009 年第 1 期。

24. 程有为：《"光州固始"在南迁中原汉人中的地位》，《寻根》2009 年第 1 期。

25. 参考纪谷芳：《光州固始南迁入闽移民简论》，《魅力中国》2011 年 3 月（中）总第 144 期。

26. 郑淑真等:《根在河洛》,华艺出版社 2000 年版,第 45 页。

27. 王永宽:《中原姓氏寻根概述》,《固始移民与闽台文化研究》,九州出版社 2010 年版,第 263 页。

（作者系中国闽台缘博物馆文献信息中心主任、副研究馆员）

弘扬族谱文化是增强中华民族凝聚力的重要途径

董承耕

所谓凝聚力一般是指人与人之间亲和力、聚合力和向心力。民族凝聚力是一个民族内聚和汇合的基础，对国家的统一和社会的稳定产生巨大的作用，对国家和民族的发展会形成强大的创造力和生命力。中华民族凝聚力是我国综合国力的重要组成部分，是中华民族全体成员组成一个统一的有机整体，并确保中华民族发展的内在力量。这种凝聚力是由多种因素交互作用形成的。纵观历史，弘扬以血缘为纽带的族谱文化，是影响和产生中华民族凝聚力的重要基础和途径。因此，加强族谱文化建设，大力组织修撰、宣传和开发族谱文化，对于增强中华民族凝聚力有着重大意义。

一、族谱文化的内涵

族谱也称家谱、宗谱、世谱、祖谱等等，是家族记载本族世系和重要人物事迹的书籍。它是以表谱形式，记载一个以血缘关系为主体的家族世系繁衍和重要人物事迹的特殊图书体裁，所以也就是家族的档案。它不仅记载着该家族的来源、迁徙的轨迹，还包括该家族生息、繁衍、婚姻、文化、族规、家约等历史文化的全过程，即家族发展的生命史，具有很高的历史价值和文化价值。

族谱是姓氏文化的重要部分。所谓姓氏文化，是指与姓氏有关的物质文化和非物质文化，其内容包括姓氏的起源、流变、家庭播迁、名人事迹、世系、宗祠、家训、郡望、堂号、字辈等等，以及由此形成的尊祖敬宗、报本反始、寻根问祖等族姓与民族文化认同理念。可见，族谱本身覆盖姓氏文化的基本内容。所以，研究姓氏文化不能不研究族谱文化。

族谱是中华民族的三大文献之一，正如现代历史学家认为，所谓历史包括国史、地方志、族谱，由此三足鼎立的史书才能构成整个国家历史的全部。五千年华夏文明史就是不同血缘姓氏为纽带的宗族繁衍生息、播迁交融兴衰更替的发展史。在漫长的历史长河中，中华姓氏传承延续，升华凝结，形成了一种超越时空与地域内涵丰富的文化体系，包括族谱、祠堂、陵墓、历史人物等社会的各个层面，是中华传统的瑰宝。可见，族谱在姓氏文化中，以至于整个中华传统文化中占有极为重要的地位。

二、弘扬族谱文化是增强中华民族凝聚力强大的思想武器

族谱文化的内容十分丰富，但归结起来主要有三大部分：一是世系图，即某人、某个家庭的世系所承，居于何代，其父何人；二是按世系图中所列各人的先后次序编定的，分别介绍各人的字号、父讳、行次、时代、职官、封爵、享年、卒日、谥号、姻配等；三是以族规、家训、家法为主要内容的附录等。族谱的功能繁多，但与内容相对应的主要有寻根留本、增知育人、承前启后等作用。从这里，我们不难看出，族谱文化研究对增强中华民族的凝聚力有重大影响。

1. 弘扬族谱文化是增强中华民族凝聚力的内在动力。

族谱是以血缘为基础的家庭关系的方面表现，是家庭成员的"户口簿"。因此族谱文化对亲缘关系的作用主要表现为两个方面：一是凭证。通过它把已存在的亲缘关系联结起来。二是纽带。促进宗亲成员的向心力，把以血缘为纽带的家庭成员凝聚起来。所以，族谱文化最核心的价值就在于它的凝聚力。

族谱所体现的这种血缘关系是自然的，不以人们意志为转移客观存在的，同时这种关系经过长期文化的熏陶而产生文化认同感，必然在人的感情上产生牢固亲和力和吸引力，这是任何人都无法否认的。俗话说"血浓于水"就是这种现实生活的生动写照。

族谱文化从狭义上，是讲一个姓氏的人只有一个祖先，即所谓"同姓都是一家"、"五百年前是一家"，对于不同姓的人就有不同的祖先。但从广义讲，由于中国历史的特殊性不同姓氏的人，又都有共同的始祖。据研究，我国当今几乎所有的姓氏都与炎黄二帝联系在一起的。传说中炎黄二帝以后各自诞生了许多姓氏，如许、高、姜、吕、谢等都是炎帝的后代，而张、王、李、赵、刘、杨、董等都出自

黄帝。实际上，姓氏的发展是非常复杂的，在其过程中经长期离合演化，今天的同姓在历史上不一定是同宗同姓，同出于一个祖先，但心理上仍然认同是同一个祖先，其共同的始祖是炎黄二帝，自称是炎黄子孙，这种认同不仅是血缘上的，而且更重要的是文化上的认同，这种认同感将产生了巨大的向心力和凝聚力。

因此，族谱文化（姓氏文化）生命力最旺、感召力最强、凝聚力最强。中国历史发展的独特现象，使中华民族是成为安土重迁的民族，他们一般不到万不得已不会离开家乡，这种对家乡的眷恋都体现在对家庭的向心力上，所以中国人不管走到哪里，都不会忘记自己的祖先，更不会忘记生已养已的父母之邦。"寻根"是中国人的传统，通过对自己身家源流的寻访，找回自己的"根"，而在这种"寻根"活动中，族谱文化在其中扮演着十分重要的角色，族谱这种纽带，在几千年传统文化的影响下，已经成为中国人凝聚宗亲群众，团结族群的一个强大动力。

2. 发挥族谱文化作用是增强中华民族凝聚力的思想基础。

维系一个民族的凝聚力，文化认同是很关键的一个因素。姓氏文化，除了血缘认同外，很重要的就是文化认同。一个姓氏、一个家庭在起源、发展、演变中，形成了颇具特色的家族文化，如家谱中的族训、家规等，这是一个家族、一个姓氏乃至整个民族向心力、凝聚力的基础。

族训、家规是各家族自己制定的约束和教化家族成员的家族法规，其中一部分是规约，族人必须遵守，否则以家法制裁；另一部分为训语，主要为劝戒的内容，讲述做人行事的道理，也叫"家教"，是伦理道德的集中表现，也是前人留下来的精神财富的核心。

当然，由于受到时代的限制，在过去的族训、家规中有不少封建糟粕，必须去伪存真，但最主要是保留着许多优秀的传统美德。如敬父母、和夫妻、重亲情、勉读书、尚节俭、戒淫秽、防懒惰、反奢侈等，它主张尊祖敬宗、孝顺父母、爱护兄弟姐妹，建立和睦家庭，提倡邻里友爱、团结互助、建立和谐社区，坚持扬善避恶，反对伤风败俗，这是非常珍贵的文化遗产和精神财富。

族谱中的族训、家规渗透着深厚的儒家的伦理观念。儒家文化以群体为本位，以家庭为中心，着重人伦价值，强调"亲亲为大"、"爱有差等"、"入则孝，出则悌"，家、族、宗、国，由近及远，抵又及人，"修身、齐家、治国、平天下"、"追求从家庭和谐到社会和谐的一个有序的理想社会"。可见，中国人对儒家思想为主要内容的家规、族训的道德文化认同，是增强凝聚中华民族的重要思想基础。

3. 发挥族谱名人效应是增强民族凝聚力的榜样作用

记述家族历史名人是族谱的重要内容。各个氏族在历史发展的长河中都曾出现过许多先贤伟人。在他们身上体现了爱国主义为核心的民族精神，严于律己、清明廉政的高尚品德，不怕艰辛、自强不息的奋斗气息，敢于追求和谐、注重道德的高尚人格，勇于奉献、讲求厚德载物的宽广气度，主张革新鼎故、与时俱进等优良品质。这些都成为后代子孙学习的榜样。以董氏为例，在悠久的历史中就出现过许多贤达，他们在中国文化、教育、政治、经济、伦理道德发展史上都留下不可磨灭的辉煌篇章。从远古驯龙能干的董父到春秋不畏权贵的"良史"董狐，从西汉今文经学大师并被号称中国历史"第二圣人"的董仲舒，到近现代中国伟大的无产阶级革命家、党和国家卓越领导人董必武，以及在解放战争中出现的战斗英雄董存瑞等等，名人辈出。纵观我国几千年的文明史，几乎每个时期都有一批董氏精英应运而生，脱颖而出；几乎每一个重大历史事件都有一批董氏族人纵横捭阖，积极参与；几乎每一个重要历史转折点都有一批董氏族人横力跃马，叱咤风云。

"榜样的力量是无穷的"，在族谱名贤录中所记录本家族在发展过程中涌现出来值得后人学习的优秀人物及其生平事迹，包括官员、文臣、武将、专家、学者、能人、义士、艺术贤达、社会名流、工商名人、战斗英雄、贞节烈女以及对家族发展作过重大贡献或重要影响的人，这些一件件生动的人和事无不让族人自豪，对后人有很好的激励、鼓舞作用。

首先，对后人会产生光荣感、荣誉感，觉得出生于这样的家族中很自豪，从而增加亲和力；其次，认同感。学有榜样，催人上进，产生向心力；三是了解名人生动事迹就会受到感染，从而产生号召力、动员族人向志士仁人学习。这些亲和力、向心力和号召力都是构成凝聚力的重要元素。所以大力宣扬和学习先贤事迹和高尚品质对增强中华民族凝聚力能起到不可估量的榜样作用。

三、大力加强族谱文化建设，为构建中华民族凝聚力作贡献

1. 加强科学编修族谱工作

当前在修篆谱牒工作中存在着两种倾向：一是认识不足。中国修谱由来已久，从甲骨文档案中，可以看到早在商代人们就开始修撰谱牒，直到民国时期修谱之习仍未改变。新中国成立后，曾一度把修谱当作封建宗法制度的糟粕，被完全禁止，"文革"期间又被当作封资修的东西加以破坏，使许多家族出现无谱或谱牒资料残

缺的现象，到了80年代祖国进入改革开放时期，在海内外人民交往日繁，在"三胞"寻根问祖的推动下，修谱工作又得以恢复。但不少地方对此仍然认识不足，认为这是"吃力不讨好"的工作，以及在修谱中存在"三缺"状况："资料缺"，过去很多历史资料均已掉失或支离破碎；"资金缺"，要集资十分困难；"人才缺"，不少资历丰富的人已去世，或年老精力不足，而年轻人因工作繁忙，对修缮不理解，家族意识日益淡漠，不愿投入，从而畏难情绪很大。正是因为这样，我们就必须加大动员，提高认识，把这项工作看成是功在当代、利在千秋的大事，正如古人所说，不重修谱这是一种不孝的表现。要组织强有力的修谱班子，要深入实际开展调查清理"家底"。实际上组织修谱的过程就是增进同族人相互了解（密切上下左右族人的关系）、合作（有钱出钱有力出力）的过程，也是团结海内外宗亲开展引资、促进家乡建设大好机会。比如我们从1988年下半年开始修撰《八闽董氏汇谱》，此前对福建省董氏人口分布、人员多少一概不知，开始每到一地，宗亲们对我们充满不信任感，并要多方盘问，甚至要查看身份证，后来我们走了70—80个村庄，接触了上千人，基本上弄清了董氏在福建省的基本情况，到后来我们每到一处都受到普遍的欢迎，所遇到的宗亲都非常亲切，大多数人都愿在人力物力上给予大力支持帮助，可见修纂族谱的过程就是团结族人、增强族人凝聚力的过程。二是存在着片面性。主要有三个方面：一是照搬过去的历史资料（对旧谱中存在封建伦理道德思想没有进行去伪存真）；二是攀附假托现象（为光宗耀祖往往攀附帝王、名臣为自己的先祖；三是书善隐恶，在谱中只书清官名人、奇才、烈女，而对于"叛逆"、"败伦"者则采取"除名"出族等做法。这些都不同程度上有损族谱的真实性，减少族谱的可信度，所以我们在修谱一定要防止这种片面的作做，上对得起祖宗，下对子孙负责的态度，编出科学性强可信度高的有质量的族谱。

2. 有计划地组织寻根、寻亲活动

寻根认祖是一种民族文化的认同的活动。"参天之木，必有其根，怀山之水，必有其源"。在中国人观念中，特别重视乡土之情，依恋本源，讲究重生报本，尊祖敬宗。寻根是中华民族固有的一种传统心态，中国人自古以来就有这种"认祖归宗"的传统，这对增强中华民族凝聚力、促进和推动祖国统一大业的实现有重大意义。因此，我们要有计划地精心组织海外"三胞"恳亲和到台湾认亲活动。

中华民族在自己独特的环境中，经过几千年的酝酿由众多族源融合、自然形成以汉族为核心的多元一体的伟大民族，相对独立共同生活的地理生态系统，漫漫历

史长河的共同创造，彼此密切交往不断分化和融合，形成了中华民族大家庭，也产生了千技一本、万水同源的民族凝聚力。今天炎黄子孙已经走向世界，遍布五大洲。尽管他们之中有不少人入籍所在国，但对大多数而言，国籍认同的改变，但并没有改变他们民族认同和文化认同。近年来，他们每年一度，不远万里的远涉重洋，汇聚于泊水之滨、桥山之巅的华夏始祖轩辕黄帝陵前，共告"五洲风雨疾，华夏有炎黄"，"爱我中华，报效祖国"，这就是血浓于水的感情。可见，搞好海外侨胞回乡寻根问祖活动是很有价值的。当前利用族谱同根同源同族的资源欢迎台胞到大陆寻根和组织大陆人员赴台寻亲意义特别重大。台湾是中国固有的领土，台湾现有 2300 万人中，祖籍福建的逾 80%，台湾百家姓的前 10 名的排序几乎与泉州一致。去年我会就首次组团到台湾访问，与 8 个董杨宗亲恳会开展恳亲活动，所到之处都受到宗亲的热待，加深亲情、友情和乡情，收到很好的效果。"慎终追远，孝悌为先"是中华民族传统美德，像一条坚韧的纽带横跨于海峡两岸，产生很强的凝聚力，从两岸宗亲"寻根"、认亲的实践中深刻体会到，一本族谱、一座祖墓、一幅祖像，看似平常，但对于寻根的台胞来说，却是情之所系、根之所托，有千钧之重。因此，对于这项赴台恳亲活动我们一定要进一步深入开展下去。

3. 把修谱、建祠、祭祖有机结合起来

家谱是家族关系的实际记录和依据，没有它就无法把族人之间联结起来。寻根问祖就无从谈起。祠堂是家族的象征，是姓氏的重要标志，是一姓一族放置先辈灵牌、祭礼亡灵的场所。也是亲缘联络的中心和凝聚感情关系的重要场所。由于宗族分支分散各地，人数众多，不易集中，唯有通过祠堂的修建、维护和管理，把分散的宗族成员联结起来，进而通过祠堂祭祀活动，增进亲缘个体间的团结、理解与合作，达到增强特定亲缘团体的集体力量。祭祖恳亲就是中国对祖先的崇拜，含有追悼死者勉励生者、慎终追远不忘其本的意思。人们通过祭祖融合亲族关系，联络亲族感情，促进亲系的形成。祭祖是亲缘文化不可或缺的重要部分，是亲缘文化凝聚力的重要表现。

因此，人们要把修谱、建祠、祭祖三者有机地结合起来，这样就能很好地促进海内外宗人的了解、合作和团结，从而有力地增强中华民族凝聚力，促进祖国和平统一，实现中华民族的伟大复兴。

（作者单位：福建省社科院）

谈闽台关系文献：以《卢氏宗图》为例

廖庆六

一、前言

以族谱文献之内容为依据，我们可以看出闽台两地之间，在血缘与地缘方面之关系相当密切。在现有各姓氏家族所编修之族谱中，可以找到有关两地深厚关系之佐证数据，包括姓氏人口结构、血缘宗族组织、裔孙寻根谒祖及住民移出与迁入之地域、堂号与墓碑之题名。事实上，从这些家族史料中，可以证明闽台在历史发展及地理连结上，两地确实具有无可取代的方便性与必然性。关于闽台之关系文献，以《卢氏宗图》内容为例，其中就记载不少重要的家族信息，包括姓氏源流、修谱序文、世系宗图、历次修谱、历史名人等等资料，从这些珍贵历史资料，都足以见证闽台两地卢姓宗亲在血缘与地缘之间的传承与互动关系。

《卢氏宗图》编修于清嘉庆十三年（1808 年），编修者是始祖理成公第十四世、卢氏安溪卓源派下裔孙卢允霞。在宗图中记载当时他"移居台湾北路淡水艋舺街"，并于"嘉庆十三年仲冬，回家稽阅族谱，敬录是图"。由此可知，修谱者祖籍地是在福建安溪，后来他移居台北艋舺街，并早在清嘉庆十三年，就回到祖籍地去抄录族谱。这是一幅姓氏宗图，内容仅有谱序及世系两部分，其中有卢氏六大房之衍派、迁徙台湾裔孙之名单、历次修谱人名与序文，其主要功能在于提供子孙辨别世系，同时也可见证闽台两地姓氏家族之历史发展关系。阅读谱中之关键性人物，借此还可延伸了解卢经的"忠谏"事迹，卢允霞的"京控"事件，窥探卢若腾之"抗清"经过，以及台湾设立各种"祭祀公业"之缘由，这些课题与当时的政治、军事、司法、社会，均牵涉到一些关联性。本文将以《卢氏宗图》之内容作为基本资料，再辅以台湾公私藏卢氏族谱文献内容，同时也亲自访谈在台卢姓宗亲。文章内容涵盖卢氏之渊源、世系、丁口、字辈、修谱、谱序、名人，依序介绍，并附上宗图复印件，以资探讨早期卢姓之家族历史，并借此次研讨会之机会，就教于方家。

二、卢氏渊源

卢氏系出于姜太公之后，这是众多卢氏族谱所记载的姓氏渊源，例如《始兴卢氏五修族谱》记曰：卢氏系出于姜，后有傒公，食采于卢，因以为氏。汉封太尉长安侯绾为燕王，后裔居涿郡，魏更涿为范阳，卢氏遂以郡望"范阳"为灯号。

1. 依《卢氏宗图》内容记载

远祖：如金公，河南光州固始人，宰相卢杞叔父。唐朝时，随岳父陈元光入垦福建云霄。传至云陂公，移居永定太平里。

始祖：理成公，徙漳州龙溪县目（墨）场，宋嘉熙元年（1237年），移居汀州连城，再迁居龙岩。其后裔于明成化七年（1471年），迁居漳平县永福里世禄乡蔼平山。

房祖：理成公传二世祖志能公，志能公传三世祖太常公、讳清，明洪武十三年（1380年），钦升武略将军。生子六人，分成六大房，其中老大房生二子，分成两支。从第五世起，子孙散居福建各地开基，其各房支祖及分居地如下：

第四世房祖————→第五世开基各房支祖

老大房：△亨哥公┬△秉华公、安溪卓源祖

　　　　　　　　└△秉崇公、长泰青阳祖

老二房：△孟二郎→△吴福公、兴化祖

老三房：△孟三郎→△福财公、南安澳下祖

老四房：△孟四郎→△崇智公、漳平祖家

老五房：△孟五郎→△秉头公、漳平祖家

老六房：△孟六郎→△秉恭公、南安福居祖

迁台：迁居台湾之房派裔孙，仅有老大房秉华公、安溪卓源祖第七世尧平公及永安公派下之裔孙十五人；第7世尧平公传下裔孙只有一人，第7世永安公传下五房支派计有十四人。其他各大房派，包括老大房秉崇公及老二房、老三房、老四房、老五房、老六房派下，宗图并未记载有迁徙台湾之裔孙。

2. 依姓氏专书及相关文献记载

卢姓之由来，始于炎帝神农氏，氏生于姜水之滨（渭河支流），故以姜为姓。

及齐太公六世孙齐文公有子高，高有孙小白，春秋时，傒与小白交厚，后小白之兄齐襄公为公孙无知所杀，傒联合其他大臣，平定内乱，杀公孙无知，迎立小白为齐桓公（公元前 684 年）。桓公为表彰傒之功劳，封傒为齐国上卿，并赐祖父之名高为傒之姓，食邑于卢（今山东长清县西南），子孙为卢氏，是为卢姓之始。傒为卢之鼻祖，炎帝生于姜水而姓姜；高、许两姓又为炎帝之裔；而炎帝之后，尧之臣伯夷佐禹治水有功，封吕侯，子孙改姓吕。是故，姜、高、许、卢、吕、纪等姓氏，实同出一源，因此在台湾各地，即有"烈山五姓"宗亲之联谊。

现今卢姓在台湾地区人口数约十一万人，在姓氏总人口排名中，位居第 42。台湾各地卢姓之祖籍，绝大部分属闽南籍，粤东籍次之。据考证，清乾隆五十五年（1790 年），移住台北艋舺的安溪人渐多。[1]根据族谱文献考证，兴化店卢家和北新庄卢家，这两支派同为唐末御史中丞卢邹，宋代卢童，明初员外郎卢孝忠之后裔，祖先开基福建同安，他们与金门贤聚卢氏，同以卢邹公为入闽始祖。在现在新北市所辖淡水区的卢氏，及淡水兴化店卢家和三芝北新庄卢家，都是当地的名望大家族之一。新北市之卢氏近代名人，包括有曾经担任台北县议会议长卢阿山，淡水镇农会前理事长卢再传，历任三芝乡长、台北县议员卢根德，台湾省"立委"卢修一，前台北市教育局局长卢启华，前台北市卢姓宗亲会及台北市烈山五姓宗亲会理事长卢忠义等多人。其中卢再传、卢启华、卢忠义三人之先世，都是来自福建安溪卓源乡龙头社，同属卓源祖派下之裔孙。[2]

台湾地区由卢氏族人成立的宗亲会组织，包括：台北市卢姓宗亲会、桃园县卢姓宗亲会、新竹县卢氏宗亲会、彰化县卢氏宗亲会、宜兰县卢姓宗亲会、金门卢氏宗亲会、台北市烈山五姓宗亲会、高雄市烈山五姓宗亲会等。著名的祭祠公业团体，则有新北市卢察院祭祠公业、新北市卢世馨祭祠公业、新竹县卢电光祭祠公业等。

三、世系

1.《卢氏宗图》内容仅记世系及谱序

依《卢氏宗图》内容之记载，卢氏世系图起自始祖理成公，并涵盖理成公之第四世、六大房裔孙（第一世理成公→第二世至能公→第三世太常公→第四世亨哥公、孟二郎、孟三郎、孟四郎、孟五郎、孟六郎）之谱系；但本宗图记载之世系内容，仍以老大房第五世秉华公安溪卓源祖之谱系为主体，从第四世亨哥公传衍至第七世永安公，其派下之裔孙世系颇为详细，简记如下。

2. 第四世六大房

老大房：△亨哥公┬△秉公、安溪卓源祖（续3）

　　　　　　　　└△秉崇公、长泰青阳祖（续8）

老二房：△孟二郎→△吴福公、兴化祖（略）

老三房：△孟三郎→△福财公、南安澳下祖（略）

老四房：△孟四郎→△崇智公、漳平祖家（略）

老五房：△孟五郎→△秉头公、漳平祖家（略）

老六房：△孟六郎→△秉恭公、南安福居祖（略）

3. 卓源祖传至第七世有三子

△秉华公→△凯畴公┬△尧清公（略）

　　　　　　　　├△尧平公（略）

　　　　　　　　└△永安公（续4）

4. 第七世永安公传第八世分五房派

长房：△永安公→△仕元公（略）

二房：△永安公→△仕良公（略）

三房：△永安公→△仕嘉公（略）

四房：△永安公→△仕异公（略）

五房：△永安公→△仕宽公（续5）

5. 第八世仕宽公传至第十世分五支

△仕宽公→△启甫公┬△道萃公（略）

　　　　　　　　├△道仪公（略）

　　　　　　　　├△道就公（续6）

　　　　　　　　├△道御公（略）

　　　　　　　　└△道搏公（续7）

6. 第十世第三支道就公传至第十四世允霞公回祖籍抄谱

△道就公→△呈两公→△明第公→△维师公→△允霞公（迁台、抄谱者）

7. 第十世第五支道搏公传至第十三世迁台五人

△道搏公→△呈雄公┬△明章公┬△维双公（迁居台北）

　　　　　　　　│　　　　└△维掌公（迁居台北）

```
            └△明集公┬△维准公（迁居台北）
                    ├△维我公（迁居台北）
                    └△维敫公（迁居台北）
  8.青阳祖传至第十世乔权公（忠谏卢经公）
△秉崇公→△祖仲公┬△志锐公（略）
              ├△志毓公→△元辅公→△汝凤公┬△经公（乔权）
              └△志盛公（略）                ├△绅公（略）
                                           └△纶公（略）
```

四、丁口

1. 统计数字

依照传统宗族社会观念，《卢氏宗图》记录卢氏之家族世系与祖先人名，亦以"丁口"人数为限；包括所有男丁裔孙，及婚娶入门的媳妇（祖妣），其余女子人名，则一概未予收录。在旧时代，丁口既是统计人口的基本计量单位，亦是派征丁银、徭役的依据标准。以《卢氏宗图》所记录的丁口数为例，从第一世始祖开始，到第18世最后一代为止，总丁口数约在一千左右，并以老大房卓源祖派下资料较为齐全。为了突显迁徙台湾者都在第13世至第16世之间，本文即以卓源祖第13世至第16世，这四代男丁之丁口数进行统计。第13世至第16世男丁之"丁口"数，共有526人，包括：第13世男丁91人，第14世男丁123人，第15世男丁172人，第16世男丁140人。

2. 迁台始祖

依据《卢氏宗图》之记录，迁居台湾之房派，仅有老大房秉华公、安溪卓源祖第七世尧平公及永安公派下之裔孙十五人。第7世尧平公传下裔孙只有一人，他是第15世荣泡，迁居台北。另外第7世永安公传下五房支派，其派下徙台裔孙计有十四人，其名单与迁居地如下：长房二支迁居台南八人，包括第13世维文，第14世允自、允静、允畿、允言、允重、习节，及第16世煜进；五房三支迁居台北一人，第14世允霞；五房五支迁居台北五人，第13世维双、维掌、维准、维我、维敫。以迁台人数跟各代男丁之丁口人数相比，第13世是6：91；第14世是7：123；第15世是1：172；第16世是1：140。以总数计算比率是15：526；

以百分比计算，则移出丁口仅占祖籍地男丁总数之 2.8%。

五、字辈

字辈是后代子孙进行血缘寻根之密码，从《卢氏宗图》之世系人名中，约略可以看出第 7 世永安公派下所用之字辈，与卢氏相关族谱文献所记载者，他们所用的世代字辈大致吻合，从此可以佐证卓源祖裔孙之血缘关系。

1. 依《卢氏宗图》之记载

《卢氏宗图》没有单独记录字辈名称，但从世系所记录之祖先人名，大致可以归纳出他们的字辈。从第 7 世永安公算起，传至第 18 世裔孙，当时他们所用的字辈，依序为："种仕甫道呈、明维允锺英、克得"。另外据台北卢忠义先生所提供之族谱资料，他们迁居台北淡水这一支卢氏家族，其历代祖先之辈分字号，为："种仕甫道呈、明维允锺英、克得振大业、乃世绍康宁"，卢忠义先生属第 20 世"大"字辈。

2. 依卢氏族谱文献之记载 [3]

老大房卓源祖永安公派下之字辈，从第 7 世永安公"种"字辈算起，传衍至第 26 世"宁"字辈为："种仕甫道呈、明维允钟英、克得振大业、乃世绍康宁"，与淡水卢氏之字辈，完全相同。

3. 传衍世代

以《卢氏宗图》抄谱之年代作为断限，截至清嘉庆十三年，当时卓源祖永安公派下已传衍至第 17 世属"克"字辈；另依宗图上所记之资料，有老四房崇智公"漳平祖家之裔孙"当时已经传衍至第 18 世"元"字辈。虽然他们同样都奉理成公为第一世始祖，但是属于老大房第七世永安公派下所用之字辈，显然不适用于其他各大房派之子孙。

六、修谱

据《卢氏宗图》数据记载，有始祖理成公之子孙，从明末清初年间创修族谱与宗图，传至卢允霞最后一次续修，他们总共有六次修谱之记录：

1. 八世大玉公，九世魁谐公、魁环公，稽前辑后，约明末清初，兴修宗图族谱。

2. 呈三公接承而重修之，顺治元年。

3. 明灿公辑而续之，康熙三十六年。

4. 允明公又辑而续之，年不详。

5. 允文公又辑而续之，乾隆五十四年。

6. 允霞公又辑而续之，嘉庆十三年仲冬。

以上六次修谱人名之房支别：第一次是由大四房漳平祖裔孙（8，9 世）共同修纂；第二次呈三公（11 世）属安溪卓源祖永安公派下五房三支裔孙；第三次明灿公（12 世）属永安公派下长房二支裔孙；第四次允明公（14 世）属永安公派下长房二支裔孙；第五次允文公（14 世）亦属永安公派下五房三支裔孙；第六次卢允霞（14 世）也是永安公派下五房三支，他于清嘉庆十三年（1808 年）回籍完成抄谱工作使命。

查阅现有台湾地区族谱目录，除旧本《卢氏宗图》外，另外可以提供给卢氏族人重修族谱参考之族谱文献，附记如下：

1. 《卢氏家谱》，（清）卢元璞序，同治十一年（1872 年）抄本。

2. 《姜卢纪氏族谱》，姜卢纪氏族谱编辑委员会编辑，商工文化出版社 1967 年出版。

3. 《卢氏大族谱》，卢俊华编辑，创译出版社 1972 年出版。

4. 《金门贤聚卢姓族谱》，卢怀琪编纂，金门县卢氏宗亲会 2006 年出版。

5. 《卢氏来台玉招公派下大族谱》，卢文凡编撰，2004 年 12 月出版。

七、谱序

在《卢氏宗图》中，共有六次修谱之记录，但仅留下五篇族谱序文，谨附记以供参考如下：

1. 创修族谱序

追维卢姓根源始祖之所自出，系姜太公，讳尚、字子牙、号飞熊先生，年八十，遇文王，师之佐治西岐，赐名吕望，旋佐武王，兴周八百载，武王称为尚父，封国于齐，世子傁，齐食邑于卢，遂以卢为姓。由是分支衍派，世传天下。凡姓卢者，皆本于此也。遂有汉之中郎卢植公，刘玄德公师事之，则为天下三大师之列。唐有卢照邻、卢怀慎等，为四杰齐名，兼有三世清洁之芳声。宋有卢一成，为乡贤之列，明有卢经公，为天下大巡之首，因忠谏而入忠祠。清有卢焯公，为巡抚部院，皆扬于祖德。其余古今或文或武，公卿大夫，难以概述。至我福建开基始祖如金公讳铁，原系河南光州固始县人，从岳父陈将军讳元光，来辟云霄为县治，陈将军殁，如金公同功臣徙治龙溪之郡城，如金公始置家目场。自唐以来，着姓于此，则卢杞之叔父也。公殁而宰相卢杞有祭文在目场存焉。第福建姓卢者，又皆本于目场也。至云陂公讳宗善，开基永定县太平里高陂大塘凹，祖祠系倒地眠牛形牛口穴，又私祖牛尾穴，至我蔼平山一世祖理成公，移居汀州府连城县广党桥下，住七年，猎游来龙岩县，遂卜居焉。溯其年，乃宋嘉熙元年也。至大明成化七年，入漳平县永福里世禄乡，即今谓四十坑也，方甲社蔼平山住，生我二世祖志能公，生三世祖太常公，生六子：长曰亨哥，次曰孟二郎，三曰孟三郎，四曰孟四郎，五曰孟五郎，六曰孟六郎。志能公即肆才公，太常公即清公。嗣后子孙散处异地，各宜按谱参稽，以知本源之衍着焉。

卢清公，洪武三十五年累战成功，十一月二十日钦升武略将军、庄浪卫中所副千户。永乐二年十二月廿一日，钦追与世袭父卢肆才赠武略将军、营军副千户。母王氏赠宜人。龙字三百六十一号卢千户房屋牛皮滩鸡心崎。

始祖理成公世传汀州府连城县广党人也，宋嘉熙元年，来居蔼平山，遂生志能公，志能公生太常公，奕业相承，历今九世矣！唯恐世远谬知，即以志能为高祖，太常为曾祖，修而统之，开支分派，世代着明，次第定秩，启垂厥后，世世相承，俾知同气连脉，和睦相亲，以时祭祀，尊尊亲亲，或有散处异地，世远不归，开宗立族，而后富贵者，亦知所自来，追祀祖宗矣，譬诸天下之尊京师，万水之朝宗于海也。余是游学于乡，命予为之序。

主谱八世嗣孙大玉、修谱嗣孙魁谐、魁环。
宋嘉熙元年十二月买得阿留旨并伊夫弟陈公蔼平山上孟坪盖屋成祖今祠宇重修。

2. 重修族谱凡例

王者易姓受命为一世，又曰三十年为一世，今以父子相继为一世，上自高祖，下及玄孙，以五世为提头者，五服之义也，玄孙再提而为九世，又再提而为十三世，皆五服之义也。何也？己身以上，而为高曾祖考，以下而子孙曾玄以支分言之，有伯叔兄弟堂从，及于嫡子庶子之别，故服有齐衰斩衰，杖朞大功小功缌麻之降杀，谓之五服也。然五世服则竭矣，所办找名分而已。修是谱者，所以图列提头为准也。书其人而及其裔、系其源而别其派，长子从父以着代，次子并长以同行，宗支兄弟不以齿拘，各从其派者，皆从五服支降杀，九族支亲亲也。上下而推之，则见源流知所自，旁行而列之，则见子孙之多少，执是谱者在所当知，阅是图者，宜从世推耳。吾清溪卓源者，出于奉天诰命武略将军卢清公之苗裔也，源流派𣲙，定籍漳岩，挂玉籍于帝阙袭恩宠于王朝，可谓言炳丹青，行垂今古矣。追溯宋朝嘉熙元年，我理成公来居漳平县蔺平山遂升志能公，公生太常公，公生六子：长曰亨哥，生叔华公，即谓之秉华。公卜迁清溪崇信，传世凯畴公，生三子：尧清、尧平、永安，永安公审择卓源龙头，奕业相承，纪世十有三矣。从兹子姓繁衍，或有分处异地，卜鼎他郡，不有斯谱，何以知源流之有自，而敦其一本之谊哉？余是稽往辑来，重修谱牒，俾后人尊祖敬宗之谊，较若列眉，至于族茂麟趾，驰名玉阶，爱敬尽于一人，显懿光于京者，则又所以致孝也，所以隆本也，诚能发愤自强，联振家声，继述先人未成之事，彰扬祖宗积德之征者，孝立而本固，盛德巨业至矣哉。吾氏唯善观而自得，庶无负于斯谱云尔。

顺治六年岁在己丑夷则月望日序

嗣孙森斑呈三甫重修

3. 三修谱序

夫族谱云者，乃载子姓历代之昭穆，与夫一族之生死、葬祭、婚姻、嫁娶，俾尔子孙，同觐其详，孝弟油然而生矣。唯以世远人多，集处星居，先人虑其愈久而愈忘，追溯源流支派，历叙根据着落，编修上下二部，以遗后人，人人安得置之为故纸，而不继述先人之志事者乎？是嗣孙呈三甫，修辑所从来也甚矣，呈三甫其大有俾于后人也。古本蠹坏，遗帙失字，呈三甫稽查前后，登记二部，使不有呈三甫，而子姓之昭穆出处，几几乎无自而晓矣！谨依呈三甫重修上下二部，细查未及编志者，复重修之，览斯谱也，则鼻祖耳孙，昭昭可考耶。

大清康熙叁拾陆年岁次丁丑仲秋之月

嗣孙履炼明灿甫重修

4. 四修谱序（阙）

5. 五修谱序

乾隆五十四年重修族谱序

族之有谱，固所以载世代源流及生死婚娶坟墓，而实所以联一本敦宗睦族之谊也。礼曰：上治族考，旁治兄弟，下治子孙。推而衍之，联而续之，所谓以天地之心为心者，天下无不爱之，人民以祖宗之心为心者，天下无不和之，族姓以父母之心为心者，天下无不友之兄弟是也。吾族自永安公，着代卓源，自立为宗，呈三公溯其源，详其流，修为斯谱。嗣后明灿公辑而续之，允明公又辑而续之，固不欲其遗逸散失，使后人无所稽查。第一本例，不应三四手笔，于是即前所修者，重新之，而未及修者，复辑而续之，又恐其难于稽查，因以永安公为本源，而以五房分为五派，又于各派之中，从道字行，复分其派，各附卷帙，俾后嗣子孙，按谱索之，隆一本之亲，上治下治旁治，而以天地父母祖宗之心为心，敦吾宗睦五族可也。

乾隆五十四年岁次己酉葭月至日序

嗣孙扬烈允文氏拜志

6. 六修谱序

夫人生在世，上各有姓氏，当知有根有祖。有根有祖，则有宗有族，有族有宗，则以知世代奕叶相承之有自也。欲知世代流传之有自，故先人设着有宗图族谱，以传之后世，后世接而承之，如川流不息矣。夫故有宗族者，不可不慎重于宗图族谱者也。盖我卢姓始祖，相传系佐兴周八百年之姜太公，传至我如金公，始入福建，传至云陂公，又传至理成公而生我志能公。前谱深远难稽，即有八世大玉公、九世魁谐公、魁环公，稽前辑后，兴修宗图族谱，以开基蔼平山理成公为一世祖。由是卓源龙头永安公裔孙，呈三公接承而重修之。嗣明灿公辑而续之，允明公又辑而续之，允文公又从而续之。余阅是谱，深悉先人慎重宗谱，实使后人知所尊祖敬亲、敦宗睦族之至意。由是敬之弥高，感之弥深，遂录承宗图全幅，根本分支，奕叶相承联续，得以便观，挂于祠堂之上，俾子姓人等，得以目覩而时醮，诚使之家喻而户晓也。

十四世裔孙秋金允霞拜图

嘉庆十三年仲冬回家阅族谱敬录是图，移居台湾北路淡水艋舺街。

八、名人

有关宗图所列历史名人，以卢经最为显著，卢允霞次之。另附记金门籍宗亲卢若腾于此，以供史事佐证之参考：

1. 卢经（1571—1649 年）

依《卢氏宗图》之记载：第十世乔权、讳经，天启乙丑科进士，为河南大巡，忠谏入祠。子三，皆为庠生，孙一名开官。卢经家族之世系图如下：

```
世：5        6      7        8        9       10       11       12
名：△秉崇→△祖仲┬△志锐
              ├△志毓→△元辅→△汝凤┬△经——┬履嘉
              └△志盛                ├△缙   ├△履远
                                     ├△绅   └△履诰—△开官
                                     └△纶
```

在《卢氏宗图》中，卢经是理成公第十世裔孙，属于老大房青阳祖秉崇公之六世孙。据民国十八年（1929 年）《同安县志》记载："卢经，字一得，万历壬子举人，天启乙丑（1625 年）进士。初授行人，升侍御史，巡按河南。有宗室莱阳王者，以受献挐一诸生到府楚掠。经甫下车，即明断其曲。王惧，遣长史求勿疏。弗许，竟以此获谴下狱。少宗伯陈子壮、科臣李汝璨等，皆特疏申救，始得论成放归，年七十九。"[4] 卢经很晚才中进士，当官却做到十三省巡按、四川道监察御史，任职都察院，后来又做河南道巡按。因处理一件案件，发现有一皇叔霸占民田、欺压当地的百姓，就对这个皇叔严肃处理。因此得罪了皇亲国戚，他就被贬坐牢，后来经过朝廷忠臣力排众议，最后才把他救出来，从此告老还乡，回到福建同安。卢经为官表现高风亮节，体恤百姓，忠谏直言，政绩卓著。清雍正元年（1723 年），朝廷为卢经恢复名誉，御赐"忠谏"匾，以示表彰。雍正五年（1727 年），敕命在长泰青阳建祠。过了将近 300 年，2012 年 2 月 25 日厦门市（集美）召开"卢经陵园"重修竣工庆典，从此卢经之墓，列为厦门市第二批涉台文物古迹保护单位。[5]

2. 卢允霞

依《卢氏宗图》之记载：第十四世允霞，字秋金，配黄氏，有子三，孙四人。父维师公、讳奇总，圣朝皇恩三赐，享寿九旬，娶郑氏、生四子，又梁氏。移居台湾北路淡水艋舺街。嘉庆十三年仲冬，回家稽阅族谱，敬录是图。允霞公家族之世系图如下：

```
世：8        9        10       11       12       13       14       15       16
名：△仁宽→△启甫┬△道萃
              ├△道仪
              ├△道就┬△呈三
              │     ├△呈两一△明第┬△维师┬△允素
              │     ├△森瑛        │    ├△允藏
              │     ├△呈卫        │    ├△允泰
              ├△道御              ├△允霞┬△钟益┬△鸿谋
              └△道博        └△维令        │    ├△鸿源
                                          │    ├△煜富
                                   ├△钟专一△煜山
                                   └△钟印
```

《卢氏宗图》就是允霞当年亲自抄录并保留下来的族谱文献，这也是他对台湾卢氏家族保留珍贵家族史料所做出的贡献。但是，到嘉庆末年，他先因举发运粮胥吏陋规而被判刑，并在道光初年演变成为一个"京控"事件。关于清代台湾运粮陋规、允霞被诉罪经过及后来的"京控"缘由，在姚莹（1785—1853 年）《东槎纪略》及连横（1878—1936 年）《台湾通史》中均有相关记载。阅其内容，包括：台湾运粮缘起，仓吏多方挑剔与胥吏陋规，商人勉强应命，米价跃贵，民食被害。尤其针对卢允霞部分，更指控曰："卢允霞谓所善商人：'我能革陋规！'众信之，以为谋主。设馆，征各船户钱为讼费。"据《台湾通史》史卷二十记载，当时台湾府知府（1823—1825 年）方传穟（1775—?），他对运粮相关案件，提出以下之言论：虽稍有赔费，亦由船户自图巧利，为口员、胥吏之所挟持，遂成陋规，非无故而致也。若裁去运谷，则商船自此不识奉公之义。设一旦有意外之征发，反兴嗟怨，以为不当役使之意。履霜坚冰，由来有渐，其不便者四。卢允霞一无赖讼棍尔。昔尝以唆讼拟遣，逢恩赦归。又盘踞鹿港，煽惑商民。假控革陋规之名，设立公馆，每船抽费数十。是以奸民暴敛也。各商船户唯泉郊数人稍稍附之，余皆已悟其奸，有赴厅控其假公者。此前岁邓丞所以往毁其馆也。彼挟此恨，又为众船户所归尤，故冒死叩阍，以塞众人之责。始因敛费而控陋规，继因陋规而陈改制。是以一奸民而敢横议，变乱祖宗成法矣。虽停罢商运之议，启自杨桂森，然桂森之议，昔已不行。今则因卢允霞之控而行之，是奸民舞智，反优于邑令之建言也。其不便者五。

这是方传穟呈报上级有关改制台运之部分理由，其中牵涉到卢允霞之声名。另据《东槎纪略》卷一"筹议商运台穀"记载，闽浙总督（1819—1821年）赵慎轸同意台湾知府方传穟看法，水师提督许松年则力阻其议，其文曰："文恪公深然之，水师提督许公松年力阻其议。适卢允霞入京师上控，求罢商运，事下督抚议。司道乃采杨桂森之说，停止商运，请台地供粟半收本色，以给台营，半收折色，每穀一石改征银一两二钱，以给内营，即全数划抵台湾兵饷。台地免一领一解之烦，内地免解饷遭风之虑，每年又可省运脚银六千余两。"依清史档案之记载，道光九年（1829年）时，卢允霞"京控"事件终于有刑部原拟以军流定罪之咨文，最后却因卢允霞病故而作罢。[6]回顾历史发展，当时官方先有彰化知县（1810—1812年）杨桂森改征折色之请，再有污蔑"奸民卢允霞有敛钱叩阍"之控。但是迨至道光七年（1827年），官方终于做出"仍复旧章，不计粱头；又以眷谷折色，每年减运二万余石，商力稍纾"之结果。

从以上史料分析，卢允霞是因"台湾运粮"（简称台运）所孳生之问题而被诬，继而他才采取"京控"之后续动作，从此可以得出三点结论：一地方讼案与"京控"事件之发生时间，约在清嘉庆十五年（1810年）至道光九年（1829年）之间；二卢允霞虽被定罪，却因先有"逢恩赦归"，再因病死而将其"京控"事件了结；三地方官员指明卢允霞"始因敛费而控陋规，继因陋规而陈改制"，由此可以看出清朝官府确有诸多陋规弊端发生，而"台运"政策终获改善，更与卢允霞之"京控"有密切之关系。事实上，卢允霞在涉案之前，他于嘉庆十三年（1808）即肩负寻根及抄录《卢氏宗图》之工作使命，而宗图记载卢允霞之父亲维师公，曾蒙"圣朝皇恩三赐"，享寿九旬高龄；加上因他个人之冒死"京控"，终而改除官方之弊政。由此诸多事实推论，卢允霞绝不会是讼棍奸民之类才对。

依《大清律例》，清代的地方审级分为县、府、司、院四级。如若初审不服，应逐级控府、控道、控司、控院，越诉者笞。其有冤抑径赴京城都察院、通政司或步军统领衙门呈诉者，名曰"京控"。京控可以说是一种非常上诉行为，而京控审结之案件，就是终审裁决的案件。对于清朝"京控"制度，学者已有不少研究成果。他们列举控诉属实之案件，同时也对胥吏陋规，百姓冤屈等情事提出不少之评论意见，例如赵晓华《略论晚清的京控制度》一文，及李典蓉《清朝京控制度研究》一书即是。[7]

3. 卢若腾（1600—1664 年）

卢若腾，金门贤聚卢氏始祖、复斋公第 11 代孙。若腾字闲之，一字海韵，号牧洲，又号留庵，别号四留居士。其直系祖先为第三世亨房天佑公（汝禹）派下，祖父必登公、讳一桂，父懋玑公、讳道炳。若腾生一子审卿、讳饶研。早年三试未中，崇祯九年（1636 年）丙子科举人，崇祯十三年（1640 年），登庚辰科进士榜，召对称，旨特授兵部武库清吏司主事。一生历官本司郎中兼统京卫武学，升浙江布政司参议分司宁绍巡海道，升提督军务兼理粮饷，巡抚温、台、宁、处都察院右都御史，都御史加兵部左侍郎，再加尚书通议大夫。[8]卢若腾是南明忠臣，有"卢菩萨"之美称。据《福建通志》记载，清兵渡江入闽，若腾投水为人所救，乃之长泰，偕傅象晋、郭大河等募兵起事，所"望山之师"也。另依族谱所载，卢若腾在浙江失利后，乃回闽之葛山，与傅象晋、郭大河等人举义，屯兵望山，欲乘间图武安，后因兴师不利，偕王忠孝辈居岛上，自号留庵。隆武四年（顺治五年，1648 年），卢若腾等人来归，郑成功蓄积实力后再次出击，攻克同安县。永历十八年（康熙三年，1664 年），将渡台湾至澎湖，三月十九日，卒于澎湖；先葬于澎湖太武山，后徙回本乡。

另据卢若腾于明永历二年（1648 年，清顺治五年）手撰《青阳卢氏族谱序》一文，其中有一段文字，似可佐证此段史事，以及他与卢经之间的交往。序文之记载如下：

家之有谱，犹国之有史……闽漳卢氏，系自唐怀慎，子曰奕、曰铁，铁字如金，从岳父陈元公（光）辟建漳，封龙岩县城，因置家墨（目）场，嗣后子孙散处，传二十余世。……于洪武间，以军功封宽和卫千户侯，弟亨袭职，而亨次子曰秉崇者，占籍于泰（长泰）之青阳山，见山峦水秀，因之习累世不文焉，加以崇重师儒，余之得成一第，亦所玉就。仁里若斯，安得不克大厥家乎？未几而得一公，果耀高第，中土代狩，威风劲节，不避贵戚，声名藉藉士庶间，始信立德立功之有征矣！追岁甲申（1644 年），而麒山难作，继而南都失守，山河风景无异，城郭人民已非矣！及今戊子（1648 年），余乃披发入山，再至斯地……益以是知青阳之福，未有艾也。故不惮详叙之，以见积累者之必兴云，戊子正月谷旦……侄孙若腾拜叙。[9]

青阳卢氏"得一公"，就是指卢经。卢若腾之谱序"戊子（1648 年），余乃披发入山，再至斯地"，就是指《福建通志》记载卢若腾"乃之长泰，偕傅象晋、郭大河等募兵起事，所望山之师也"一事。虽然卢若腾之入闽始祖，与卢经之入闽始祖有别，但两人都是少数福建同安籍卢姓进士及第者，两人都担任过明末都察院御史，同属卢姓之光。另一方面，卢若腾对台湾的历史渊源，要比卢经更为深厚，因为卢若腾晚年参与郑氏反清复明大业，他到过澎湖，可惜壮志未酬而身亡。

九、结论

《卢氏宗图》留传台湾已有 205 年（1808—2013 年）之久，这一幅手抄本族谱文献，其中含有不少重要的家族信息，包括姓氏源流、修谱序文、世系宗图、历次修谱、历史名人等数据，其史料价值颇高。从这些珍贵家族史料中，可以见证闽台两地卢姓宗亲，他们在血缘与地缘之间的传承与互动关系。另从相关族谱文献与历史档案中，可以澄清旧时代闽台两地卢姓名人之事迹，由此可证，这是一件重要的闽台关系文献。

在《卢氏宗图》历次修谱序文中，记载卢氏共有六次修辑族谱纪录，而卢允霞是最后一次亲自抄录族谱世系及祖先人名之宗亲。自他而后，至今已经超过两百年，除偶见一些简略家谱数据，或祭祀公业系统图等祖先人名数据外，在台湾尚未有族人续修族谱之举动或刊印族谱之成果。在《卢氏宗图》记载家族成员中，至少有 15 位祖先在清初就来到台湾垦殖发展，他们都迁居在台北与台南两个地方，目前其子孙人数与分居地方，因资料欠缺而未能详考。反之，在台卢氏宗亲未必能够知道他们的迁台始祖，为了建立一个比较完整的家族历史，因此由卢氏宗亲发起合作计划，并以《卢氏宗图》数据作为基础，大家共同进行族谱世系对接工作，确有其必要性。

在《卢氏宗图》世系祖先人名中，从第四世分散福建各地开基，其中要以青阳祖派下、第十世卢经公之功绩最为显著，明末卢经公为官"忠谏"之精神，确实值得后人之敬仰，但是青阳祖及卢经公派下裔孙，从《卢氏宗图》世系资料，与所见族谱文献及明清档案史料中，皆无法看到可以用来佐证卢经与台湾历史发展具有直接之关系。再者，依当时世系所载迁台发展者，仅有卓源祖派下裔孙十五人，与当时原乡卢氏丁口比较，其比率低于百分之三。据查，卓源祖派下裔孙在台湾淡水设立一个"卢察院祭祀公业"宗族组织，但其受祭人应该不是青阳祖裔孙卢经公，因为他与淡水族人没有直系血缘关系，而且"卢察院祭祀公业"之祭祖日期，订在每年阴历的十一月初一日，这是他们卓源祖第 14 世祖习记公之祭日。再者，金门籍卢若腾也担任过御史，他还到过澎湖。以两人的为官经历观之，卢若腾与卢经都可尊称为"卢察院"。到底"卢察院"是指何人？或单纯以此命名祭祀公业而已。其详情如何？确实有待后人进一步考证。

现存《卢氏宗图》是由迁居台北的卢允霞一人，亲自回籍抄录的重要家族史料，不幸后来卢允霞身陷与"台运"有关之讼案。若以姓名、地籍、年代等关系条件作判断，台湾史料及档案中所记载的"卢允霞京控"事件，应与抄录《卢氏宗图》的卢允霞同属一人无误。以二百年前旧时代的时空环境来说，他被清朝官员污蔑而蒙冤，他因立志革除陋规而冒死"京控"，最后因故免受鞭笞、坐牢及流徙三千里之苦，却对当时的弊政改革带来重大影响。于国于家，卢允霞一生都在付出与贡献。此时此地，后人对于他的事功与冤屈，亦应给予适度的肯定与平反。总而言之，卢允霞已随《卢氏宗图》而历史留名，这是研究卢氏族人迁台历史及清朝中叶台湾人"京控"事件的好素材。从拜读《卢氏宗图》之内容，与卢允霞之历史事迹中，吾人确实可以获得一些启示。

注释：

1. 廖汉臣：《艋舺沿革志》，《台北文物》，第二卷第一期（1953 年）。

2. 族谱编辑委员会：《姜卢纪氏族谱》，彰化：商工文化出版社 1967 年版，第 56—57 页。

3. 族谱编辑委员会：《姜卢纪氏族谱》，彰化：商工文化出版社 1967 年，第 51 页。

4. 吴锡璜总纂：《同安县志》卷 28（1929 年）。

5. 厦门市涉台文物古迹保护单位卢经陵园重修竣工纪念册（2012 年 2 月）。

6. 台湾"中央研究院"历史语言研究所藏《明清史料》，事由："移会稽察房本部议覆闽浙总督孙尔准等奏审明定拟安溪县民卢允霞京控台湾配运内地官谷文武员弁暨丁胥需索规费等情并妥议台运配谷章程一折"（登录号：151268-001）。据户部（道光九年四月）题名《户部为遵旨议奏事》文件，《数字典藏与数字学习联合目录》http://catalog.digitalarchives.tw/item/00/28/9c/83.html（2013/05/19）浏览。

7. 赵晓华：《略论晚清的京控制度》，《清史研究》1998 年第 3 期。李典蓉《清朝京控制度研究》，上海古籍出版社 2011 年版。

8. 卢怀琪总编纂：《金门贤聚卢姓族谱》，金门县卢氏宗亲会 2006 年，第 110 页。

9. 同上注，第 32—33 页。

（作者系台湾著名谱牒专家，美国祖先网（www.ancestry.com）退休顾问）

闽台谱牒的特点与文化价值

蔡干豪 林 庚

闽台谱牒的基本特点

根植于中国宗法社会的姓氏谱牒，伴随着民族文化产生而产生、发展而发展，是民族文化的宝贵遗产。随着中原士族移民福建，族谱开始在福建产生与发展。唐代以后，福建编修族谱兴起。宋代以后，随着政治、文化中心的南移，福建的家族制度趋于完善，谱牒文化的体系也基本确立，体例也趋完备。明清以后，福建人大量迁移台湾，台湾谱牒兴起，又形成了闽台同根同祖的谱牒文化。从当前保存下来的族谱来看，福建家族的族谱最早的是宋代开始修撰的，闽台族谱基本上都是在明代开始修纂的。清代，谱牒体系细化的现象更加明显，一般的世家大族除了共同编修总谱外，各房各支还编修房谱、支谱。同姓宗族之间还共同编修统谱或联谱，有些同源而不同姓之间也有修合谱。

家谱，是记载一个以血缘关系为主体的家族世系繁衍及其重要人物事迹的特殊图书形态。它产生于上古时期的商朝，完善于封建时代。3000多年来，家谱在不同时代显现出不同的形态，发挥着不同的作用，其价值与特色非常值得我们研究和探讨。谱牒，又称族谱、宗谱、家乘、家谱、家传等，是记录家族迁徙、发展的轨迹和家族人物的世系、传记的史书，与国史、地方志构成我国三大志书。家谱种类丰富多彩，根据家谱记载范围的大小可分为总谱、大宗谱、宗谱、房谱、支谱、房谱；按照编撰特色又分为宗谱、统谱、合谱、联谱等；根据家谱纂修部门的不同又可分为官修家谱、私修家谱。

闽台两岸谱牒由于历史的原因，在历史上都发生过多次的中断修撰的问题，20

世纪 50 年代在台湾开始复兴，80 年代改革开放以来，随着海外华人归乡"寻根热"的出现和中华民族传统意识的复兴，福建谱牒文化重新兴盛。尤其是福建的谱牒文化作为海峡两岸血缘认同的重要依据，对海峡两岸和平发展和祖国的和平统一大业有重要意义。

（一）闽台谱牒有共同的源脉。纵观闽台族谱，多数都称源自"河南固始"。谱牒文化是宗族制度的产物，福建宗族制度随着北方士民不断地移居福建而逐步建立。福建和台湾民系主要是中原迁徙入闽入台，共同的血脉，形成了共同的修谱族系基础，多数族谱可以对接。

（二）闽台谱牒有共同的修谱理论。闽台族谱除了承继中原撰修谱牒的理论体系的四种基本的记述格式——欧式、苏式、宝塔式和牒记式以外，宋代福建出了两个谱牒学专家，一个是北宋的泉州人吕夏卿，在编纂《新唐书》时，创设《世系》诸表。另一位是南宋的莆田人郑樵，在《通志》中，创立了《氏族略》。他们对谱牒学的研究成果影响全国，对闽台谱牒的修纂起到重要理论指导作用。

（三）闽台谱牒的修撰规范完整。一是结构完备。闽台传统族谱主要有以下几个部分的内容：1. 谱序；2. 凡例；3. 家族的世系和血缘关系图表；4. 恩荣录；5. 族规；6. 祠堂、祖墓、族产、契约文书；7. 人物传与科名录；8. 艺文与轶事。二是脉络完整。明朝建立以后，大兴修谱之风，出现普及化态势，福建各地民间不仅家族有谱，而且根据家族的延伸，家族的分支或各房也修撰支谱、房谱、家谱。三是定期续修。一般为小宗谱 30 年一修，也就是一代人修一次；大宗谱 60 年一修，各个家族都把修谱修撰作为重要的永久性事业。四是有完备的修纂谱的仪式和相关规程。

（四）闽台家谱的相关机构众多。修撰和研究、收藏机构不断出现。海峡两岸都出现由宗亲自发组织的临时修谱机构，形成从乡村到城市的经久不衰的谱牒文化热。在各地各宗族族谱研究的基础上，出现了许多谱牒修撰机构，台湾姓氏源流学会比较早，随后闽台的各姓宗亲联合会、各姓氏协会、姓氏源流研究会等专门研究机构陆续涌现。谱牒作为学术研究的价值日益受学术文化界广泛重视。

（五）闽台族谱收藏的多样化，千余年来，历代所修家谱是难以计数的，这其中绝大部分因年代久远，已经湮没于历史的长河之中。留传至今的和新修的家谱，大约不会少于数万种。这些家谱，分藏于海内外各类公藏机构和私人手中，其中公藏占有主导部分，私藏更不容忽视，私藏肯定超过公藏。台湾出现存谱机构比较早，20 世纪 50 年代初就大量涌现。现在闽台的公共图书馆、各地的文化馆、博物馆、纪念馆、档案馆、档案室、文物商店、修志会机构都有多少不等的收藏，台湾高雄和闽西都有专门的客家族谱馆。

（六）专业机构的出现和参与。台湾的文献会在 20 世纪 50 年代就开始族谱研究工作，收集整理了大量台湾族谱，对全台谱牒和人口迁徙、祖籍状况进行全面调研，编著出版了大量的很有价值的研究资料。福建闽台缘博物馆、漳台族谱馆是近期出现的闽台族谱专项研究机构。1984 年以后，福建省陆续成立省、市、县三级地方志编纂委员会，编纂三级志书，一些从事地方志工作的人员被聘请参加族谱的编修工作，形成地方志与谱牒同时发展的局面。到 20 世纪末，福建省地方志编纂委员会决定编修姓氏志，各市、县也同时进行姓氏志的编纂。姓氏志主要是在各姓族谱的基础上进行编纂的，对现存的新、旧族谱进行较系统的介绍，更加凸显了族谱的文化价值，推动了族谱更大规模的编修。

可见，闽台谱牒文化因为同根同源有许多共同的，密不可分的特色。

闽台谱牒文化的作用

一、谱牒的历史文化作用

不同时代的家谱，在当时的社会、政治、经济、文化活动中，都曾发挥过不同的作用，其最初的最根本的作用是"别婚姻"。从商周到汉代，家谱的主要作用是祭祀祖先、证明血统、辨别世系，以利优生优育，同时又是权力和财产继承的依据。进入魏晋南北朝的门阀社会后，家谱在政治、社会生活方面的重要性大大增强，家谱的主要作用是证明门第，做官、婚姻嫁娶以及社会交往等，都要以家谱为依据，家谱由家族文献转而成为一种政治工具。隋唐两代，取士多由科举，家谱在选官方面的政治作用削弱，在婚姻等方面的作用增大。宋代以后，取士、婚嫁不看重门第，各社会阶层的成员升降变迁也很频繁，家谱的政治作用基本消失，编修家谱成为家族内部的事情，家谱的作用也随之发生变化。宋元明清几代家谱的纂修主要是为记录家族历史，纯洁家族血统，尊祖、敬宗、睦族，团结、约束家族成员，教育后代，提高本家族在社会中的地位和声望，家谱的教育功能增强，家谱中大量出现家族祖先的善举恩荣和各种家训、家箴，对于传播封建伦理、稳定社会秩序发挥了一定作用。因而，家谱的纂修无论是唐代以前还是宋代以后，往往都得到政府的支持和鼓励。此外，明清两代科举取士，各地中举名额都有一定数额，一些考生往往冒移籍贯，避多就少，迁往文化相对不发达地区，以期容易考上，就如同当今高考前变更籍贯一般，为此，经常引起诉讼，家谱此时又将发挥证明作用。清代旗人袭爵、出仕，需要出示家谱以为凭据，这可以看做是家谱的政治作用的一点绪余。所以福建的少数民族也与汉人一样，重视家族族谱的修撰，使福建族谱修撰文化延绵不断。

闽台两地由于姓氏五源文化关系紧密，但由于海峡的隔离，两岸家族分多聚少，加上过去交通不便，台湾海峡无风三尺浪，所以对族谱的重视程度更有加。为有利于认祖归宗，对去台湾的记载尤其注重，如云霄何地的《何氏族谱》清清楚楚记载了清代东渡台湾的 300 多人。而能带到达台湾的族谱也是很有限。多数人只能记住自己的郡望堂号。

二、闽台谱牒的现实意义

首先，谱牒有社会科学研究价值。族谱中仍然蕴藏着大量有关人口学、社会学、民族学、民俗学、经济史、家族制度以及有关地方历史和人物的资料，具有很高的史料价值。当代地方文化，特别是地方志的编纂对族谱编修的影响很大是人文学科的重要研究依据。对于古代人物研究具有相当权威的资料价值。由于家谱的特点是记录家族人物，重要人物专门写有传记，而且支脉清晰。这些资料，虽然会有溢美之词，但大多数内容还是可靠的，完全可以填补史学研究的许多空白。谱牒为移民问题的研究提供了第一手资料。在中国历史上，各朝代人口的流动是很频繁的，而任何一部家谱都要记录族源和迁徙情况，本家族的始迁祖由何处而来，迁居原因，经何处而定居此地，定居后又有哪个支房迁出，迁移的原因、数量、迁居何处、移民生活、移民与当地土著的关系、迁居与本房的关系等，都须记载清楚。

其次，谱牒有重要海外联谊价值。福建是我国重要侨乡，也是台湾同胞的主要祖籍地。台湾同胞和海外侨胞到福建寻根问祖，使谱牒具有政治意义上的作用。在海外的炎黄子孙已超过 5500 多万，分布在五大洲一百多个国家和地区，尽管有相当部分已加入所在国国籍，但民族与文化认同并没有改变。在世界近万个华人社团中，以宗亲会、同乡会为代表的亲缘性社团占了很大比例，并且发挥着积极作用。谱牒可以为他们的后裔寻根问祖提供了可靠的根据，也更增加了他们对故国故乡的依恋之情。福建的姓氏源流研究在协助台港澳同胞和海外侨胞寻根探源、开展海内外姓氏源流学术交流、海外联谊、彰扬先贤业绩等方面，取得了丰硕成果，为海内外同胞搭起了一座民族寻根之桥。

其三，谱牒是台胞寻根谒祖的依据。由于闽台族谱的特殊性，长期以来对台湾同胞寻根谒祖起到了极其重要的作用。虽然历史的各种原因两岸族谱修撰多次中断，给台胞寻根谒祖带来许多不便，但是由于海峡两岸宗亲的努力，各地各姓氏宗亲组织为闽台宗亲的联络提供大量珍贵史料，逐步地使海峡两岸族谱对接，台湾多数名人都可以在福建找到自己的祖根，也凸显族谱的社会价值。在改革开放后福建的修谱热潮中，台湾宗亲对于宗族的修谱活动给予大力支持，为修谱捐资，并提供台湾宗亲资料，使新编族谱包含迁台宗亲的世系，部分实现闽台宗亲世系的延续。通过族谱的编修，可以促进同宗同族间的团结互助，满足海内外炎黄子孙"寻根谒祖"的需求，对推动祖国和平统一大业有积极作用。

第三，谱牒有民族文化弘扬价值。谱牒文化中蕴藏着极其丰富的中华民族文化精华。谱牒不仅仅为封建时代宗族制度的研究提供了最基本的资料。宗族制度是封建宗法关系的重要组成部分，是封建统治的基础，也是中国传统文化的一个重要内容和民族文化植根的土壤。家谱中对于封建宗族制度的记载十分全面，包括有关宗族的构成，祠堂的组织、规模、结构、职能、管理范围与官府的关系等，祠产的类型、数量、形成、经营方式和收入用途，族学的规模、收录学生的范围、资金来源、维持方式、奖励内容等。家谱中的族约、宗规、家训、家礼、家箴等，既是封建伦理，也是道德行为规范，在其他类型文献中，是很难如此集中的。其中保存许多优良的道德传统和爱国爱乡事迹，与当今社会倡导的回归中华民族文化家园、构建和谐社会有共通之处，值得借鉴与弘扬。

其四，谱牒文化有利推动和平发展。台湾自古以来就是中国领土，台湾人民是中华民族的一部分，早已是不争的事实。台湾早期移民大多是从大陆的广东、福建去的，尤以福建为最多。古代大陆移民台湾，共经历了三次高潮：第一次是明末天启年间，泉州、漳州一带贫民迁居台湾达 3000 多人，崇祯年间又有数万人。第二次是郑成功收复台湾后，跟随郑成功而去。第三次是康熙年间清政府统一了台湾郑氏政权，开放海禁，移民人数多达几十万。近年来，随着海峡两岸交往的增多，大批台湾同胞回大陆探亲寻根，已成为一股不可逆转的潮流。海峡两岸要统一，利用家谱资料联络亲情，是一个非常重要的措施。闽台谱牒文化研究推动了海峡两岸民间交流，对促进海峡两岸和平发展，完成祖国和平统一大业有很好的促进作用。2007 年 9 月到 2013 年 6 月，福建省海外联谊会、福建省中华文化学院、福建省姓氏源流研究会分别在福建福州、台湾台中、福建泉州、台湾高雄、福建漳州召开了海峡百姓论坛，在台湾不分蓝营绿营，不分党派，大家欢聚一堂，共叙亲情宗谊。海峡百姓论坛已经成为海峡两岸民间交流的重要品牌。

　　除此之外，家谱资料还为地方史、家庭结构、社会结构、妇女地位、优生学、民俗学、经济史、科技史、宗教史、中外关系史等领域的研究，提供了大量的可信资料，具有极为重要的价值，这已是学界共识。但由于家谱是私人纂修，有些记述华而不实，言过其实，有些内容妄相假托、有意捏造，这都是能够理解的。问题是我们在使用时要注意鉴别，区别对待，去伪存真。只有这样，方能使我们的研究资料翔实、可信。

谱牒相关问题与思考

　　在宗亲活动日益频繁、海外寻根备受重视、姓氏研究深入发展的推动下，当代福建族谱的编修已经形成风气，各个家族相互影响、相互激励，使族谱的体例越来越完备，装帧越来越精美，总的来看，新谱的编修深受当代地方志编纂的影响，大体上有以下几个明显的创新。第一，对于旧谱中的一些篇目，由于其所代表的思想已经不适合当代的社会环境，新谱不再续编。第二，男女并书，体现男女平等思想。改革旧谱记男不记女的体例，实行男女并书。还力图体现男女平等的思想，如不论男女，只要达到标准，在人物传、科名录等都予记载，女儿、媳妇也不用某氏，而用全名。第三，参考地方志的体例。当代新编族谱尽量借用地方志的体例，把新编族谱的体例向族史、族志、姓氏源流的体例靠近，以减少宗派色彩，姓氏文化特色显出，许多已经成为地方史料的组成部分。一些族谱记述家族所在乡村的社会历史和现状，增设地方史、姓氏源流、大事记等篇目，地方文化色彩更加明显。第四，应用先进编纂方法。当代科学文化的成果也推动了新编族谱体例的创新。因此，在新编族谱中，体例上多有地图、照片、画像等。为联络的需要，一些族谱还设置宗亲通讯录和世系检索表，使谱牒成为人们可利用的一种社会资源。第五、区域性的族谱志书。如漳州市为界定编修与市地方志编修《姓氏志》开拓了新的研究平台。有利于进一步综合利用研究成果，解决历史遗留问题。当前福建谱牒文化对构建福建和谐社会既有积极的作用，也难免有消极的因素，表现在：封建宗法思想在当代仍有遗存，存在为亲者讳、假托始祖、美化先人、牵强附会、言过其实等问题，往往还传播宗派思想，而且男女平等还未真正实现。关键在于有关部门的引导与规范，使之兴利除弊，以促进福建和谐文化建设。

　　但是，谱牒研究依然有许多问题值得思考。

　　一、研究机构成立还是处在初级发展阶段。虽然除了姓氏源流研究会等宗亲的横向民间组织以外，已经有中国闽台缘博物馆、漳州政协海峡文史馆等专门机构的成立，但是他替代不了非政府的家族机构的研究和联谊，许许多多的工作依然需要家族去推动。没有合法的机构就难于开展深入的研究活动。福建省江夏黄氏源流研究会在福州成立，标志我省第一个省级宗族研究会成立，这是一个新起点。但是多年以来依然是独此一家，别无分店。这就说明，目前家族性研究机构成立的瓶颈依然很多，有待各级党委和政府的支持和帮助。

二、要支持和辅导民间谱牒修撰工作。福建当代编修的族谱数量很多，具体难以估计。过去新编谱牒基本是内部刊印，交流收藏，起到很好的作用，但是多数是民间自发行为，专业水平欠缺影响了谱牒质量。近几年江夏黄氏、上党连氏等姓谱已经正式出版，标志着福建谱牒文化得到政府出版机构的认可，开始走上了"大雅"之堂。我以为，还要进一步支持和提倡各个姓氏宗亲族谱的正式出版，提高民间修谱的质量。出版部门应积极介入族谱的印刷出版环节，担负起编辑审查的责任。

三、协助宗亲修谱工作变革观念与时俱进。主要有：第一、废除族权。在新编族谱中，坚决废除不符合当代社会道德原则的族规。对于旧谱中的族权规定，有的族谱作为资料保存，有的族谱予以删除并充实了许多时代特色；有的既保留旧谱中有价值的史料，更用新思想、新方法增加续修的内容。依然有许多有待研究进步发展。第二、尊重女性。闽台族谱都存在女性如何入谱问题，虽然在新修族谱中对于有成就的女性，也同男性一样予以记述，旧谱中歧视女性的现象已经基本消除，但许多问题依然没有解决。如，族谱世系图中多数没有女性入谱，闽台女性对此都提出异议。自古以来蔡氏女性入谱这点传统就有利大家借鉴。第三、注重姓氏源流研究。在新修族谱中，对宗族源流研究的内容明显增加，许多族谱不厌其烦地考证姓氏、宗族的源流及与其他宗族、甚至其他姓氏的关系。对于家族成员向外地、特别是向海外迁移的历史和现实十分重视，记载详细。对于海外的名人，特别是台湾的重要人物，一些族谱考证颇详。由于年代久远，多数对入闽开基始祖研究依然存在不少欠缺。

四、综合提高谱牒研究成果解决研究瓶颈。过去修撰谱牒多为分散进行，研究成分不高。近几年来，随着姓氏文化研究的深入发展，宗族活动的范围也日益扩大，许多人不满足于家族内的联系层面，民间已经认识到一些局限，于是突破家族血缘的界限，以姓氏为依据寻求更大范围的联络，出现通联趋向，这是良好的开端。一是以县为单位编修姓氏统谱。二是以大市为单位编修姓氏统谱。三是以地区为单位编修姓氏统谱。四是以历史渊源为据编修多姓联宗谱。五是以省为单位编修姓氏通谱。六是以姓氏为单位编修世界范围的通谱。但多数只是"混合",没有真正去解决问题。因此,争论最多的是修谱存在的"牵强附会"依然难以解决。表现突出的有:一是附会"随王审知入闽"问题。内容是在历史发展过程中不断丰富完善的。由于族谱的编修并无统一的标准,资料也在不断增加,因此族谱在初始阶段内容都很单薄,经过多次重修或编成宗谱、统谱以后内容才趋于完备。二是附会历史名人的问题。福建各家族在修撰族谱时,为了提高家族的声誉和族人的自豪感,往往把历史上的某些名人作为自己家族的祖先,有许多确实牵强附会。

本文受篇幅局限,只是抛砖引玉。总之,闽台谱牒文化处在民间状态,宗亲会研究机构处在最初级阶段,许多问题都缺乏政策引导和支持,难免有所偏颇,要推动谱牒文化发展还是依靠大家努力。

（作者蔡干豪系福建省姓氏源流研究会副会长,林庚系《闽台百家姓》副主编、高级讲师）

开闽三宗子代谱牒差异暨断代之分析

王伯宗

开场自序

家之有乘，就像国之有史那么重要。家先祖父初当警察、后为私塾老师；先父从事农业推广。清朝留下来的族谱，就在印证、传颂、搜集中延续了下来。小时耳濡目染，宗祠中跑进跑出，却无特别深刻的印象，及长只知道一间一间的三合院垮了、拆了，不知不觉中族脉垮了、族谱没了、族人散了。父亲说本家族谱因 1935 年台湾清水大地震被埋在大厅的瓦砾中，冒雨从瓦砾中抢救出来，整本清朝时从大陆带回的族谱被泥水弄得残破不堪，却有幸留存了下来。

家父因农业推广，整年在清水乡镇趴趴走，间接也抄录了别个支派的族谱，对日后我昆仲二人对于各派族谱的了解有很大的帮助。大陆改革开放后，家兄等人将本谱整理后"送谱归宗"，弥补了大陆祖厝因红卫兵时焚毁的部分族谱，得以将整个缺块填补上来，真是祖宗有灵，家族有幸。

并非每个支派都这么幸运，南安象运黄田王振裕先生来台湾找寻中断了六十年的亲人，却苦无线索，虽经台中市王姓宗亲会奔波找寻，只知该祖居地 1955 年因台中清泉岗机场的创建被犁为平地，族人四散，虽被政府安置，因老人凋零、族谱没有被传袭下来及日据户政制度的变更（三个名字只能登记一个名字）、族人未按字讳取名等因素，找了埔里、新社等几个村庄，并无所获。后来虽从本会数据找了些蛛丝马迹，又受限于个资法（户政限三等亲始可申请），无法获取族人数据，现只有等日后来台买报纸刊登新闻寻亲一途了。

无谱苦，太多的谱也苦，谱谱印证、差异也就凸显出来，从甲谱难顺合乙谱意，从乙谱又觉得不太合意，只能从有限的数据中理出比较说得过去的一些解说，这就是本次所要探讨一些问题了，希望先进宗贤给一番指点。

开闽世谱纪实

系姓	开闽	名讳	纪实
四九世	一世	审潮	字信夫，恁公长子，初为固始县佐，唐末光州刺史王绪辟为军正，僖宗光启元年，随王绪以副先锋提兵由南康入汀漳，王绪以道险粮少令军中不得以老弱自随。潮公兄弟三人奉母以从，至漳，绪责之欲杀母，兄弟争代母死，将士共为之请，绪乃止。迨至南安，绪多杀，一军皆忿，设伏擒绪，绪自杀，众奉潮公为帅。光启二年克泉州，唐授泉州刺史加检校散骑常侍。景福二年取福州，拜福建观察史、威武军节度使加检校尚书左仆射。 公生于唐会昌六年三月十一日，卒于唐乾宁四年十二月二十四日，年五十二岁，葬惠安县平康里盘龙山，唐赠司空，后追封秦国公，谥号广武。 娶侯氏，封俊安郡夫人，子三：延钊，延望，延义。
四九世	一世	审邦	字次都，恁公次子，随兄入闽，驻泉州，唐拜散骑常侍兼御史大夫，署泉州刺史，加金紫光禄大夫，兵工户三部尚书，转左仆射琅琊开国伯，进封司徒开国伯，食邑七百户。 公生于唐大中十二年戊寅六月廿二日申时，卒于唐天佑元年甲子二月初十日午时，年四七岁，葬晋江莺歌里皇绩山，谥号武肃。 娶李氏，封陇西郡夫人，子四：延彬，延桢，延美，延武。
四九世	一世	审知	字信通，恁公三子、随兄入闽，驻泉福州，唐拜威武军节度使，福建观察史加检校太保右仆射中书门下平章事，封琅琊郡王，食邑四千户。梁拜中书令，封闽王。 公生于唐咸通元年庚辰九月初八日巳时，卒于后唐同光三年乙酉十二月初二日酉时，年六六岁，葬福州鼓山，谥号忠懿。宋追赠"八闽人祖"。 娶石氏，封建国夫人，张氏，封南剑县君；子四：延翰，延钧，延羲，延政。
五十世	二世	延钊	潮公长子，拜漳州刺史，加金紫光禄大夫。 娶陈氏，封碧心夫人，合葬于始安乡居仁里马坪塘外，子三：继麟，继凤，继盛。
五十世	二世	延望	潮公次子，字崇名，驻福州，拜羽林大将军飞骑，汀州刺史，长乐尹，户部尚书。以正直公忠匡辅王室，于闽主昶（继鹏）通文三年，与延武同被奸臣所害，葬于惠安十九都上田山之阳。 娶李氏，封福建夫人。子二：继隆，继丰。
五十世	二世	延义	潮公三子，见兄延望遇害，惧而改名思义，遁匿，闽败入泉，留从效认为军正。 娶郭媪女，子六：继仁，继孝（大成），继德，余名无考。

系姓	开闽	名讳	纪实
五十世	二世	延彬	审邽公长子，字表文，住泉州，世袭检校太傅琅琊开国侯，授泉州刺史，葬南安清歌里凤凰山畔。 娶徐氏，封宋国夫人；子二：继崇、继枢。
五十世	二世	延桢	审邽公次子，字表政，袭封开国侯，卒葬三十八都。娶邓氏，封长乐郡夫人。
五十世	二世	延美	审邽公三子，字表善，官至金紫光禄大夫，漳州刺史，袭封琅琊开国侯。 娶金氏，封陈国夫人；子二：继业、继勋。
五十世	二世	延武	审邽公四子，字表功，官至金紫光禄大夫，检校太保，琅琊开国侯，与延望同时被害。 娶陈氏，封郑国夫人。
五十世	二世	延翰	审知公长子，字表章，后唐拜威武军节度使，后自立为闽主，仍禀唐正朔。后为延禀所杀。 子：继严。
五十世	二世	延钧	审知公次子，字表率，后更名璘，延翰被杀，延钧继立，后唐拜威武军节度使，加检校太师中书令，封闽王，后称帝，国号闽。为子继鹏及皇城史李仿所弑。 子三：继鹏、继韬、继恭。
五十世	二世	延羲	审知公三子，字表明，后更名曦，控鹤都将连重遇叛昶，被拥为闽王后称帝，为叛将朱文进、连重遇所弑。 子：继图。
五十世	二世	延政	审知公四子，字表正，拜建州刺史，封富沙王，后称帝，国号殷，旋复国号闽。为南唐李璟所灭。举族入金陵，封鄱阳王，徙封光山王，卒赠伏王，谥恭懿，宋追赠太师。 娶张氏，封顺懿夫人，葬仪凤山桥头；另有李氏与连氏。子六：继成、继昌、继达、继元、继重、继晋。

开闽世谱纪实

系姓	开闽	名讳	纪实
			审潮公系
五一世	三世	继隆	延望公之子，字伯盛，拜左侍禁擢羽林大将军，为闽主昶所杀，葬惠安二十四都墓亭坑山。 ※ 传下十四世后未见续谱（见世界王氏立姓开宗系谱）。
五一世	三世	继孝 （大成）	延义公次子，袭授威武将军，生卒不明，子一涛翁。 ※ 自五十一世后接台湾台南市佳里区王氏家乘。
			审邽公系

系姓	开闽	名讳	纪实
			审邦公系
五一世	三世	继崇	延彬公长子，字伯文，官至左仆射，判泉州府，封琅琊开国男。公生于梁开平二年戊辰四月十二日，卒于周广顺二年壬子三月初二日，葬南安二三都梁封山。娶郝氏，封清源夫人，生子传懿。 ※ 参阅安溪岩岭渡台派、南安象连黄田渡台支派、同安碗瑶渡台系谱、台湾桃园柑仔园支派、浙江温州莒溪王立谱系。
五一世	三世	继枢	延彬公次子，字伯机，官至光禄大夫，汀州刺史，封健康侯。娶邓氏，封郑国夫人，合葬云台梅山之左。 ※ 参阅南安象连黄田渡台支派。
五一世	三世	继业	延美公长子，字伯修，官至检校太尉，泉州刺史，加侍中，琅琊开国侯。后被延羲所害。 娶林氏，封夫人。
五一世	三世	继勋	延美公次子，字伯功，官至光禄大夫，泉州安抚史，检校太保开国男。闽亡，保大四年加侍中，入金陵朝觐南唐任为池州团练使。 娶郝氏，生子传烈、浩。 ※ 本派为"开闽金陵派"之一。※ 参阅安溪渡台始祖尊炳公支派世系谱。

开闽世谱纪实

系姓	开闽	名讳	纪实
			审知公系
五一世	三世	继严	延翰公之子，字伯谨，官至检校太仆，判六军诸卫事，封建阳王，后出任泉州刺史，被羲煨死。
五一世	三世	继鹏	延钧公长子，字伯高，后更名昶，拜长乐尹，判六军诸卫事，封福王，父被弑继立为帝，后为叛将朱文进、连重遇弑于陁庄。妻子皆被害无后。
五一世	三世	继韬	延钧公次子，字伯隐，拜汀州刺史，擢侍进加殿中侍御史，后被叛将李仿所害，无后。
五一世	三世	继恭	延钧公三子，字伯礼，封临海郡王，练达政务；与继鹏被弑于陁庄，无后。
五一世	三世	继图	延羲公之子，字伯谟，官拜中侍御史，汀州刺史，为奸臣薛文杰所害。 ※ 断五、六代，见同安珩山堂及渡台世系谱。

系姓	开闽	名讳	纪实
五一世	三世	继成	延政公长子，字伯立，守南剑诸军事，平营兵马督监，漳州刺史，闽亡，南唐徙为和州刺史。 娶韩氏，封夫人；生子崇襄，避讳更名宗让。 ※ 参阅安溪炉田、五里埔及渡台世系谱，同安石蟳、珩山厝支派世系谱。

开闽世谱纪实

系姓	开闽	名讳	纪实
五一世	三世	继昌 号（秉祯）	延政公次子，字伯兴，拜南都都督，长乐尹，被叛将李宏达所杀。 娶吴氏，生子荣端。 荣端（4世）……管礼、管朋（明）、管斌、管智、管友（8世） 延翰—继昌—程—椿（下另有子嗣） 继昌字伯兴，号继顺，历检校尚书兵部员外郎加中书令上柱国赐紫金鱼袋，镇福州封建阳王，黄氏吴氏俱封夫人 ※ 参阅安溪少卿柏业、坑头谱。 台湾嘉义谱（王宏仁著） 浙江温州莒溪王立谱系
五一世	三世	继祯 （秉祯） 一作 继瑞	延政公次子，字伯祥，配吴氏，延政公，被南唐击破，迁族金陵，入"泉蓋犀花坪下"其祖地基现在，秉祯复移南安县琰内村。 生子管礼、管朋（明）、管斌、管智、管友（4世）。 ※ 参阅浙江温州莒溪王立谱系 另据浙江王裕臻宗长表示管礼与荣端之间差了8代。
五一世	三世	继达	延政公之子，字伯三，无恋功名，迁安溪崇信里招卿村。 娶詹氏，生二子：忠、义。安溪招卿派始祖 ※ 参阅安溪招卿派系谱。
五一世	三世	继重 （连氏生）	延政公三子，字文厚，南唐上柱国驸马都尉，避乱与母复归居南安，后择居于连江县。 娶○氏，浙谱子三：仕、长由、长清。（福州谱子四：网、绍、纪、绎）。 ※ 参阅福州琅岐董安王氏开族世谱及泉州白醮渡台王金平家谱。
五一世	三世	继元	延政公之子，泛游京师得免株连之难，派下居永春。
五一世	三世	继晋 一作继勤	延政公六子，官太常寺协律郎。 娶陈氏，子三：郁、都、邮。

开闽三宗子嗣排序差异明细表

系　　　　　公　　　　　潮	开闽王氏
延² 　　　　延¹ 　　　　　　　　　　　　望 　　　　　釭 　　　　　　　　继 继 　　继 继 继 　　　　　　　　丰 隆 　　盛 凤 麟	安溪谱
延³ 　　　　延² 　　　　延¹ 思义 义 　　　望 　　　　釭 继 继 继 　继 继 　继 继 继 大德 成 孝 仁　丰 隆 　盛 凤 麟	台湾谱
延⁴ 　　延³ 　　延² 　　延¹ 休 　　宗 　　兴 　　康	晋江及菲律宾
延⁴ 　　延³ 　　延² 　　延¹ 休 广 　釭 　宗 　　望 继 继 继 　继 　继 继 盛 凤 麟 　业 　丰 隆	浙江谱
延⁴ 　　延³ 　　延² 　　延¹ 休 　　康 　　宗 　　兴 　　　　　继 　　继 　　　　　业 　　隆	马来西亚
延⁵ 　延⁴ 　延³ 　延² 　延¹ 休 　康 　宗 　兴 　嗣	南安谱

开闽三宗子嗣排序差异明细表

系 (4)	公 (3)	邦 (2)	审 (1)	开闽王氏
延武	延美—继业	延桢	延彬—继枢、继崇	安溪谱
延武	延美—继勋、继业	延桢	延彬—继枢、继崇	台湾谱
延嗣	延最	延彬	延远	晋江及菲律宾
延嗣	延达—继荣、继绩	延最—继和	延彬—继崇	浙江谱
延嗣	延达	延最—继和	延彬—继崇	马来西亚
延达	延最	延彬	延起	南安谱

开闽三宗子嗣排序差异明细表

	系 公 知 审	开闽王氏

安溪谱

4	3	2	1
延	延	延	延
政	羲	钧	翰
继 继 继 继	继	继 继 继	继
元 达 昌 成	图	恭 韬 鹏	严

台湾谱

4	3	2	1
延	延	延	延
政	羲	钧	翰
继 继 继 继 继 继	继	继 继 继	继
勖(勤) 晋 重 元 达 昌 成	图	恭 韬 鹏	严

晋江及菲律宾

12	11	10	9	8	7	6	5	4	3	2	1
延	延	延	延	延	延	延	延	延	延	延	延
资	政	喜	羲	望	武	保	美	丰	钧	亶	翰

浙江谱

12	11	10	9	8	7	6	5	4	3	2	1
延	延	延	延	延	延	延	延	延	延	延	延
资	政	喜	羲 旺 武	保	美 丰	钧	禀	翰			
继 继 继 继 继 继	继 继 继 继 继	继 继 继	继 继	继 继 继	继						
志 晋 达 祯 重 勖	成 克 柔 澄 烈	珣 严 镛	图 成	绪 恭 韬	鹏 升 雄 宝 真 昌						

马来西亚

12	11	10	9	8	7	6	5	4	3	2	1
延	延	延	延	延	延 延 延	延	延 延	延		延	
亶	喜	资	望	政	羲 丰 武	保	美 钧	翰			
继 继	继	继	继	继 继 继	继	继 继 继 继 继	继 继 继 继				
雄 升	光	志	烈	勖 元 重	柔	澄 绪 珣 镛 严	成 图 鹏 韬	恭 昌 真 宝			

南安谱

12	11	10	9	8	7	6	5	4	3	2	1
延	延	延	延	延	延	延	延	延	延	延	延
亶	喜	资	美	望	丰	武	兴	政	曦	钧	翰

断代与误植之我见

一、前言

周代开宗室世袭制，士、农、工、商皆由世袭。汉代由于平民革命，打破世袭制度，为做官必须缴交谱牒，对历代祖先交代清楚，致有新旧唐书宰相世系表，旧唐书由后晋刘昫依韦述旧作增损所成，新唐书为欧阳修、宋祁就旧唐书增删而成。新旧之间既有其差异，当有其断代之嫌，见"新旧唐书与各谱牒的差异"。

二、临沂四世｜临沂七世约两百年只传了四世

临沂四世遵公于东汉光武帝时为大将军仕至中大夫（公元 25 年至 57 年中）。

临沂七世览公清河太守仕至中大夫（公元 206 年至 278 年中）晋武帝登极公元265 年。

遵公｜音公｜融公｜祥公｜览公昆仲约 200 年间也只传了四代，平均每代约50 年。

三、开闽三宗子代出处凌乱

据五代史载延羲乃审知公的廿八子则系连同养子计算在内。五代养子之风盛行，尤以藩镇为甚，与审知公同时之李克用，养子多达百余人，审知公自难例外。故今日看当时不论嫡子、庶子、养子、从子（兄弟之子）只要有后裔，均应列为开闽王氏一份子。故其兄弟间从子的出处自有谱牒各异、陈述不同，均已不必分，亦不可分。如见各谱不同亦非错误。下面仅就开闽子嗣做一番见解陈述。

姓名	差异	差异分析
继勋	延美次子 延政长子	南唐保大三年延政亡后被迁族入金陵，继勋亦于保大四年加侍中入金陵朝觐，自是归在延政派下，如此则随延政入金陵者，依谱载有继成、继勋、继重、继祯等。保大九年延政卒，继勋请旨归闽卜葬，则又回到福建，后来继勋子孙称开闽金陵派子；传列（烈）与继崇子曰传懿自有其更相近的关系。
继严	延翰子 延钧子	延翰被延禀、延钧等所杀。继严无事却被封为建阳王，出任泉州刺史。 十国春秋载"继延亦惠宗（延钧）子册封建阳王"，福建通志亦称"昶（继鹏）弟继严"由此确认系延钧之子而出延翰为后者。

姓名	差异	差异分析
继昌	延政次子 字伯兴	拜南都都督，长乐尹，闽天德三年（945年）三月李宏达潜入福州诱黄仁讽引兵突入府室杀继昌。 配黄氏、吴氏。浙谱：子程。安溪谱：子荣端（另解析）。
继祯（秉祯）	延政次子 字伯祥	赠光禄大夫。安溪长卿谱序"延政公……支派迁于金陵避乱入泉葢屋花坪下祖地基地现在秉祯复移南安县瑛内村"此句应作"延政公……支派迁于金陵避乱，入泉葢屋花坪下，祖地基地现在，秉祯复移南安县瑛内村"。保大九年（951年）延政卒，继勋请旨归闽卜葬，则众兄弟又回到福建。继勋移南安，继重移南安后移连江，秉祯复移南安县瑛内村。
管礼 管斌	浙谱：开闽四世 安溪谱：开闽八世	管礼住南安复移安溪后垵，管斌于显德元年（954年）迁安溪长卿（长坑）。审知公生于唐懿宗咸通元年（860年）两者相差九四年，以四代计则平均每代约二十三岁，实属合理。
荣端	继昌子 管礼子	为南安翁山之兴始祖。生于宋孝宗淳熙十五年（1188年），据浙江王裕臻先生分析有断八代之嫌，管斌显德元年（954年）迁安溪长卿，则从已知的数据，管礼住南安复移安溪后垵，管礼与荣端之间应有232年以上的差距，以八代计，则一代约29岁，尚属合理。 安溪长卿及蓬洲不察，因"管"字辈，直接接谱于少卿派谱，目前已知有少卿、柏叶、坑头。
守仁｜ 圣仁	浙谱与安溪谱 相差十二代	守仁公为管斌公传五世，约100多年（约1054年左右，即宋仁宗至和、嘉祐年间）。 管斌于显德元年（1954年）迁长卿，先发公生于明洪武二十四年（1391年）。 两者相差四三七年，如以19世计，则每代约23年，合理。长卿在明朝因打粮差遭灭村，至清代初年间才又修谱，此其间或因战乱恐谱有失。故如再插入12代亦无可厚非，何况浙谱人名历历，代代相传，只是有些人名、人物与三槐支系。
台湾植槐堂	开闽王系统	许多人分不清楚，另文解析。

台湾太原王氏衍派支分

太原堂与植槐堂的初始印象

　　小时候我家祭祀祖先神位的龛顶有一方匾额写着"太原堂"，父执辈说是王姓的堂号，但王姓同学家三合院的门楣却写着"植槐堂"，在幼小的心灵上就认为不是"同一国"的。及长接触多了也读了一些书知道是出自同一系源，但每每与人解说，尤其是执"植槐堂"这块招牌者却自认与"太原堂"不同，不易说服，兹将其先后分别于下：

太原堂为郡号（地方上的名望之家），以太原堂为堂号的姓氏有王、羊、祁、易、武、祝、宫、温、霍、阎、尉迟等十姓。

太原堂王氏：以晋公王子乔一脉裔孙。（王元之弟王威仍留太原，称太原王氏）太原堂为王子乔一系的原始堂号。

琅琊王氏：琅琊本山西一个小地方，王子乔子孙居此，后王翦曾孙王元避秦乱徙山东之地亦称琅琊，后秦置琅琊县，至西汉改郡国，今为临沂市一带。东晋王导拜相，满朝百官约 70% 为王、谢，遂有金陵乌衣巷之称，然王导仍称琅琊王氏。在唐朝有王方庆、王浚、王玙、王博四位拜相仍称琅琊王氏，即是王审知亦曾被封为琅琊王。

金陵王氏：金陵即今南京，分两派，一派为王导族亲仍居金陵者所衍支派，另一派为开闽王氏即审知公四子王延政迁族金陵所衍出，这些支系后来均回福建衍派，有王继勋、王继勤（晋）等系；如台北七星山松山一带仍称开闽金陵派。

以下支派亦曾迁居金陵但不称开闽金陵派者有际祯（秉祯）一系。有安溪少卿派（梧栖鸭寮）、安溪长卿、蓬洲派（清水琼仔脚、过沟、胜记……），南安岩头（清水泉盛）及继重一系如福州。琅岐董安王氏开族世谱、龙海白礁高雄路竹王金平家族等，在台湾部分堂屋以植槐堂自居，其他如晋江派亦是如此。

开闽王氏：为琅琊之一支系，乃指唐末王审潮、王审邽、王审知三王衍出之支派。

三槐堂、植槐堂、槐荫堂、嗣槐堂（堂号）亦为琅琊之一支系，为北宋王佑效皇宫槐树之雄伟手植三棵槐树，祈愿子孙官运昌盛，果然子孙位列三公（宰相职）在北宋称极一时。王阳明亦自称槐子里的。分布于江苏、浙江、广东较多，台湾客家，及后随国民政府迁台者（零散），即便王阳明支系亦众多说法，断代不易溯源。

台湾植槐堂

1. 系出开闽王氏，并无特别典故，只表现在建筑物之门楣，派别杂乱，只在古族谱清溪蓬洲宗谱第一部（重修王氏家谱小引）吴清江拜书云："开闽望族，植槐名家……森然林立，代有伟人……缅当年通晋经者有人，登汉颂者有人，三槐兆三公之瑞，四杰入四德之门……"依书所载蓬洲祖祠原是有植槐树，也有三槐兆三公之瑞的景仰与羡慕，希望自家的子孙亦能效法及荣登三公之列。查看几编序文就是没提到"植槐堂"三个字，返乡谒祖，只见祠堂、民宅门楣皆为"太原传芳"。清初垦民浮海过黑水沟来台，为团结怕外姓欺负皆自附在庙宇，如清水之董公庙、神冈之木德星宫等祀奉开闽三王庙宇。不分支派，自成一股力量。"植槐堂"是否如是而来，因无文件记载，也只能说是景仰与羡慕而取的堂号，跟大陆植槐堂无直系的渊源，只有旁系的关系。

2. 系出三槐堂或其旁系者：

（1）桃园平镇等客家系统者，由广东移入，见三槐王氏族谱（1992 年王者翔著），

（2）民国三十八年（1949 年）随国民党来台，如江苏泗阳县王氏旅台族谱（1982 年王业岚重修）珩山堂（含朝阙堂）出自审知公—延羲—继图一系约断五至六代，同安县马巷分府十都珩厝乡王元户开基，本派与珩山厝王西涛支系不同派。王西涛支系出自审知公—延政—继成—有珩山厝、石浔、安溪炉田、峣阳、五里埔等分支。台湾中部有安溪炉田峣阳、五里埔等，另嘉义市王氏宗祠（立太原堂、三槐堂及敬远堂三个堂号）亦属之。

西湖堂：出自审知公系，断代由鳌峰公为兴始祖，同安县二都从顺里朴同堡西湖塘村，在台湾部分支派以植槐堂自居。

开闽三宗 & 植槐堂之分野

太原世纪	魏晋·晋·宋·梁·陈·隋·唐 世系		太原世纪	开闽三宗世系
卅一世		王览（魏晋）	四五世	王晔
卅二世	王琛 王彦 王正 王会 王基	王裁	四六世	友名
卅三世	王旷	王导	四七世	王卞
卅四世	羲之	王洽	四八世	王恁
卅五世	献之	王珣	四九世	审知 审邽 审潮（开闽三宗，唐末）
卅六世	靖之（晋朝）	昙首	五十世	（下略）
卅七世	恒之（南宋）	僧绰		
卅八世	安之	王俭		
卅九世	大之（梁朝）	王骞		
四十世	王清（陈）	王规		
四一世	王猛（陈隋）	王褒		
四二世	王缮（隋朝）	王鼎		
四三世	王弘（唐朝）	弘直（唐朝）		
四四世	王明	王琳		
四五世	王卸	王晔		

王卸（太原）一支世系

世	名
四五世	王卸
四六世	王易
四七世	彦超
四八世	知仁
四九世	王昕
五十世	王冕
五一世	王言
五二世	工徹
五三世	王祚　（幼殁）　王祐（槐树 种三棵 在庭院）　王祜 宋朝
五四世	王旭（槐荫堂）　王旦（三槐堂）　王懿（植槐堂）
五五世	王淳　王睦
五六世	王克　王頠　王宜　王贤
五七世	王普　王霭 王霖 王需　王震　王同 王匀 王相 王臣　王奂
五八世	王佐 王仪 王何 王倬 王伸 王仰 王杰 王豪 王辰 王盛 王傛　王让
五九世	王彦 王模　王复以 王循下 王律 王健衡中 王慎建断 王延　王始

（四世孙余姚派始　十五世孙王阳明）

（此段抄自马来西亚槟城王氏太原堂 278 页）

　　补充：继勤（晋）已有后裔，清朝已入主南港后山碑及松山中坡碑有人对三槐兆三公之瑞的景仰与羡慕，希望自家的子孙亦能效法荣登三公之列。所以姓王的种三槐树是可以的，挂植槐堂号则大部分是景慕三槐兆三公之瑞。至于是否真正出自王懿后裔子孙则要追根溯祖了。

迷失的世系图《1》

安溪长卿派

新（蓬洲移浙江大长、大四、大五房版）　|　原清溪蓬洲宗谱

世系栏标注：长卿世系・开闽世系・太原世系

新（蓬洲移浙江大长、大四、大五房版）	长卿世系	开闽世系	太原世系	原清溪蓬洲宗谱	长卿世系	开闽世系	太原世系
西元860年生 王审知		1世	49世	王审知		1世	49世
王延政 王延义 王延钧 王延翰		2世	50世	王延政 王延义 王延钧 王延翰		2世	50世
字伯祥〔秉祯〕 字秉祯 字继晋 字继重 字继达〔伯三元〕 继达〔勤〕 字继昌〔伯兴〕 字继立〔伯昌〕 王继成		3世	51世	王继晋 王继重 王继达元 〔秉祯伯祥〕 王继昌 王继成		3世	51世
长卿派 王管斌（字）西元954年迁长卿	1世	4世	52世	王荣端 ←少卿派兴始祖（王氏宗谱只记载 秉祯字伯祥延政公次子 居南安瑛内传五世）		4世	52世
王祖基	2世	5世	53世	王一新		5世	53世
王显旺	3世	6世	54世	王得基（上同少卿柏叶、坑头派）		6世	54世
王新五	4世	7世	55世	长卿派↓ 王复祖		7世	55世
王番悌	5世	8世	56世	王管智 王管友 王管斌 王管明 王管礼	1世	8世	56世
王守仁〔下接P8〕	6世	9世	57世	王祖基	2世	9世	57世
				王显旺	3世	10世	58世
				王新五	4世	11世	59世
				王番悌	5世	12世	60世

迷失的（谜）世系图《2》

安溪长卿派

蓬洲移浙江大长、大四、大五房版

	蓬州世系	长卿世系	开闽世系	太原世系					长卿世系	开闽世系	太原世系
					本数据正确性待考?						
					三槐堂		开闽王氏	管斌公			
王绍义	18世	21世	69世		王旦	妻洪氏	王守仁	传5世约100年约1054年	6世	9世	57世
抽丁当军	王圣保	王圣德	王圣仁	19世	22世	70世	王素	亲 王视 砚		7世	10世	58世
蓬洲派	住菁潭	王先发	王长发	王祖发	王祖童	20世	23世	71世	王本	王巩	友苏辙1036-1101	德 本		8世	11世	59世
附地沉洋	王尾盛	移蓬洲生	王训生	王义甫	王云派	西派	王东甫	王庆耀	恭?	恭晖?	1世	21世	24世	72世	王亲	亲子3	王顺	琪		9世	12世	60世
	王地厚	王宗	王永森	王永基	王永干	〈台湾谱〉	2世	22世	25世	73世	马来西亚槟城太原堂百年特刊P279页节录	王胜	健	世居长坑	10世	13世	61世
王廷坦	王廷源	王廷碧	王廷爵	王廷禄	〈大陆谱〉	3世	23世	26世	74世	此二派族谱记载有出入?其中疑有名人附会亦或同名之累?其相关人名经比较年代相近	型	堃 王	11世	14世	62世
弟五〉	弟四〉	璋	番	昭福	—							12世	15世	63世
（蓬洲五大房）							奂					
古代名人节录							王 王		13世	16世	64世
王亲：宋神宗元丰年间 （指1078-1085）						立 创				
字元丰 举进士知苏州（已成年）					※ 王 王 王		14世	17世	65世
王德：宋高宗建炎初年 1127起					故 然 福 由 球 因 初				
字子华 大破兀术于紫金山					应 建 予 大 采 浙 信 江 携 回 皆 之 有 子 孙 传 世 族 谱	（略）		15世	18世	66世
王胜：元末 桐城会宫人（? -1362）						温 州 王 王	王广 王广 泉 源	16世	19世	67世
（今安徽枞阳县会宫乡）字 均胜							王 王			
领千人归顺朱元璋败陈友谅						王 王	立			
追赠怀远大将军太原郡侯						遂锴		17世	20世	68世
王守仁：明成化8年-嘉庆7年（1472-1529）										
本名云，后改为守仁、字伯安、号阳明										
平宁藩之乱封新建伯特进光禄大夫、										
柱国兼兵部尚书·妻诸氏、张氏										
属三槐堂										

少卿坑头公谱

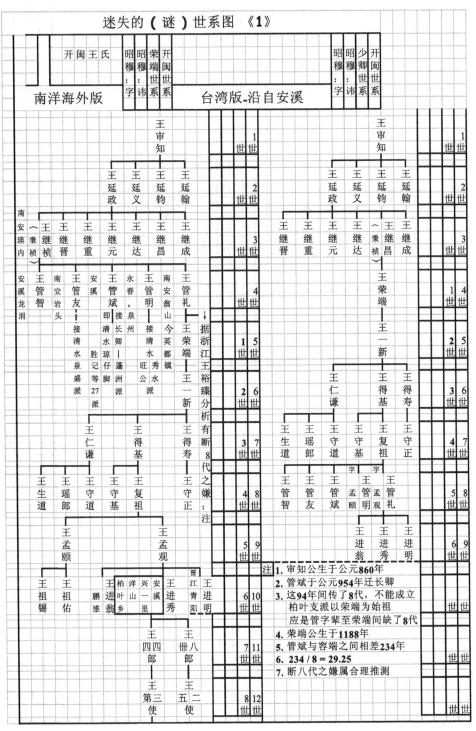

迷失的（谜）世系图 《1》

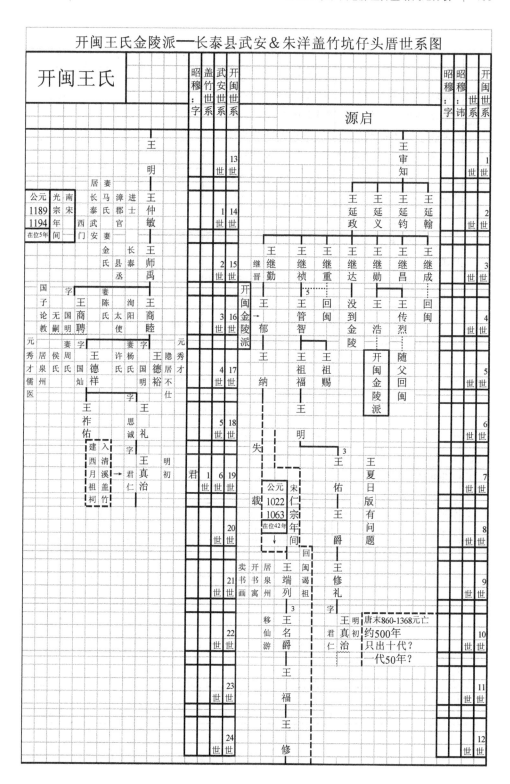

开闽王氏金陵派——长泰县武安&朱洋盖竹坑仔头厝世系图

遗失的世代传承比较分析　　　　　基准：太原世系

表列	起	迄	期间(年)	传代(世)	平均一代(年)	备注
1)	王审知(49世.含)生年 唐咸通元年公元860年	管斌公(56世.含)迁长卿 后唐显德元年公元954年	94	8	11.75	疑？ 偏低
2)	管斌公(56世.未含)迁长卿 唐显德元年公元954年	先发公(63世.含)生年 明洪武24年公元1391年	437	7	62.43	疑？ 偏高
3)	表列2)加入迁浙派守仁公---至圣仁公12世后		437	19	23	合理
4)	王审知(49世.含)生年 唐咸通元年公元860年	先发公(63世.含)生年 明洪武24年公元1391年	531	15	35.4	疑？ 仍偏高
5)	表列4)加入迁浙派守仁公---至圣仁公12世后		531	27	19.67	受1).影响仍低
6)	先发公(63世.未含)生年 明洪武24年公元1391年	王伯声(83世.含)生年(1937) (修正后太原91开闽43)	546	20	27.3	无断代 正常
7)	先发公(63世.未含)生年 明洪武24年公元1391年	6)如以蓬洲大长房后裔长孙计 应可再加3代以上(86世)	546	23	23.74	合理
8)	5)+6)即审知---王伯声 公元860-1937(49-83世+12世)	合计(83-49+1+12)	1078	47	22.94	合理
9)	5)+7)即审知--蓬洲大长房后裔长孙 公元860-1937(49-86世+12世)	合计(86-49+1+12)	1078	50	21.56	合理
备 注	1.本表以太原世代表示。此分析表示数字会说话 2.迁浙派所提12世如非余姚王阳明派下及穿插其它名人(另附世系谱分析)应考虑纳入 3.大陆祖厝来信所提四公、五公是王弟四、王弟五(蓬洲大四、五房，已回祖厝认祖归宗) 4.大陆祖厝调整管斌公世代及加入迁浙派守仁公---至圣仁公12世后，分析如下：					
修1)	王审知(49世.含)生年 唐咸通元年公元860年	管斌公(52世.含)迁长卿 后唐显德元年公元954年	94	4	23.5	合理
修2)	管斌公(52世.未含)迁长卿 唐显德元年公元954年	先发公(71世.含)生年 明洪武24年公元1391年	437	19	23	合理
修4)	王审知(49世.含)生年 唐咸通元年公元860年	先发公(71世.含)生年 明洪武24年公元1391年	531	23	23.09	合理
修5)	王审知(49世.含)生年 唐咸通元年公元860年	王伯声(91世.含)生年(1937) (开闽43世)	1078	43	25.07	正常
修6)	王审知(49世.含)生年 唐咸通元年公元860年	以蓬洲大长房后裔长孙计 应可再加3代以上(94世)	1078	46	23.43	合理
后 语	史上之断代悬疑，王家于遵公(临沂四世)—音—融—祥、览 昆仲(临沂七世)约200年间也只传了四世； 晋书：祥 祖仁(非音)，青州刺史，父融…因年代久远犹为待考证的问题(王导为临沂九世)。					
X)	遵公东汉光武时为大将军 仕至中大夫(公元25---57年中	览公清河太守仕至中大夫 公元206--278年(晋武帝登极265年	200	4	50	疑？ 偏高

（作者系台湾台中市王姓宗亲会总干事）

唐山过台湾：族谱在台湾闽南籍家族存在情况

——以台中市大甲区为例

张庆宗

壹、台中市大甲区简介

大甲位于台中市西北隅，区内以宽阔的大安溪细分大甲街区与日南区两部分。从明清拓垦以来，主要的大陆移民来自闽粤，与本地平埔人混居。但雍正九年（1731 年）后，特别是清中叶的闽粤、漳泉分类械斗，大甲街区成为泉州籍的聚落，日南地区则以客家及漳州籍为主。大甲族群的详细数据，可从公元 1926 年，日本在台湾实施"台湾在籍汉民族乡贯别调查"，资料显示，"大甲居民，有 2338 户，13261 人。其中大甲汉人籍贯比例为同安占 32.8%，三邑（晋江、南安、惠安）占 20.5%，安溪占 2.7%，汀州（永定）占 2.7%，漳州占 2.7%，潮嘉惠占 38.7%"。其中漳州与潮嘉惠州族群主要聚居于日南地区（日南九里分别是：日南、幸福、太白、孟春、建兴、西岐、福德、铜安、龙泉），其余为大甲街区；据 1956 年户口普查：陈（1321 人）、李（912）、林（781）、王（685）、黄（561）、郭（501）、张（432）、吴 367、蔡（336）、郑（286），至今这些仍为大甲闽南籍的主流姓氏。到了公元 2012 年底，大甲人口有 22118 户，77986 人，人口虽增长 5.8 倍。但因工业区的设立、大甲街区的发展和迁移的自由，致使乡村聚落消失，传统习俗淡忘。使本地原有客家族群，生活全转为闽南化。在闽南生活文化空间中，许多客家人已不知自己是客家籍的现象。

大甲人口不多，却是台湾十大旅游小镇之一，镇内镇澜宫妈祖庙，拥有庞大信徒，每年有百万人次的绕境进香活动，被 DISCOVERY 频道赞为世界三大宗教活动之一。产业以脚踏车、药品为世界名品牌。农产品以芋头产量全台最多，质量最优。特产以糕饼最有名。本地的台商在世界各地数量也算庞大，主要集中在脚踏车业、塑料皮包业。

贰、大甲家族拥有的族谱与祖籍地

大甲有 29 里，本文以每里的大家族，进行族谱现况调查访问。幸运的遇有详细或简单的族谱，可以了解其家族由来。次则虽无族谱，却有来台祖名与生卒资料等支系表，以一代 25 岁，推估来台时间。部分家族因不知祖籍地与来台祖名，而无法进一步探讨，只好删舍。如此整理出大甲区民祖籍资料 82 笔。这些数据已涵盖原大甲人的多数子孙，足以供来日大甲人回大陆祖源地寻根参考，也希望台湾或福建地区同行，发现可对接家族，能相互讨论、支持，取得更进一步的讯息。

一、有族谱、内容详细的家族

里别	来台时间	来台祖	大陆祖籍	族谱内容
庄尾	嘉庆年间	陈苞生	同安县马巷街三忠王宫边	两岸对接详细
顶店	同治、光绪	梁比美	泉州府南安县诗山镇凤坡	新、旧谱都有，新谱传记不足
龙泉	雍正年间	洪愈	泉州府南安县石井镇仙景	两岸对接详细
平安	咸丰十年	朱应三	漳州府平和县东门外础溪乡楼内	以传记形式出版，台湾资料为主
太白	乾隆三年	邱道芳	广东省长乐县横流渡利田寨圆墩下	渡台后数据，传统简单
日南	乾隆中业	邱传万	惠州府陆丰县石马祠	渡台后数据，传统
西岐	乾隆末年	罗创元	广东省惠州府陆丰县	渡台后数据，传统
幸福	乾隆三十五年	巫植栋	广东梅县松东镇上畲	传统，曾回祖籍地
文曲	乾隆二十六年	陈任	永春州德化县半岭春栗屋	有支系表，有传
庄美	乾隆中叶	王时沃、王时沙、王时服等	南安县廿八都象运乡黄田	从南安取回，完成对接。渡台后有详细支系资料

二、有族谱，数据简单的家族

里别	来台时间	来台祖	大陆祖籍	族谱内容
孔门	道光十一年	王章吊	晋江县石菌乡中集堡土号后门	简单支系表
奉化	乾隆年间	杨子爵	晋江县东边乡海厝社	全台杨氏谱之部分
义和	明中叶	李权轩	晋江县十都小归湖乡	来台第五代生于康熙十二年，有简单谱
平安	道光年间	李神助	晋江县十都小归湖乡	全台李氏谱之部分
德化	嘉庆年间	黄恭	晋江县东石镇壁角乡	小册子支系表资料
日南	乾隆年间	叶珠	南安县十三都岭下草安乡	全台叶氏谱之部分
龙泉	雍正年间	周阵	南安县崎口乡	小册，简单支系表
奉化	嘉庆年间	卓体立	南安县廿二都乌树头乡	全台卓氏谱之部分
顶店	雍正年间	郭访正	同安县上渡社	新谱，传统，传记少
顶店	雍正年间	周有升	同安县	简单支系表
武曲	道光末年	柯丁丑	同安县（不知祖籍地）	台湾部分详细
武陵	乾隆年间	刘继	同安县金门乡	渡台后支系，传统
文曲	道光三十年	纪兴	同安县	简单支系数据
武曲	乾隆年间	张趋	同安县五都洪坑乡马厝巷	渡台后支系，传统
铜安	乾隆年间	李艮	同安县灌口林地社	新谱，简单数据
铜安	乾隆三十六年	陈克塽	同安县同禾里内官社马巷	渡台后支系表、简表
孔门	嘉庆二十一年	谢国佐	同安县鳌美乡	有世系与简单数据
奉化	乾隆年间	白霸	安溪县盘头乡	全台白姓谱之部分
日南	明郑时期	林振养	安溪县新春乡	简单支系数据
顶店	同治二年	许富	惠安县獭窟乡	有支系表，有小传
文武	康熙年间	王吟	安溪县五里埔	渡台后支系表

三、有清朝、日据时间的族谱，近代没续写的家族

里别	来台时间	来台祖	大陆祖籍地	说明
孔门	乾隆五十二年	王嘉狮	晋江县二十都下宅乡	详细字美，保存完整
文武	乾隆末年	郭业皇	晋江县都吟乡沧岑	详细字美，保存完整
文曲	道光十一年	蔡倾	晋江县钱湖	再抄录，内容简单

德化	乾隆年间	王志侯	南安县廿八都象运乡黄田	从南安取回完成对接
文武	约同治年间	郑芳獭	同安县大嶝田墘村	旧本为影印本

四、没族谱，但已整理祖先资料的家族

里别	来台时间	来台祖	大陆祖籍地	说明
朝阳	乾隆四十年	黄轸	晋江县安海街	有祖先生卒资料
顺天	乾隆中期	郭国变、国梓兄弟	同安县后浦堡	有祖先生卒资料
孔门	乾隆初年	林胤躬	同安县营后乡	有祖先生卒资料
中山	乾隆年间	何维	同安县新虚乡大墓口	有祖先生卒资料
奉化	嘉庆年间	陈晚	同安县马路巷	有支系表
奉化	嘉庆年间	杨埈明、杨埈英	同安县十四都后溪头乡	有祖先生卒资料
顶店	嘉庆年间	纪蓝	同安县后麝乡莉竹围	有祖先生卒
幸福	嘉庆年间	蔡淳	同安县十六都东西乡蔡亭堡	有祖先简单数据
幸福	乾隆年间	蔡钦	同安县金门琼林内坑	有祖先生卒资料
幸福	乾隆中叶	李克量	同安县归德里蔗内保	有支系表、生卒资料
西岐	道光年间	邵赫	同安县	有祖先生卒资料
顶店	嘉庆年间	吴协	南安县六十四都郡下吴乡	有祖先生卒资料

五、目前族谱撰写中

里别	来台时间	来台祖	大陆祖籍地	说明
大甲	乾隆中期	许臣	同安县城内后香三公馆	有渡台后支系表
德化	乾隆年间	梁可时	南安县廿八都象运	撰写中，曾回祖籍地
太白	康熙年间	刘◎	兴化府仙游县	缺渡台祖名，其余台湾资料详细
奉化	乾隆年间	张◎	晋江县十一都洪塘	撰写中，曾回祖籍地

六、没族谱，仅从祖先牌位或墓碑或先人口述知籍贯的家族

里别	来台时间	来台祖	大陆祖籍地	说明
孔门	光绪二十四年	高池	晋江县永宁乡	望族应有谱，但未见

武陵	1937年迁大甲	蔡清城	晋江县平湖乡	想写谱
大甲	约道光年间	许饭	同安县马巷乡	望族应有谱，但未见
大甲	嘉庆末年	杜仁和	同安县灌口街	望族应有谱，但未见
文武	道光年间	吴潭	同安县马路巷	望族应有谱，但未见
德化	乾隆年间	何◎	同安县枫林乡	想写谱
德化	道光年间	薛◎	同安县	望族应有谱，但未见
文武	嘉庆年间	郭有光	同安县香厝里	想写谱
江南	乾隆初年	许元英	同安县	想写谱
太白	乾隆中业	康菊	同安县	想写谱
龙泉	嘉庆年间	郑聪明	同安县八都	想写谱
铜安	道光二十八年	邵永	晋江县	想写谱
武陵	嘉庆年间	林悔	同安县廿一都高奈乡	望族应有谱，但未见
铜安	日据初期	钱添丁	泉州府同安县	记录数据
铜安	清末移大甲	郭火	同安县	记录数据
德化	清末移大甲	纪猪	南安县树坑乡樟脚厝	想写族谱
武陵	清末迁大甲	李凤山	南安县	想写族谱
文曲	道光年间	黄亨	南安县和美乡	望族应有谱，但未见
武曲	乾隆初年	黄镇	南安县门口店白鹅石	望族应有谱，但未见
福德	嘉庆年间	陈郡	南安县	望族应有谱，但未见
福德	咸丰四年	陈连	泉州府惠安县	记录数据
文武	道光年间	李神元	安溪县	望族应有谱，但未见
朝阳	道光二十四年	林文阔	安溪县年兜尾乡	望族应有谱，但未见
朝阳	嘉庆年间	余明辉	安溪县	想写谱
文武	1910年彰化迁大甲	王顺德	安溪县	望族应有谱，但未见
武曲	乾隆中叶	颜顺德	安溪县乌土乡	记录数据
福德	道光二十五年	曾寿	漳州府诏安县	记录数据
大甲	乾隆四十六年	郑振杨	漳州府龙溪县南坂乡	记录数据
孟春	不详	崔◎	兴化府莆田县	想写族谱
日南	乾隆中叶	陈表观	兴化府莆田县樟孔乡	望族应有谱，但未见
幸福	乾隆三十六年	陈隐	福建兴化府莆田县陈埔	望族应有谱，但未见

叁、大甲的族谱种类分析

在大甲，不管家谱、族谱、谱牒、祖先支系表等都简称"族谱"。笔者再细分昔日完成的"旧谱"和新近完成的"新谱"。1950 年代以前所修或撰写的谱暂称为旧谱，内容大都能和大陆祖籍地结合，记录祖先年代绵远流长，毛笔书写，字迹端正清秀。1950 年代以后所写的谱称为新谱。近年所写的新谱为铅字印刷或计算机打印，图文并茂，和传统族谱很不同。

大甲的客家族群几乎都有族谱，有详细的也有简单的。除了日南邱姓外，要看详细族谱须再前往苗栗或新竹的祖先原居地祠堂观看。很明显他们大多是日据初期，大安溪整治成功的新移民后代，根源仍在祖居地原乡，族群不算庞大。邱姓则从广东渡台居大甲日南，拓迁至苗栗。族谱本是零散，亲族断枝。经邱仕电整理重编丘氏大宗谱，再将台中、苗栗一带邱姓家族理续清楚。

在长期的访问资料搜集中，大甲大部分族群没有祠堂，也没有族谱，包括部分清朝、日据时期的富绅。旧社会时代，地主拥有强大的经济能力，子弟能在私塾读书，进而得取功名，扬宗耀族。所以地主家庭应该花费千金，请人编写一部详细的族谱。但从大甲田调发现符合此现象的有：顶店南安籍梁氏族谱、孔门晋江籍工氏族谱、文武晋江籍郭氏族谱等。此族谱往往只一本，字体漂亮，视为珍宝，而谨藏在大房或某人家里，久之，其他家族成员不知有此族谱，而认为家族没族谱，以致产生该有族谱却未曾发现的家族。如：大甲同安籍杜姓、日南南安籍郭姓、义和晋江籍李姓、奉化同安籍陈姓。这些家族成员在日据时期，因富有皆曾被采访入《台湾乡绅列传》，所以应该有谱，在其家族却未见，可能是有谱而某户收藏，以至其他家族不清楚。也可能遭火灾、水灾而损毁。但可确定的是族谱在此家族中，并无继续增订，以至大部分家族成员不清楚，最后变成不重视族谱。另一般普通家族，昔日大都没族谱。近年则因家族成员的认知需要，开始撰写族谱，其中自然遇到缺乏数据的困扰。但仍有多家完成基本数据。撰写格式也有许多突破传统方法。针对以上现象，各择几笔做简单说明。

一、近代修谱且详细

1. 龙泉里《南安仙景洪氏族谱》，（公元 2012 年版）：乾隆年间洪氏祖先渡台居清水高美，后迁居大安五甲。部分家族于清末迁双寮，洪瑞来家族迁大甲街。洪瑞来祖先在大甲镇澜宫旁经营米、布的闽台贸易，拥有三千石的土地年租，是富商，子弟读过书。1900 年洪春生前往南安仙景祖籍地抄简谱回台。传闻花六甲水田土地之费用。往后两岸中断讯息。一百年后，族群后裔洪增荣根据 1900 年抄录的族谱为依据，以现代方式撰写，重新将祖先的故事，家乡、村落的历史一块记录。同时委托他人在晋江刊登报纸而取得祖籍地族人的联系，再返回祖籍地寻根，并将祖籍地现况一并记录，2012 年出版，供家族参考收藏。内容有昔日族谱的样式，更有近代家乡历史可读，个人数据的记录，是一本能读、能了解过去的族谱。

2. 顶店里《南安凤坡梁氏族谱》：梁家祖先在清同治年间渡台，以做买卖而致富。在日据时期的分产阄书中，言明按时提拨经费做祖籍地祠堂祭典经费，同时撰写族谱数大册。后因两岸分治，族谱未续修，两地成陌路。近年后裔梁家铭深觉祖厝情感之重要，委托台湾大学城乡研究所李干朗教授之团队撰写祖厝建筑，同时捕捉梁家祖先故事点滴，同时完成来台后的族谱支系。2013 年 4 月出版《瑞莲传芳》一书，内容有昔日旧谱风格，并添加许多祖先的事迹、祖厝建筑等影像，是一本能读、好读的族谱。

3. 顺天里《同安官山陈氏族谱》：陈氏原籍福建省泉州府同安县马巷三忠王宫边，在曾祖父陈推迁过世后，曾祖母杨宝娘携二子陈苞生、三子陈丽生来台。陈苞生在大甲开垦，由于拓荒过度辛劳，37 岁逝世。其子陈绍严在母亲与祖母教导下，认真读书，而有成就，任大甲巡检衙门职员。后代皆为地方俊材。族裔陈进春在大甲镇公所退休后，开始撰写家族族谱，凭着父母亲告知的族亲，一一拜访，竟然在长房处取得旧谱，也得知另一家族亦完成其家谱，最后在族亲的协助下，整合数据完成亲族谱系及家族迁移遗迹的探索，图文并茂，是本整理出来的族谱。

二、前代有修族谱，近代未修

1. 孔门里《晋江厦泽王氏族谱》：祖籍福建省泉州府晋江县下宅。乾隆五十一年（1786 年）底，台湾发生林爽文抗清事件。社会动荡不安，官方屡增兵平乱，而无法奏捷，战役危害台湾至巨。至乾隆五十二年底，乱始平。期间晋江下宅人王天随父子散财助官兵平乱，战后朝廷钦赐把总、千总之职，并诰封通议大夫。乱平后王家择居开垦大甲。王家来台第二代王天增，为朝廷太学生，诰封朝议大夫。第三代王时昆，官章昆岗（生于道光六年，卒光绪四年）。授封钦加运同衔赏戴花翎，分发广东即补同知，诰授中议大夫，晋封资政大夫，因开凿大安圳，经营"金鼎三"金融当铺业而名闻一时。

第四代王地湘，诰封"钦加五品衔候补经厅"。第四代王俊出建材与资金建大甲文昌祠，名留大甲。第五代王燕翼，任日据时期台中州参议员。王绍琦曾当县议员，创金鼎三制橘子罐公司、制冰工厂，创建大甲光陆戏院。第六代王甲壬，捐大甲高中校地，并成立"麒麟金狮阵"国术馆。第七代王茂雄，任医生、2003年第四十二届远东及东南亚年会主席。王家目前有20多位医师，国内外各半，国内在台北居多，国外以日本东京、美国华盛顿州居多。王家最盛时拥有大甲街一半以上的田产。可说从清代到二次大战终战后，王家都处于大甲地区政经领袖地位。

王家有显赫的声望，族谱修至日据时期，往后未增修，殊为可惜，然家族资料多，经济能力强，若要修谱，此家族可轻易完成，而且内容极为丰富。

2. 文曲里《晋江蔡氏家谱》：文曲里蔡家收藏有清道光十七年，第十五世孙蔡尔中来台，住蔡倾家3个月，撰写族谱，道光十七年完成族谱，后经宣统三年、1990年再抄写之复印件一册。数据显示，第一世蔡辉，于唐朝末年，从莆田仙游迁居晋江青阳，第十世蔡次传为南宋宁宗嘉定庚辰年榜进士，曾至漳州、泉州为官。第十一世蔡若济助张世杰扶宋主于广东潮州，抗元失利后，子孙避居，迁游于广、闽一带。第十五世蔡自明始迁居晋江钱湖。明公下第十三世蔡聪，生四子，茂、对、所、草，皆迁居台湾拓垦。其中第十四世蔡所，约至嘉庆年间，以40余岁龄娶妻，生蔡倾。族谱以蔡倾为来台始祖，应是定居顾田园，不再是春来台湾、秋回大陆的拓垦者。蔡倾原居台湾神冈，其后裔至宣统年之前已迁居高美。1912年迁居六块厝庄，即今水汴头蔡姓家族。

3. 道光元年（1821年）11月15日，大甲街附近商业者王姓宗会发起祖灵祭祀，成立王姓宗亲会，祭祀王姓始祖王审知夫妻神像。至1905年再重组成立。再1995年农历11月15日，大甲四乡镇地区王姓再成立宗亲会，传承昔日举行祭祖祝碬大典。这是大甲最有组织的王姓宗亲会，会员近百人，但大家也很苦闷，多数族群没有族谱，找不到祖先资料。只有南安籍王时沃家族有撰写祖先支系表。公元2000年笔者从沙鹿王伯宗处影印得《南安象运王氏族谱》，知象运王振裕收藏并整理，同时寻找在台族亲。这本族谱正好可和王时沃、时沙等家族衔接。建议此家族应利用这难得数据，建立族谱。奇怪的是，笔者受王振裕委托寻找族亲，以两年时间，找遍相关地方，几乎能写成当地开发史，竟然对其所寻之人却毫无线索。

4. 孔门里《谢国佐族谱》：谢国佐生于乾隆四十九年（1784年），卒于同治元年（1862年）。祖籍福建同安县鳌美乡。嘉庆二十一年因通商至台湾而居。数遇盗贼于海上，皆以朴实外观而免于难。商市利流，发积于后垄，而成巨富，恩授征世郎。生15子，长子振声，为增生署闽县儒学正堂。孙文东，为监生。文东次子耀贰生女五娘，五娘子王再兴娶刘绣雀。文东三子耀炎为捐赠文昌祠地人。谢国佐八子振添之孙谢朝甚，疑为日据时期大甲名米商。

三、家族留有简单谱

1. 乾隆二十六年（1761 年）陈任从福建省永春州德化县半岭春栗屋移居清水海风庄，开垦大甲六块厝田。福建永春州德化籍陈任，身体魁伟，在故乡原有小时订婚的未婚妻，但未婚妻十三岁时去世。陈任到台湾时年纪已不小，有人介绍南埔村庄氏。庄氏父亲同意这门亲事，但母亲不同意，因此庄父告诉陈任在凌晨庄氏煮饭时，可以背对背背回来做媳妇。于是陈任于前一天到南埔庄。全庄请吃槟榔，然后次晨背正在做饭的祖妈回来。一年后第一个孩子出生，多年希望得以实现，真是高兴，命名为加再，即好加再，很侥幸的意思。第二个孩子名再添，第三个孩子名再喜。（2008 年 10 月 18 日，陈任后裔陈煌顺前往德化寻根，寻得族谱，陈任被标记失踪。）

2. 同治十一年，武陵里刘家最晚在此时已从龙井迁居本地。刘家为当地的地主家庭，望族世家。后裔刘松藩曾任台湾"立法院院长"、刘铨忠曾任多届台湾"立法委员"、刘松龄任农会金控董事长，另多人任老师、艺术家、企业家等，是个非常有成就的家族。然族谱简单，只有支系表、生卒数据。应需再增修传记。

3. 光绪十四年，郭玉琼（1829—1888 年），名钳，字玉琼，谥武琪，大甲街顶店人。祖籍福建泉州府同安县安仁里上渡社。裔孙郭锦沅曾往祖籍地多趟，经当地郭姓协助，终在族谱寻获祖先兄弟名，而确定祖先家居漳州角美镇流传村。而非祖先所述的上渡社。雍正年间，开台祖郭月偕子访政与兄郭日相偕渡台，定居大甲顶店。待赠六品衔（疑同治初年，抗戴潮春军有功）。2012 年完成新修订谱。

4. 义和里李姓，晋江县十都小归湖乡。来台祖李权轩于明中叶渡台，居笨港大槺郎，生卒资料莫考。来台第五代李广惠，生于康熙十二年。乾隆三十五年与堂地迁大甲，在大甲内水尾、外水尾形成两个李姓宗族聚落。两地昔日都是地主家庭，为地方相绅代表。后裔李天德经营永信药品，列为台湾百大企业。家族留有祖产，每年拜祖聚餐领红包，有族谱，可惜只是简单支系表及生卒数据，欠缺小传。因经济能力强，建议修详细新谱。

5. 王吟、王天香兄弟：祖籍地：福建泉州府安溪县五里埔（马巷分府蓬莱堡第十都珩厝乡），来台祖：第二十九世王天香。约于康熙年间渡海来台，居大安港，分传清水、大甲。族谱于 1982 年完成，根据来台第五代玉英启建族谱资料（清同治十年建立），再整理补充。有来台后家族世系表及生卒资料、坟地等。而有家族小传，但仅几笔，且极欠缺。来台前数据借用台湾各地王氏资料。

四、全台同姓氏族谱（可依据此资料撰写家谱）

1.《邱氏大族谱》，邱仕殿于 90 年代撰著：将苗栗、台中的邱氏搜集整理出头绪，其中以邱道芳、邱传万、罗太夫人等资料最完整、详细。为本地邱姓的大宝典。邱姓为本地大族群，家族为世界名牌捷安特脚踏车的大股东或知名艺术家。建议邱家应增补祖先传记。

2. 在 1980 年代间，台湾流行商人帮家族撰写族谱，他们召集全台同姓，提供数据，帮忙撰写，将全台同姓氏数据合刊成《大族谱》。如：陈姓、卓姓、李姓、白姓、林姓等等，此类族谱有祖籍地、家族支系表及家族简述。为当时记录许多珍贵数据。建议这些家族可继续增添家族资料，留存许多各家族讯息。

五、简单的族谱：

大甲所见的族谱大多是简单的祖先支系表，多从祖先牌位抄录，并整理。所以有多人想进一步整理补充。以此为基础，两岸族谱若能更进一步联谊，将可协助许多台湾同胞取得祖先祖籍地数据，进而对祖籍地产生深浓的情感，将有助于两岸融洽感情，再展中华盛世。

六、已完备未出版：

太白里刘姓于康熙年间来台，至今已成庞大家族，家族有日据时期的文官，现代的医生、教授等。后裔刘坤和已整理完成族谱的支系及生卒与部分小传，内容丰富。但因无来台祖姓名，祖籍地仅知兴化仙游，所以无法往上推，无法至祖籍地找寻数据。他多希望能有仙游刘姓的点滴讯息，好补足族谱上的空白。

肆、鼓励写族谱

曾听一位朋友说，其儿子在英国留学读硕士，在英国时认识一位同是台湾去的女留学生，双方谈得来，也情投意合，同学怂恿双方先认识交友，后进而结婚。其间，听女方说有一位亲戚是台中市市议员，男方也说其父是市议员，两人应是门当户对。后来女方听母亲说其亲戚名，竟然是男方的父亲。男子问其父，双方的关系因由，这市议员才感受到现代家族间的淡漠，若无亲族聚会或族谱内容的认识，远房亲族间将互不认识，而孩子们也不认识，若在国外先结婚，再回家向父母亲报备，若因血缘接近而诞生异常孩子，将是一生要接受的苦楚，所以朋友认为族谱非建立不可。

族谱除了可了解家族间关系外，还留存许多元素。所以调查中发现许多家族长辈很重视祖籍等资料，他们除了保留族谱外，或多或少能叙述祖先的祖籍或事迹。但老人家常随着时间的凋零而消失，家中子孙也习惯将老人家过时的旧东西，随火烧化随魂而去，因而大甲族谱不断在消失中。另中年人因忙着事业奋斗，而很少接触族谱，甚至不知族谱为何物，因而对祖籍数据陌生，对自家堂号、祖籍地也不了解，而产生淡薄、不重视现象。二十年前，台湾国小社会课设有此课程，孩子们大都向父母寻找答案，因父母的陌生，常无答案，造成很多家长的困扰，老师也无法有效达成教学目标。所以此课程最后飘零而被废。要解决此问题，除需加强对祖籍、堂号的认知外，更需鼓励民间"大家来写族谱"活动，借以掀起对族谱的重视。因这种课程是人文社会科学的重要知识，可以认识自己家世的基础。

一、为什么不写族谱

为什么大甲那么多家庭没有族谱，主要原因是族谱不是家庭必需品，甚至有人连"族谱"是什么东西也不清楚。另外有许多人想拥有自己的家族族谱，却不可得。原因则多样：

1. 没有资料：早期许多家庭穷困，加上先人寿命不长，以致孩提时期，父亲已亡，断掉家族历史传说，所以想写，也写不出来。

2. 水灾、火灾销毁家族资料。早期大甲是水灾常发生的地方，水灾将住屋田园冲毁，也流掉家族重要讯息。

3. 族群庞大，数据汇整不易：有人因家庭因素排斥撰写，有人怕花钱，有人认为祖先牌位不能打开，有的数据消失，有的数据混乱无法分析。

以上因素为不想写族谱的原因，但它是可以克服的。

二、生活文化中留下的线索

有许多人希望家中有族谱，但却无任何数据，那要如何完成族谱记载呢？生活文化中留下的线索，可以建立点滴数据。

1. 在大甲大多数家庭，都有神明厅的设置，祖先牌位被安置在神桌的虎边（面对神明厅的极左边位置）。祖先牌位外面书写"祖籍地，〇姓历代祖先神位"。内部记录着家族祖先姓名与生卒时间，是非常宝贵的族谱数据。但较可惜仅为直系数据，旁系数据要借助其他前代伯叔公家族协助。

2. 祖先墓碑，写着祖籍地。所以其后代子孙能清楚祖先来自大陆的哪个县份。不过，也有相当数量族群不是写祖籍地，而是写姓氏的郡望地，以致不知祖先来自闽粤何地，而跑到河南、山东等中原处寻根，所得答案落差极大。

昔日台湾是个移民社会，有落叶归根的观念，所以祖先墓碑上方会刻有祖籍，以便亡后数年，"捡金"迁葬回籍。但有许多家庭因家穷，或没读书或父母早亡，而不知祖籍地，而写成"大甲"、"顶店"等现居地名，后代子孙遵循传统流传下来。有族谱者会记录祖籍地的全名，有的靠口耳相传，没文字数据就容易淡忘，仅能记到县名为止。祖籍县名仅放在祖先墓碑或神主牌位上。大甲汉人以"银同"为最多。"银同"指福建省同安县，包含今日金门。

3. 台湾的户政数据，在日据时期的1895年后，被完善的记录下来，至今也被完善的保留。所以可凭着祖先的居住地，到当地户政申请全家族所有户政数据，数据中可得知祖先的父母姓名、出生年月日、死亡时间、子女排行及婚姻时间等等。数据很容易推到同治、光绪年间。

4. 若自家家族真的没资料，可寻求其他家族资料来补充。因先民为了保护自己的地盘与利益，拓垦成功的家族，会放租土地吸引亲戚或同姓宗族前来投靠，形成同姓聚落。在大甲，这些宗族聚落在清代很明显，所以本地有一段很长时间，每个村里都是个别同宗的聚落地。直至1975年以后，因工商业变迁，大量国民住宅出现，快速打消掉同宗聚落的现象。这些应记录在村庄史中。

5. 有的祖先已留族谱，祖籍地与祖先资料详细清楚，自然可留给后代做修谱参考之用。另有更多家族没有族谱，仅靠一本记事簿或口头传下来一二百年。在近二三十年来的工商业时代，很容易将此讯息消失掉。故鼓励写族谱。

三、建谱成功案例

从清水秀水迁居大甲的晋江彭田籍蔡伯源校长，家中留有祖先生卒数据，退休后，一心想为子孙建立族谱，却苦无数据，到处访问、请托。笔者太太是其缺少联系的家族，因访问而相识。笔者依其祖先资料及祖籍地，亲自跑一趟晋江彭田，从祖先辈分，幸运翻开其祖先之名，带回影像数据。蔡校长从祖先牌位内整理出祖先名，加上所知排出家族代数关系，再委各房写出子孙支系姓名，由他做统整。最后再透过蔡姓宗亲会到祖籍地做对接求证，以一年多时间完成家谱。2013 年 4 月将完成的族谱赠送各房家族，深受各房感谢。接着他将再写各房人物轶闻数据，蔡校长深觉有意义，而且时间过得充实，增加聊天题材。

伍、结语

唐山过台湾，先人的生活大部分是辛苦的，需非常努力工作，且节俭存钱，目标是想衣锦荣归故里。所以有人赚了钱成为富豪，与故乡有联系往来，而且出资修缮祠堂与按时提拨祭祖经费，并抄录族谱留台。但大部分人群，却只能求温饱，连返乡能力都有问题，最后客死异乡，或仍须努力为求温饱而生活，慢慢的，后代子孙也因没读书，而消失祖籍原乡的记忆。所以大部分闽南族群没有族谱的原因在此。

幸好，台湾的民俗生活间留存祖先牌位祭祀与墓碑上祖籍记录，加上代代口耳相传的祖籍地名，也让现代有文化、认为族谱重要的家族，能追踪先祖的蛛丝马迹，写下来台后的家族支系或简单族谱，留下家族间的残存数据。

族谱先记生，后记卒。人一生下来，就要照族谱昭穆辈分，取名列入族谱，所以生时纪事，一样可列入族谱记载，免得以后追溯而易附会，造成虚假的现象。族谱的内容易受到编修家族的经济条件与要求，或编修者的观念之影响，产生各式各样的族谱。但总观前人族谱，世系、昭穆、生卒、荣恩、坟茔等基本记录外，个人小传不应漏写，成长聚落简介也可融入。从大甲《南安洪氏族谱》、《瑞莲传芳》二书，可知，现代族谱，除了祖先数据外，也可是一本可读的书，有祖先一生奋斗外，还可记录许多家族乐于谈论的故事。

本文笔者已替家乡其他族群建立许多基本数据，有来台祖名字、来台时间及祖籍地，目的想借此次族谱交流且有兴趣的专家同好，协助寻找更进一步的数据讯息，或能和祖源地衔接的族谱，倘若因此能再完成一本或更多本新族谱的诞生，将对这个族群建立稳固的根源认识，同时爱屋及乌，两岸的血缘、地缘可更加确立而交流。

参考文献：

1. 邱仕电：《编年丘氏大宗谱》，1997 年。

2. 陈进春：《大甲官山派－陈士族谱》，2010 年。

3. 王清斌：《王吟后嗣族谱》，1982 年。

4. 李干朗、郑碧英：《梅镜传芳》，远景出版社，2013 年。

5. 洪增荣：《洪氏家谱》，2012 年。

6. 朱瑞墉：《朱丽传》，2006 年。

（作者系台湾大甲区域历史研究者、著名谱牒专家）

溯源追远

——阮氏家谱简述

阮静玲

一、前言

中国传统家庭中，每一村落，每一姓氏必定会保存一本以上家谱，透过家谱可提供给后世了解其渊源、敬祖尊宗进而扬名后世。台湾是一个移民的社会，无论先来后到的种族，都是为了追寻与开创美好的新生活，而毅然决然地离乡背井，这种不畏艰难与挑战生命的意志力，一直不断地在这块土地上演出。[1]台湾自有汉人移垦以来，也将传统的修纂族谱带进台湾，特别是从清朝统治到日本割据的两百多年当中，台湾的汉人始终保存着大陆文化传统，修纂族谱就是一项明显的例证。[2]本文拟就台湾地区修纂之阮氏家谱，略述其内容，提供未来利用网络资源持续修纂家谱之参考。

二、台湾地区阮氏家谱现藏概况

信息化社会中，许多资源都可以透过网络获取，如果想要了解台湾地区家谱现藏状况，有几项途径获得，包括：

（一）"台湾地区家谱联合目录"数据库（http：//rbook2.ncl.edu.tw/Search/Index/3）

2002年3月"国家图书馆"召开"台湾地区家谱联合目录合作编制相关事宜座谈会"，决议由与会各收藏单位提供书目数据，建置"台湾地区家谱联合目录"，收录"中央研究院"民族所图书馆、"中央研究院"傅斯年图书馆、台北市文献会、台湾图书馆、台湾省各姓渊源研究学会、宜兰县史馆、台北故宫博物院、"国史馆"、"国史馆"台湾文献馆、"国家图书馆"、万万斋等 11 个单位所典藏家谱数据，[3] 共计 28,846 笔书目。

（二）"台湾记忆"系统之台湾家谱（http：//memory.ncl.edu.tw/tm_cgi/hypage. cgi?HYPAGE=document_twgn_category.hpg）

"国家图书馆"于 2004 年与美国犹他家谱学会签订合作协议书，由"国图"购藏该会典藏之台湾地区家谱微卷数据，并进行数字化扫描及分析建档，相关数字化成果呈现于"台湾记忆"系统供民众个人研究使用。目前系统收录家谱 9,809 笔、数据世系表 1,025 笔、个人资料 1,204 笔、宗亲会资料 1,257 笔、其他 604 笔，共 13,899 笔。系统原先提供使用者可以浏览六页影像，因为个人隐私权因素，目前影像浏览功能已经关闭，使用者需到馆方能使用全文影像。

（三）耶稣基督后期圣徒教会的家谱查询网（http：//www.lds.org.tw/index.php/ family-history-temples/family-search）

1894 年所成立的犹他家谱学会（Genealogical Society of Utah）百年来在世界各地从事家谱资料的搜集及研究，1987 年改称耶稣基督后期圣徒教会家谱部门。为帮助人们追本溯源，于 1938 年开始进行拍摄微缩影片的工程。中文数据收集与拍摄始于 1970 年代，广泛收集来自台湾、大陆、香港、印度尼西亚、新加坡、马来西亚、菲律宾、日本以及美国等地的数据。数据范围包括祖先画像、地图、世系表、婚姻契约、阄分契约、卖店契约、功德榜、讣文、秋审题本、地方志、人物志、县城地图、科举数据、户籍清册等。使用者可以透过"家谱查询网"查询并浏览全文影像。[4]

（四）台北故宫家族谱牒文献数据库（http：//npmhost.npm.gov.tw/ttscgi/ttsweb? @0：0：1：phmetai：：/tts/npmmeta/metamain.htm@0.8785804633274417）

台北故宫博物院图书文献馆馆藏数据库，收录有 1996 年获赠由联合报文化基金会所藏中国族谱微卷资料（美国犹他家谱学会多年征集之资料）10,150 种，此批资料也已数字化。内容多为明、清及民初时期所纂修的族谱，以及多属清代汉人移垦台湾及家族活动记录的台湾各姓氏编修家谱，数据库提供族谱题名、编纂者、始迁祖、家族姓氏、地望、内容分析、族谱来源等字段检索，全文影像限于馆内浏览。[5]

（五）台北市文献会典藏族谱查询表（http：//www.chr.taipei.gov.tw/public/Data

/9941752471.htm）

依书名笔画序列出该会所藏家谱资料。

（六）台湾寻根网（http：//genealogy.hyweb.com.tw/index.jsp）

2002～2005 年"国科会"数字典藏国家型科技计划数字典藏创意加值计划之子计划，提供查询姓氏、族谱、家族、人名、宗祠、古代人物等数据库以及族谱网络资源。

透过"台湾地区家谱联合目录"数据库可以掌握台湾地区家谱主要典藏单位现藏家谱，以"阮"查询计查获 39 笔阮氏家谱书目，其中有 5 笔非台湾地区家谱，同时去除各馆相同书目以及讣文，台湾地区阮氏家谱共有 11 种以及 3 种刊物。以下分别简单介绍。

（一）阮氏族志

内容为记述 1729 年阮嘉尚从大陆东渡来台开始绵延流长到 1974 年第 12 代的族谱。包括题词、序言、渊源沿革与阮氏正宗源流、阮常兴堂志要、阮克环派下系统世系表、阮常兴堂大事记、所谓阮家五大房的由来、建置家庙"阮姓祠堂"概况、闽台略图等。此家谱是由阮莲洲自 1960～1972 年南北奔驰，到东港、台北、嘉南、台中、彰化等地阮姓民众较多地方，寻找各地宗长手中的族谱，详细记载并进行数据统整、印证数据真实性与连续性，于 1972 年完成初稿，编就阮克环派下世系表，全书以稿纸书写而成，迁台祖为阮嘉尚，于清雍正七年（1729 年）自福建省泉州府南安县英内上堂乡 27 都带独子厚德来台，并携其父克环神主牌来台奉祀。择居云林县笨港（北港镇）掩猪社（沟皂里），开垦海埔新生地为农。乾隆五十年（1875 年）四祖文尧、文享、文喜、文意、文祥五兄弟，由北港迁移至彰化县东堡湳仔庄（和美镇嘉犁里下湳仔）。后世称为阮氏五大房。

（二）阮氏族志

由阮莲洲根据稿纸书写之《阮氏族志》，1972 年起以三尺高、一百二十尺长白布书写家谱，其先在布上划方格子，再用毛笔工整一笔一画正楷恭书而成，内容包括题词、序言、闽台略图、渊源沿革与阮氏正宗源流、建置家庙"阮姓祠堂"概况、所谓阮家五大房的由来、阮克环派下系统世系表、阮常兴堂大事记、阮常兴堂志要等。此家谱的形制相当特殊，作者同时准备一些白布，未来可缝在所完成《阮氏族志》后，由后代子孙继续完成，借以保持世系表的完整性。

（三）阮氏宗谱

阮国庆主编，阮氏宗亲会 1977 年出版，内容除世系表及宗亲录外，其余多与阮莲洲《阮氏族志》相同，世系表部分除阮克环世系外，涵盖全省阮氏世系，此书为台湾地区完整之阮氏家谱。

（四）阮氏世系图（阮家族谱）

民国年间打字印本，以来台（台中市）后，部分最古户口抄本及现在各户口名册抄写而成，始祖为阮久，属一家族之世系表。

（五）阮氏祖谱

内容包括阮氏宗谱中的渊源沿革志、阮氏世系志、陈留阮氏世系（入粤分居各县宗支）、恭义祖、阮氏历代先贤列传、迁台祖阮文鎗世系表（由福建省漳州府南靖县下水社祖坑口入垦八芝兰——今台北市士林区），以及阮正义书写十五世祖阮阳 15—21 世世系。

（六）阮氏族谱

阮廷耀（迁耀）家族所填写 19—21 世调查表（表填 18—20 世），迁台祖为阮陆国，由福建省漳州府南靖县移垦埔里社——今南投埔里（《阮氏宗谱》页系 34）。

（七）阮氏源流族谱

阮正安根据《阮氏宗谱》所书写之家谱，首先叙述阮氏源流，次述迁徙路线、世系表、阮氏远祖世系、陈留阮氏家谱世系，屏东林边竹林村下庄阮氏家谱世系 1—8 世（雍正七年阮信由福建漳州漳浦县白石堡下魏乡入垦林仔边今屏东林边）。

（八）阮氏历代祖公妈忌神

阮歪家族所填写 6～15 世调查表，迁台祖为阮情，于雍正年间由福建省泉州府晋江县入垦沙辘（今台中沙鹿）。

（九）阮氏历代族簿

纪录阮望峰家族 15—22 世之家谱。谱载乾隆中叶，阮望峰由福建省汀州府永定县入垦吞霄（今苗栗通霄）。

（十）阮姓家族谱

由阮仙忠书写阮文鎗－阮福元派下（《阮氏宗谱》页系 76）5—8 世之家谱，迁台祖为阮文池，由福建省漳州府南靖县吴宅下永社迁至纱帽山，后迁居台北州七星郡士林镇。

（十一）阮严派下家谱

阮季雄书写，迁台祖阮苗由福建省漳州府绍安县澳角乡入垦阿罩雾——今台中雾峰，其派下阮严有 14—22 世家谱（《阮氏宗谱》页系 43）。

（十二）彰化县阮姓宗亲会成立纪念特刊

1979 年 10 月 7 日出版，内容包括阮氏源流相关文章、祠堂介绍、宗亲会规章以及通讯簿等内容。

（十三）台湾区阮姓宗亲通讯簿

中部地区阮姓宗祠祭典委员会 1984 年编印，内容包括阮氏早期先祖移民台湾述略，以及全省宗亲通讯簿，作为宗亲联系之信息。

（十四）台北市阮姓宗亲会宗亲通讯

成立于 1979 年 8 月间台北市阮姓宗亲会，出版《台北市阮姓宗亲会宗亲通讯》，通讯每半年刊行一次，共出版 5 期，各期除宗亲通讯簿、报导会务等有关事项外，每期都有关于阮氏渊源之相关文章。

三、《阮氏宗谱》概述

宋以前，中国家谱内容简陋，完全以家庭成员资料为主，明代以降，家谱的内容扩大记事范围，也强大家谱的功能，明清以后所修的家谱，约有几项内容[6]：1. 序文：说明修谱缘由。有些望族序文通常由名人学者或本族出仕子孙撰写，可以反映不同时代的社会状况。2. 谱例：修谱时所订出规则，作为修谱遵循方向。3. 姓族源流：叙述家族得姓的来源。4. 世系表：说明家族成员间关系，为家谱中最重要部分。5. 恩荣录：先祖光荣事迹，为历史研究的第一手资料。6. 宅居故里：记载居住环境与终老之处。7. 祠堂墓冢：祠堂是供奉先人牌位，及同宗之人共商聚首之处所，因此都会专章记载祠堂。墓冢部分，后代子孙慎终追远，因此对地理方位、建筑样式等仔细记载。8. 家传：明朝以后，谱与传合为一，有的家族将传还细分为列传、内传、外传、图像等等。内传记未出嫁的族内有德行的女子，外传记出嫁有懿行的女子。9. 艺文著述：文人雅士的文学作品在家谱中详细注录。10. 家训：收录家规与家训。11. 其他：清末以来，家谱中还有列入人口表、职业别、契约、水利、拾遗等等内容，使得家谱内容更加丰富。

由台湾现藏阮氏家谱中可以发现，1972 年阮莲洲调查编写的《阮氏族志》是 1974 年《阮氏族志》初稿，是阮克环派下系统的相关数据，而 1977 年出版的《阮氏宗谱》则是在《阮氏族志》基础下增编数据，世系表除迁台祖阮嘉尚（始祖阮克环）派下，另增加迁台的七十四支世系表。《阮氏宗谱》可谓目前台湾地区阮氏家谱中最为完整。而其余阮氏家谱则是根据《阮氏宗谱》，将其自身一支世系列出或是所填之调查表，由于《阮氏宗谱》具备传统家谱所应有内容，透过本书可以掌握阮氏在迁台即在台湾现况，内容简述如下：

（一）渊源沿革志

相传阮氏为皋陶后裔，姓氏则始于"阮国"，据《通志·氏族略》所载："阮氏，商之诸侯，国在岐渭之间。周文王侵阮祖共见于诗，子孙以国为氏。"而所建立之阮国，在泾渭之间，即今甘肃泾川一带。秦汉之初，因战乱频繁，除一支留居河南成为陈留阮氏始祖外，余者分成东南二宗，东由河南迁安徽、江苏、福建、广东等地，后部分迁至台湾；南由河南迁湖北、四川、贵州、云南等地。

除渊源沿革外，宗谱亦记载阮姓源流概述、阮氏太始祖阮逵（字善富）谱记以及陈留阮氏世系。

（二）阮氏历代先贤列传

包括阮翁仲、阮肇、阮敦、阮瑀、阮籍、阮浑、阮咸、阮瞻、阮孝绪等自秦至清87位历代先贤小传，以及民国人物阮宝珊。

（三）族事汇编

包括家庙阮姓祠堂概况、阮常兴堂志要、阮克环派下第五世阮维发进士墓志铭、纪念照片集、阮烈士宝珊追悼会纪念照及阮烈士宝珊之事迹剪报。

其中阮常兴堂的名称是阮姓祠堂祭祀公业的名号，也是阮姓宗祠祭典会的旧堂号。该堂建于日据时代1937年，是由迁台祖阮嘉尚及三世阮厚德、四世阮文尧兄弟（三代）创业置产的公业。正殿供奉三大座神位碑，列入历代始祖高曾祖考妣之仙名于内，每年定春秋二期致祭（农历二月十五日与八月十五日）由裔孙等集堂参加祭典。

（四）诸文献

包括大陆移民来台图、福建省略图、广东省东部略图、福建广东两省行政区域表、中西年历对照表等参考数据。

（五）家约格言

阮氏宗族之家训等格言。

（六）阮姓元始祖皋陶以前世系表

（七）阮姓祠堂祭祀公业阮常兴堂大事记

自明崇祯七年（1634年）至1974年重要记事。

（八）各房派世系表

根据各房派世系表，可以发现清代阮氏族人渡海来台者，以福建为众，在台阮氏计有75宗支，分别分布于全省各处：

1. 福建漳州

（1）漳浦县：雍正七年，阮信入垦林仔边（今屏东林边），后成为当地大族；乾隆初叶，阮章河入垦笨港（今云林北港）；乾隆末叶，阮天德入垦下埤头（今高雄凤山）；阮竹浦迁宜兰礁溪。

（2）南靖县：乾隆初叶，阮刚毅后裔移垦庵古坑（今云林古坑）；乾隆中叶，阮文鎗入垦八芝兰（今台北市士林区），其孙阮协移垦宜兰礁溪，另一孙阮陆国移垦埔里社（今南投埔里），其弟阮房宇于稍后入垦礁溪、阮波入垦斗六门（今云林斗六），后再移垦嘉义后壁，乾隆末叶，阮会舞入垦今台中市南屯区；阮流水、阮茂盛迁今台北市；阮登极迁宜兰礁溪。

（3）龙溪县：乾隆中叶，阮仪入垦今台北市；嘉庆末年，阮赞入垦涂库庄（今台南仁德）；阮榜迁今台北市。

（4）海澄县：乾隆中叶，阮目入垦今屏东新园。

（5）诏安县：嘉庆末年，阮福入垦大里杙（今台中大里）；阮苗入垦阿罩雾（今台中雾峰）；阮杰入垦草鞋墩（今南投草屯）。

（6）平和县：嘉庆末年，阮水入垦今南投；阮恩生、阮㯢入垦大墩（今台中市）；阮炉、阮精日迁台中雾峰。

2. 福建泉州府

（1）南安县：雍正七年，阮嘉尚入垦笨港（今云林县北港），其孙阮文尧兄弟于乾隆五十年移垦半线、和美线（今彰化县和美镇嘉犁里），成为当地大族；乾隆中叶，阮源入垦打狗（今高雄市）；阮天入垦半线、茄冬脚（今彰化花坛）；阮尊入垦半线、臭水彰化秀水；阮诜入垦半线（今彰化市）；阮碡迁今台北市。

（2）安溪县：雍正末年，阮尧入垦鸟松脚（今高雄鸟松）；乾隆初叶，阮标入垦诸罗今嘉义市；阮孟禩入垦今屏东高树。

（3）晋江县：雍正年间，阮情入垦沙辘今台中沙鹿；嘉庆、道光年间，阮秋兰入垦葫芦墩（今台中丰原）；阮蓝入垦岸里大社（今台中神冈）。

（4）阮松、阮九入垦和美（现今彰化和美）。

3. 福建汀州府永定县：乾隆中叶，阮才琳、阮望峰入垦吞霄（今苗栗通霄）；阮春琳入垦今苗栗苑里；乾隆末叶，阮筑入垦斗六门（今云林斗六）；阮定轩入垦今台北市北投区；嘉庆初年，阮立居入垦竹头崎（今嘉义竹崎）；道光年间阮传入垦今云林西螺；阮爱入垦大墩（今台中市）；同治年间，阮云清入垦诸罗（今嘉义市）；阮枝入垦阿罩雾（今台中雾峰）。

4. 福建福宁府福安县：阮晏迁今台北市。

5. 福建南平府永安县：阮鲁齐迁今台北市；阮望峰迁台中丰原；阮枝迁台中雾峰。

6. 福建福州府林森县：阮传坤迁宜兰礁溪。

7. 广东省

（1）普宁县：嘉庆年间，阮成国入垦今台北市。

（2）桂平县：阮斌芳迁台北市。

（3）邕宁县：阮元兴迁台北市。

8. 其他：阮子升自江西吉安迁台北市；阮缉轩自浙江温岭迁台北市；阮国珍自河南拓城迁台北市；阮承挑自湖北阳新迁台北市；阮仁山自安徽怀宁迁台北市；阮永茂自河南开封迁台北市。

（九）宗亲录

首有宗亲录索引，后有阮氏宗亲个人之简述并包括个人照片。

（十）空白表格

提供家谱自录谱序、世系表、个人调查表、家庭大事记、宗亲通讯簿等空白表格。

四、结语

阮氏家谱自阮莲洲于 1960 ～ 1972 年，至全省各地调查整理书写《阮氏族志》，进而阮氏宗亲会在 1977 年编印《阮氏宗谱》，该书是截至目前台湾地区最完整的阮氏家谱，涵盖迁台阮氏之各支，但是出版至今已达 40 年，时至今日，根据 1984 年《台湾区阮姓宗亲通讯簿》中记录，台湾区阮氏人口计 16425 人，排名 93[7]，而至 2012 年 7 月 2 日止，阮姓人口总计 37,836 人，排序为第 74 大姓[8]，人口增长达一倍余，各派下的世系表增长也是相当可观。

纸本家谱增补出版相当耗费人力与经费，因应信息社会发展，加上耶稣基督后期圣徒教会在 2001 年发表 Personal Ancestral File（个人祖先档案）软件，提供整理家谱数据的工具，该软件除能详细记录祖先数据外，亦能将资料排列成家庭树，更能与其他家谱数据链接，进而使记录更加完整[9]。阮克环派下第九世孙阮深淮则在 2002 年，因参观家谱展览机缘，而开始族谱的数字化工作，其依据《阮氏宗谱》中阮克环派下世系表键入个人祖先档案软件内，并将新增人员补入。近年来在阮忠隆协助下，建立"彰化阮姓宗祠"网站[10]，除将已完成之世系表汇入外，也包括宗祠介绍以及讯息报导。透过网站建立，可快速提供相关信息，也可将其他派下世系表陆续建立链接，更是除了宗亲会联谊的直接接触外，串联各宗亲的良好途径。网络资源也将是各姓建立其家谱的良好契机，进一步将台湾地区家谱多以迁台祖开始建立的世系表，持续往前溯源。

参考文献：

1. 林庆弧：〈修平科技大学"台湾民俗与文化"课程中"家谱编撰"单元教学设计〉《修平人文社会学报》，18 期（2012 年 3 月），112 页。

2. 陈捷先：《台湾地区近年族谱的修纂与研究》，书目文献出版社主编《谱牒学研究》第一辑，太原：书目文献出版社，1989 年 2 月，249 页。

3. 宋慧芹：〈台湾地区家谱联合目录系统简介〉《全国新书信息月刊》，59 期 2003 年 11 月，26 页。

4. 网址：http：//www.lds.org.tw/index.php/family-history-temples/family-history-centers。

5. 叶淑慧：《中文族谱文献信息化之比较研究（上）》，《台湾图书馆管理季刊》，1 卷 4 期 2005 年 10 月，79—80 页。

6. 陈捷先：《中国的族谱》，台湾宗亲谱系学会主编《谱系与宗亲组织·第一册》，台北市：台湾宗亲谱系学会，1985 年，239—241 页。

7. 《阮氏先组早期移民台湾述略》，《台湾区阮姓宗亲通讯簿》，彰化市：中部地区阮姓宗祠祭典委员会，1984 年。

8. "内政部户政司"编：《全国姓名探讨》，台北市："内政部"，2012 年。

9. 网址：http：//www.lds.org.tw/index.php/family-history-temples/family-history-centers。

10. 网站：http：//www.ruan-cf.tw/。

（作者系台湾汉学研究中心助理编辑）

宗亲会的参与和寻根的企盼

——兼述高雄市大小区保社里（保舍甲）吕氏家族

吕正钟

　　记得三十三年前，我受邀加入高雄市烈山五姓宗亲会，由宗亲会员、青年联谊会委员，二十六年前获选为青年会长，受聘为副总干事，世界暨亚洲恳亲筹备会总干事，转换担任理监事，二年前被推选为理事长，亦从此与宗亲会结下永不解的良缘，并为所属浩生幼儿园之名誉董事。历经会馆基金会之改组为财团法人、浩生幼儿园董事会改组为负责人制，至亚洲第十四届暨世界第七届恳亲大会秘书长之执行工作，参与理事长多次之改选及受众多宗亲之爱护，推举为世界吕氏宗亲总会之理事，常务理事，河东杂志社社务委员兼高雄地区联络人，在承受宗亲们的抬举，让我觉得责任之加重，更真心体会"血浓于水"之纯情，深悟血缘、血统之可贵，也在宗亲间日益永固的情谊，情如兄弟般的友爱下，深觉能为宗亲效劳是无上光荣。

　　有时候，宗亲们意见相左、争执时，看到各自调适、协调、解决的那种情景，让我体察人生境遇的不同，所造就不同的见解外，更深爱宗亲们的不分党派、宗教、男女、教育程度、区域等差别，事过境迁似的没有芥蒂而和乐融融，相诚互敬地敦亲睦族，亦可见宗亲的可贵。

　　近三十年来，参访各地宗亲会，了解许多宗亲会之成立时，原无宗祠（会馆）之建筑者居多，在历届理事长、理监事、总干事（秘书长）、副总干事（副秘书长）暨会员们共同努力合作、团结支持下，会务仍蒸蒸日上，可钦可佩。

　　吾每位宗亲会员均有惜缘、惜福之心境，且尽心尽力地维护其得来不易的名声。有的宗亲会每年都举办慈善济助米粮给予低收入户或孤儿院所、颁发子女奖学金、敬老金或纪念品之义举，可谓善举助宗亲、推己及孤儿。

　　亚洲烈山五姓宗亲恳亲大会由高雄市烈山五姓宗亲会发起举办，至今已有十九次，今年二十次在湖北随州举行，可谓成绩辉煌。各届举办之前，主办单位经常会组团邀请各地及东南亚宗亲，届时莅临指导、参与盛会。其热忱情谊，不仅受到海内外宗亲之口碑赞赏，该地主办宗亲亦忙得不亦乐乎！筹备之辛苦，出钱出力，每次估算不下百万元的花费，可谓大请客，以从不赚钱而蚀本的恳亲，其意义之深远，实出自宗亲们热心服务的美德，为的只是欢喜相聚，叙叙之情怀而已。

吾吕氏宗亲亦然，首届亚洲恳亲由新加坡主办，笔者有幸参与盛会，兼任台湾团副团长参与了整个活动，该次恳亲大会之盛况与主办宗亲之用心，我们可推想而知，亦是蚀本而大请客，其义重情深，兄弟手足恭悌之情，自不在话下，也是我们学习的方向与目标。至于世界吕氏族人恳亲大会由马来西亚首次举办，第二届在新加坡、第三届在泰国、第四届在泉州朴里，各地吕氏宗亲会至今已主办有四次，今年第五届举办地点在新竹市，由世界吕氏宗亲总会主办，各地吕氏宗亲会协办，吾担任副主任委员，欢迎大家莅临指教。吾世界吕氏宗亲总会每年大会中，均欢迎世界各地宗亲回来团聚，然因非刻意安排，故许多联谊工作，仅止于小点线面连络，而非全面的推展。世界会可以好好地运作，以符合本会之名——世界，也可展现吾炎黄子孙、四海之内皆兄弟之大面观。且让我们手携手，心连心，进而共创二十一世纪中华民族大团结的到来，愿您我共勉之。

各地宗亲具有家谱者居多，少数虽有家谱，但仍不知出自何处？未能联机，譬如笔者家族，据先祖口传仅知系福建漳州本家来台后，暂居台北淡水，兄弟先后来台，兄主弟佣且兄慈弟敬，互相扶持，然并无记载详细住址，故笔者仍再寻根，请各位宗长协助，提供信息，感激之至。

先祖口传本宗族系福建漳州来台亦有称由漳州转台北淡水迁至高雄市大小区保社里保舍甲二个祖厝地可资证兄弟地，但经查保社清福寺之信徒都是泉州移居，因此也可能是泉州吕氏移迁，正待查中，今简述家谱系统表如后附表：（第一代至第四代仍待查，许多旁系宗亲未列）。

高雄市大小区保社里（保舍甲）吕氏家族，目前散居高雄市及各地，只有吕明府（奉祀吕府王爷），吕凤宫（奉祀吕府千岁）之圣诞或祭典等活动时，方有部分宗族回乡省亲、团聚。现居住祖厝地者约二十廿余户，百余口宗族，倘含散居各地可联络上之族人三百余人口，笔者正在筹备编辑族谱工作，也正寻觅祖居何处？盼各位宗长指导。

本宗族（笔者暂定名为：保舍甲吕氏家族）系福建漳州来台，曾居台北淡水，再迁至该地，但其因仍在考察中，据说系两兄弟先后来台，兄先来，勤耕有成，回乡邀弟返台，并受雇于兄为佣。由目前祖厝地分布可约略知悉。兄弟族系所居地约八百坪，弟族系所居地约四百坪，农地相邻居多，然因年代久远，且仅有笔者本房族留有祖谱，余者未保留，大抵探其原由，因择日馆之地理师在神主牌位更新时，因书写容纳不下而去除，实在可惜，所以宗祠之重要，实系于各代宗亲薪传下来，方为上上之策，亦有敦亲睦族之处所，实值吾等未建筑宗祠者警惕之并请速建筑之。

保舍甲吕姓家谱系统表

（第一至四代待查，系统表根据神主牌列之，祖妣待查暂时不列）

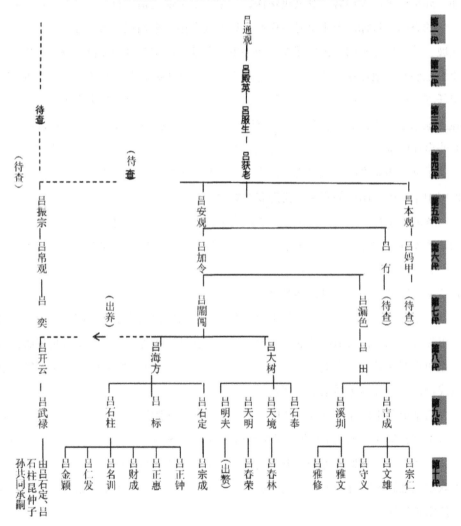

（作者系台湾高雄市烈山五姓宗亲会荣誉管理事长）

编修家谱后的一些省思

蔡世明

一、修谱所根据的文献

2007 年 3 月，我完成本家《大仑蔡胜家族谱牒初编》的编印工作，这是我家首次建立的谱牒。

2003 年 8 月，我从台北华侨中学的教职退休，此后才有余力从事家谱的编撰；可是问题马上浮现了，因为家中并没有留存可资参考的记录，而且家族的长辈大多不在了，只有茂村叔父可以咨询；这时幸好四弟世琦提供了他向台南市西区、中区户政事务所申请到我家在日据时期及光复初期的户籍誊本，才启动了我修谱的工作。

先祖蔡胜公，约于清代中叶从福建省泉州府徙居台湾府城（今台南市），定居于府城大西门外的佛头港，经营两岸间商品的批发贩卖，店号为"金同成"。自胜公以来，于今已传衍至第七代，估计有两百多年的历史。这期间由于时局的动荡，且日常为谋生计之不暇，从无家谱传世；有关历代祖先的传承，仅于祠堂内祖先神位的记载、祖茔的碑刻，及长辈的口传，此外别无可以征引的文献；是以一世胜公及二世广（嫩）公、车公的事迹几乎无传。

清代时期，台湾地区的户籍资料未见留存。十九世纪末，中、日爆发甲午战争，清廷败绩；公元 1895 年（清光绪二十一年），清廷把台湾割让给日本，二十世纪初年，日人为确切掌握台湾的人口状况，于 1903 年公布"户籍调查令"，并于 1905 年 10 月 1 日上午零时起三天实施台湾史上第一次户口普察，调查结果显示台湾总人口数约三百零四万人，此后日人次第在台湾建立完整的户籍档案；因此，我家从三世慈公以下，始有文献可以稽考。根据当时的记载，先曾祖父慈公设籍于台南厅台南大西门外佛头港街七番户。1945 年 10 月 25 日，台湾省光复，国民政府接收日人建立的户籍档案；1947 年公布"台湾省各县市国民身份证发给办法"，规定凡经申请户籍登记者均应请取"国民身份证"，每户发给"户口簿"。这些户籍登载的资料，是我修谱的主要依据。

二、祖籍地的确认及寻根的结果

关于我家祖籍地的确认，首先是根据祠堂所供奉祖先神位上的记载，其上书写：福建省泉州府晋江县南门外石狮镇大仑乡。其次，我家每座祖茔的碑额，均镌刻"大仑"二字。平日，长辈的口传，也都是告诉我们：祖先是来自福建晋江的大仑。我的二姑妈蔡锦霞女士，于 1948 年到福建省惠安县山霞镇东坑村工作；时隔五十七年，我于 2005 年 5 月 14 日、2006 年 2 月 2 日，两次到惠安去探视她，她都问我：你有没有回去大仑看看？此外，我家祠堂上所供奉的神明，如玄天上帝（上帝公）、广泽尊王（郭圣王）、福德正神（土地公）、雷府天尊（骑虎尊王雷万春）、包公（包拯），也都是闽南地区所普遍信仰的神明。从前府城佛头港的下游，大仑蔡姓建有奉祀玄天上帝的崇福宫，其位置即今台南市民族路三段一百一十九号，是清高宗乾隆元年（1736 年）蔡柯荣从福建省泉州府晋江县石狮镇大仑乡的崇福堂，恭迎玄天上帝的神灵来台，供奉于蔡家宗祠，称为"崇福宫"。此庙的祭祀、修建等活动，我家的长辈也都曾参与过。

从上述的种种论证，我家的祖籍地在石狮大仑应该是没有疑问的。2004 年间，我敦请江西省南昌大学历史系俞兆鹏教授代为协寻本家族在大仑祖籍地的世系，此事后来辗转交由福建省济阳柯蔡委员会副秘书长蔡友立宗长办理。2005 年 5 月 16日，我在俞教授父子的陪同下，到石狮大仑寻根谒祖，承友立宗长热烈接待；晤谈中，宗长告诉我说，有关你家在大仑祖籍地的世系，他多次查过《大仑蔡氏族谱》，发现与"蔡胜"同名的有三位，但年代都不能配合，所以一时还无法衔接；他已经把我家这一系加载《青阳蔡氏播迁金台裔孙简录》，日后再持续查寻。

三、目前仅知的内地亲人情况

台湾曾被日本殖民政府统治五十年，回归祖国后，1949 年又因内战的关系，造成两岸的分隔；直到 1987 年开放台湾人民返乡探亲，两岸才逐渐恢复来往。由于将近百年的隔离，音讯中断了，彼此没有往来，关系也就生疏，导致现在两岸间家族谱系的对接出现一些困难。

我家徙台第一代的蔡胜公，神位上注明为"老祖公"，却未见其夫人的名讳；是否当年胜公徙台时，其夫人是留在大仑家乡，没有跟着来台？据说早年从内地到台湾谋生者，清政府是不准家眷过来的，导致一家分隔两地，几代以后，亲属的关系因此失联。这个问题，个人手边缺乏资料，无法深入去研究，情况仍不清楚，期盼内地研究清代移民台湾史的专家学者，能给我一些指教。

先父森公暨茂村叔父尝言，先曾祖父慈公于清末时，为了经商及省亲，时常来往两岸之间，每逢年节必备丰盛的礼品，回大仑家乡分赠亲族。惟 1912 年（民国元年）慈公逝世后，我家祖辈（金水公、金池公）及父辈（森公、茂村叔父）两代，都没有到过大陆祖籍地。目前仅知有两位亲人嫁至大陆者，一是 1908 年 1 月 16 日，大姑婆花娘与福建省泉州府晋江县前坑乡郭炳记结婚，此事在日据时代的户籍档案里是有明确记载的；据闻郭家后裔在厦门行医，但一个世纪以来也都没有他们的消息。此外，则为锦霞二姑妈于 1948 年间前往福建省惠安县山霞镇东坑村工作，后与姑丈李江城结婚；1987 年 10 月，台湾当局开放大陆探亲后，五姑妈杏容娘曾两度前往惠安探视其二姐。

四、从时局的演变理解家族产业的兴衰

台湾从康熙二十三年（1684 年）正式纳入清帝国的版图，设立台湾府，府治就在今天的台南市。此后约两百年的时间，台湾府城是全岛的政治、经济、文化重心。从安平进入台江内海后，府城城西的五条港区，是当年两岸经贸的首要进出口岸。五条港由北而南，分别为老古石港、佛头港、南势港、南河港、安海港等五个港口。

由于道光年间（1821—1850 年），多次大风雨的侵袭，使得台江陆浮；到了咸丰（1851—1861 年）、同治年间（1862—1874 年），五条港区淤积更为严重，只剩下新港墘港（原老古石港）可以进出货物。

咸丰八年（1858 年），清政府与英、法签订《天津条约》，开放台湾的安平、沪尾（今淡水）两个通商港口。咸丰十年（1860 年）10 月，清政府分别与英、法签订《中英北京条约》《中法北京条约》，两约签订后，台湾成为西方国家的通商

口岸，北部区域每年的出口总值凌驾南部之上。外商势力进入台湾，洋行的财力雄厚，市场情报、经营手法灵活，我国传统的郊商则逐渐式微，台湾府城的经济地位自此沦丧。光绪九至十一年（1883—1885 年），中、法两国因越南问题发生战争，十一年六月九日在天津签订《中法会订越南条约》；中法战争后，台湾的政治、经济地位发生巨变，从此北重南轻。光绪十三年（1887 年）二月十六日，台湾正式设省，政治中心北移，台北府与大稻埕分别成为台湾政治、经济的重心；台南府沦为全台防御体系下的一个据点，五条港区的重要性随之消逝。光绪二十年（1894年），中、日两国因为朝鲜问题发生战争，结果清师败绩；二十一年（1895 年）中、日签订《马关条约》，清政府把台湾、澎湖群岛和辽东半岛割与日本。日据时期的1899 年 11 月 8 日，台湾总督府成立铁道部，纵贯南北的铁路线正式动工；至 1904年，台南联络南北的纵贯铁路完工；铁道运输系统的逐步建立，物产运输多经台南车站，车站在台南市东区，于是城市重心东移，五条港区作为转运集散中心的地位逐渐被取代。1901 年 6 月 1 日，台湾总督府成立专卖局，管控重要的经济物资，台南五条港区的郊商势力遂告瓦解。1908 年 4 月 1 日起，台湾总督府分三期计划建筑打狗港（今高雄港），打狗港兴建后，成为台湾农产品输往日本的最大出口港，安平港的地位一落千丈。

从以上这一段台湾近代史的回顾，可以看出台湾府城五条港区由盛而衰的过程与原因；先曾祖父慈公的时代不幸正处在五条港区没落的阶段，家族的产业也因此由盛而衰了。

五、家族与厦门的关系尚有待探讨

2005 年 5 月 16 日，我偕同江西南昌大学历史系俞兆鹏教授父子游览厦门南普陀寺，在面向大雄宝殿左后方的走廊壁上，见到嵌有乾隆五十六年（1791 年）辛亥七月所立捐款修寺的石碑，碑文中刊载"同成号捐银参拾大元"；因为其上没有店主的名讳，这家"同成号"是否为先祖当年所经营的店号？一时尚不能确定。但我家当年从事两岸商品的批发贩卖，是与厦门有来往的；此外，经营这种大、中盘的生意，必须有相当的资本才行，不是一般小本零售商店那么容易开设，所以这家店号跟先祖有关系，我想也是不无可能的。2006 年 2 月 5 日上午，我跟舍弟世文、鸿江到厦门集美拜谒陈嘉庚墓园后，乘坐出租车，拟前往轮渡码头坐船到鼓浪屿；在车上与师傅交谈，听师傅讲闽南话的口音，与我家十分相似，因问师傅府上何处，他说其家世居集美。一路相谈甚欢。我因此推想：先祖徙台之前，可能为了经商，已经从大仑移居到厦门一段时间，才导致两地世系的传承因此中断，而且随着岁月的流转，讲闽南话的口音，已经由泉州腔转变为厦门腔。

六、结语

这次由中国闽台缘博物馆举办"首届海峡两岸民间谱牒文化交流大会"，我有机会被邀请出席，幸得躬逢其盛，但愿能够与来自各方面的专家学者有所请益，期能解决修谱后还留存的一些疑问。

（作者系台湾台北市华侨中学退休教师）

闽台谱牒建构探索

——以南院陈氏修谱为中心

陈炎正

一、摘要

众所皆知，"国有国史，族有族谱"，所以对家族谱牒之建立，向为国人所重视。族谱家乘是一个家族发展史的记录，亦是一个家族传家之宝；咸称为中华民族传统文化重要的一环，由此可见一个家族对于自家史乘文献的编修具有其相当的重要性。

本文企图从南陈山侯亭近年来修谱角度切入，来探讨对闽台移民面向的关系，以及泉州人为主流的家族修谱模式，从历史发展脉络来诠释近年来陈氏家族重建家庙，寻根溯祖，并积极从事编修族谱对接工作，不遗余力地作出了相当贡献。

二、南陈太傅派闽南分布

唐建中二年（781 年），太傅派邕公裔孙，举家迁至嘉禾屿（今厦门）陈寮乡洗马坑开发，后代分布禾山，薛岭附近，即今高崎机场西北角，并以殿前社为主，再分居今湖里区及同安、马巷等地，惟同安阳翟派由浯州（今金门）移居至此。2003 年 10 月，撤县合并改为厦门市，清代由同安县移民海外颇众，尤以台湾为著，至于泉州籍移民大多分布台湾滨海地区，而形成泉州籍移民聚落，为台湾汉人移垦社会之一大特色。

（一）早期同安县辖（包括今厦门）陈氏大族庄社

1. 禾山、殿前（店前）：县后、墩上、浦源、江头、后浦、马垄、枋湖、西园、鹤山、轮山

2. 阳翟（浯阳）：由浯州（金门）迁入港头、前厝、西浦、渐前、院兜、土楼、田洋

3. 东溪（东门桥）双溪口、溪头、西溪

4. 丙州（七星屿）薛岭分族

5. 官山（内官）浦头、前庵、仑头

6. 运头（云头）新圩

7. 带溪（溪岸）陈胜元故居

8. 吴仓（梧村）金榜山

9. 岭兜（榄都）

10. 灌口（溪南派）

11. 东孚（鱼孚）登瀛派

12. 汀溪西源

（二）马巷辖

1. 五甲街、牛磨巷、卧龙边

2. 山侯亭大乡十三社

3. 陈新（陈头）陈下厝

（三）金门辖（浯州）

1. 后浦（金城）

2. 湖前（碧湖派）

3. 阳翟（分族同安）

4. 烈屿（小金门）

（四）其他乡里部分

1. 泉州、晋江

2. 安溪山头陈

3. 惠安后坑

4. 南安霞尾、上玄

5. 南安英内（易为洪姓）

6. 永春赤崎

7. 漳浦鉴湖（赤湖派）

8. 海澄东泗派

9. 漳州（龙海圳尾）浚尾

10. 长泰东陈派

11. 龙溪石码派

12. 海阳秋溪

13. 海阳、彭林、钦寮

三、南陈山侯亭家族的历史渊源与族人移台情形

所谓"南陈"是指"南院太傅派"陈氏家族而言，检视陈家自唐代（736年）陈忠子陈邕、官居太子太傅，迁居闽地，遂为入闽始祖。唐景云二年（711年），陈元光战殁，其子珦，邀同陈邕举家迁至漳州南驿路南厢山，嗣而建立南山寺，于是遂有"南院太傅派"。唐建中二年（790年）陈邕派下裔孙，合家三百余口，移居嘉禾屿（今厦门）陈寮乡（洗马坑）开发，复与薛令之同里闬，故有"南陈北薛"之称。

迨至宋末，元兵南侵，陈家入闽廿三世祖仁秉公，始由嘉禾迁至同安马巷辖翔凤里十二都封侯保山亭，遂为山侯亭派陈家开基祖地。如今本地发展有十三社、外乡十八社，后代子孙传至廿三世，近代在厦门辖内各房派之宗亲，如官山（内官）、东溪（溪头）、店前、溪岸、丙洲、阳翟衍派等，将有十数万人，陈氏在同安地区可说是地方上一大家族。

乾隆年间，闽南移民形成规模，尤以台湾为其主要移入地区。从移垦社会建立及家谱数据显示，有大半是泉州人，而山侯亭陈家也随着移民潮，有不少族人移居台湾从事拓荒，至今仍保留有不少祠堂、族谱等，形成移民聚落与历史痕迹，遍布全台，如台北市陈德星堂大宗祠及北投区仁隆祖厝，即为陈氏移民最好的历史见证。

四、近年来陈家修谱对接工作的经验谈

（一）我国人对于饮水思源，慎终追远的美德，相当重视。陈氏族人移居台湾后，散居南北各地，早期移垦家族筚路蓝缕力求团结奋发，二百年来，所形成血缘、地缘关系至为密切。其间因政治因素，导致百年的区隔断层，这些移民群后代，无法返回大陆原乡寻根溯祖，对于修谱对接工作形成一大挑战，困境不少。

（二）自从大陆改革开放以来，台胞心系乡情，无日或释，除其所谓神缘，涌向祖地进香朝圣，寻根谒祖，掀起高潮。至于因血缘、地缘关系密切，也有不少亲人急于族谱对接工作，正体现着"根"的启示作用，也显示了当前修谱具有重要性和紧迫性。

（三）惟我祖俊卿公于南宋高宗绍兴八年（1138年）中状元，官拜东宫侍讲，孝宗朝进太师尚师。传至伯容公，容生仲昌公，仲昌生应瑞公，应瑞生作钟公，钟生仁秉公，分族封侯亭，今已有二十余代。其恐谱失序，本源恐不明，今览之慨然叹焉。故急需以稽录系图，使我辈一本知其源脉也。兹谨画系图，而陈氏入闽，自忠公始，而侯亭之始自仁秉公，昭穆相继，序次有别，使后人考之者，得晓其本根寻之者，得其房分，画自始至止，其族众有二十余房，开处有二十余乡，子孙繁衍，序次难知，切愿各房知书识礼者，起义提倡，纠集捐题修谱，切即自己房份，可从近代昭穆录起，按顺序安排签入接录，以全一族名次，长幼有序，定见亲亲追本睦族之笃也。

（四）1987年11月大陆开放后，第一希望能躬亲参观当年皇帝脚兜（北京皇城），至于原乡探访祖厝"寻根之族"终获如愿以偿。越明年祖厝（祠堂）倡议修建，1990年冬月，如期奠安祭祖，惟族谱重修，未克付之落实，无不耿耿于怀！时光易逝，转眼又二十余年，遂向祖地宗亲建议编修族谱之重要性，于是向各房派搜集世系图，并首先编印早期所保留吾族文献史料，以期将来充实以资参考之用，愿我同宗亲人共勉之焉，我族"南陈山侯亭族谱"早日编修完成。

（五）兹据清代同治十二年以及民国十七年两次编修族谱，近百年之家族发展史料尚称缺乏，如今编修体例，我们参酌新旧谱格式，加予介绍海峡两地一些新信息，重新拟定目录如下：

据"山侯亭陈氏昭穆"，按辈分可从"阳"字辈录起，"云""结""金""玉""剑""珠""珍""重""海""鳞""龙""官""文""乃""国""唐"等。这些字都来自千字文，四字为一轮，为家族昭穆，长幼有序，如今必须加强重视，使之一目了然。

五、建立谱牒中心，强化服务平台

近年来，我们发现有不少台胞对族谱对接工作束手无策，在返乡所遇到困境不少，因早期移民台湾垦荒者大多是基层农民，在文化不高更冒着台海风险，带着离乡背井的愁绪，始终无法纾解，对当年奔走异乡时，既未带有家谱，在信息未发达时代里，信息不足而影响目前对接工作甚大，影响所及，在目前所见台湾新式修谱模式，都以入台祖为始迁祖，对大陆祖先认知有限，尤其老家旧地名变迁，不得而知，无法发挥应有功能。对于大陆祖地虽仍保有不少祠堂，但为当年文革破坏殆尽，对于对接工作增加不少困难。如此一来，我们希望能有一套办法，建议相关单位早日规划成立族谱中心，并在闽台缘博物馆长期举办族谱展览，健全各地宗亲会，鼓励建立族谱，为乡亲提供信息，进而多办研讨会，出版有关族谱刊物介绍，如晋江市谱牒研究会，绩效卓著，令人敬佩，对于强化服务功能，必大有帮助。

近二十年来，我个人来往海峡两岸将有百次之多，除其将族谱对接工作，略有经验，同时协助老家修祠堂、祖茔、祭祖等活动，无不全力以赴，也颇感幸福。但至今仍有不少亲人，无法了解直属世系，而感到遗憾。

六、结语

最近，漳、泉两地，积极从事族谱搜集展示活动，同时举办族谱对接工作研讨，是一个大好机会，由上述情形可知，建构族谱对接工作，具有其相当重要性。有所谓血浓于水，在"根"的启示，大家都在圆乡筑梦，有其共同的目标，为加强血缘、地缘的认同，以族谱对接为最好的基地，凝聚家乡向心力，强化民族情感，尤以移居台湾的台胞大多是闽南人而言，闽南地区所扮演的角色，愈显重要，同时更蕴含着具有重大的时代意义。

参考文献：

1.《同安县志》，清道光版。

2.《马巷厅志》，清道光版。

3.（清）陈骏三：《重修南陈店顶宗祠记》，同治五年十月。

4.（清）陈辙金：《南陈侯亭大宗谱》，同治十二年。

5. 陈珠蔗：《封侯亭陈氏族谱》，1928 年。

6.《台湾德星堂陈氏大宗祠专辑》，1973 年。

7. 陈庆余：《南陈台湾侯亭五大派大宗谱》，1982 年。

8.《南陈山侯亭族谱》，台中县文教协会印行，1991 年。

9.《台中神冈陈荣利族谱》，台中县文教协会印行，1991 年 3 月。

10. 廖庆六：《族谱文献学》，2003 年 5 月。

11. 厦门陈氏编委会：《厦门陈氏》，2004 年 10 月。

12.《漳台族谱对接成果展概览》，2007 年 11 月。

（作者系台湾省姓氏研究会顾问、台中县社区大学人文学程教师）

寻找客家的生命力：以广东蕉岭曾姓六户子孙迁台为例

曾喜城　罗秋珍

一、前言

男人得到了一大片田产，还得到了热情如火的异域女子？

明朝中叶广东的客家人林道干到了屏东平原。林道干出身海盗，除了留下一些飞鸿泥爪，还有一些为人津津乐道的藏宝图及情妹故事以外，可惜不曾在屏东平原定居传衍后代子孙。

一直到 1624 年起，至 1662 年的三十八年期间，荷兰人殖民台湾，为了提高台湾甘蔗的产量，他们曾经到广东沿海招募汉人渡台做佣工，为数不少的客家壮丁曾到过嘉南平原，或者屏东平原做佣工。这些客家佣工领到了得来不易的钱以后，多数人都回到大陆原乡，我们有理由相信有一小部分客家人留下来，和热情的平埔女人生了孩子。清郁永河留下的《稗海记游》，书中描述着平埔女人拉着汉人的手进入屋中，然后喝酒……生孩子。客家祖先传述平埔女人会巫术，客家男仔一不小心就会被女巫"摸心仔"带走。我们不知道被"摸心仔"带走的男人过得好不好？但台湾历史典籍的研究，却千真万切地说：男人得到了一大片田产，还得到了热情如火的女人！

1662 年泉州籍的闽南人郑成功带着近三万军人到台湾。郑氏手下的两位大将，闽南人施琅，客家人刘国轩，以他们各自在家乡募兵的结果，我们相信台湾史学专家林衡道教授所云：郑氏士兵有三分之一是客家人。郑氏经台采用屯田政策，闽南人开垦今台南县的新营、柳营、左镇……；客家人则南下渡过了高屏溪开垦屏东平原，如九块厝及现今长治乡的地名德协、车城乡的统埔，以及原名九块屋的九如乡九块厝的"三山国王"庙，旧有志书载明是明朝天启年间倡建的客家人庙宇。有"三山国王"庙的地方，多曾经是客家人的聚落。

1683年闽南人施琅带着清军渡海攻进了台湾，结束了郑氏在台湾二十一年的统治。许多闽南和客家人回到大陆原乡，也有更多闽、粤汉人仍留在台湾，打算做永久的定居。依据日人伊能嘉炬的《台湾文化志》所载，1683年清军入主台湾，一些原居台南东门种菜维生的客家人，他们和闽南人同时坐船沿海路从东港登陆，开发了屏东平原。

二、客家人在屏东平原的发展

客家先祖在屏东平原行走过了三百多年的沧桑岁月，回溯历史现场，立即可感受到先民筚路蓝缕以启山林的垦拓岁月。我们今天在屏东平原做田野调查发现，大武山孕育了高屏溪、东港溪和林边溪三条主要的河川，闽南人和客家人同时在屏东平原开发；闽南人沿着海边开发了枋寮、东港、新园、万丹、屏东，再沿着高屏溪开发九如、盐埔，一直到了阿里港。而客家人则沿着河流开发竹田、内埔、万峦、新埤佳冬、长治、高树，甚至越过高屏溪开发到了高雄的美浓和六龟。我们沿着客家聚落观察，客家人的河坝农业文化和闽南人的海边贸迁文化多少有些差异，虽然各自的祖先都在屏东平原行走过了三百多年沧桑岁月，我们仍然很容易回溯到历史的现场，感同身受祖先筚路蓝缕以启山林的艰辛岁月。

康熙六十年的朱一贵民变事件发生时，屏东平原的客家庄已开发了"十六大庄六十四小庄"。屏东平原上的客家人，虽然算不上人多势众，至少也有相当的人口数。要不然光凭客家的硬颈精神，也组织不了"六堆"以抗暴御侮。康熙二十二年的渡台禁令，严格禁止客家人渡海来台不甚公平，等朱一贵民变之后，客家人才再能够顺利从安平到台湾。直至雍正、乾隆年间台湾的治安渐趋稳定，闽南、客家先民到台湾者日渐增多，因为台湾宝岛原系好讨生活的地方。所谓客家人住的"十六大庄六十四小庄"聚落，都建在"埔"、"仑"或"势"的高而平坦之地，潺潺的溪流从聚落外围流过；聚落四周则种了重重的刺竹林作为屏障。进入聚落的孔道为东、西、南、北栅门，栅门旁榕树下有个小土地公庙。客家祖先"晴耕雨读"，"日出而作，日入而息"，过着太平岁月的桃花源生活。聚落里的客家居民，先是就地取材用竹做"穿凿屋"而居，后来才有泥造、砖造、洗石屋……不管是"一条龙"、"单伸手"、"三合院"或"四合院"住屋，客家族人都会在正堂上书写堂号。例如钟姓的"颖川堂"、林姓的"西河堂"、李姓的"陇西堂"、黄姓的"江夏堂"、陈姓的"颖川堂"等等，客家人不会也不敢背祖忘宗；每日早晚三炷清香，表达慎终追远的怀思仪式，因为唯有对祖先的晨昏定省，才能获得安身立命的幸福人生。

我们沿着东港溪的支流到了万峦、头沟水、二沟水、三沟水、四沟水、五沟水……再进去就是大武山。客家聚落到五沟水而止，进入山区就是平埔族和排湾族居住的部落了。

夕阳西下，一抹红霞斜映在屏东五沟水彭城堂——刘氏宗祠三合院的建筑物上。这一座清朝同治年建造的"彭城堂"建筑，门厅壁面上书写着：一耕田二读书三做忠臣孝子。

简简单单十二个字，反映出客家祖传父，父传子的人生哲学。客家的人生哲学，正是父贤子孝，兄友弟恭的家族伦理，慎终追远的儒家哲学。

走出五沟水到四沟水，穿过四沟大铁桥就是下树山。客家人在屏东平原的聚落开发史这么说：先民到了顿物庄（竹田），沿着东港溪溯溪而上可以直达下树山港，然后开发内埔庄、中心仑庄。如今下树山河港虽已渺无踪影，犹忆当年四沟大铁桥尚未建造之时，四十年前的东港溪尚可见摆渡的船只，担负两岸往来的交通。出了下树山是柑园仔，柑园仔人喜对外说："他们是中心仑人。"中心仑的八十岁耆老，也是"宗圣公祠"后代子孙的曾东岳先生转述昔日建造祠堂的情景："竹叶字的对联，出于中心仑庄前清秀才曾作霖之手。"

"想当年从新竹请来叶金万八十几岁的老匠师，完成了他终身的代表作曾氏祠堂。"

"当年的建屋大木，是由阿里山运下来的红桧，还有从唐山运来的福州杉。"……

在中心仑的下背伯公庙宇墙上，我们辗转发现了建庙的牌匾，文情并茂，还是出自曾作霖之手：

昔圣王先成民，而后致力于神，非漫然也。诚以民为邦本，社稷次之。故周礼职方所载户口学校等外祭祀亦具其文。唐虞之书教养刑工后终及于神人以和，可见民事不可缓，帝王亦非漠然视乎神也。我忠心仑开庄略始于前清康熙雍正间，二百年来农工义务先辈孜孜不倦，时平则尽力南亩，课谋麻。世变则同袍同仇扶王荡寇。周秦后以义名地者多矣。如蓝田九江会稽赤壁朝歌等类皆顾其名可以识其意。吾忠各名庄，而又承乞以仑者，义或取其高阜无乃即实全家乎，迄今良田三百余甲比屋麟次，既成乐土。改隶后又浸淫文明新渐亦略可且为成矣，独于开庄即祀之福德犹缺其祠，终于致力之义未可尽失。国依于民，民依于神，若神灵未妥，凡夫水患疬疾之害，宁寿考之祥，熟为之凭？是明有以治，而幽无以生是也，岁庚申合庄协议其祠地仍旧定于庄之南，鸠工庀材，通力合作计着手于庚申之春，告成于壬戌冬，总计用费金四千玖佰余圆。祠之左附先农宇报先民粒食之恩也。祠之右设天后座追先世渡台安澜之泽也。从此祠宇既立，神灵有凭，春秋郊赛可免野祭之陋，即年节敬献凡涉降祝告。庶几文治之隆，周官所谓治神人和，上下行见迤观厥成。所望接踵者忠于民而信于神。无作我若神之羞，斯俎豆常新永不负忠心仑之美名也。所有当时赞助以及寄附费用等概匾同垂不朽，爰略叙以为记。忠心仑福德祠建筑总理郭亮庆，副理徐阿捷、曾源君、曾作霖仝立。大正十二年癸亥孟春吉日立。

中心仑庄从三百多年前的康熙、雍正年即已开发完成，当时在竹丛包围的村庄四周东、西、南、北栅门边有伯公土地神，保佑村民四境平安，风调雨顺。这些小土地公并没有庙宇，只是大榕树下的石碑而已。不是村民对神明不敬，实在是要先解决民生问题，然后才能为神明盖庙宇。中心仑（日本时代钟干郎担任内埔庄长，改中心仑为美和庄）的土地公祠是 1923 年建造，而屏东宗圣公祠于（1927 年）营造，其间的年代只相隔四年。如今检视"宗圣公祠"曾裕振祭祀公会的股东名单，竟然大部分出自中心仑庄，这与发起人曾作霖为中心仑的士绅应有绝对的关系。曾作霖即是目前八旬高龄的名棒球教练曾纪恩的祖父。在民生安定以后，大家出钱出力为村庄盖土地公庙以敬天祀地；出资到屏东购地盖宗祠表达对祖先的慎终追远怀思，这正说明了客家人的传统生命价值：一耕田、二读书、三做忠臣孝子的祖训。

三、建造一座美丽的祠堂建筑

依据彭桂芳《台湾百家姓考》（台北黎明公司 1978 年出版）指出：台湾五大姓氏为陈、林、黄、张、李，曾姓排名第十六，而且以新竹曾姓人数最多，台南其次，彰化、南投、嘉义、苗栗、台北等地又其次。或许屏东地区曾姓客家人数不算多，建造一座典雅华丽的祠堂，照顾后代子孙就成为族人共同的心愿。在中华民族绵延的历史长河里，宗祠可以代表族群移居的历史记录，是后代子孙的精神堡垒，宗族力量凝结的象征也是全民最宝贵的文化资产。

曾氏的远祖曾参为孔门嫡传弟子，终其一生以孝闻名后世，并著《大学》《孝经》（另有一说《孝经》为曾子的弟子所著），倡诚正修齐治平之道，自唐以来被历代帝王册封为宗圣公。曾子父亲曾点，远祖由夏禹娶涂山之女一脉相传，迄第五十四世裔孙曾裕振公由中原之地迁居广东蕉岭，时为南宋末年。明末清初迁台曾氏子孙，奉曾裕振公为第一世祖。回溯三百多年前，客家移民冒着生命的危险漂洋过海，饱经生命的忧患波折，垦拓屏东平原为安身立命的美丽家园。其后繁衍于屏东平原的曾氏六派子孙，仍集众资建造宗圣公祠以示饮水思源，并以儒家思想为本，齐家治平的哲学思想，将堂号定名为"忠恕堂"，以训诲后代子孙。曾氏出资建祠堂的族人，并以一世祖的祖先名号，组织曾裕振稻谷基金会，后改名为曾裕振株式会社。每年均以古礼祭祀宗圣公，并以祭祀公会的方式管理宗圣公祠的财产，用孳息收入照顾后代的子孙，以志不忘记祖先的恩泽与训诲。

"宗圣公祠"坐落于屏东市胜丰里谦仁巷二十三号，基地面积三分七。祠堂背后有靠山，神主牌位下设土地龙神，来承接大武山的来龙，面对蜿蜒潺潺而流的万年溪，一片平畴沃野，明堂开阔，坐拥好山好水。这座建于1927年的客家四合院祠堂，糅合了欧洲后文艺复兴时期巴洛克式建筑的华美风格，迄今屹立屏东平原已历七十三年之久。李干朗在《庙宇建筑》（台北北屋1983年出版）提及：清末知名的新竹匠师叶金万以八十二岁高龄南下屏东，日夜加班监造完成了"宗圣公祠"，是叶氏晚年最精致的代表作品。今天文化界视屏东的"宗圣公祠"为全民的文化资产，因为：

（一）宗圣公祠自古以来祭祀曾子、曾点、夏禹王等圣君贤哲，迄今为全台所罕见。回首当年曾氏子孙为营建宗祠，曾经重返原乡将原祠堂风貌重现在台湾新移民的祖先天堂——"宗圣公祠"。先民的苦心孤诣，平添后人思古之幽情。

（二）"宗圣公祠"见证了台湾客家艰辛的移民历史，举凡先人的价值观念、社会组织、经济活动、子女教育，无不竭尽心力，丰富生动地反映在这一座古老的建筑当中。

（三）客家传统四合院，加上欧洲巴洛克式的建筑风格，呈现出既传统又创新的风貌。屋脊燕尾剪黏，山墙的山花吉祥泥塑，真是美不胜收。匠师的精雕细琢，展现传统再创新的建筑美学。

（四）走进"宗圣公祠"，令人震慑于忠恕堂的儒学门风。门联及圆柱楹联，都是古圣先贤垂教的典范，教人要守身养志作为遵循修练之道，如暮鼓晨钟深烙人心。

（五）"宗圣公祠"正殿保存了唐代，历宋、明、元、清各朝皇帝设封宗圣公御石铭碑，抬梁式四点金柱上，保存了曾氏七十四代裔孙曾国藩的魏碑对联。正殿高悬"道宗圣统"、"天经地义"木匾，庄严而又古朴。抬头仰视金农体隶书、小篆、对联、竹叶字联，仿苏东坡体书法的"宗圣公祠"忠恕堂，目不暇接，呈现出书法美学的真实殿堂。

屏东"宗圣公祠"，多年来被誉为全台最难得一见的最美丽祠堂建筑，我们欣欣然见到它伫立在屏东平原上，将永远见证客家人移民拓垦六堆的历史，也将永远娓娓诉说客家人硬颈坚韧的生命力量。拜殿左边唐、宋、明、清历代皇帝敕封碑文记载：

开元八年，唐元宗皇帝御制，宗贤赞曰：百行之极，五才以孝，圣人序经会氏如教兹，谓手足动称颜貌，事君事亲是则是效。绍兴十四年甲子，宋高宗皇帝御制，宗圣赞曰：大孝要道，用训群生以纲百行，以通神明；因子侍师，问答成经，事亲之实代为仪型。

康熙二十八年己酉闰二月十六颁发

清圣祖仁皇帝御制，宗圣赞曰：泗之传鲁，以得之一贯，曰唯圣学；在兹，明德新民，止善为期。格至诚正平以推至德要道，百行所基，篡承统绪。七十五派裔庆松恭摹。

拜殿右边明代皇帝敕封碑文如下：

嘉靖十八年巳亥，明世宗肃皇帝敕封；宗圣曾子。敕曰：朕少读子书，长行其道，无非景仰往古以佐治也。自昔以来，道而在上三代，传列圣洪模，舍之则藏六经，仰前贤雅范，溯渊源于泗水，绵道脉于武城，大学篇章载百世治平之要，孝经问答具万民感化之机，省身严于日三慎其独也；传道捷于唯一妙乃贯之，故超赐非也而有余。即并颜庶手具无娩精芜；自乾坤钟毓，赫然为含灵秉耀之宗，神爽与日月光耀样炜矣！称道明普照之圣兹尊为宗圣曾子。钦承荣封，以昭师表，敕曰：夫妇人之大伦思必及之尔。公羊氏虽取咎于蒸梨，应分荣于结发，兹封为郕国一品夫人，钦承恩荣，尚光闰认，承受配启钦哉，懋哉。戊辰秋月裔孙凤翔谨书。

四、客家人绵延瓜瓞的生命力

客家人饱经迁徙的忧患岁月，成为客家人硬颈的人格特质。已故香港中文大学的知名历史学者罗香林，从谱牒与方志文献研究客家源流，早于1933年发表普受中外学者界重视的著作《客家研究导论》。据罗氏指出：客家原系中原华夏汉族，因历史上的兵荒马乱经过五次迁徙到大陆南方及海外各地。唐末黄巢之乱的客家第二次迁徙，客家祖先已经到了福建省宁化县石壁的葛藤。在日人濑川昌久著的《族谱，华南汉族的宗族、风水、移居》（钱杭翻译，上海书店，1999年5月出版），书中转述客家人逃难移居福建宁化县十分精彩动人：

> 黄巢作乱攻进汀州府（福建），某日遇见一客家妇女逃难中背着大男孩，牵着小男孩。
> 黄巢问妇女："奇怪了，你为何背大的牵小的呢？"
> 妇女回答说："大的是侄子，逃难中他的父亲死了，我一定要想尽方法保护他到南方，好让我哥哥有后嗣香火。小的是我的，孩子所以用牵的。"
> 黄巢被妇女这番话感动，告诉妇女说："当你到了南方，就在门口挂上葛藤，你们就可以保住平安。"
> 妇女到了南方，告诉众人："大家在门口挂上葛藤。"果然福建宁化石壁逃过了劫难，甚至留下了葛藤的地名。

南宋末年客家人逃避蒙古的乱世，为数众多的客家先民迁徙到赣南、闽西、粤东，史家谓客家民系于焉开始。曾喜城在《台湾客家文化研究》（"中央图书馆"台湾分馆1998年出版）著作中，叙述宋末文天祥在广东抵抗蒙古，客家妇女响应勤王杀敌，自此南宋朝廷敕封客家妇女为"孺人"（官夫人），今日我们在台湾各地的客家祖先牌位上都能见到"孺人"二字，让已经被福佬人同化的客家人还能一窥家世源流，而感动莫名。

明末清初的客家人南迁，终于漂洋过海渡过台湾海峡到了台湾。在以农业讨生活的客家宗族里，当然多子多孙才是福。甚至生了女儿也是莫大的福分，因为不管男女婴儿，长大都是劳动人口，劳动力即生产力，亦即财富。在过去重男轻女的汉人社会，至少客家妇女不会像福佬人被叫做"阉腰"或"阉市"，因为客家妇女能下田种地，而且相当普遍地挑起农作重责；为了祈求早日生男丁，充其量将女儿取名为"招弟"、"满妹"而已。人类学者研究客家妇女传统都是"天足"，是为了劳动生产所必需，其代表的妇女生命价值早已超越了"缠足"的其他族群。"缠足"是女性身体的物化，是当前女性主义论述批判的焦点。

客家人到了台湾，在营建宅第的时候，正堂凸出正房的灯梁是"出丁"，墙上水车堵上免不了加上绵延瓜瓞的南瓜，不正意味着如同瓜藤缠绵的旺盛生命力。祖堂的祭祀，祠堂的追念远祖，也都意味着生命的平安扩展，瓜瓞绵长。

（一）曾氏祖先牌位，传承宗族的沧桑

和大多数客家人相同，曾世客家祖先早于清初在屏东平原开拓了安身立命的生命天堂。客家人有着根深蒂固的敬天地祭祖先的传统民间信仰。家屋正堂祭祀的是祖先考妣神位，祠堂里则要远溯曾氏的始祖夏禹和曾子，以及曾子的父亲曾点。

在曾氏后代子孙的心目中，曾子是族人共同的光荣祖先。在屏东县"宗圣公祠"的正殿当中，曾子神位居正中配享俎豆的馨香。曾子的父亲曾点，这位曾经陪伴孔子到沂水，"风乎舞雩，咏而归"的孔门大弟子，则陪侍在右殿。左殿则奉祀夏禹王，因为夏禹实为曾氏的远祖。司马迁《史记》谓："自皇帝至舜禹皆同姓妫，夏禹第五世孙少康封少子曲列于'曾'。'曾'后为莒国所灭，曾国太子巫奔鲁，去邑为曾氏。"据以上太史公所记，则普天下曾氏有光荣的历史源流，家族世系一脉相承，可以见证博大精深的中华传统文化。

山东武城为曾氏的祖籍发源地，所以曾氏以"武城堂"为姓氏堂号。武城位在鲁国，南迁至大陆南方，以广东梅县、蕉岭两地为主的曾氏子孙，则以"三省堂"或"鲁国堂"为堂号，因为曾子在《论语》书中留下了亘古的名言："吾日三省吾身，为人谋而不忠乎？与人交而不信乎？传不习乎？"曾氏子孙也有以"忠恕堂"为堂号者，因为曾子解释孔子"一以贯之"的道是"仁"，而"仁"者唯"忠、恕"二字而已矣。忠者能尽自己的本分，恕者能够推己及人。

屏东平原的客家聚落，内埔老北势和中心仑，竹田西势和新埤、佳冬等地，都是曾氏后代子孙较多聚居之地。在三省堂的三合院民宅传统建筑里，曾氏祖堂的对联为："涂山启绪，沂水流徽。"为什么曾氏会是"涂山启绪"呢？参照《史记·夏本纪第二》所记："禹曰：'予娶涂山，辛壬癸甲。生启，予不子。以故能成水土功'。"曾氏的远祖夏禹治理洪水有功，历代被后人所歌颂。原来夏禹是娶涂山之女，辛壬日完婚，新婚第四天为癸甲日，开始出门治理洪水，涂山之女生了启，夏禹也无法返家抚育。如此宵旰忧勤，公而忘私，过家门而不入，所以能完成治水的

功劳。

客家人虽为父系社会，亦重视母系，所以儿子结婚之日不敢忘记要前往母亲娘家祭祖，涂山正足以代表曾氏远祖的母系娘家，有了母系开启后代子孙的事业。至于下联"沂水流徽"的"沂水"，正是曾子的父亲曾点与孔子暮春同游之地，留传后代"风乎舞雩"千秋万代的佳话，象征了曾氏家族有悠久而令人钦羡的文化传承。

（二）屏东曾氏历代祖考及后代子孙们

彭桂芳在《台湾百家姓考》（台北黎明文化公司 1978 年）收录了《曾氏总谱》的《客家曾氏源流》："巫五传至曾参居山东武城县，生元、申、华三子。元十四传关内侯据耻事新莽，带着族人由山东南迁至庐陵吉阳（今江西永丰）。十八传至尚书丞生三子：珪、旧、略。珪后五传游立、洪立、宏立三人，居江西南丰。洪立子纡惇于宋政和壬辰（1112 年）由江西南徙福建宁化石壁下居焉。生子仲辉，辉子桢孙，因南宋蒙古兵扰……由宁化徙广东长乐县家焉。现居兴宁、梅县、平远、镇平、五华、龙州、河源、和平、广州、新宁等县之曾姓，皆为此。"

曾氏从黄帝五传至夏禹姒，娶涂山之女，四传至典烈对于曾为曾姓之始。典烈以后五十五传至巫，去曾之邑为曾，为曾氏之始。巫之后四世为宗圣公曾参，曾参以后五十三传为裕振公，时为南宋之末。裕振公后饱受蒙古兵祸，迁居广东镇平（今蕉岭）。清初迁居屏东曾氏六大户派下的后代子孙，即为裕振公之后，故以曾裕振为一世祖。1974 年 11 月屏东全台宗圣公祠六大户派下编印《曾氏祖谱》，曾裕振公一世祖的六大派下前十几世系如下：1. 西山房始祖即逸川公。2. 南山房来台祖是第十六世的方来公，约在乾隆末年，后世子孙主要定居新埤、打铁庄及竹田二仑，亦有他迁台东。3. 端塘房，来台祖为第十九世建华公，时约嘉庆年间。来台后定居上树山、新北势、麟洛及田心庄。4. 黄坑房，来台祖祖谱缺乏记载，约在清初康、雍之间。来台后主要定居于老北势、西势。5. 蓼坡户房，来台祖为第十八世绍第及国标，时约嘉庆年间，来台主要定居于新埤、佳冬，及九岭房共计六十房。

五、结语

从《祖谱》观察曾氏来台子孙，大概在康熙雍正之后，主要以乾隆年间为主，甚至也有晚在嘉庆以后。回溯当年从原乡渡海来台并非易事，若从正港安平登记要丰厚的财力，而偷渡又要遭受生命的危险。近几年曾氏不乏后代子孙回原乡寻根，大概可以认定曾氏在蕉岭几乎都是贫农，来台子孙经二百多年的努力，营建宗圣公祠以表示光宗耀祖，兼也照顾曾氏六派族人，难怪可以获得六派子孙的认同。曾氏子孙推第一世祖及第三世祖启沧的名义为"公尝"性质的组织，除了曾裕振一世祖为六派共同的祖先，第三世祖启沧之后有"九岭户""端塘户""西山户""南山户""黄坑户""蓼坡户"。至于六户不同的名称，也都是移居蕉岭县不同的地方，而以地名为户名。六派子孙再移居台湾，正象征了客家人旺盛的生命力量，反映在宗族祠堂上不仅是慎终追远，而且也代表后代子孙的繁衍瓜瓞。

参考文献：

1. 曾喜城：《台湾客家文化研究》，台北：台湾图书馆，1999 年。

2. 林衡道：《鲲岛探源》，台北：黎明文化出版公司，1981 年。

3. 彭桂芳：《台湾百家姓考》，台北：黎明文化出版公司，1978 年。

4. 陈安然主编：《屏东宗圣公祠六大户派下、曾氏族谱》，屏东：东阳，1974 年。

（作者：曾喜城，台湾美和科技大学副教授、屏东县曾氏宗亲会理事长；罗秋珍，台湾屏东慈惠医专管理专科学校通识教育中心讲师。）

台湾城仔内苏氏谱稿的编纂与释要

苏守政

壹、前言

今台南市七股区所辖的城内里，东距佳里区市街约四公里，紧邻台十七号省道（西滨公路）。辖境自古分为"城仔内""水师寮"与"潘厝后"等三个聚落。"苏""金""潘"三姓人氏在此地聚族而居，可追溯至三百余年之前。"潘厝后"之潘姓住民已于日据末期全数迁离，"苏"与"金"两姓后裔则尚分别聚居于"城仔内"与"水师寮"两地。城仔内苏氏迁台始祖，系出福建泉州府晋江县龟湖乡苏氏石埕房（早年地名与房头名称）。

佳里区金唐殿内，立于1789年（清乾隆五十四年）的旌义碑，记载当时诸罗县安定里西堡沿海各庄助平林爽文事变之始末，以及义首、义民的名录；碑文已出现"城仔内庄"的地名。《石埕房苏氏谱》则记载：迁台二世祖振文（后人尊为城仔内大祖）娶新港大社柯氏（新港为今台南市新市区，大社亦为昔日郑氏开垦招佃之所），三世祖志升生于1670年（清康熙九年），迁台始祖妣郭氏于1676年（清康熙十五年）卜葬于番仔寮等事迹。据上述史料分析，十七世纪中叶，城仔内苏氏一族已定居现地。

族中耆老则传述：1661年（南明永历十五年），城仔内大祖振文时年十三，随郑成功攻台，后因军屯而奉派驻守现地。郑成功以一隅抗清，南天遍燃烽火。郑氏政权据台后，清帝国更以迁界之策围堵，闽南沿海居民流离失所。振文来台二年后，配合郑氏政权搬眷政策，乃兼程返回晋江原籍，奉双亲来台，同时迎请祖家关帝神像随舟护佑，并携来唐山家用之石臼、石磨，于今将军溪口的大船头（将军乡广山村北）登岸，重返城仔内现址原驻防地，就近定居，开基立业。

大祖振文育有志升、志昂二子；志升再传盛爱、盛德、盛兴、盛旺、盛阵、盛佐等六子，即为今城仔内苏氏六房之祖。开基至今历三百五十余年，已传十四世；原为明郑军屯遗民，历代营生农渔兼业，为文献可考，苏姓入台定居之始。十七世纪迄今，沧海桑田，地貌变迁，西南海岸持续陆升，城仔内已非当年滨海一隅；而台海风云幻化，台湾已数度易主，其间先人艰苦备尝，端赖坚忍对应，转化困境开展家业。自开基以来，所隶行政区域及其名称，每随政权易手而更迭，"城仔内"之名则三百余年未曾变易。

追溯大陆先祖事迹，入闽始祖苏益生逢唐末世乱，自河南光州随三王入闽；五代至两宋，历世簪缨荣显。城仔内苏氏所由出之泉州府晋江县龟湖乡苏氏石埕房，系龟湖三世长房山确于南宋末年开派。明中叶以降，石埕房一系陆续迁离晋江龟湖原籍，至明末已分别播迁至安溪、尤溪、福州、德化、温州与台湾等地散居。展阅乾隆初年所修之《石埕房苏氏谱》，垂至清初，虽分处异地，依然昭穆有序，世系井然。大祖振文乃龟湖十六世裔孙，于唐山明清易鼎之际，奉父良赉、母郭氏迁台，落地生根，别立宗派。

城仔内庄庙"文衡殿"主祀文衡圣帝（关圣帝君），"老关帝"等开基神像，相传是由始祖迎自唐山故里。后进苏氏家堂则安奉开基创业前四世列祖之神主，并合祀唐山直系先祖灵位；六房派下历代先人之神主则分由各房子孙在宅奉祀。宗族岁时祭祀首重关帝祀典与清明祭扫祖坟，代代赓续不替，慎终追远相沿成习。列祖谨守朴实、敦厚、尚义之家风，艰辛拓垦创业垂统。传世日远，子孙分枝衍派，清中期即有移出善化的记载。近年移居国内外各地之族亲日增。感念祖德宗功，每逢清明或关帝圣诞，返乡祭祖、进香之族外宗亲络绎不绝。

三百五十余年来，子孙繁衍，开枝散叶，不免日益疏离；为使庄内外之六房宗亲能明察世系，心怀桑梓，数十年来先辈宗长屡有修谱之议，惟兹事体大，始终未能竟其功。1996年，修谱之议再起，膺此重任，是年9月1日先行赴福建泉州，寻访开基祖原籍晋江龟湖，确认龟湖现今隶属石狮市宝盖镇；参访当地苏氏家庙，查阅当地"文革"劫后存留的族谱，解明晋江龟湖苏氏开基源流。返台后，始着手搜集资料，阅读相关文献。为扩大参与层面，1998年起，连续两年每逢新春与清明，邀请各房有志宗亲齐聚庄内文衡殿会商，议定分房调查，集中统整世系图的相关事宜。

为顺应时代变迁，族谱的编纂宜超越传统格局，兼具乡土史的意涵。其内容非仅应详叙世系，举凡聚落沿革、地理变迁、宗族历史、岁时祭祀，乃至旧谱校订等亦当一应俱全，俾子孙得据以认祖归宗，感念先人开基立业、垂范后世之德泽，进而凝聚宗族情谊。惟年代久远，分枝日繁，宗亲散处四方，资料汇整不易，1998年起陆续多方搜集图文资料，进行口述历史的记录，逐步统整，择要草撰初稿，至今已大致定稿，本文即为现阶段汇整部分的呈现。

贰、城仔内乡土志

(一) 潘、苏、金氏三百年乡谊

台南市七股区所辖的城内里，正名为"城仔内"，原有潘、苏、金三姓人氏世居本庄，潘姓一族已于日据末期全数迁离，苏、金两姓定居本庄，至今已逾三百五十余年。据耆老传述：潘姓是平埔族，应属西拉雅本系萧垄社的苗裔，苏、金两姓始祖则为先后来自大陆的同乡。1786 年（清乾隆五十一年），林爽文举事，当时官府曾编组安定里西堡沿海各庄庄民，协力剿捕，血战达五个月。事平后，清廷赐"旌义"御匾褒扬。乾隆五十四年，六庄义首、义民代表遂合同立碑为记。列名之城仔内庄义首计有潘彭、金埋、苏渊、苏佐、金贵等五人，姓氏结构与近世无异。

三百五十余年前，祖籍"泉州府晋江县廿四都龟湖乡"的苏振文（字道化，号仁惠），十三岁即随国姓爷郑成功攻台，之后奉派北上屯田，驻守本庄现地。越二年，振文返回唐山原籍搬眷，奉迎双亲暨祖家关帝来台，一行于欧汪溪口（今之将军溪）"山仔脚"的大船头（位于今将军区广山里之北）登陆，返回城仔内驻防地，落地生根，是为城仔内苏氏的开基大祖。成年后，娶新港大社柯氏，生志升、志昂二子，志升再传盛爱、盛德、盛兴、盛旺、盛阵、盛佐等六子，为今城仔内苏氏六房之房头祖。子孙繁衍，世居本庄，已传十四世。

三十余年之后，距今约三百一十年前，原籍"泉州府晋江县廿五都浦内乡"，时年二十九岁，相传为武秀才的金首声（字鸿传）只身奉大王爷（李府千岁）开基神像来台，于"下山仔寮"（今七股区龙山里一带）起水，依已定居城仔内的苏姓大陆同乡合垦。三十一岁迎娶苏氏大祖振文之女连娘，苏姓以城仔内东南角之地陪嫁，昔称"嫁妆地"，又称"姑婆地"，为金姓开基立业之地。首声生三子，长子文炳，次子荣，三子早逝无传，故后人皆为长、次两房的子孙。至今已传十二世。

苏、金两姓始祖，于明清易鼎之际，先后来自泉州府晋江县廿四都龟湖乡，及廿五都浦内乡，祖籍原为近邻（今同属福建石狮市宝盖镇所辖）。迁台之后，子孙世居本庄，与少数族潘姓协力开发城仔内。三百余年来，三姓人氏毗邻而居，同舟共命。苏、金两姓自开基以来即世为姻亲。推算年代，金姓开基祖妣苏氏连娘应为苏姓开基大祖振文之女，后世更不乏领养对方子弟承继香火之例。与潘姓之间亦曾联姻，经由通婚进而促成血缘的融合。

回顾城仔内开拓史，历经世乱与变迁，三姓先人始终和睦相处，休戚与共。清乾隆末年林爽文举事，以及十九世纪末日本据台时，距城仔内近在咫尺的萧垄街（今佳里）皆曾沦为激战之地，三姓庄民屡次共渡危难，携手保乡卫里。近世人口激增，城仔内各姓分枝衍派，百年来陆续外移，已散居国内外各地。宗邦桑梓，乡情世谊，历久而弥新，实为台湾开发史上一页佳话，庄内外之潘、苏、金三姓子孙，尤应铭记先人三百年之累世情谊，心系家国，情归乡土。

二、行政区沿革

1. 荷据时期

"城仔内"位于东经一二零度七分五十五秒，北纬二十三度十分五十四秒，昔日濒临台江内海北岸。依据《石埕房苏氏谱》的记载推断，苏姓入垦本庄，应可上溯至三百五十余年前的明郑初期。至日据末期方全数迁离本庄的潘姓，据传是平埔族，可能为西拉雅本族萧垄社之苗裔。

1624 年，荷兰人进入台江，将台湾隶属于荷属东印度公司。其据有台湾之目的，主要作为东亚贸易的根据地。为巩固此一根据地，同时也开拓台湾内部少数民族的居留地，萧垄社即为其治理下，主要的平埔少数民族社群之一。当时，在平埔西拉雅本族四大社中，与麻豆社并列为最殷盛的社群，人口与文化更为四社之冠。其社群主要分布于今佳里、将军、七股一带，位于城仔内与佳里街市间的北头洋与番仔寮，可能皆为其本社故地，欧王社（今沤汪）与史椰甲社（今山仔脚）则为其主要支社。城仔内现地在当时可能大部份尚为海埔荒野。

2. 明郑时期

郑成功于 1661 年 4 月率军渡海攻台，与荷军鏖战九个月，于 1662 年 1 月取得军事优势，与荷兰人签订和约，取代荷属东印度公司，收复台湾。围攻热兰遮城期间，郑成功已先派兵分赴南北各地驻扎屯垦。依据成功大学石万寿教授对明郑时期各卫镇营屯田地区的研究，"左先锋镇"驻扎在今安定、西港、佳里、七股等地，用以监视平埔族萧垄社群。对照今日地图，此一区域尚有不少昔日镇营所遗留的地名。以佳里为中心，东北方有"营顶""营后"（属佳里区），东南方有"后营"（属西港区)、"许中营"(属安定区),西北方有"下营"(属佳里区)、"城仔内""水师寮"(属七股区)。

明郑领台后,最初的行政区划:改赤崁地方为东都明京,后以东都称全台,改赤崁城为承天府。南北分置天兴县与万年县。天兴县治设于佳里兴(今佳里镇佳里兴),萧垄社在其辖区。相传此一时期明郑部将林可栋率军民入垦萧垄社之本社(另一说为副总兵英猛将军黄伯公,庙在下营与城仔内交界处),后逐渐形成萧垄街。苏姓开基祖可能于设镇屯垦之初,即随同驻防于外围滨海之城仔内现地,再返回唐山原籍搬眷前来定居。直至近世,城仔内的老辈尚称今之佳里街区为"社内",地缘关系之密切,其来有自。

传说郑军据有本庄之后,曾在此筑土城,"城仔内"与"水师"之地名可能源自于郑军之设防。1665年,郑经放弃金厦,退守台湾后,改东都为东宁,东宁成为全台之称呼。同时改天兴、万年两县为州,原承天府治设四坊,各州之下辖二十四里与原住民之社。萧垄社改隶天兴州,属永定里所管辖。

3. 清初期

十七世纪九十年代中期,约为苏姓始祖良赓、振文父子定居城仔内三十余年后,泉州晋江同乡金首声奉大王爷金身自大陆故里渡海前来合星,是为城仔内金姓之开基祖(当时郑氏政权已降清)。清朝统一台湾之初,管辖所及设一台湾府,下辖台湾、凤山、诸罗等三县。明郑时期之永定里改称安定里,城仔内成为诸罗县安定里(原为明郑时之永定里)治下的庄社。修成于清乾隆四年(1739年)之《石埕房苏氏谱》,记载苏姓迁台始祖良赓与长子振文侨居"台湾府诸罗县安定里西堡消垄社城仔内乡",此应为康熙、雍正年间的完整行政区名(该谱为泉州晋江龟湖祖籍的宗亲协助修成)。

1780年代末期,清帝国平定林爽文事变后,改诸罗县为嘉义县。安定西里沿海各庄,因协助平乱有功,受赐"旌义"匾,今之佳里一带则改为"旌义里"。当时六庄的义首、义民曾勒石为记,碑上明记有"城仔内庄"之地名,潘、苏、金各姓义首亦列名其上。

4. 清中后期

清中期之后,相对于周边聚落的发展,城仔内一时似有衰微之倾向。编纂于清同治年间之《台湾府总图纂要》中载有安定里西堡所辖二十二庄的庄名,城仔内四邻之大潭寮、后港、番仔寮、下营、笃加、山仔等今日之村里皆已包含在内,而独缺城仔内。

日据初期，城仔内首度浮现于官修舆图之上，完成于1904年的《台湾堡图》采用清代之行政区划，以堡、里、庄作为地图的分划单位，清楚正确描绘出清末的基层行政界线。《堡图》第三四七号的内容为萧垄堡所辖各街、庄，明确登录有城仔内庄与萧垄堡之隶属关系。图上所显示之城仔内庄，不仅周边道路已具雏形，聚落房舍的分布大致与今日无异。

5. 日据时期

日据时期，地方分治之行政区划经过七次变迁，前四次（1896年、1897年、1898年、1901年），本区之上层行政单位为大行政区之台南县。1901年11月全台划分为二十厅时，隶属盐水港厅萧垄支厅。1909年的十二厅区划时，隶属台南厅，基层行政界线大致尚沿袭清末期。

1920年，实施大规模之地方制度改正，台湾地方行政区域重划为五州三厅，州下设市、郡，厅下设支厅以取代原来之里、堡、乡、澳。郡下设街、庄、区以取代原来街、庄、乡、社，而一街庄由数个部落构成。此次地方制度的改正，原萧垄堡调整部分辖区，改称"佳里街"。此次调整，城仔内终止与萧垄社、堡有史以来的隶属关系，改隶新成立的七股庄，行政区名改为"台南州北门郡七股庄城子内"。北门郡七股庄之辖区，大半为台江内海淤塞后之海埔新生地，城仔内、后港等昔日萧垄堡滨海前缘的庄社，去海日远，已成为新设的七股庄之内陆村落，七股的设治，实为三百余年沧海桑田、地理变迁之最佳见证。

6. 二次大战后

1945年，日本因太平洋战争战败而放弃台湾，国民政府代表盟军来台接收，重新划分行政区域。1946年先改州为县，改郡为区，改街庄为乡镇，此一时期城仔内隶属"台南县北门区七股乡"。

1950年调整县市行政区域，缩小县的辖区，同时裁撤区署。缩编后的台南县，由原新营、曾文、北门、新化、新丰等五区合成，原隶属北门区的七股乡，成为台南县直辖乡镇之一，而乡之下设村，城仔内被更名为"城内村"，行政区全名成为"台南县七股乡城内村"，并沿用至2010年12月24日。

2010年12月25日，原台南县、市正式合并升格直辖市，城仔内成为"台南市七股区城内里"。而一甲子的"七股乡城内村"从此走入历史。

（三）聚落形成与地名探源

"城仔内"地名之确切由来，已难以详考。《南瀛文献》二卷十二期曾刊载完成于 1954 年 8 月 1 日之《台南县村里调查表》，其中关于城内村沿革的叙述如下："三一〇年前是荒野自郑成功来台后即占据此地筑土城。"另外同表有关清时期的角头及庄社名之记载为："城子内、鸭母寮、水师寮。"而《台南县志》卷一自然志第三篇聚落有关城子内的描述如下："并水师寮为今城内村，城子内位在佳里镇下营之西边，与水师寮均曾为当时设防之迹。"至于古文书碑记可供查考者，则有修成于清乾隆四年之《石埕房苏氏谱》，以及清乾隆末年所立的"旌义碑"。前者记载苏氏始祖良赓"与长子侨居台湾府诸罗县安定里西堡消垄社城仔内乡"，后者则为安定里西保助平林爽文事变之各庄义首、义民所合立，"城仔内庄"为镌刻其上的六庄之一。

郑成功据台后为图足食足兵，对拓殖事业列为首要之务。相传郑氏部将林可栋曾率领军民入垦台江北岸的萧垄社一带。至今，由安定、西港沿旧台江北域向西北行至城仔内，昔日设镇屯垦之古地名尚斑斑可考，如安定区之许中营，西港区之后营，佳里区之营顶、营后，以及同区紧临城仔内之下营等地。而郑军入垦本区时，由于西拉雅本系萧垄社的本地少数族，自荷据时代即与殖民统治者密切互动，勤于稼穑，可耕之沃野想必已充分开发。由古地名的分布视之，汉人初垦本地时，似以当时滨海之荒野或防地周边为主，亦符合郑氏政权"不准混侵土民及百姓（汉人）现耕物业"的拓垦政策。今林可栋后人尚聚居于佳里区的下营，城仔内苏氏与其北邻后港许氏居民，亦自称先人乃随郑成功来台，因此"城仔内"与"水师寮"之得名，源自郑军设防之说，可信度极高。

属平埔族西拉雅系之潘姓，其先人定居城仔内之年代已无从查考，可能为最早之住民。苏、金两姓之迁台祖则分别于明郑初期及清统一台湾初期来自大陆。传世日久，人口滋长，庄内逐渐形成数个聚落。潘姓一族至日据末期方全数迁离，迁往附近之后港脚及台南市、屏东市等地；其原居地则位于"南廿六线道路"右转往番仔寮方向的"廿六——一线道路"旁，镇山元帅庙一带。据耆老传述，日据时期，此地尚有两三户潘姓人家。今房舍虽已夷为田园，当地仍遗有古井一口。潘姓聚落昔称"潘厝后"，此一地名现今仅残存于城仔内老辈的记忆中。昔日之"潘厝后"邻近"番仔寮"。"番仔寮"于荷兰据台后期，成为萧垄社群新兴的核心之一，潘姓先人有可能为其外围之居民。

城仔内的本庄称为"大社"，系明郑初期，来自泉州府晋江县廿四都龟湖乡的苏姓迁台祖良赓、振文父子开基之地。振文生志升、志昂二子，志昂再传六子，即今城仔内苏姓六房头，其中大、三、四、六等四房集居"大社"，为辖境内最大的聚落。其中大房、三房、四房聚居庄庙文衡殿附近，六房在南境，五房聚居之地位于"大社"之西，因位于庄内大水堀之北，故聚落名称为"大堀墘"，昔日为榨麻油之地，有麻油车，故又称"油车大堀"。"大堀墘"西南边，紧邻台十七号公路之聚落，为二房聚居之地。据说早年二房祖盛德为方便捕鱼，于庄西溪边筑寮。清末，二房后人为避瘟疫，由大社迁此定居。昔日，此地为城仔内沙埔地最尾端之处，故称为"埔尾"。

"大社"东边，称为"旧厝"之金姓小聚落，与苏姓聚居之"大社"、"大堀墘"、"埔尾"，同属于广义的城仔内。"旧厝"为金姓开基之地，迁台祖金首声原籍泉州府晋江县廿五都浦内乡，来台后依已定居城仔内的苏姓同乡合垦，其后娶苏姓大祖振文之女连娘为妻，苏姓遂以此地作为嫁妆，故又称为"嫁妆地"（苏姓则称之为"姑婆地"）。后代人口繁衍，"旧厝"地狭人稠，金姓先人为谋生计，至"埔尾"东南方的"水师"一带捕鱼开垦，先是搭建草寮暂住，故改称为"水师寮"，因位于"城仔内"之南，又称"下寮仔"。之后金姓族人逐渐迁至此地定居，原先仅集中于聚落道路以东，日据时期再扩展至道路西侧。现今"水师寮"之户数远多于"旧厝"，已成金姓的核心聚落。

（四）庄庙、宗祠与开基祖墓

1. 庄庙与宗祠

城仔内境内有"文衡殿"、"天南宫"与"镇山元帅庙"等三处庄庙，前两处奉祀之主神，分别为护佑苏、金两姓开基祖渡海迁台的"关圣帝君"与"大王爷"（李府千岁）。渡台三百余年来，两姓子孙虔诚敬拜，香火不断。早年奉祀于家宅或轮祀，垂至近世，两姓人丁渐旺，分枝衍派，遂先后营建祠庙奉祀。

主祀关帝爷之"城内文衡殿"，原先于现庙址的东南边搭盖茅宇，安奉帝君；1937年，苏姓耆老与六房信士会商，发起于现庙址的后方兴建庙宇，后经1967～1969年、1983～1985年两度重修，始成今貌。1989年，苏秤棒先生遗命后人献金，增建后进建物，一楼设图书室，二楼作为奉祀先人的祖堂（苏氏家堂），专祀苏氏列祖的神位，祠庙之制乃灿然完备。

金姓的守护神李府千岁，族人习称为大王爷，原由炉主轮祀，1971年，金姓耆老发起整理族谱，兴建宗祠，迄来年落成启用，定名为"天南宫"，自是金氏列祖神位与李府千岁、黑虎大将等合祠崇祀,庄内外金姓族亲参拜有所。2004年众炉下协议重建,2006年完工入火安座。紧邻潘厝后旧址的"镇山元帅庙",传说当年后港水道尚可驶入大船时,某一暴风雨夜,来自大陆、载运一团戏班的船只在此翻覆。其后为抚慰罹难英灵,据传由关帝显灵指示建庙,与城仔内关帝同享庄民之香火。

2. 苏氏开基祖墓

城仔内苏氏始祖良赓逝于1709年(清康熙四十八年),葬于"水师草埔海仑盐埕(后世称:蒸堀墓林,水师寮聚落之南)",始祖妣郭氏逝于1676年,葬于"后汪番仔寮社西势(后世称:番仔寮墓林,番仔寮聚落之西)";大祖振文逝于1731年(清雍正九年),葬于"城仔内社西势埔崁仔头(后世称崁顶墓林,城仔内大社与水师寮聚落之间)";大祖妣柯氏逝于1678年,与始祖妣郭氏同葬于番仔寮西势(番仔寮墓林);三世一祖志升葬"牛稠仔埔草场边"(后世称港顶墓林,城仔内大社与后港西聚落之间);三世二祖志昂之元配王氏葬"本庄南势仑仔头"。

上述《石埕房谱》中所记载开基列祖的葬地,与耆老追忆:至日据末期迁葬历代先人灵骨于港顶墓林(原三世一祖志升与祖妣林氏的葬地),修成现今祖墓之前,清明时节举族祭扫开基三代各处祖墓之顺序大致相符。昔日举族祭扫祖墓之顺序,据耆老描述:第一站为水师寮南边的蒸堀墓林(葬始祖良赓),第二站为紧邻番仔寮聚落的番仔寮墓林(葬始祖妣郭氏与大祖妣柯氏),第三站为庄内的崁顶墓林(葬大祖振文),第四站为往后港西途中之港顶墓林(葬三世一祖志升与祖妣林氏)。由于第一站与第二站距离遥远,为鼓励儿童与少年全程参与,主事者会在第二站与第三站之间发放"红龟粿"。耆老所记忆之扫墓顺序与开基列祖的辈分完全吻合。

三、城仔内苏氏源流

(一)城仔内苏氏史

城仔内苏氏一族世居今台南市七股区城内里,已历三百五十余年,为文献可征,苏姓入台定居之始。《石埕房苏氏谱》记载:始祖良赓与长子侨居台湾府诸罗县安定里西堡消垄社城仔内乡(明郑初期属天兴县永定里,入清后改为安定里)。良赓为泉州府晋江县廿四都龟湖乡苏氏石埕房裔孙,其父祖两代皆葬于晋治十七都(今晋江市龙湖镇),推想渡台前迁居龙湖已历四代。确切渡台年代虽不可详考,以谱中所载二世祖(城仔内大祖)振文娶新港大社柯氏,长子志升出生于1670年

（清康熙九年）等事迹，对照大祖振文随郑成功征台，越二年再返回大陆奉迎双亲暨祖家关帝来台的传说，苏氏迁台定居城仔内，应不晚于1660年代。

另缅甸芦山堂苏佐雄先生所撰之《苏氏子孙流台考》，记载苏氏最初入台而可考者，为明永历初年福建漳州府龙溪县籍人士苏正顺携长子苏振文入垦今台南安定。正顺为城仔内始祖良赓之号，振文确为良赓的长子；而郑氏东宁建国期间，城仔内所隶属的永定里，入清后旋改为安定里；《苏氏子孙流台考》所载事项，虽然祖籍与今古地名之界定有差，以之对照城仔内苏氏所传的《石埕房苏氏谱》，几可确定城仔内苏氏为文献可征，苏姓入台定居之始。1739年，居祖籍的龟湖房裔孙苏有声受命重辑族谱时，为感念台湾城仔内石埕房派宗亲捐输重金资助，特为重辑《石埕房苏氏谱》，辑成之后，趁东游之便，亲送来台。谱中历历叙明石埕房于南宋末年由龟湖三世山确开派以来的世系与迁移，城仔内开基列祖的事略亦详录在内。

中世以来，闽粤等地土地高度开发，人口繁衍，早已呈现地狭人稠的饱和状态；统治当局虽高悬海禁，始终未能抵挡过剩人口流向外洋的浪潮。及至十七世纪中叶，明清易鼎，东南沿海遍燃烽火，国姓爷誓师抗清，闽南一带成对峙之局，生灵涂炭，流离失所；郑成功据台前后，清廷更实施坚壁清野的迁界政策，世居泉州晋江之始祖在大陆想必已无立锥之地。据耆老传述：已随郑成功来台之大祖振文返乡搬眷，奉迎双亲举家迁台；并携来家用之石臼、石磨，于今将军溪口的大船头（将军区广山里北边）登岸，就近卜居城仔内现地。当时迎自大陆祖家，随舟护佑的关帝神像，至今尚供奉于庄内的文衡殿，族人尊称为"老关帝"。三百余年来成为宗族的信仰中心。

1683年（清康熙二十二年），郑氏政权降清，一时在台汉人返回大陆者十之七八，先祖则留台落地生根，定居斯土。其后子孙繁衍，至清中期已蔚成大族。三百余年来族人守望相助，和衷共济，尚能谨守祖业。城仔内苏氏大祖振文娶新港大社柯氏，生志升、志昂二子；三世一祖志升娶后港社林氏，生盛爱、盛德、盛兴、盛旺、盛阵、盛佐六子，分别为今城仔内六房的房头祖；三世二祖志昂娶后港社王氏，继娶赖氏，无男，由长兄志升的第五子盛阵入嗣。城仔内僻处海隅，自开辟以来，虽以农渔为主业，而远承大陆祖家书香余绪，家风朴实敦厚，向来有重视子弟教育的传统。三房祖盛兴的曾孙添璋曾中秀才。耆老传述：历世族长（庄内昔称老大）皆能以德服人，深获族人敬重与信赖，排难解纷，主持公义，有一言九鼎的威望。开基至今已传十四世，六房子孙世系分明，族人至今彼此尚能以伯叔、兄嫂相称。而传世日远，分枝衍派，早年即有二房六世先人光海移出善化。历来迁出之族亲已散居国内外各处，而城仔内开基祖地，祠庙之祭始终不辍，移居外地之族亲心怀桑梓，每逢清明祭祖或关帝祀典，纷纷各自各地兼程返乡致祭。

回顾开拓历史，清时期吏治与军纪不佳，民变频仍。近百年来，则台海风云日紧，统治政权数度更易，城仔内亦屡遭波及，林爽文事变与日军攻台时，两度濒临战火边缘，当世壮丁多曾身临阵仗，所幸终能逢凶化吉，幸免于灭族之祸。1786年（清乾隆五十一年），林爽文举事，主力曾包围诸罗县城，并欲分兵经海路进逼府城。官府乃于沿海各庄组织义民，协助官兵围剿。事平后，建义民亭于金唐殿，正堂中立旌义碑以纪其事，碑上镌刻有后汪、北埔、将军、萧垄、后港、城仔内等六庄义首名录。城仔内庄之义首，潘姓一人、金姓两人、苏姓两人，姓氏结构与今日无异；两位苏姓义首，一为苏佐，一为苏渊；前者应为六房祖盛佐，后者则为三房三祖仪渊。今之七股区当时大部分尚为海坪，而城仔内庄则已成为海防要地。

百余年后，公元1895年（清光绪二十一年），清政府因前一年在中日甲午战争中败战，与日本签订马关条约割台。5月间日军抵台接收，成为弃民之台湾人纷纷组成义民军抵抗。据耆老传述：当时曾有武秀才遣人至庄内募兵。稽查史料，武秀才应为在沤汪发动邻近庄民奋起抵御日军的林昆冈。同年10月10日，日军混成第四旅团登陆布袋嘴，驰援经陆路南下的近卫师团。20日，日军由紧临城仔内的下营攻进萧垄街（今佳里区），被编入义军之青壮庄民赴战时，有行动能力的妇孺被安顿于战地附近藏身，行动不便的老弱则藏匿于甘蔗园内上覆牛车轮及稻草的坑洞中。义军与日军竟日激战，终因火力悬殊，力尽而溃散。入夜后，日军复在萧垄街西侧空地扎营，地当通往城仔内必经之路，参战壮丁唯恐遭日军追杀，遂掩护随军妇孺迁回绕道西南方，待隔日日军开拔后再逃回庄内，全庄生灵得以保全。

清廷视台湾为天朝边陲，治台政策消极，往往分而治之，任令台民挟隙相残，民间自保唯有诉诸自卫力量，城仔内昔日亦曾以宋江阵著称，有事保乡，无事强身。日据时期，台湾私斗日渐止息，城仔内宋江阵因而式微。1915年，台南地区发生大规模武装抗日的"西来庵事件"，六房苏清文、苏海羊曾因参与举事而被判重刑，清文入狱不久即病死狱中，海羊则于昭和天皇登基大赦时获释出狱。为该事件起草《讨日檄文》的重要人物陈振曾拜在城仔内开馆教授汉文的柯尚德为师，后由柯尚德介绍认识余清芳。柯尚德是三房三第八世苏春木的女婿。二次世界大战期间，不少城仔内子弟被征调赴南洋作战，在战地阵亡、病亡或空袭时罹难的族亲特标记于世系图上，以表追念之忱。

战后，统治政权再度更迭，政经情势与价值体系快速转换。婴儿潮与快速工业化，促使农村人口大量外流，冲击原有社会结构。城仔内苏氏宗族亦无法自外于此一潮流与趋势，强固的宗族情谊不免渐趋涣散。为彰显先人艰辛开拓的事迹，进而敦睦宗谊，谨参酌耆老口述及有限之文献资料，先行草撰史略，作为日后不断充实宗族历史的开端。

（二）在台开枝散叶

城仔内苏氏传至第四世，育有男丁六人，分别为今六房头之祖。五世、六世之后人口逐渐滋长，早期即有二房六世光海移居善化的记录；大房遗留的倒房旧牌位中，也记载光庇（生 1770 年，推测应为六世）葬在阿里港（今屏东里港）。

1823 年（道光三年）7 月的大风雨之后，台江内海逐渐淤浅，日后形成现今台南市安南区与七股区的新生地，陆续开启大规模区域性的二次移民风潮，部分城仔内苏氏三房与六房的族人也开始向外发展，以安南区为主要迁移地。兹将百余年来移至大台南各地，已在当地蔚成大族，并于 1906 年建立户籍登记制时，直接以迁移地作为本籍的重要分派，列举如下：

●北康寮分派（台南市七股区康榔里），三房一．五世仪缕—六世管田—七世强水之后代，八世光大始迁北康寮。

●南路寮分派（台南市安南区安庆里），三房一．五世仪缕—六世管田—七世宁榔之后代，始迁不详。

●旧和顺分派（台南市安南区安顺里），三房一．五世仪缕—六世腾云—七世德盛之后代，七世德盛始迁旧和顺。

●溪南寮分派（台南市安南区南兴里），世系不详，可能为三房一．五世仪缕—六世驾雾或琵琶之后代，奉祀最远祖为七世容。

●学甲寮分派（台南市安南区学东里），世系不详，可能为三房一．五世仪缕—六世驾雾或琵琶之后代，奉祀最远祖为七世炎。

●三房陈卿寮分派（台南市安南区顶安里），三房二．五世仪禹—六世高量—七世图之后代，七世图始迁陈卿寮。

●六房陈卿寮分派（台南市安南区顶安里），世系不详，可能为六房二．五世仪助之后代，奉祀最远祖为六世。

●三舍分派（台南市新市区三舍里），三房三．五世仪渊—六世龙秋—七世仗爻之后代，九世世昌始迁三舍。

上述分派中，北康寮分派、陈卿寮分派与三舍分派与城仔内祖籍地尚保持相当密切的互动关系。1937 年，岁次丁丑，陈卿寮宗亲苏天谢率耆老赴城仔内文衡殿，恭迎文衡圣帝（关圣帝君）香火，与早年分灵自大岗山旧超峰寺的观世音菩萨合祀于祖宅厅堂。1993 年，陈卿寮宗亲正式创建武圣殿，正殿供奉文衡圣帝暨观世音菩萨，至今尚年年返回城仔内祖庙进香。

（三）唐山祖脉溯源

九世纪末之东亚大陆，唐祚衰微，兵变、民变频仍。动乱中，相传原居河南光州固始已历数世的苏益随王潮兄弟入闽。五代末期，益与子光海居同安永丰乡葫芦山下，为苏氏芦山派裔之发源地。益之五世孙缄于宋仁宗宝元元年（1083 年）举进士；神宗熙宁八年（1075 年），交趾入侵，苏缄时任邕州刺史，率军民守城不屈，举家殉难，仅长子子元幸免。宋神宗闻讯震悼，追赠缄"奉国军节度使"，谥曰"忠勇"；授子元殿中丞，通判邕州。子元独子向于南宋高宗绍兴二十七年举进士，官抚州教授，卜居晋江清沟（今中国福建省晋江市陈埭镇苏厝村）。

向之次子崇龟，岁贡士，官江阴学谕。南宋孝宗淳熙十六年（1189 年）徙居龟湖（今福建省石狮市宝盖镇苏厝村，石狮市北郊），为龟湖苏氏肇基始祖。崇龟生二子，长子名晋，次子名荣，晋之长子龟湖三世山确传石埕房一系，为台湾城仔内苏氏之直系远祖。据《石埕房苏氏谱》所载推测，历宋、元、至明中叶，直系先祖虽仍居住于龟湖本处，然而包含龟湖四世与野、六世乌乐、八世于淡等直系先祖在内，石埕房先人数世皆别择吉地聚葬于山柄（可能在今石狮市西郊之彭田一带）。

明世宗嘉靖年间，龟湖十世祖纯源迁居前坑（石狮市东郊）；纯源子宜善亦居前坑；宜善子嗣仲葬晋江十九都，亦属前坑一带。直系先祖居前坑前后历三代，逝于顺治四年（1647 年）之龟湖十三世祖廷昆则葬于晋治十七都（今晋江县龙湖镇，石狮市之南）；城仔内苏氏始祖良赓之父，龟湖十四世祖养伦葬在吴营（今晋江市龙湖镇古盈）。若居处与葬处相近，推测至龟湖十六世振文（城仔内大祖）渡台之前，居龙湖已历四代。

城仔内苏氏开基始祖祖籍虽为晋江龟湖，迁台当时的居住地则可能是现今晋江市龙湖镇一带，离郑氏大本营安海（郑芝龙在此开府时，一度改称安平）甚近，因此国姓爷攻台前，大祖振文投效郑军，依地缘关系而论，颇近情理。而石埕房后裔，历宋、元、明至清初，已尽皆迁离龟湖原籍，散居台湾，及福建之安溪、尤溪、福州、福清（镇东卫）、德化，浙江之温州等地。今定居于龟湖之苏姓宗亲则尽皆为石埕房祖山确胞弟山岩的后裔。

四、辑谱纪要与体例

（一）辑谱纪要

1. 三代奠基　助修宗谱

城仔内苏氏一族自十七世纪六十年代，始祖良赓与大祖振文父子迁台开基以来，已历三百五十余年，传十四世。振文成年后，娶新港大社柯氏；于南明永历廿四年（1670 年）九月廿五日生三世一祖志升，南明永历廿九年（1675 年）七月初四，生三世二祖志昂。大祖振文与祖姚柯氏另育有女儿名连娘，连娘配城仔内金氏始祖首声，为金氏开基祖姚。志升娶后港林氏，生六男，长盛爱、次盛德、三盛兴、四盛旺，五盛阵、六盛佐，分别为城仔内苏氏六房的房头祖；志昂娶后港王氏，继娶赖氏，无男，故以胞兄志升第五子盛阵为嗣。

1739 年，始祖原籍大陆之晋江龟湖苏氏宗亲编纂大族谱时，曾获城仔内先人资助，因此主持修谱的苏有声，特为城仔内宗亲另辑所属派别的房谱《石埕房苏氏谱》，并趁来台任职之便，亲送至城仔内，此谱遂成为城仔内后世子孙寻根溯源的重要线索。溯自南宋初年开派，下止清乾隆六年，上下近六百年。石埕房后人迁移范围遍及闽、浙与台湾等地。

由于此谱修成时，上距始祖、大祖一家迁台开基立业，将近八十年，推算应已传至第五世。三代经营，家业殷实，已能捐输重金助龟湖祖籍编修宗谱。而此时，始祖良赓、始祖姚郭氏、大祖振文、大祖姚柯氏、三世一祖志升、四世的大房祖盛爱亦已相继谢世，故其生卒葬地、配偶子嗣等皆详载于谱中。辑谱时尚在人世的三世二祖志昂，仅登录生时与配偶姓氏。四世的二房祖盛德以降则未及登载。

2. 六房分脉　肇建祠庙

《石埕房苏氏谱》修成于 1741 年，迄今已近二百七十年。谱成之日，四世六兄弟之长兄盛爱已英年早逝，其余五位尚在青壮盛年，而传衍至今又逾十世。后世裔孙脉分六房，分别以四世的盛爱、盛德、盛兴、盛旺、盛阵、盛佐六兄弟为各房的"房头祖"。房头祖灵位与大陆远祖暨开基三代列祖皆合祀于祖祠（苏氏家堂）之内。昔日，每逢冬至，由六房裔孙合同祭祀。各房房头祖再传的五世列祖，习称"角头祖"。各角头祖、姚忌辰则由各房各派分支子孙祭拜，依亲疏远近组成大小祭祀系统。结婚之日，新人循序祭拜历代先人，代代相沿成习。经由上述祭祖活动的持续进行，虽历时久远，分支衍派，五世以下命名时也不再叙字辈，至今依然世系分明，辈分称谓井然有序。

日据末期之 1937 年，城仔内苏氏肇建庄庙文衡殿前身的"公厝"，安奉护佑始祖渡台之关圣帝君神像，并附设祖堂苏氏家堂，奉祀大陆远祖、开基列祖暨第四世六房各房头祖的神主。经开启神主（肇建公厝时，曾整理简化，重新誊写）检视，确认开基至四世先祖、祖妣之生辰忌日与子嗣名讳皆详载于灵位之内（仅四房祖、妣之生辰忌日失记）。五世、六世之后，人丁逐渐滋长，开枝散叶，瓜瓞绵远，传至今日已成恢恢巨族。

3. 千禧修谱　分疏世系

1741 年（清乾隆六年），《石埕房苏氏谱》修成之后，城仔内苏氏似未曾再正式纂修族谱。至 1985 年，庄庙"城内文衡殿"重修完成后，族中耆老虽曾积极倡议编修族谱以系宗谊。由于传世久远，枝繁叶茂，盘根错节，世系厘清不易，始终未能竟其功。自 1996 年起，各房代表曾数度集会，期能再次凝聚修谱共识。膺编纂重任后，确定阶段性目标，初步以建立翔实合宜的世系表图作为今日修谱的核心要务。

数年来，或委请宗亲开启各家神主判读，或拜访耆老面谈记录，或电话中访谈，或邮寄电传往返，或查阅各户之"生时簿"等，广泛搜集资料。其间有两年，不定时赴七股乡户政事务所抄录日据时期与现今全庄的户籍资料，而得以在迈入千禧年后，逐次完成世系表的初步建构。

自开基至五世，有《石埕房苏氏谱》可资佐证，五世以前六房头的传代系统皆完整无缺，八世以降则有日据以后的户籍数据可供参考，大致无误。访谈与汇整过程中，亦察觉六世至八世之间，各房部分先人早期迁出后失联，或因日据后期，配合统治当局推动改革旧惯的政策简化神主，于重新誊录时过于简略，而有所佚失，各房世系未能准确衔接者，则部分从缺以待来日。

（二）世系图体例

此次辑谱，核心的世系图以迁台祖良赓、振文父子为断限。城仔内肇基已三百五十余年，人丁繁衍滋长，体系日益庞大，世系图之构成，六房系统各自分立，各房分别再依五世列祖之排行另行分派，例如二房祖盛德之长子仪歆传下之裔孙派称"二房一"，次子仪誉之苗裔则属"二房二"；二、三、六房可依照上述原则分派，大、四、五房则由于六、七、八世传世数据部分缺遗，无法准确衔接，故不另行分派。

传统汉人宗族编修族谱时，世系图以"五世为一图"，旨在服膺儒家五服亲疏之义；而"前图之终后图之始"，则有继往续来之义。此次修谱，世系图的建构，基本上虽沿用上述传统谱图的形式，其内涵则体现"人生而平等"的普世价值，主要以厘清世系、联系宗族情谊为目的，避免作道德的仲裁，故不必然遵循"书与不书"（登录与否）的儒家礼法成规。世系图内容兼容并蓄，举凡上一代入赘他姓、承先人遗命返回城仔内认祖的异姓宗亲，或因上一代招婿而形成之异姓兄弟，亦如实冠姓，与其他苏姓兄弟姐妹并列世系图中，下一代亦一体适用。

图表的构成，父母之下，儿女不分性别按出生别依序由右至左排列（传统谱图不列女儿，嫡长子则在父之正下方，其余兄弟则左尊右卑，依序由内而外排列），无分男女，配偶姓名分别书于各人之左侧。上述体例之试行，以"男女平权"与"乡土认同"等理念来弥补传统汉人父系宗法制的缺憾。

（三）《石埕房苏氏谱》释要

1965 年，苏周连族谱编辑委员会委托族谱专家刘炎编撰《苏周连宗亲会族谱》时，族亲苏文章先生曾提供《石埕房苏氏谱》汇编于其中，世系表亦就当时调查所及，依序作部分增补；其内容为稽考城仔内苏氏迁台年代、世系、开基列祖葬地，及唐山源流之重要文书。

晋江龟湖苏氏石埕房于南宋末年由龟湖三世长房山确开派，垂至明末清初，石埕房后裔已陆续迁离祖籍，散居福建之安溪、尤溪、福州、福清、德化，浙江之温州，及台湾等地。而 1739 年（清乾隆四年己未），龟湖房重辑族谱时，曾获石埕房移民台湾之城仔内宗亲捐资助修，故主持修谱之有声，特参照龟湖房族中家藏私志，依谱按地稽查，于延平府尤溪县振宗（与城仔内大祖振文同曾祖）处访得可资佐证之文件，辑成《石埕房苏氏谱》，亲送来台。至今又逾两百六十年，其间台湾与大陆由于地理环境阻隔，且经历不同之历史情境，系出同源之宗族亦不免渐行渐远。1996 年初度造访重建中之龟湖苏氏家庙，见新立之《龟湖苏氏源流》碑记中，已出现石埕房之祖山确移居台湾之讹误，足见移居闽浙各地之石埕房后裔，虽同在大陆，却早已不通音讯，而展阅我城仔内苏氏所传之《石埕房苏氏谱》，详载至明末清初，石埕房后裔虽多流寓他乡，却依然昭穆分明，世系井然，实为超越一族私志格局之珍贵史料。

《苏周连宗亲会族谱》收录之《石埕房苏氏谱》包含《石埕房苏氏谱序》与《石埕房派下》两部份；1994 年，东北师范大学出版之《新编苏氏大族谱》亦将《石埕房派下》汇编其中，并加注标点符号。比对两个版本，校正部分文字错误后，全文收录于本节之中。进一步依据《石埕房派下》内容重制世系图，图上标记历代石埕房宗人之葬地与迁移，以待后世有心者详加访查。《石埕房苏氏谱序》原文附后。

《石埕房苏氏谱序》原文

岁己未宗人命小子有声重辑族谱小子谨按旧志山确公仅记空名而不详其命小子不知为谁氏之祖也屡闻诸长老云石埕房者支派多寓他乡宅基在余里小子又不知为谁氏之后也迨辑家乘遍阅吾族家藏私志幸得石年公"进士讳尧松号云不"本支乘中附设石埕房山确公子某孙某公某派寓某方历历详叙直补前谱所不逮小子于时如获拱璧即请宗人委尧珍叔依谱按地稽查果于延平振宗家得其本一本内载位台公"理学讳鼎实即石年公祖"叙言其世系与石年公所志如合符节始知山确有后而石埕有祖也踊跃载笔世系炳耀日星矣思飞侄昆仲系石埕房派移居东宁有志收宗喜填多金以助族人修谱之费族人咸爱之重之今年冬余以虚名牵系扶策东游重思飞之仗义即为之重辑其房谱择以元端谷旦造其堂而奉上之俾子子孙孙光照勿替则炽昌之福簪缨之休于山确公不亦有光乎是为序。

参考文献:

1. 陈寿棋等撰:《福建通志》,台北:华文书局股份有限公司,1871 年(清同治十年重刊本)。

2. 洪波浪、吴新荣:《台南县志》,新营:台南县政府,1960 年。

3. 刘炎:《台湾苏周连氏族谱》,基隆:成光出版社,1965 年。

4. 盛清沂:《明郑内政考略》,《台湾文献》二十七卷第二期,台中:台湾省文献委员会,1976 年。

5. 盛清沂:《当前编修家谱之体例》,《台湾文献》二十九卷第四期,台中:台湾省文献委员会,1978 年。

6. 来新夏、徐建华:《中国的家谱与年谱》,台北:台湾商务印书股份有限公司,1994 年。

7. 洪敏麟:《重修台湾省通志》卷三住民志地名沿革篇,台中:"国史馆"台湾文献馆,1995 年。

8. 徐晓望:《闽国史》,台北:五南图书出版社,1997 年。

9. 黄文博:《南瀛地名志·北门区卷》,新营:台南县政府,1998 年。

（作者系台湾台北艺术大学教授）

开漳诸姓与海外移民社会

汤毓贤

开漳圣王信仰文化是中华文化的支系，滥觞于唐初闽南漳州开发和中原文化的南徙，发轫于归德将军陈政奉诏南下开发闽南、乃至陈元光父子创建漳州的历史，承载着来自中原河南光州固始县的华夏移民开疆辟土、和融民族、传播文明的历史积淀，是中原根亲文化的延伸和传承。开漳圣王信仰文化是中华文化的重要组成部分，又是闽南文化的根基与核心。伴随着漳籍移民创业足迹，它在海外垦殖地经本土化后形成闽南文化族群，延续着原乡文化情结，展示出闽南文化的恒久魅力，扩大了中华文化的影响。千百年来，陈元光开漳故事广为流传，人们以各种方式纪念着他。陈元光由人到神的嬗变，得益于他启土建漳之功，更来自官方推崇与民众感恩。开漳圣王信仰兼具祖先神与开拓神崇拜双重属性，朝廷代代加封，以示褒崇；民众广建寺庙，尊其为神。宫庙广及大陆、台湾、东南亚、日本、美国等地，成为闽南族群保境安民的保护神，迎来了千秋祠庙的传承和兴盛。

一、开漳文化缘起史证

陈政、陈元光父子于闽粤之交大片流移地上谱写了一曲壮怀激烈、光耀千秋的不朽史诗，开创了大唐盛世漳州的创立历程。他们通过对闽南、粤东、闽西的开发与经营，发展了这一地区的经济和文化，促进了民族融合与发展，启动了闽南漳州开发史。

陈氏父子入闽前，远离中原政治经济中心的福建，仍处于封闭落后状态。中央政权对该地区的有效管理，历经了多次反复。从三国孙吴设建安郡、西晋增设晋安郡、南梁又增设南安郡，前后历经 300 多年。南北朝后，又历隋朝和唐朝初年的

100 年间，福建的开发仍处于半停滞状态：政治上地方割据势力此起彼伏，中枢鞭长莫及；地域上林深山阻，百里不见人烟；经济上山多地少，处在半开发状态；行政管理上虽地属南安郡，但仍边远荒芜，尤以汉畲民族杂处的闽南、粤东最为混乱。这一地区早在秦汉时代，中原汉人政权开始经略岭南、派兵戍守，汉文化陆续向岭东扩展。晋唐之间，中原板荡，汉族人不断南下，向华南地区迁徙，中原文化陆续传入闽南粤东地区。如西晋末年，为避"永嘉之乱"，中原陈、林、黄、郑、詹、邱、何、胡 8 姓汉人随晋室南渡进入福建北部，少数进入闽南，与百越人错居杂处。到了隋朝至唐初，一方面汉族人不断迁入并定居此地；另一方面，俚、獠、畲、苗等百越族群仍占优势。加上此地乃百越与南蛮杂处区域，峒蛮各据山头、居无定所、流动性大。北边泉州、南边潮州的地方政权经常分合更迭，对两州交界处广大辖区的管理名存实亡。

唐朝初年，隶属岭南道管辖的闽南、粤东一带地广人稀、往来不便，被称为封闭落后的蛮荒"绝域"，且尽是"蛮獠"、"瘴疠"之区。而因北方战乱南来、通常被汉族地方政府编入户籍并加以保护的汉族移民，与具有自身文化传统、"不服王法"的土著族群之间的民族矛盾越来越尖锐。南迁的汉族人进入山越人领地，双方常为争夺有限的山林土地资源、取得较有利的生存空间发生冲突。长期混乱的社会秩序，酿发地方势力的割据征战此起彼伏、战乱频仍，让鞭长莫及的中原汉族皇朝忧心忡忡！唐总章二年（669 年），泉州（今福州）、潮州之间的蛮荒地带土著暴乱升级，酿成所谓的"蛮獠啸乱"，边陲告急！唐高宗李治紧急诏玉钤卫翊府左郎将、归德将军陈政为岭南行军总管，率中原三府之兵自河南固始南下平乱。这场由中央政权发动的边陲平蛮战争，却开启了中原府兵戍边安民、开治漳州历史的新纪元。

陈政率军渡过九龙江，在智取蒲葵关东麓娘仔寨，取得军事上的决定性胜利后，进屯于七闽百粤交界处梁山南麓的故绥安县地。仪凤二年（677 年）四月，陈政病逝于火田寓所。时仅 21 岁的陈元光承袭父职，带领其众继续开疆拓土。同年，广东硇州人（今雷州湾地区）陈谦联结峒蛮苗自成、雷万兴等攻占潮阳，被陈元光率轻骑讨平。永隆二年（681 年）烽烟再起。峒蛮攻南海边邑，循州司马高碇受命专攻，檄陈元光潜师入潮阳奇袭寇垒，打败陈谦及峒蛮苗自成、雷万兴等割据势力，俘获以万计，岭表悉平，功封鹰扬将军。继屯田建堡、兴修水利、招徕流亡、兴农积粟、通商惠工，促成民族和融、边荒安定。为闽南长治久安之计，永淳二年（683 年），陈元光上《请建州县表》提出安边之策。武则天垂拱二年（686 年）十二月初九获准，遂于云霄漳江之滨建置漳州，下辖漳浦、怀恩二县，诏命陈元光为漳州刺史。唐军经过多年绥靖与开发，使"北距泉兴，南逾潮惠，西抵汀赣，东接诸岛屿，方数千里，无烽火之惊，号称乐土"[1]。为巩固唐王朝中央集权统治、促进民族融合作出贡献。

陈政、陈元光率领南来的中原府兵，是一支较大规模的开发力量，不仅能征善战，而且具有较高文化素质。陈政麾下大将许天正、李伯瑶等，都世习儒术、智勇双全。陈元光 13 岁即领乡荐第一，是文韬武略的难得将才，所著《龙湖集》、《玉钤集》《兵法射诀》等诗文集中，有《落成会咏》《示珦》《太母魏氏半径题石》3 首诗作收入清乾隆御制的《全唐诗》。陈珦更是明经及第出身，授翰林院承旨直学士，后主管漳州学政，授教于松洲书院。陈酆与陈谟亦为儒士出身，均治漳有功。陈氏四代守漳，为安边定国而励精图治，管理地方行政，稳定社会秩序，传播中原先进生产技术，引导民众种植生产，致力发展文教事业，终于完成了从单纯军事化管理向地方行政管理的有效转化，使唐王朝实施对闽粤边陲的有效管理目标得以实现。总之，自陈政率军从浙入闽进驻云霄火田，又由陈元光于梁山下云霄火田附近建置州治及附廓漳浦县，到陈珦徙州治及附县至李澳川，复至陈酆之子陈谟迁治所到龙溪县九龙江下游平原地带，均意味着这些地区开发已逐步趋于稳定。到了宋初，漳州就与福建其他地区同步发展，开发地区也从原州治所在地的漳江流域一带扩大到整个闽南，对闽南地区开发和海外衍播都产生深远影响。

在这漫长的历史长河中，我们的祖先从中原出发，越过千山万水，来到这蛮荒之地建功立业，把华夏文明与当地文化相融合，铸就了独具特色的开漳文化，凝聚着中华民族的祖先开疆拓土、勤劳勇敢和艰苦创业的精神。由开漳将士带来的古老中原文明，以及与其他地方习俗迥异的古老民俗在闽南根深蒂固、枝繁叶茂，千百年来盛传不衰，至今在闽台许多地方得到完整地保留。如被划为福建省非物质文化遗产的云霄开漳圣王巡安民俗，形象地再现当年陈圣王巡视戍境、关爱民众、备受拥戴的生动场景。又如由唐代开漳府兵传入的闽南话亦称河洛话，接近隋唐时代的官音"切韵"，流行于闽南、粤东、台湾及海外星洲等地，被王力、黄典诚等语言学家确认为中原古音的"活化石"，显示了开漳文化在海外的影响和地位，印证了华夏文化的血脉渊源。如今漳州大地处处可见中原文化的遗风，如醇厚明快的漳州锦歌，节拍豪迈的大鼓凉伞，丝丝入扣的木偶戏曲等，无不展示出悠久的中原遗韵，将北方的豪放粗犷气派、南方的端庄秀丽韵味演绎得相得益彰，形成一道刚柔相济的民俗文化风景线。唐末至明清，这些府兵后裔经由海洋从祖国大陆广泛播迁至台湾、东南亚及世界各地，使漳州大地成为中原文明及中华民族向外播迁的"中转站"。

二、开漳圣王信仰积淀

陈元光（657—711 年），字廷炬，号龙湖，唐垂拱二年（686 年）漳州创建者和首任刺史。他从小随父亲陈政南来绥靖与开发闽粤边陲，将中原文化传播到东南边地，奠定了闽南文化的根基。他殉职后，被感恩戴德的民众尊为"开漳圣王"，并供奉为神。从唐、五代、宋、明直到清代，封建王朝实施怀柔神灵的政策，对陈元光的追赠褒封累计达 22 次，仅两宋就有 15 次之多。如北宋敕庙号"威惠"，南宋封"开漳州主圣王"。历代"盛德世祀"，庙祀馨香、千秋不替。

陈元光历代封号一览表

朝代	纪　年	封　号
唐	玄宗先天元年	豹韬卫镇军大将军兼光禄大夫、中书左丞、临漳侯，谥"忠毅文惠"
	开元四年	颍川侯
五代	吴越钱俶	保定将军兼金紫光禄大夫、太傅尚书令
北宋	太宗太平兴国三年	保定男
	真宗大中祥符元年	忠应伯
	神宗熙宁八年六月	忠应公
	徽宗政和三年	赐庙额"威惠"
	徽宗宣和四年三月	忠泽公
南宋	高宗建炎四年八月	加"显佑"
	高宗绍兴二年	辅国将军
	高宗绍兴七年正月	加"英烈"
	高宗绍兴十二年八月	英烈忠泽显佑康庇公
	高宗绍兴十三年	开漳州主圣王，加谥"忠毅文惠王"
	高宗绍兴十六年七月	灵著王
	高宗绍兴二十三年七月	加"顺应"
	高宗绍兴三十年	加"昭烈"
	孝宗乾道四年九月	灵著顺应昭烈广济王
	理宗宝庆二年	忠毅公
明	太祖洪武二年	昭烈侯
	神宗万历七年	威惠开漳陈圣王

清	高宗乾隆四年	唐高封祀典开漳圣王
	高宗乾隆五十五年	御赐"开漳圣王"皇灯

开漳圣王信仰文化根植于华夏丰厚的文化沃土,是古代闽越土著"信巫鬼,重淫祀"传统土俗民风的余绪。再经初唐自中原传入的道释两教与当地民间信仰磨合交错、兼容并蓄,逐步形成二元文化的结合体。这一文化信仰,是一种关乎民族渊源的民俗道德文化,缘起于漳州人民的深切缅怀;开漳圣王文化传播海外,融入了漳籍移民对故国原乡的绵绵思念。明清两代,开漳将士的后裔们渡海创业、辛勤劳作,为移居地经济文化的发展立下卓著功劳,并成为后来海外主要住民的祖先。播迁海外的漳州垦殖先民把开漳圣王的香火带到海外的同时,也将原住地的民俗活动一并带入新驻地,既保持了原信仰的特点,又融合本地风俗习惯而有所发展,可视为中原文化和闽南风俗的跨海传播。因此,当下海外各地开漳圣王庙宇祭祀程序和仪式,大多与漳州尤其是开漳祖地云霄相似。

民间信仰活动形成的价值文化渗透于社会各个领域,制约着人们的思想观念、行为取向和审美追求。这种亘古不变的信仰力量,作为文化核心动力沟通着人们的心灵,最终形成团结和凝聚信众的精神载体,产生了巨大的社会能量。漳籍同胞带着深厚的原乡情结创业海外,将开漳圣王信仰民俗文化演绎成浓烈的民族链与中华结,维系着海内外漳籍同胞亲情和乡谊,同闽南先民开发建设南洋、台湾的历史息息相关。开漳圣王信仰文化内容涵盖陈元光及其家族和部将开漳建漳的历史,也包括自唐至今闽粤台浙等地,以及世界各地漳籍民众祭祀开漳圣王的民俗活动,始终广泛而深刻地影响着民俗社会的各个层面。云霄威惠庙大门镌联记载的"辟草披荆历尽关津劳剑履,建邦启土肇基文物在云霄",揭示了云霄与开漳圣王信仰的历史文化渊源。

云霄县是初唐漳州建置的首发地,也是开漳圣王信仰文化的发祥地。境内民众在世代相承的社会生活中,既沿袭着2200多年前闽越族先民遗留下来的传统民俗与文化特征,也保存着1340年前开漳将士从中原带来的汉民族生活习惯、语言音韵、文化教育、宗教信仰、岁时节俗和生产技术等,形成一种悠久而多元的民俗文化现象。道教、释教也在世俗化中融汇了儒家文化体系,结合形成了颇具地方特色、深富文化内涵的开漳圣王信仰民俗并相沿至今,为研究唐代中原移民史、闽南开发史和漳州社会发展史提供重要的实物依据。云霄境内还分布着大量开漳史迹,如闽粤名岳将军山是"开漳始祖"陈政安息处,也因葬这位唐朝将军而得名。云霄威惠庙、将军庙是闽粤台等地影响最深远的开漳圣王宫庙。燕翼宫又称"开漳祖庙"，传为开漳陈圣王故宅。陈政故居、戴郡马亭、陈元光原葬处、停柩台、军陂、磨剑石、高溪庙、魏太母神道碑，以及上百座开漳圣王宫庙和开漳圣王巡安民俗等，都是一道道独具特色的民俗文化风景。漳属各地的开漳圣王史迹也极为丰富，如芗城陈元光墓、松洲书院、官园威惠庙、路边威惠庙、辅顺将军庙、漳浦威惠庙、蓝田檀林威惠庙等。而远在"唐人故里、闽台祖地"的文化名邦河南固始，亦留存大山奶奶庙云霄圣殿、浮光顶陈氏将军祠，以及根亲博物馆等，无不展现中原根亲文化的丰厚内涵。开漳文化作为首批闽南文化生态保护展示点，包括已申报全国重点文物保护单位的陈政墓、云霄威惠庙，以及将军庙、将军山公园、开漳历史纪念馆等，都是海内外开漳将士后裔们拜谒寻根的纪念地，为研究中华文化传播衍变、传承发展提供了鲜活的资料，也为后人追功报德、缅怀先贤留下许多弥足珍贵的文物史迹。

开漳圣王文化作为民族遗产的一部分，是闽南文化乃至中华文化的血脉之根。开漳圣王信仰以民俗文化为载体，以血缘传承为纽带，兼具开基祖灵和神明崇拜双重属性，具有跨越地缘与血缘的普世价值。海内外陈氏族人将陈元光视为先祖，各姓开漳将士后裔则把他尊为共祖。历经各朝廷册封和地方官祀典，不仅抬高了开漳圣王的神格与庙格，而且祭礼也愈加隆重。陈元光完成了从人格到神格、由名将到圣人的文化嬗变；百姓们对他也由敬惧鬼神的祈安心态，到至神至圣般顶礼膜拜的转化。历代封建帝王为凝聚人心而持续不断地褒封和推崇，助盛了开漳圣王信仰民俗及其传播。古往今来，开漳圣王宫庙广及闽南厦漳泉、闽中莆田、闽西龙岩、闽北福鼎、粤东潮汕、浙南温州、江苏同里、赣南、广西、海南，以及河南固始、潢川。明清两代，随着闽南人移垦海外的脚步，开漳圣王信俗被带往新加坡、马来西亚、泰国、菲律宾、印度尼西亚、越南、台湾地区等地，以及美国、日本等国家，成为闽南族群保境安民的民间保护神，也成为具有国际影响力的大陆神信仰。

三、开漳文化衍播海外

陈政、陈元光父子是闽台等地陈氏后裔引以为荣的入闽肇基祖，考其祖籍初居山西河东运城一带。唐朝建国后，屯垦于北原南山人口过渡地带河南光州固始县陈集乡。这支"浮光世泽"河洛文化衍派，是中华民族大家庭中的一支，由千里南征的中原军校兵士群体组成，先后有两批将士相继南征，连同军眷人数近万人，可考者有 87 姓：

卜、丁、王、方、尤、尹、石、弘、朱、甘、江、名、伍、李、吴、沈、汪、何、宋、邱、余、邵、林、周、金、马、柳、施、洪、胡、柯、姚、种、孙、陈、陆、翁、唐、高、郭、涂、徐、韦、耿、冯、许、庄、张、黄、曹、章、阴、麦、汤、邹、曾、宁、叶、杨、詹、郑、赵、廖、瞿、刘、欧、蒋、蔡、潘、卢、钱、钟、萧、薛、魏、戴、谢、韩、颜、罗、苏、上官、司空、令狐、司马、吐万、欧阳。

开漳诸姓在闽南辛勤劳作，其后裔多留居漳土，成为今漳泉潮汕地区的主要人口。族裔遍布闽粤两省，有的甚至远播港澳台和东南亚各国，在各地根深叶茂。唐末，黄巢之乱蔓及闽粤。这些中原府兵将士后裔为避乱之计，不少人泛海播迁台澎金及南洋一带。继至明清两代，又有更多漳民迁居台湾、东南亚及世界各地，在海外形成独特的"唐人文化圈"，既扩大了华夏文化的影响，又辐射着璀璨夺目的大陆民俗文化之光。

陈元光平定闽粤、在云霄漳江流域始建漳州后，大陆文化逐步经中国东南海疆传播到海外。唐五代时期福建贸易港兴起，漳州、泉州、福州成为中国对外贸易的主要港口。自古以来，漳州故郡云霄船舶运输发达、物流畅通、商务开放、商贾云集。公元 9 世纪，阿拉伯地理学家胡尔达兹比赫《道里邦国志》列举唐朝 4 大贸易港，并载述沿途的经济物产、风土人情等，除了"鲁金"（唐代的龙编，今越南河内一带）外，还有"汉府"广州、"刚突"扬州、"汉久"漳州（又译"建久"，应为方言漳州的谐音）[2]。志中载称，此时的漳州临河，有潮汐现象，与"汉府"广州有 8 天航程。这里指的就是濒临漳江、直通大海的古漳州云霄一带。明《八闽通志·山川》有唐嗣圣年间（684 年）"胡商"康没遮到闽南经商，在云霄后埔温源溪泡浴温泉的逸闻[3]；陈元光《龙湖集》有"山畬遥猎虎，海舶近通盐"之句。由此可知漳州建置前后，许多货物由漳江航运码头集散吞吐，有外国商运船舶频繁地往返于漳江上中游，商运往来繁盛。南唐保太年间（943—957 年），三佛齐国（今印尼巨港）"蕃商"李甫海将贩运香货所得捐建普贤院、兼顾陈政墓香火。此外，云霄境内还留下古印度高僧来往传教设坛的史迹[4]。宋元时期，闽南海外贸易空前繁荣，泉州先后开辟了 6 条对外交通航线，与 40 多个国家贸易，不少福建商人、水手开始侨居东南亚各地。

受东南沿海对外开放环境的影响，加上本地生存空间窄迫，闽南部分中原将士后裔将目光投向海外。他们秉承开漳先贤开疆拓土的创业精神，开始了新的筚路蓝缕的创业历程，极大地促进福建沿海与东南亚各国的经济文化交流，也促进了海外居住地社会进步和商业发展。明清期间，福建海上交通持续拓展，以郑和七下西洋为契机，福建沿海与东南亚各国经济文化交流进一步展开，于是就有更多的闽南人移居海外。随着初唐以来云霄漳江流域航运业的持续发展，及其此后月港的崛起，漳州对外贸易和文化交流不断拓展，加快了漳籍民众移居海外的步伐。明景泰（1450—1456 年）前后，漳州月港渐次成为对外走私贸易之地；隆庆元年（1567年），明廷取消海禁，月港成为合法洋市准贩"东西洋"；万历年间（1573—1620年）达到全盛，构成以漳州为起点的"海上丝绸之路"。前来贸易的国家与地区 30多个，内地商家也达万人。漳州城区"百工鳞鱼，机杼炉锤交响"，手工业、纺织业空前繁荣。

"漳江思源怀固始，唐人访祖到闽南。"早期漂泊海外的闽南漳籍侨民，因其先祖多系来自中原固始的唐朝将士而自称"唐人"，因成华人之通称；祖居地也因称"唐山"，并衍化为对祖国的泛称。而"唐山"之称，世代相传即指安葬唐朝府兵统帅陈政的云霄将军山，由于云霄县是唐代"漳州发祥地"，这座山陵也被视为"唐人祖地"的纪念圣地。随着唐府兵将士后裔的播迁，故有"唐山过台湾"的事实。而"唐山过台湾"，其实就是"漳州过台湾"。这些思乡心切的中原府兵后裔以先贤开漳建漳为荣，这份情感，鲜明地体现了海内外漳籍同胞血浓于水的根蔓亲情。

西洋航路开启后，华人开始开发马来半岛。明万历六年（1578 年），潮汕海澄人林道乾率众来到北大年开发海上贸易市场，闽南、粤东不断有人前往马来半岛谋生。据《东南亚华侨通史》载："明末有两支逃难的移民集团，一是到春武里定居垦殖的潮州人，另一是到宋卡定居垦殖的闽南人。[5]"据《龙海市志》载："万历年间，葡萄牙殖民者画制的马六甲城市图中，就有'中国村'、'漳州门'。当地政府任命龙溪籍华侨郑芳扬为甲必丹，管理华侨事务。""天启二年（1622 年），荷兰东印度公司在厦门、海澄招募华工，漳州大批破产农民和工匠，前往巴达维亚修公路、建房屋、辟港口，或从事造船、农垦业。"至明末清初，由于随郑成功抗清，以及清代中期发端于云霄高溪的天地会反清活动，在中国东南沿海掀起了以漳州人为主移民东南亚的浪潮。这些移民将自己的信仰带到移民地，移神和移民几乎同时进行。从 18 世纪二三十年代起，闽南粤东沿海民众移民新加坡时，那里已是英国殖民地。开漳圣王信仰与当地漳籍华人一道，在异国他乡共同经历着生存与发展的考验。

鸦片战争后，西方殖民者在厦门等地招募契约华工，到东南亚及美洲当苦力。漳州一带前往应募者，就达 6 万多人。参阅《漳州府志》，到 19 世纪末，漳州出国华侨数目为 20 万人。至 1988 年，旅外漳籍华人达 70 多万人，主要旅居印度尼西亚、马来西亚、新加坡、菲律宾、泰国、缅甸及欧美等 20 多个国家[6]。而远涉南洋诸国开发建设的开漳将士后裔们，与当地原住民一起种植经商、开发建设南洋。由于出洋者绝大多数是单身男子，在异国久居落业后，即娶当地女子为妻，在开拓事业的同时繁衍生息，以致有"汉人错居番社，多娶番妇为妻"、"有唐山公，无唐山妈"的俚语流传海内外。1821 年，厦门航船直达星洲，大批闽南人侨居移居新加坡。他们在其荒原、沼泽和丛林里辟良田、凿运河、修公路、开矿藏，从事中介商业和零售商业，使僻静山村成为喧闹的都市，寂寞荒岛成为繁荣的商埠，成为推动当地经济发展与文化进步的主力军，也成为反对殖民掠夺压迫的有生力量。开漳圣王信仰在新加坡衍播发展，以及民间信仰所具有的特质和理念，对独立政体里所经历的角色与功能转换，也发挥着推波助澜的效用。

在台湾，追随明末清初郑成功抗清，以及此后以漳州人为主的闽南人移民活动此起彼伏。被称为"开台王"的颜思齐、"阿里山之神"吴凤、"宜兰王"吴沙，祖籍都在漳州。据 1953 年台湾人口统计资料显示，当时台湾 100 个大姓中，有 63 姓族谱载其先祖自中原固始迁入闽南，再由闽南迁入台湾。大部分姓氏的开台始祖，就是开漳将士的后裔。他们在居住地建庙供奉开漳圣王，表达对开漳先贤和故乡热土的深切缅怀。经长期融合生息，他们在居住地传播开漳文化，使华夏文明不断被当地文化所吸纳和融合，形成相对独立并颇具闽南特色的文化族群。这些来自大陆的移民，不仅成为开发海外和台湾的骨干力量，也成为大陆文化和闽南文化的传播者。

四、开漳文化薪火传承

开漳圣王信仰既是具有血脉传承的祖根文化，又是世界性的民俗文化信仰。随着闽南人闯海荡洋的风樯，移垦者的足迹穿越了明清辽远的时空，落籍于舟楫所及的海外彼岸。无论身居何处，他们心中永远铭记血浓于水的故乡泥土芳香，永远守望生生不息的中华文明之光。中华民族伦理观念和独特传统民俗，对海外侨胞价值文化观有着深刻而广泛的影响力，产生了十分巨大的社会功能。

在移居海外的华人垦拓史上，开漳圣王信仰伴随他们漂洋过海，移植到新的居住地，成为唐人航海安全、侨居平安的保护神，具有鲜明的海洋特质。然而，故土的宗族绵延、血脉传承和习俗衍播，无法淡化海外侨民浓烈的乡土情缘和中华情结。他们既怀念久别的家国，又眷恋海外流洒过血汗的金色土地。于是就有祖居地的地方神祇、家族宗祠和观念意识移植到新居住地。华夏民俗信仰落籍海外，既成为侨居点的守护神和大本营，又成为搭起民俗交流的亲缘纽带与文化桥梁，具有很强的宗教民俗凝聚力。目前登记在册的漳州开漳圣王宫庙有 251 座；南洋诸岛，共有圣王庙 30 余座；在祖国宝岛台湾地区，也有 380 余座，各地信众超过 8000 万人。这些落籍东南亚和海外各地的闽南移民，不少是开漳圣王陈元光及其将士的后裔。他们不忘祖先艰苦卓绝的奋斗业绩，把漳州一带开漳圣王庙的分灵，按祖籍地庙宇格式营建开漳圣王庙，寄托对开漳先贤和故国热土经久不息、延绵不绝的缅怀和眷念，把开漳圣王庙祀民俗移植到海外世代相传、发扬光大。这种移民和移植现象，既是移垦者对家国和祖先荣誉的珍惜，又是华夏文化在海外的衍播和融合。辛勤劳作的移居者所从事的社会活动，极大地促进了地区开发和发展。

长期以来，开漳圣王作为海外漳籍诸姓移民安邦护土的保护神，在异国他乡起到联结地缘血脉亲情的作用。尽管此时血缘宗祠不复存在，但故土情思和本源情感，激发他们以祖籍地为纽带，结成协调共济的地缘关系组织。而随之而来的家乡保护神，在他们艰辛的创业与发展中，充任了神圣的精神支柱。其主要因素有三：一是筚路蓝缕的精神脊梁。征服自然、拓展事业祈求神灵，可在对付恶劣环境中获取精神支柱。二是团结奋斗的一面旗帜。抵御外侮、聚集力量祈求神灵，可在超越地域竞争中体现民族自尊。三是地缘关系的组织力量。团结同胞、联络乡情祈求神灵，可在共谋事业发展中凝聚民族精神。当移民到达南洋进入艰辛的开拓时期，由于生活毫无保障、前途未卜，他们对宗教信仰的依赖性与日俱增，期待从中获得心灵慰藉。所以，凡是开漳圣王庙最多的地方，往往是落籍漳人的聚居聚会和联络场所。他们还在侨居地成立血缘宗亲会和地缘同乡会，续修族谱，共融亲情，架起炎黄子孙根系相连的民族纽带，接上中华谱牒文化长城的关键链结。在海外侨居地，操河洛古音即闽南话的人群，冠漳州原乡地名的聚落，沿漳州郡望堂号的宗祠，供漳州乡土神明的寺庙，以及仿漳州艺术风格的建筑举目可视，延续着漳籍先民原乡文化情结。团结合作的漳籍同胞在侨居地辛勤劳作，以及所从事的公益活动或回报家乡义举，对侨居国和祖籍国社会政治经济各领域，都发挥着不可忽视的作用。这一民间宗教信仰以亲缘与神缘为纽带，凝聚着中华民族祖先开疆拓土的创业精神，坚守着中华文化核心价值，是一种民族道德文化的升华，更是传统文化留给后人的一座心灵殿堂，具有民族凝聚力和恒久生命力。海内外陈元光及其部属后裔共祭开漳圣王，是中华文明一个重要的民俗文化奇观。

历史进入 21 世纪，海外漳籍华人进香朝圣团组纷至沓来。尤其前来云霄威惠祖庙朝观开漳圣王者，更是络绎不绝，盛况感人至深！自 1995 年 6 月以来，新加坡陈氏宗义社、槟榔屿漳州会馆、浮光陈氏公会、保赤宫、舜裔宗亲联谊会，印度尼西亚苏北省棉兰颍川宗亲会，马来西亚陈氏宗亲总会等华人会馆社团，先后多次组团前来晋谒开漳祖庙，并欣然赠送"寻根梦圆"、"相约棉兰，促进宗谊"等锦幛，表达了海外华人后裔崇贤尚德、追功报本的良好风范。为弘扬开漳圣王文化及联谊精神，2006 年 10 月，新加坡保赤宫隆重举行首届国际开漳圣王文化联谊大会。来自世界各地的漳籍华人、台湾各姓宗亲云集于此，讴歌开漳业绩，弘扬开漳文化，光大开漳精神，共叙漳籍后裔的血缘骨肉亲情。2008 年 5 月，台湾宜兰举办第二届国际开漳圣王联谊大会。2010 年 6 月，漳州举办第三届国际开漳圣王联谊大会。2012 年 6 月，经马来西亚陈氏宗亲总会运作，由槟城陈氏宗义社主办、槟城屿漳州会馆协办的第四届国际开漳圣王联谊大会在世界文化遗产城槟城举办。

在新形势下，开漳文化寻根之旅方兴未艾。具有融合性、开放性、和谐性等丰富内涵的开漳圣王文化，是开展海内外交流得天独厚的文化资源。以开漳圣王信仰为媒介，点燃"开漳圣王文化薪火，成就千秋大业传承"，精心呵护海内外漳籍同胞共有的心灵家园，传递民族文化向心力、亲和力、复兴力，有利于加深中华文化认同和归属感，为开展海外交流或涉台联谊打下心理基础。可见，弘扬开漳文化对于扩大中华文化在海外移民社会的影响，以及对增进民族团结和复兴，仍具有广阔的发展愿景！

参考文献：

1. 郑丰稔：《云霄县志·名宦传》（卷 13，秩官），云霄县修志馆，1947 年。

2. [阿拉伯] 伊本·胡尔达兹比赫，宋岘译注：《道理邦国志》，上海中华书局，1991 年，第 71 ~ 72 页。

3. （明）黄仲昭：《八闽通志》（卷 8，地理），福建人民出版社，1990 年。

4. 汤毓贤：《回望清漳话城隍》（第 2 章），2012 年，第 35 页。

5. 吴凤斌主编：《东南亚华侨通史》（第 4 章，第 2 节），福建人民出版社，1994 年。

6. 郭上人：《漳州千年历史特点探索》，《漳州社科论坛》，2005 年第 2 期，第 39 页。

（作者系福建省云霄县博物馆馆长）

试论闽台江氏大联谱的构想

江艺平

国有史，县有志，家有谱，是为民族精神得以世代传承的基础。谱碟记载着姓氏始祖、支派繁衍、宗族世系、衍派播迁和历史人物的名号、官职、事迹、墓地等，是内容丰富的文化宝库，蕴藏着历史学、社会学、人才学、人口学、民族学、方志学、姓氏学等方面的历史和现实信息，以血缘文化为特殊形式记录了中华民族的形成和发展，是追根溯源、寻根问祖最直接的依据。谱碟研究是姓氏文化的核心和基础科学，是海峡两岸同胞民族认同和文化认同的重要基础。

一、闽台江氏源流概述

江姓主流源于嬴姓，得姓始祖为伯益三子恩成字元仲，受封江国，传至48世孙贞公因国破而以国为氏立江为姓；另一支为翁氏所分，在五代后晋太祖天福年间，由闽国补阙郎中翁乾度六子分姓，次子处恭字伯虔分姓江，宋太宗雍熙二年（985年）进士，官拜泉州法曹，子孙亦沿袭姓江，沿用江姓原有郡望济阳、淮阳，融入江姓大家族之中，"六桂堂"亦为洪、江、翁、方、龚、汪共同堂号。还有唐代萧氏改姓江称萧江堂、清流县鲁野公改姓江等。

按全国姓氏最新统计，江姓是中国第52大姓，堂号有：忠廉、济阳、淮阳、六桂、余庆。

福建江姓始于永嘉之乱，八姓入闽之一，如吴兴令江淹、建安内史江倩、建阳令江洪，多属任官游幕。建安令江道兴（八十五世）居泰宁，临淄派廿九世江仕荣迁莆田。西晋建兴四年（316年），汝南定阳的江赞善随元帝南渡，徙居福建建阳江墩，裔孙江明出任归化镇临，定居归化（今泰宁）。唐初，河南固始陈政、陈元光父子入闽辟漳州郡，61姓随行军校含有河南江姓，多落籍闽南沿海。唐乾符二年（875年）为避"黄巢之乱"，江一野、江二野兄弟迁往南剑州将乐县归仁里明溪，而后转往汀州路宁邑皇华骤（宋代改清流麻仁里，复改仓仁里），再徙清流大路口。唐代，江孟德自江西饶州入闽，开基宁化石壁，其后裔播衍福建的永定、上杭和广东的潮州、大埔等地。唐僖宗三年（875年），江垫一、江垫二兄弟为避黄巢之乱，从江西建昌府南丰县以游猎为名入闽。南宋德佑年间，江子玉知南剑州（今南平），后裔落籍福建各地，江万倾及其子孙由江西都昌迁徙福建汀州宁化石壁村，为闽西江氏入闽始祖。元末明初，朱元璋起义，祖籍浙江金华府兰溪县白水井的江君丽，随朱元璋义军南下福建，扫荡元兵，封都政使司，后与江姓族人一起，居福州连江县祠台，再迁居琅岐，为琅岐岛首居江姓先民，已有660多年历史。南宋时，江缩率族迁江西都昌，传至江晔（八郎），为闽、粤、赣始祖，生万里、万载、万顷三子，宋度宗左丞相江万里及其弟万顷抗元殉国，由万载及孙由江西迁福建宁化百壁村，为江氏入闽之始。其后江百徙永定高头乡开基，分东山、北山、南山三大房，江肇元迁平和葛布大溪村开基。江万载率二子隐居泉州府同安县嘉禾里汤坂社（今厦门市湖里区田里社区），后又徙居高林、龙海港尾镇，繁衍成族。江万载裔孙江季官于明嘉靖年间因避寇患由港尾迁居同安汀溪镇五峰村岭头社。

根据江氏先后入闽过程，参照泰宁（闽北族系）、福州琅岐（闽东族系）、永定（闽西族系）和同安（闽南族系）等相关谱牒资料，笔者绘成《福建江氏远祖世系图》，自黄帝始繁衍闽东、闽西、闽北、闽南四大族群板块，成为福建江氏主流。迁台的江氏则主要为闽西、闽南，江晔后裔，八郎公传人。

据《台湾区姓氏堂号考》资料统计，台湾江氏人口有152885人，为各姓排行第25位。人口达万人以上的县市有：台北县（21805人）、台北市（17316人）、嘉义县（13065人）、桃园县（11816人）、彰化县（11766人）；集中居住着江姓的乡镇为：彰化县员林镇、台北县板桥市、嘉义县大林镇、台中市北屯区、云林县西螺镇。

《永定江氏宗谱》载，自永定高头迁台开基的江氏有313人。从《台湾省通志》等资料可见，高头江氏主要迁往台湾台北三芝、板桥、中和、新庄、土城乡、八里乡、台中南区、大雅，桃园大溪、观音乡、芦竹乡、八德乡、龙潭、新屋乡、中坜乡、彰化员林、永靖乡，新竹新埔、宝山乡，嘉义梅山和基隆、苗栗等地。

《台湾省通志》住民志姓氏篇还记载和平籍迁台祖有16人，入台地点为嘉义竹崎、山仔头庄、打猫大蒲林，台中北屯、潭子乡、雾峰、东势，台南新化、楠西乡和彰化员林、桃园大溪等地；诏安籍迁台祖 5 人，入台地为台中县丰原、台南竹园楠西和台北县、桃园县等地。

台湾江氏体现了如下特点：

1. 迁台时间始于明末，盛于清雍正、乾隆年间。

2. 入台祖根在闽粤，尤以永定、平和为最。移居起因多非官方安排，而是依宗族乡土关系的互相牵引，"一人带一人去，一家带一家去"，因此移民背景体现为家族性和地域性。

3. 台湾各地均有江氏分布，但以台北、桃园、彰化、嘉义为主。

4. 在台江氏族人非常重视根源祖地，多在定居地建造本宗祠堂。如：台北县三芝乡的圆窗江氏宗祠、江士学公祖厝、开台江震廷公祖厝，台北县土城乡开台江任康公祠堂，桃园县大溪镇江千五郎公宗祠、观音乡水尾村江琪臻公祖家、龙潭乡三水村渡台 19 世祖在里公祠堂，苗栗县公馆乡渡台祖观妹公祠堂，台中江厝永盛公开台宗祠，彰化县员林镇三条里纯直公开台祖家、江包祖家，台北板桥深丘 16 世宏海公祠等等。而且还有许多江氏族人将在台定居地依家乡地名取名，如桃园大溪系取平和大溪之名。

5. 尊祖敬贤，在定居地台湾江姓族人多建造祠庙供奉祖家地方神祭拜。常见的有：

（1）定光佛：同安人，北宋名僧，法名自严，乾德二年（964 年）到武平南安岩。一生除蛟伏龙，疏通航道，为民祈雨请命而有功于民，大中祥符四年（1011 年）应邀往汀州府建庙讲佛，八年正月初六日圆寂，后被客家人尊为定光佛。

（2）东峰公：永定人，名江宽山，字东峰。明朝嘉靖年间，饶平盗贼张琏为害一方，他率领子弟抵抗盗贼时不幸与三子二侄同时遇害，后官府赐"义勇"匾。为纪念其功绩，建"东峰祠"祭祀。东峰公的信仰随江氏子孙繁衍而散布于汀州、漳州府一带，视他为宗族守护神，此传统流传至台湾，在台北三芝、板桥浦仔、四汴头，嘉义的大林沟背、水上江竹仔脚、新港菜公厝，以及台南楠西鹿陶洋等，客属江氏后裔都虔奉这位祖先神明。

（3）民主公王：永定高头村奉祀的王爷。

（4）大人爷：明末惠安东园人，名江际吉。

6. 闽台两地江氏往来密切。1949 年前，台湾许多江氏后裔常派人回祖家祭祖谒灵。不少人在台湾创业置产之后，又回原籍置业。如高头东山房江胜蕃"自幼往台置产，及归梓里，手建田宅以遗子孙"；江汉鼎、江汉北兄弟，去台艰苦创业，发迹后回高东修建揆日楼；南山房江由兴去台后，广辟田园，事业发达繁荣，其后人回高南建了春晖楼；江泰松去台传至 21 世，已有兄弟 8 人，事业兴旺，其中最小的回高南建了桂馨楼，修了第 17、18 世的祖墓，然后，又去台湾，将楼托人代管，这些楼至今尚存。改革开放以来，永定、平和、诏安、惠安的江氏台胞纷纷回福建祖地寻根谒祖，修建祠堂，祭拜先祖。

为加强闽台江氏的联谊互动，深入研究两岸江氏文化，八闽江姓族人共同组建成立正式的民间学术社团——福建省姓氏源流研究会江氏委员会。2012 年 3 月，福建省省长苏树林率领闽台合作交流团赴台湾开展"叙乡情，话合作，促双赢"参访活动，由福建省姓氏源流研究会江氏委员会会长、志高集团董事局主席、著名慈善家江东廷先生率领的江氏委员会宗亲参访团随同展开访亲之旅。3 月 27 日，台湾海峡基金会董事长、国民党副主席江丙坤先生在台湾海基会大楼会客厅亲切会见了江氏委员会宗亲参访团成员，笔者亦同行拜见江丙坤先生，感受海峡两岸江姓族人的骨肉亲情，并赠送《福建江氏远祖世系图》。

二、台湾江氏社团概况

因受唐末宋初翁乾度六子分姓传说的感召，台湾的江姓宗亲社团有的和东南亚许多国家一样，改组为六桂宗亲会，并有个别洪、翁、方、龚、汪姓族人加入，但仍然以江姓为主。例如：

桃园县六桂宗亲会：1987 年 1 月 4 日登记成立桃园县江姓宗亲会（桃社政字第 711 号），创会长江支波，至第四届于 1995 年 8 月 6 日改组为桃园县六桂宗亲会，首任理事长江春城，现任理事长江衍仁，下设观音分会（2009 年第十届会长江新发，有一支改姓为江谢复姓）、大溪·复兴分会（创会长江会川，现任会长江水清）、新屋·杨梅·三水分会、中坜·平镇分会、龙潭分会等五个分会。桃园江氏属济阳堂，主要祖源地为漳州市诏安县。

新竹县六桂宗亲会：1977 年 2 月 8 日登记成立新竹县江姓宗亲会，创会长江清吉；1997 年 9 月 21 日改组为新竹六桂宗亲会，首任理事长江澄辉，现任理事长江兆堂。

宜兰县六桂宗亲会：1978 年 11 月 11 日登记成立宜兰县江姓宗亲会，创会长江受；1994 年 4 月改组为宜兰县六桂宗亲会，首任理事长江德祥。

苗栗县六桂宗亲会：原为苗栗江姓宗亲会，1978 年 11 月 16 日改组登记为苗栗县六桂宗亲会，创会长江增量。

花莲县六桂宗亲会：2000 年 10 月 1 日正式登记成立（花莲县政府八九府社行字第 114814 号），创会长江木火，现任理事长江杨曜铭。

实际上早在六桂传说三千多年前已有江姓，只因六桂堂传至江南诸省市及海外，分姓后的六桂又融入原有六姓大族群中，历经一千来年，同流同化，难理清支系正宗与否，海外六姓后裔为求生存谋发展而组成六桂社团，成为异姓联宗的典范。而江姓和其他五姓一样，仍沿用原有郡望，即"济阳"与"淮阳"。

以台湾北部为主，部分江姓社团并未加入六桂，这些社团大多来源客家族系，与六桂社团也有一定互动。主要有：

基隆市江姓宗亲会：1855 年创办，参与"中元主普"祭祀活动，江丙坤先生曾于 2000 年参与祭祀，任荣誉主普主任委员。1957 年 12 月 12 日宗亲会正式登记成立，每年农历十月二十一日举行祭典，祭拜江东峰公。1946 年成立基隆市江府大人爷庆典委员会，主任委员江金能；1960 年 3 月 4 日成立基隆市江氏教育基金会，董事长江宝义；1980 年 5 月 26 日成立财团法人基隆市江氏东峰公神明会，置楼产二处为会馆，董事长江春源。宗亲会首任理事长江嘉辉，2004 年第 15 届理事长江敏贤，按仁爱、信义、中正、中山、安乐、暖暖、七堵、北县瑞芳、北县土城等九个地区分 25 个组，下设自强委员会。基隆江氏属淮阳堂，祖源地为泉州市惠安县东园镇下坯、郊坡、山紫阳、后港隶边、东园、仑前、前康、井上、洛阳等村和漳州市龙海市港尾镇石埠村。台湾现任"行政院院长"江宜桦先生亦出于基隆。

台北市江姓宗亲会：1986 年 12 月 26 日成立，理事长（2006 年）江丕楠。台北江氏同基隆江氏一样，也属淮阳堂，祖源地惠安霞里。1998 年 12 月 15 成立财团法人台北霞里江氏宗祠，董事长江汉中。

新北市江姓宗亲会：1995 年 7 月 1 日正式登记成立（北府社一字第 234629 号），理事长江德成，会馆设在新北市三芝区中山路 2 段 28 号，各乡镇设办事处。新北江氏属济阳堂，为客家族系，祖源地为龙岩市永定县高头乡。新北市还有财团法人台北县江璞亭祭祀公业，设在板桥市中山路一段 293 之 1 号 14 楼，董事长江正露。

嘉义县江姓宗亲会：1997 年 12 月 30 日正式登记成立（嘉府社行字第 160535 号），创会长江景渊，现任理事长江嘉雄。嘉义江氏以大林镇沟背的江氏族人为主，祭拜江东峰公，也和新北江氏一样属济阳堂，客家族系，祖源地永定高头。

台南市鹿陶洋江家古厝管理委员会：现任主事江晋清，属济阳堂，祖源地为漳州市诏安县。

高雄市江府大人爷庆典委员会：主任委员江顶玉。

三、闽台江氏族谱现状

（一）福建江氏族谱

1. 旧版族谱

《霞葛江氏族谱》，诏安明崇祯十三年江化鲤辑，1997 年江春霆撰，收藏于福建省图书馆。

《云路江氏宗谱》，（民国）江秀清修，民国三十一年（1942 年）南台大华印书局铅印本一册，收藏于福建省图书馆。

《琼溪江氏宗谱》（建瓯）。

《溪南昌江氏族谱》（上杭），不分卷，（清）江永昌续修，清光绪二十六年（1900 年）木刻活字印本，收藏于福建师范大学图书馆。

《济阳江氏宗谱》十卷，（清）江廷霖等修，清光绪六年（1880 年）木刻活字印本，缺一卷。收藏于安徽省徽州市博物馆。

《景隆玉牒》《闽中世谱》，咸丰五年（1855 年）江振武，1966 年岁次丙午抄谱，2010 年清明节前七日江相麒续修，江相海收藏。

《江氏族谱》（连城姑田），1947 年。

《江氏族谱》（政和下园），1924 年江文珍重修。

《屿后江氏族谱》，厦门江维再 1923 年手抄本复印，26 页。江元毅（惠安 9 世）号仕侪，清顺治十四年（1657 年）由惠安下垵来嘉禾里（今厦门岛）屿后开基，世系至 15 世。

《江氏族谱初稿》，海沧贞庵江熙己亥年编，1985 年江清凉抄本复印，收藏于厦门闽台姓氏文化交流中心族谱馆。

《江氏族谱》，翔安区文崎村，民国廿二年（1933 年）重抄本复印。尊江承祖为始祖，从同安汤坂里（今厦门市湖里区田里社）迁居同安马巷镇井头村江厝（现文崎），分三大房，世系至 17 世。收藏于厦门闽台姓氏文化交流中心族谱馆。

《岭头江氏族谱》，同安光绪年间抄本，为"淮阳同安岭头衍派江氏族谱"。江季官明嘉靖年间单身从港尾到同安岭头开基，分三大房，传至 11 世。收藏于厦门银城文化传播有限公司。

2. 新编族谱

《江氏族谱》，1988 年 9 月初版，江希贤主编。

《江氏族谱》，1988 年 5 月连城县姑田镇中堡村江阳矩、江斗星等编。

《庙前江氏族谱》，庙前五修族谱编委会编，江初祥主编，2005 年 12 月印刷，770 页，尺寸 26×19cm，精装本。尊连城江坊江九郎为入闽始祖，永宗为庙前始祖，明宣德四年迁庙前，世系至 22 世。对入闽上祖存疑。

《尤溪九都彭坑保江氏族谱》，2010 年，收藏于厦门闽台姓氏文化交流中心族谱馆。

《江氏族谱》（政和下园），1989 年江作平手抄本。

《江氏族谱》（凤林），1990 年江寿昌手写本。

《江氏族谱》（车潭），叶滋润编，1990 年手抄本。

《湖坂江氏二房派家谱》，2009 年增修抄本。淮阳堂，开基始祖振魁公为万载公后裔，四世孙佛智由同安汤坂里迁徙安溪县蓬莱郭山，后移居尚卿尤俊，再移湖坂开基，传至 13 世。原谱收藏于安溪县湖坂村，复印本收藏于厦门闽台姓氏文化交流中心族谱馆。

《永定江氏宗谱》，永定江氏宗谱编纂委员会编，江林宣主编，常务副主编江文野，副主编江城。2003 年秋出版，精装印刷本，1116 页，尺寸 30×20cm。属上杭派，尊江八郎为 1 世祖，分三九郎、四六郎、百八郎、念二郎、念三郎五大派系，世系至 31 代。

《永定江氏宗谱》（增订版），永定江氏宗谱编纂委员会编，江源生主编。2010 年 10 月出版，精装印刷本，1264 页，尺寸 30×21cm，网络电子族谱已上网。尊江八郎为 1 世祖，分五三郎、四六郎、百八郎、念二郎、念三郎五大派系，世系至 32 代。

《玉库江氏族谱》（古田），江千智等编，1998 年冬内部印刷，162 页，尺寸 26×19cm，精装本。尊江道生为 1 世祖，世系至 25 世，收藏于厦门闽台姓氏文化交流中心族谱馆。

《三坪江氏宗谱》，上杭县三坪江氏宗谱编纂委员会编，江瑞金、江振东主编。2007 年冬印刷出版，243 页，尺寸 25.5×19cm。尊江八郎为始祖，分四六郎、五三郎 2 个分谱，世系至 28 世。

《济阳江氏简介》（福州琅岐），江爱耕撰，2002 年印，无页码，尺寸 29.5×20cm。以君丽（明初从兰溪白水井迁连江再至琅岐）为始祖，传 28 代。

《江氏族谱》（长汀），江汉亮编，1996 年 8 月，101 页，尺寸 25×18.5cm。尊江泰隆为始祖，世系至 27 世。

《泰宁江氏族谱》（泰宁），文袭公等分房合编委员会编，江秀全主编。2011 年秋月出版，542 页，尺寸 28×20cm，精装本。尊唐代明公（道兴派系）迁泰宁为 1 世祖，分廷俨、真老、圭公支谱，世系至 43 世。

《江氏族谱汇编·江姓源流史资料集》（第一卷），江重蓉编纂，2006 年 12 月印刷，227 页，尺寸 26×19cm。（内有鲁野、八郎世序，旧序多）

《港尾石埠江氏家谱》（龙海港尾），2009 年 12 月。（无世序）

《淮阳江氏坑柄族渊源集本》坑柄江光岁手抄本复印，2000 年江氏修建族谱筹委会翻印，17 页，尺寸 24.5×17cm。附《淮阳江氏族谱》。坑柄今泉州市金柄社区，开基祖为立基，元至正年间从福清迁南安二都。

《鸿江族谱》（平和）华夏平和鸿溪江氏渊源研究会编纂，江佩琼主编。1999 年元月铅印精装本，522 页，彩照 6 页，尺寸 26×18.5cm。始祖江肇元。上祖百十三郎。百十三郎父为铎，铎之父为万顷。世系至 26 代。附表有往海内外一览表、大中专毕业生一览表。

《阜宅江公永襄古厝》江友飞编，2003 年 10 月，42 页，尺寸 29×20.5cm。附阜宅江氏渊源之派，始祖天明，世系至 21 世。阜宅今福州闽侯白沙新坡村。

《江氏族谱》（诏安霞葛江寨井边），1996 年 8 月江桢祥编，铅印本 47 页，尺寸 19×13.5cm，新印红封面。言百十二郎迁居漳浦二都林婆畲陈东坑（今诏安霞葛江寨井边）。延续多代后生三郎（即启昌 1 世），启昌生六郎（宗贵 2 世），六郎生 5 子，3 世一郎（天生住天堂生 6 子）、二郎（天福移南坑生 2 子）、三郎（天禄移广东生 3 子）、四郎（天寿住坑头生 4 子）、五郎（天全井边守祖生 5 子夺志、荣福、老和、创庵、坤传）即分五大房。五郎生十一郎（即淑孙），居霞岗。以启昌为 1 世祖，至 3 世分 5 房，无世系，皆文字介绍。（诏安）

（二）台湾江氏族谱

1. 旧版族谱

《员林江氏家谱》不分卷，平和（清）江登甲纂修，（民国）江元续修，清光绪元年（1875 年）原本，民国二十四年（1935 年）手写本一册，收藏于台湾。

《永定济阳江氏历代宗支总谱》（著者待考），清光绪二十四年（1898 年）手写本一册，收藏于台湾。

《永定江氏神位世系图》（著者待考），清朝年间木刻活字印本一册，收藏于台湾。

《永定江氏族谱》不分卷，（民国）江建新置，民国二十七年（1938年）手写本一册，收藏于台湾。

《鸿溪（种德堂）江氏族谱》不分卷，（明）嘉靖二十五年（1546年）江万仞始修，（清）江元健纂修，清咸丰六年（1856年）抄本，收藏于台湾。

2. 新编族谱

《江氏大族谱》（台北），江春霆纂修，2003年印刷出版，446页，尺寸25×18.5cm。分八卷，卷一，姓氏肇始、江姓源流；卷二，历代编序、济阳家族；卷三，世系分迁、六桂渊源；卷四，昭穆谱训、先贤图文；卷五，江姓列传、历代名著；卷六，入闽事略、分区发展；卷七，渡台开垦，在台名人；卷八，宗亲会、祭祀公业。台湾江氏赠送，收藏于厦门闽台姓氏文化交流中心族谱馆。

《霞里江氏族谱》（惠安），江春霆纂修，1997年台北县出版，260页，尺寸25×19.5cm。尊惠安下埦友杰为始祖，分三大房，世系至21世。台湾江氏赠送，收藏于厦门闽台姓氏文化交流中心族谱馆。

《江氏族谱》，新生出版社发行，1970年出版，第十六页记载了台湾济阳江氏本源。

《江氏大族谱》（台湾），江克杉编，1975年台中台光文化出版社出版。台湾省姓氏研究学会赠送，收藏于厦门市闽台姓氏文化交流中心族谱馆。

《江氏族谱》，江氏族谱编纂委员会编，1964年台南县三和印刷厂印刷。

《济阳江氏历代族谱》，江荣国编，台北板桥，1956年

《江九合公族谱》（彰化员林），江世凯总编，江九合公族谱编辑会编，1991年12月出版，618页，尺寸26×20cm，精装本。以平和千五郎（肇元）为1世祖，13世包公移台湾嘉义县水上，裔孙后迁彰化县员林，分九大房，世系至23代。台湾江氏赠送，收藏于厦门闽台姓氏文化交流中心族谱馆。

《江东兴公族谱》（彰化员林），江东兴公支谱编辑会编，江煌辉总编，1996年10月版，325页，尺寸26×19cm，精装本。尊平和千五郎（肇元）为1世祖，13世东兴妈乾隆九年（1744年）携五子移台湾彰化员林，分五大房，世系至23代。台湾江氏赠送，收藏于厦门闽台姓氏文化交流中心族谱馆。

《江氏家谱》（永定南溪水尾楼），江坚编，1997年5月台北华文出版社，142页，尺寸20.5×15cm，中英文对照精装本。为永定南溪水尾楼福振公（21世）房

家谱。

《江姓族谱》（台湾），江光元编，1997年印刷，143页，尺寸25.5×19.5cm。内有台湾江氏世序表，含上杭三代永定高头三山分房派世系、平和千五郎派世系、诏安派世系。台湾江氏赠送，收藏于厦门闽台姓氏文化交流中心族谱馆。

《江士香族谱》（桃园大溪），江士香管理委员会编，江衍升主编，2011年4月出版，尺寸26×19cm，精装本。尊平和县大溪镇千五郎（肇元）为1世祖，14世江士香迁台湾桃园大溪，世序至23代。台湾江氏赠送，收藏于厦门闽台姓氏文化交流中心族谱馆。

《江氏族谱》（桃园新屋），2003年8月出版，256页，尺寸30×21cm，精装本，江福卿主编。祖源地龙岩市永定县高头乡高北村石圳下，尊由宁化石壁下移居上杭的元仲113世八郎公江晔为始祖，属永定高头北山鲤公房，4世祖百八郎公移居永定高头，9世祖添洧公分衍北山村，19世祖鉴周公乾隆年间迁徙台湾，为开台始祖，祖塔地在桃园县新屋乡下田村三邻，已传至30世。台湾江氏赠送，收藏于厦门闽台姓氏文化交流中心族谱馆。

《江氏祖谱》（台湾·台南·楠西），江晋清修，2009年10月彩印版，尺寸29.7×21cm，电脑打印本。1947年首修，1953年江万金二修，1997年江朝三修，本谱为四修本。平装1册，48页。尊江三郎（谥启昌，妣田八娘）为诏安霞葛开基始祖。载《鹿陶洋本殿重建缘起纪事》，首页为江东峰画像，第二页为江万里画像。本谱以江三郎（即启昌）为一世祖记代，康熙六十年（1721年），12世。如南从诏安井边下割迁居楠西鹿陶洋，分二大房，共二十三代。台湾江氏赠送，收藏于厦门闽台姓氏文化交流中心族谱馆。

《江洪俊公派下族谱》（彰化永靖乡竹子村），江洪俊公派下族谱编辑委员会编，江信利编辑，1994年6月精装本，101页，尺寸26×19cm。尊八郎为1世祖，属永定高头北山鲤公房，20世洪俊迁居彰化县永靖乡竹子村，分三房，世系至28代。台湾江氏赠送，收藏于厦门闽台姓氏文化交流中心族谱馆。

《江氏族谱》（台湾嘉义大林镇沟背里大埕角），大林镇沟背里大埕角江氏编，电脑打印本，尺寸25.8×19.3cm，书名据封面题。平装1册，44页。尊上杭八郎为1世祖，属永定高头南山房。约康熙末年，19世士浩移居嘉义县大林镇沟背里大埕角。分7房，世系至28代。开基始祖江士浩生三子：招舍、进舍、杨舍。招舍生四子：庚怀、钦怀、贵怀、有怀。杨舍生七子：龙怀、敬怀、廷怀、杰怀、雅怀、俊怀、保怀。本谱奉招舍一脉为上大房。奉杨舍长子龙怀一脉为大房；杨舍次子敬怀一脉为二房、廷怀一脉为三房、杰怀一脉为四房、雅怀一脉为五房、俊怀一脉为六房、保怀一脉为七房。谱载清代由永定高头、漳州平和、诏安、海澄县（今龙海县）、广东饶平、海丰县、陆丰县江氏开基台湾始祖名录（第 9、10 页）。台湾江氏赠送，收藏于厦门闽台姓氏文化交流中心族谱馆。

《江氏族谱》（彰化县永靖乡福兴村），2011 年 4 月电脑打印本，33 页，尺寸 29×20cm。尊八郎为 1 世祖，属永定高头东山宽山房，20 世宾演往彰化县永靖乡，此为宾演裔孙 25 世系兴元公派下家谱，分 2 房，世系至 32 代。台湾江氏赠送，收藏于厦门闽台姓氏文化交流中心族谱馆。

《在蛟公家谱》（台中大雅），手抄本，24 页，尺寸 17.5×18.5cm。尊八郎为 1 世祖，属永定高头东山宽山房，19 世在蛟乾隆年间往台湾台中市大雅。此本为 20 世涵演五子华麟之家谱，分 7 房，世系至 27 代。

《江谢族谱》（桃园观音），1994 年春三文印刷有限公司印刷，126 页，尺寸 26×19cm，精装本。属永定高头东山房，尊江八郎为 1 世，18 世汉宣移台湾板桥，子孙再迁桃园观音仑坪，23 世元顺改为 "江谢" 复姓。台湾江氏赠送，收藏于厦门闽台姓氏文化交流中心族谱馆。

《江氏族谱》（桃园中坜，四十六郎公派谱），江明勇编，2006 年文化印刷有限公司印刷。214 页，尺寸 30×21cm，精装本。属上杭八郎公派系，四世四六郎（万四）移诏安县秀篆，分三大房。12 世奕静、奕镜来台湾桃园县中坜开基，分三大房，世系至 21 代。台湾江明勇先生赠送，收藏于厦门闽台姓氏文化交流中心族谱馆。

《福建惠安霞里江氏家谱》，江显正编，1988 年印，尺寸 25×18.5cm，36 页（无页码）。为惠安下垵江氏谱，始祖友杰，为长房 5 世祈光 6 兄弟家谱，世系至 10 世。台湾江氏赠送，收藏于厦门闽台姓氏文化交流中心族谱馆。

《济阳堂泽良江公派下族谱》（苗栗头份），江举仁主任，江信雄主办，2011 年 3 月印刷出版，73 页，尺寸 29.5×20cm。苗栗县头份东兴里开台祖 14 世江泽良，祖籍广东海丰县田睦接正东州坑，分上、下五大房，世系至 25 世。台湾江氏赠送，收藏于厦门闽台姓氏文化交流中心族谱馆。

《淮阳江氏族谱》（台湾台中市山仔顶长竹巷），江德茂序，台中市山仔顶长竹巷江氏宗亲会编，电脑打印本，2002 年 3 月版，尺寸 26.5×19.3cm，书名据封面题。平装 1 册，21 页。1980 年首次修谱，1987 年二次修谱，本谱为三修谱。迁台始祖江扶，姓张氏，名绢，讳纯俭。江扶，祖籍福建漳州府平和县南胜墟江西田。

清乾隆初年迁台湾台中山仔顶长竹巷开基，为该支江氏入台始祖。本谱以江扶为一世祖记代，分四大房，共十代。本谱附通讯名录。馆藏电子版。台湾江氏赠送，收藏于厦门闽台姓氏文化交流中心族谱馆。

《济阳堂江氏在里公派下第廿八世兄弟联谊会章程》桃园县龙潭乡三水村江氏编。1998年11月印刷，尺寸29×20cm，无页码，共14页。内有在里公（19世）派下世系，属永定高头东山房，世系至29代。

《重修济阳江姓族谱》（嘉义县大林镇沟背），江寮馨增订，2009年孟春电子版。属高头东山房，以八郎为1世祖，20世达选（在岸子）于清雍正年间（1730年）迁居台湾住嘉义县大林镇沟背里，在台世系至29代。

《济阳江氏族谱》（彰化员林）江宏霖编，戊辰年仲冬手写本。以平和千五郎为始祖。13世东兴妈乾隆九年（1744年）携五子移台湾彰化员林，分五大房，世系至20代。内有道光十五年（1835年）江克绥续在台世系，又有宣统元年（1909年）江洽源续谱。电子版。

《江氏敦厚公派下家谱》（彰化西上），2000年编。属诏安下割派，上祖（祖名失记，注卢氏妈）移广东潮阳县贵山乡。以潮阳县卢氏妈为1世祖，10世敦厚渡台湾彰化县西上堡，世系至18代。裔孙在苗栗。电子版。

《江国光谥利宾公族谱》（彰化员林），江维胜编，江德基光绪廿一年再录本。以江八郎为1世祖，属永定高头北山鲤公房，23世曾广道光六年（1826年）移居彰化县员林三块厝，分3房，世系至28代。台湾江氏赠送，收藏于厦门闽台姓氏文化交流中心族谱馆。

《江氏族谱》，1964年江辉泉编。内有江氏统谱、上杭八郎谱。此谱以永定高头百八郎为主脉，下列移台湾各支系，其中：平和千五郎派系有包公（13世）；北山派系有曾广（23世）；东山派系有璞亭（汉瑜，18世）、在瑞（19世）、在美（19世）、任康（20世）；诏安启昌派系有谱、永定百八郎谱、东山房渡台北江苍蕃详谱、北山谱。

四、网络联宗修谱构想

纵观闽台两地江氏族谱，普遍存在一种现象：在福建江氏族谱中，经常看到第几世某某人"去台"或"迁台"等字眼，有的表述较为详细一些，例如于清光绪年间修撰的同安手抄本《江氏族谱》记载"三房孙邑庠生讳化龙名宗教字希卓"之三子国治、四子国英"分基台湾盐水港",而在台湾江氏族谱中,常见从"来台祖"或"开台始祖"往下续延。来台祖如果能接续大陆的世系,其世系不是从一世祖开始的;如果大陆先祖世系不明,则以来台祖为一世祖往下顺延。

能够明确世系的台湾族谱如果能找到对应的福建族谱就能实现真正的族谱对接。例如以永定高头江氏为主的《永定江氏宗谱》(增订本)第 523 页记载:高头北山房十八世奇澜三子"鉴周讳旷怀"去台。而在 2003 年由江福卿主编的台湾桃园新屋《江氏族谱》中记载的是十九世祖鉴周公乾隆年间迁徙台湾,为开台始祖,真正实现了无缝对接。笔者赴台访亲时就曾考察鉴周公在桃园县新屋乡下田村三邻的祖塔地。将《永定江氏宗谱》和桃园新屋《江氏族谱》电子化以后,运用专有的数据库技术"一键寻祖",就能将鉴周公或其后人往上溯源,连接到直系上辈,直至江氏得姓始祖元仲公。

"一键寻祖"是厦门谱盛网络工程有限公司研发十多年的专用软件,是我国目前唯一获族谱方面的国家计算机软件著作权登记证书(编号:软著登字第 068907号,登记号:2007SR02912)。其采用先进数字化、网络化手段将传统族谱数字化、网络化。实现在网上只要输入姓名或点击谱名、支系、房派或输入关键字就可查找到相关入谱人信息和溯源信息,让闽台两地江氏族亲在两岸就可查询"世系血脉图"、"五服九族谱"、"世传谱"、"三代溯源"、"一键寻祖"和"两人共祖"查询,如输入台湾某某人名号和输入大陆某某人名号,点击"两人共祖"就可自动查找两人之间第几代祖宗相同,实现真正意义上祖源对接,使古老传统的族谱实现现代化的计算机管理,得以永世保存。

根据闽台江氏族谱的现状,笔者的梦想是:以福建省姓氏源流研究会江氏委员会为核心,与台湾六桂宗亲总会和各地江氏宗亲会联合,在两岸江氏主要中转站——厦门,组建"闽台江氏族谱研究院",作为闽台江氏联谱基地,在闽台两地江姓或与江姓相关的各个宗亲会和各个江氏文化研究社团设立分院或联络站,作为分支机构,协调开展修谱活动。

"闽台江氏族谱研究院"的工作可按如下步骤展开:

1. 建设网站:建设海峡两岸江姓族人的网络平台——"闽台江氏源流网"(域名:mtjsyl.com),以作为闽台江氏族谱研究院和各地分支机构的网络联动渠道,在两岸各地设立网站管理员,均可在所属地直接进入网站进行管理维护。

2. 收集族谱:通过各个分支机构,广泛收集海峡两岸的江姓族谱,如属珍存的手抄本或孤本则进行扫描或翻拍,进行复制,使这些珍贵的江氏文化遗产得以延续保存。

目前已经收集的江姓族谱有福建谱 15 册、台湾谱 17 册，有翻拍的旧谱 18 册。有这些基础材料前期即可以开展工作。

3. 电子化处理

（1）将收集到的旧谱（主要是原版的手抄本、木刻本）进行扫描或翻拍，用 Photoshop 进行修整，既可合成 PDF 文件，随时制作复制本，又可转换为 Flash 格式，上传到网站形成可翻页的仿真电子书，让闽台两地的江姓族人可像翻阅旧族谱原件一样随时在网上阅谱，以相互共享各地珍藏的老旧族谱，又避免了老族谱运送翻阅的磨损，有效地保护这些珍稀的江氏文化遗产。

目前在网上已经制作的仿真谱有《永定江氏宗谱》（旧谱）、《平和江寨江氏族谱》（旧谱）、《江氏族谱初稿》（旧谱）、《厦门江氏元祥公衍派族谱》（旧谱）、《广东东莞江氏族谱》（新谱）、《港尾石埠江氏家谱》（新谱）、《湖坂江氏二房派家谱》（新谱）、《江氏族谱》（新谱）等。

（2）将闽台两地所有的江姓族谱运用"一键寻祖"软件全部录入，建立闽台江氏族谱数据库，形成智能化的"动态族谱"，可在网上直接形成"世系图"、"五代谱"、"世传谱"，可以"一键寻祖"、"三代溯源"，查看"我的一家"、"两人共祖"等。

目前已经录入编制和正在录入的闽台江姓智能族谱有 24681 条记录（一个入谱人为一条记录）。即：《江氏远祖总谱》、《江氏远祖统宗全系》、《永定江氏宗谱》、《平和大溪江氏族谱》、《龙海港尾江氏家谱》、《同安岭头江氏族谱》、《翔安文崎江氏族谱》、《霞里江氏族谱》、《尤溪九都彭坑保江氏族谱》和《台湾江氏汉瑾公衍派族谱》、《台湾江氏鉴周公衍派族谱》、《台湾江氏洪俊公衍派族谱》、《台湾江氏锦章公衍派族谱》、《台湾江氏士香公衍派族谱》、《台湾江氏东兴公衍派族谱》、《台湾江氏国光公衍派族谱》、《台湾江氏泽良公衍派族谱》、《台湾江氏台南鹿陶洋族谱》、《台湾江氏大林沟背族谱》、《台湾江氏彰化永靖族谱》、《台湾江氏长竹巷族谱》、《台湾桃园观音江谢族谱》等。其中比较完整且入谱量最大是《永定江氏宗谱》，有 19673 条记录，有的族谱尚在编辑中，大部分刚开始做个谱头。因此，要将闽台江氏族谱全部智能化，还需要付出很大的工作量，还有待两岸江姓族人共同努力。

4. 闽台对接联谱：在基本完成智能化电子族谱编制的基础上，将福建谱各地去台的江姓后裔进行归纳整理，理清入台去向；再将台湾谱各流派入台始祖汇总，寻根探源，理清各个流派之间的关系，确定祖源衔接点，运用"KFA ＿ 一键寻祖"

软件，将各个衔接点进行动态链接，使台湾谱的所有入谱人都可以直接点击，由入台祖链接到福建祖源，直至相应的开基祖或直达得姓始祖——元仲公。各族谱即相对独立又相互链接，真正实现闽台江氏大联谱，构建中华民族大团结的纽带，提高民族凝聚力。

5.常态化续谱：闽台江姓族谱基本完成电子化以后，各分支机构设网站管理员，并组织培训，同时成为电子族谱修编人员，负责为闽台各江氏族群不断修谱、续谱。

修编族谱本来就是宗亲会一项最基本的工作。运用谱盛公司 KFA 专用的族谱软件，闽台各地只要填写《入谱调查表》，上报生老病死状况，就可以由编谱人员实时录入，形成动态化的电子族谱，也可以随时编排打印或印刷为多种版本的纸质族谱，并可刻制成为便于携带的 U 盘谱、光碟族谱，使闽台江氏族谱的修谱、续谱成为常态化的工作，得以可持续性的发展。

五、闽台江氏联谱的意义

闽台江氏联谱小而言之只是一个同姓宗族的事，但大而言之却有着广泛的社会意义。

首先，海峡两岸因政治因素导致长期割裂对峙，台湾岛内甚至一度出现摆脱祖国大陆的倾向。通过族谱这种非政治且最真实的血缘文化最能维系两岸这种割不断的亲情关系，展现两岸同胞血浓于水的手足情谊。孙中山先生曾言："先有家庭，再推到宗族，然后才是国家。"因此，家庭、宗族的一体就是国家统一的基础，民族认同和文化认同就是台湾同胞祖国认同的基本保证。

其次，族谱记载着的历史信息也是中华民族浩瀚历史长河的一个重要组成部分，谱牒文化对社会的形成和发展都留下了最真实的记录，是不可多得的百科全书，有助于弘扬中华优秀传统文化。

再者，在一个宗族内部，完备的族谱就能实现长幼有序，昭穆（辈分）不乱，也能便于取名，减少重名，避免近亲联姻，促进人口的优化繁衍，有利于社会的健康和谐发展。

参考文献：

1. 江彦震：《闽台江氏源流》，台湾大学社会科学院客家中心。

2. 江艺平：《六桂堂文化的形成与发展》，《第二届海峡百姓论坛论文选》，2010 年 4 月。

3.《台闽六桂恳亲大会特刊》（2005 年度第 33 次），台湾六桂宗亲总会。

4. 邱盛樑：《运用互联网族谱数字化平台 推进闽台两地祖源对接》。

5. 江林宜：《闽台江氏族谱词条》。

6. 江林宜：《根在福建的台湾江氏》。

7. 林永安、许明镇：《姓氏探源——台湾百大姓源流》，台湾大康出版社，2009 年 1 月。

8.《第 36 届台湾六桂恳亲大会特刊》，2011 年 12 月。

9.《基隆市江姓宗亲会第十五届第三次会员大会·大会手册》。

10.《2000 年鸡笼中元祭轮值主普基隆市江姓宗亲会纪念专辑》。

11.《游子心·故乡情——霞东宫江府大人分灵台湾六十周年纪念专辑》。

12.《桃园县六桂宗亲会第十届第一次会员大会特刊》，2008 年 10 月 26 日。

13.《桃园县六桂宗亲会大溪·复兴分会第 10 届会员特刊》。

14.《嘉义县江姓宗亲会第五届第二次会员大会手册》，2010 年 11 月 20 日。

（作者系厦门市姓氏源流研究会常务副秘书长）

永春县诸姓在康乾年间迁居台湾述略

陈诗忠

目前，台湾百家姓前十名是：陈、林、黄、张、李、王、吴、刘、蔡、杨，与泉州百家姓前十名的排序十分接近，台胞如果寻根问祖，泉州是首选。目前，泉州人口 820 多万，而祖籍泉州的华侨、华人超过 800 万人，分布在 110 多个国家和地区。2007 年和 2009 年，泉州海交馆和泉州历史博物馆先后在马来西亚和新加坡联合举办"泉州百个家族移民东南亚族谱展"，深受欢迎。今年，福建中国闽台缘博物馆举办首届海峡两岸民间谱牒文化交流大会。

永春县许多姓很早以前就有人迁居台湾了。兹撰文叙述永春县与台湾省的血缘关系，求正于方家学者。

一、永春鸣琴陈氏迁居台湾主要是为谋生，少数是进取功名

永春人在康熙年间形成去台湾的高潮，后来移居者更多。《桃源鸣琴陈氏族谱》记载，鸣琴陈氏始祖是陈伯起。这一派是 308 年迁入福建的陈闽公的后裔，先辈在福州、莆田、仙游传衍，历代名人辈出。元朝至正年间（1341—1367 年）"乱兵蜂起无宁日"，陈伯起从仙游大圳避乱入永春，先居高垅，后择居天马山南麓，即今五里街镇吾东村龙头自然村。该族分两房传衍，没有多久就有族人外迁。什么原因？族谱有多处记载，明朝永春屡遭变乱，"时局之繁剧"，主要指赋税繁重、御倭拓城和抽丁严酷，致使许多族人背井离乡去台湾。

最早去台湾的是长房十三世陈文县。他生于康熙甲子年（1684 年）去台湾，卒葬在台湾。此后，鸣琴陈氏争先恐后地往台湾谋生或求学，形成东渡台湾的高潮。十四世陈维授生于康熙五十九年（1720 年），往台湾住诸罗笨港，在台湾娶妻

生子。陈维揖生于康熙五十九年（1720年），也往台湾住南路南仔坑，娶妻生六个儿子，名字分别是应都、应为、应南、应吉、应口、应田，从名字来猜测，应是想到台湾谋些土地发展生产。陈维谅，字简圣，号闻益，童年便通算法，能办世务，父亲极其钟爱他，他长有大志，慷慨豪举，与叔父等两次起盖华屋，心力经营，费出非易事。功成以后，又远涉台湾，身劳经纪，但是运途乖舛，抱病数年以归，归而勉查族中之户屯粮产，悉为户房、册师瞒昧，年多赔纳，用条缕计算清楚，登数以侯族之清册，并加勘算法，令有志之子弟习而熟之。及于丈量、都役盐口之例，无不了然难欺。他且善书敏捷，细密蝇头字迹，皆举笔无难。他生有应球、应琨、应班、应珉等四个儿子。至于陈维侯、陈维俨偕往台湾而卒于台湾。

陈维英则是到台湾谋求发展，应试当官。陈维英，字硕芝，又字实之，号迂谷，居住淡水厅（治所在今新竹）。他在道光廿五年（1845年）当闽县（今福州）教谕，咸丰元年（1851年）举孝廉方正，到咸丰九年（1859年）终于考中举人，捐内阁中书，分发部里学习。归台湾后，先后掌教宜兰仰山、艋舺（今台北）学海两书院，造就许多人才，对台湾北部地区文教事业影响很大。

二房的去台湾也很多。十四世陈英择志于经营而去台湾，念桑梓而回家，笃敬人也。陈英淋去台湾，娶妻生子而居之。十五世陈应钰去台湾，卒葬台湾北路淡水纱帽山。陈应泉去台湾而居之，发展很好，去世后拾骸回家乡，其子士诸是太学生。陈应礼去台湾而在台湾别世。陈应维、应祥兄弟也去台湾居住。十六世陈士欢壮岁游台湾，卒葬莫考。陈士博去台湾，而在道光庚戌年（1850年）卒于台湾。陈士省去台湾，居住台湾新庄社，卒葬台湾，年四十二。陈士必也在台湾府别世。陈士占去台湾，居住淡水而无归。陈士埔去台湾后别世。十七世陈晋嘉、陈晋样、陈晋佳都去台湾而居之，生卒皆莫详。

以上是鸣琴陈氏长房、二房族人在清朝康乾时期去台湾的记载，他们去台湾的主要目的是谋生，少数人则是利用台湾优惠条件应考进取，在台湾当官谋功名。

二、永春谢氏去台湾主要是随从郑成功收复台湾

不少永春人参加了郑成功收复台湾的伟大斗争。据2004年永春县侨情普查的资料，永春现有台胞5万人，其中即有随从郑成功去台湾的。永春县坑仔口镇魁斗村谢氏则是随郑成功收复台湾而定居那里的。《魁斗谢氏族谱》记载，其先祖来自仙游大圳，几经迁移而在第三世定居魁斗村。第三世谢孟字天麒，元至正年间状元

及第，不仕而卒。在元朝并无迁居台湾的记载。至明朝初，东南沿海倭寇、海盗为患，明太祖为了维护治安和抑制元代重商政策的影响，以恢复传统的重农政策，实施了"片板不准下海"的"海禁"，永春谢氏当然无人东渡台湾。但是，从明代后叶到清初一百多年间，战乱和迁界导致大批的部队和难民东渡台湾，形成泉州第二次移民到台湾的高潮。自明朝永历十五年（1661 年）郑成功收复台湾至清康熙廿二年（1683 年）郑克塽降清，台湾人口增加 12 万至 15 万，其中大部分是泉州籍的郑成功子弟兵和泉州沿海居民。据永春《魁斗谢氏族谱》记载，谢维（1618—1682 年）曾经拜见郑成功，参加抗清复明和收复台湾的斗争，1655 年 2 月被委任为工官司务。1659 年 6 月，郑成功进攻江苏镇江、瓜洲重地，更亲谕谢维细购军资，配备各船火药。1661 年 4 月，他随郑成功收复台湾，献策和平解决南社（今南投县仓背村）高山族骚乱事件有功，被提升为工官给事中，历职至居守工官，辅助郑成功和他的儿子郑经开发台湾，1682 年病卒于台湾。永春谢氏聚居魁斗和黄坑，据调查有 4 人开基台湾。

三、永春南朝派陈氏也有不少人移居台湾谋生

南朝是陈氏历史上的辉煌时期，可是由陈霸先建国到陈后主叔宝"因酒失国"，前后仅传三世五帝三十三年。589 年叔宝之子易知（敬台）、易任（威应侯）、易简与皇叔率领家族、宫廷督军从首都建康（今南京）南奔入闽之桃林场（后来之永春县），后裔尊陈叔宝为入闽桃林场一世祖。此后传衍生息，有的固守原乡，有的外迁而复归，有的外迁不归。永春尾寮、仑山陈氏是叔宝派下的一支派，先祖外迁龙岩、漳平而后裔回归永春，尊陈福聪为始祖。陈福聪生于明洪武十三年（1380 年），卒于宣德三年（1428 年），葬原籍漳州府龙岩州居仁里，即漳平县黄畲头根竹兜。他有三个儿子，长子祖敬迁今永春县湖洋镇玉柱村尾寮，次子祖旺迁居今永春县桃城镇仑山村，三子祖兴迁居今安溪县。笔者 1995 年 4 月开始借得数本残谱，多年来整理成册，发现陈氏在康熙、乾隆年间有不少人迁居台湾。

五世光儿分居尾寮的下墩角落，传第九世良宽，生三子：长子叔圣，字凤揆，与子妙俊（字登程）往台湾居住；次子叔忠，字凤口，往台湾居住。这是最早去台湾的族人，只留三子叔鹗守居尾寮。十三世义机，是朝官之子，往台湾，立族兄及朱的三男礼水为嗣子。十二世献省（字妙俗）和献联是登贵的两个儿子，属尾寮派下，兄弟俱往台湾。因为族谱残缺，又未详载，故不知道他们何年到台湾，居于何

处，任何职业。

居住仑山的陈氏，文山派下十二世"献"字辈移居台湾的更多。献帝，登事公之子，外出台湾不知何方；献珍，号裕轩，登科公次子，生于康熙五十九年（1720年）十二月十八日戌时，往台湾，卒葬俱不知。献瑛，字荣全，号裕华，登科四子，往台湾；献春、献星、献廉、献镇，是登评公的四个儿子，除三子献廉之外，兄弟一、二、四俱往台湾居住。献愿，登妙长子，生于乾隆三十三年（1768年）八月十一日未时，可知上述"献"之辈数人，年纪相仿，应是在郑成功收复台湾后，投入东渡台湾的热潮中的。族谱未载关于他们显贵的片言只语，可推测他们仅仅是到台湾谋生的一族。

四、永春官林李氏迁居台湾是谋生与进取功名并重

根据永春县达埔镇《官林李氏七修族谱》记载，江王李元祥封于闽越后，其后裔部分迁居南安县、尤溪县、沙县。到了元朝末年，沙县李氏族人有一支迁往永春县，定居永春县官林，时在明太祖洪武初年，开基祖是李祖友。后裔主要居住永春县达埔镇的三个地方：一是狮峰村、汉口村；二是岩峰村的院前自然村；三是楚安村的后格自然村。全族人口约五千人，狮峰村的官林人口占其半，而且这里是李氏的肇居地，所以世称"官林李"。自开基永春六百多年来，迁居台湾的甚多。1928年七修《官林李氏族谱》的前言说："其迁徙异地者，唯有江西诸县，以代远年湮，未曾收修，在福鼎、光泽、台湾等处，俱往收辑，载入谱中。"从清代雍正、乾隆年间开始，就有族人到台湾定居，以二房子孙居多。最早迁居台湾的是二房五实夫派下的十二世李汝铸。他生于康熙五十二年（1713年），定居台湾淡水，其胞兄生十三世奕堞、奕坫、奕乔等三子；奕堞之子十四世曾键，奕坫之子曾俊、曾锥、曾俪、曾佑都定居淡水。同时，还有曾杼、曾迤，十五世克便、克为也都定居台湾。李汝铸的堂兄汝缵的裔孙世勋是随军入台的。他生于道光廿八年（1848年），"以才投入陆提幕，蒙提宪江赏给六品衔，同治十二年（1873年），随提宪罗奉旨赴台北抚番开山，办公勤谨，著有劳绩，蒙保五品衔，先换顶戴，请以县丞补用"。他生四男一女，传孙曾七人。据《清史稿地理志十八》载，这个台北应是指台北府，管辖淡水、新竹、宜兰三县和基隆厅，李世勋是个不小的台湾官了。从乾隆四十九年（1784年）起，清政府开放台湾鹿港与泉州蚶江港对渡以后，泉台商贸更加活跃，形成泉州移民台湾的高潮。官林李氏更多族人前往台湾了。李克岩（1772—

1848 年）与弟克磋同往台湾彰化谋生，族谱有赞文说他"自少负奇气，乐善并好施。在台建基业，膏腴千余计"。他的儿子缵诗"才优质美，随父往台，帮助经营，算数尤精，书札斐靡。所守父业，有增无已，孜孜为善，贫乏困穷，孤寡无依，尽量周济"。李克岩兄弟父子勤俭经营，家道兴旺，在台湾彰化桥头建一座瑞源堂，道光元年（1821 年）在家乡建一座余庆堂，还捐资修祖宇，修筑道路，因而"远近皆慕义，声名重闾里"。这是很有成就的迁台一家，而且子孙分布闽台、南洋。因为李克岩的长子缵诗的子孙都定居彰化，他生子三女二，孙曾 42 人，人丁兴旺，长孙德裕还考取州武学第九名。所以族谱称赞李克岩"后裔畅隆，孙曾鹊起。四代一堂，百有余指"。李克岩的次子缵读则留居家乡，也是家道有成。克磋晚年从台湾回家乡，落叶归根。长子缵恺和伯父堂兄同在彰化经营，卒葬瑞源山。缵恺有三子，长子在家乡，次子在台湾，三子世力到南洋发展。这是向外开拓、立志建业的典型一家。与李克岩兄弟同辈人去台湾居住的，还有：克祥生于乾隆四十七年，居住台湾淡水；克兰生于乾隆五十六年，居住淡水；克楼，生于乾隆五十八年，咸丰八年卒于台湾；克宙、克据也都去台湾而卒于台湾。还原缵新、缵蕴、缵过、缵九、世森、世县、世左、世下也东渡台湾，其中缵蕴生于嘉庆二十四年，居住彰化北门外犁项庄，生子六人。道光年间（1821—1850 年），李氏族人赴台湾的更多，李克泽一支最为突出。李克泽生于道光十五年（1853 年），卒于光绪二十七年（1901 年），居住新竹州新竹街字北门 206 番地，有子七女二，子孙众多。长子缵英在咸丰六年考取台湾府学第一名；四子缵海在光绪十二年考取新竹县武学，甲午科乡试挑取备中。其孙辈也有几个是读书的，有的还留学东京。这些人是：世庆，从台北师范毕业，在基隆医院当医生，后来在北街自己开业行医；世延年，从台北师范部毕业，在波罗汶公学任教务，后来转新竹女子学校任教；世呈奇从台北医学校毕业，往东京留学；世书稼，从台北商工学校毕业，在台湾总督府植产局工作；世锡福，从台北商工学校毕业，也往东京留学；世薯，从台北师范部毕业，在后坑公学任教务，又转新竹公学任教，后来辞职留学东京。除了上述几个子孙读师范、学工商、习医学外，克泽一家还有几个捐纳虚衔的。克泽在同治庚午年（1870 年）捐贡生；次子缵答在光绪丙午年（1906 年）捐翰林院待诏职衔；四子缵海在进取新竹县武学后，在光绪三十一年（1905 年）报捐都阃府四品衔；五子缵田在光绪二十五年（1899 年）报捐千总六品职衔。从教育子女和关切功名方面看，克泽一家可算是出类拔萃的。他有子七女二，孙曾 34 人，人丁兴旺，人才辈出，在李氏移居台湾的族人中是首屈一指的。

就地域而论，官林李氏族人迁居台湾的，大多居住北部和西部，即台北、淡水、新竹、彰化等地。迁居南部的只有十四世的曾沈，定居凤山县大德里旗后街。他生于嘉庆八年（1803年），卒于咸丰九年（1859年），有子三，即克阳、克延、克河，女一人配台湾许家。还有一个孙男和孙女都定居台湾。另有十五世的克寅、十六世的缵走，也去台湾，族谱未记居所，而记卒于台湾，娶某氏台湾人。

综上所述，官林李氏族人从乾隆初年到同治末年，即18世纪中至19世纪70年代，前后130年间有60多人（户），大多是出自二房的，其中二房五宽福派最多，有46人；二房宽赐派11人；二房八宽瑞派3人；其他还有个别的只记载妻某氏台湾人。至民国十七年（1928年）第七次修族谱时，迁居台湾的有两百多人。这是永春县有明确记载迁居台湾最多的一支族人。

五、永春辜氏移居台湾人数很多，辜氏后裔进入台湾最富行列

辜氏源流及辜振甫的祖籍无疑成为人们关注的事。辜氏的远祖是比干，比干之子得姓林，下传至林正，由唐太宗赐姓辜，"辜无别宗"，辜正就是辜姓一世祖。究其祖先，林禄为入闽始祖，追封晋安王，葬于今惠安涂岭，其子孙遂居于惠安。传至林正，被诬获罪，唐太宗"知其为贤，且嘉其有辛苦之德，于是以上古下辛两字合为一义，赐姓辜焉"。其后裔"复归晋安，移居南安，立嘉德祠，以祀正公，终于芦溪"。芦溪在今南安，后裔先后分迁南安、莆田、同安白礁及外省如江西，至明朝散居江南各地。据1910年版《桃源儒林辜氏宗谱》载，明朝进士、儒学训导辜有声指出，"由芦溪入永春者，始自光保公"，辜光保的后代传衍永春后庙、枣岭、埔头，外迁泉州、惠安、厦门、台湾及外省、海外者甚多。

族谱明确记载，永春辜氏在清道光庚子年（1840年）修族谱时，就有人移居泉州打锡巷，因贸易而家焉，还有居泉州西门而于康熙年间被"授中营队长"的，人数甚众。"族之人贫穷居多，富人恒少"，为了谋生，从第十二世族人纷纷往台湾做生意或参加科举，竟达20多人。这印证了连横在《台湾通史》里所说的"当明之世，漳泉地狭，民去其乡，以拓植南洋，而至台湾者亦多"。1994年9月15日，福建新闻采访团赴台湾采访，拜会了辜振甫先生，他和夫人联袂接待记者，他对自己的"老乡"颜振育团长说，他的祖籍在福建永春，迁居台湾已经五六代了。

辜振甫的先世是如何从永春迁入台湾的呢？永春辜氏早在康熙年间，就有十二世昱让（1683—？）、昱宽（1681—？）、昱接（1691—？）等人谋军职而"移

居泉州西门本宗祠堂"；到乾隆年间十四世的肇祖（1767—1832 年）、十五世的允发（1805—？）移居泉州打锡巷，他们的后代可能由泉州迁入台湾，特别是肇祖有"发、诗、赞、金、益、聘、随、朝"等八个儿子，迁台湾的可能性更大。从十二世的昱奎（1680—？）、昱昆（1681—？）、昱旻（1688—1720 年）到十七世文苑（1798—1833 年），有 20 多人往台湾，其中十三世的祖德先居住泉州，后来游台湾，十四世的肇聪、肇琴都属后庙二房，是奇军的两个儿子，都与父母一起"外往"台湾。经考证，永春辜氏移居泉州，前往台湾的如此之多，他们"由泉州打锡巷迁台湾""到现在正好五六代了"，正与辜振甫先生所说的情况相符合。辜显荣是辜振甫的父亲，辜琴应是辜振甫的高祖父，辜振甫生于 1917 年，从辜琴到辜振甫的孙曾辈恰好五六代，相隔约 150 年。

据考证，辜振甫应为辜正始祖的 48 代孙。辜正的前系林禄为林氏入闽始祖，家在莆田太平村永定里，古属晋安郡，卒葬今惠安涂岭，距今 1300 多年。辜正的五世孙辜桓，其次子居同安白樵，距今 1200 多年，说祖籍同安白樵而生于南洋的辜鸿铭是辜振甫的伯父是无稽之谈。说辜振甫是惠安人，则是指远祖是惠安人；说辜振甫是永春人，则是指近祖是永春人。辜琴先从永春移居泉州打锡巷，再从打锡巷东渡台湾鹿港，这是顺理成章的事，然后衍为盛族，成为台湾赫赫有名的辜氏财团，汪辜会谈又使辜振甫名闻天下。辜振甫在 1991 年 7 月 18 日托其弟辜宽敏到泉州寻根问祖，了解到祖籍在永春儒林后庙，欣然表示"适时将举家回乡拜祖"。接着，1993 年 5 月 25 日，台湾电视台《八千里路云和月》专栏摄制组根据辜振甫提供的线索前来拍摄儒林村的辜氏宗祠、族谱及村容村貌、人文景观。辜振甫的夫人、清末思想家严复的孙女严倬云看后，高兴地说："感谢《八千里路云和月》摄制组为辜氏家族做了一件大好事。"当即台湾已有专人收集整理辜氏族谱，以期和永春辜氏族谱相衔接。1993 年 8 月 27 日，辜振甫来信告慰乡亲："寻根之心，人皆有之，能逢适当机缘，再卜买棹之举。"两岸同根，血浓于水的骨肉亲情跃然纸上。1993 年 10 月 21 日，辜振甫用大红点金宣纸亲笔题写宗祠匾"嘉德祠"三字，左下角落款"世裔振甫书"并盖印章，右上角小字书"癸酉年谷旦"。这是他为修建嘉德祠特地写的。现在，他题写的"嘉德祠"匾额高悬修缮一新的辜氏宗祠大厅正中。1994 年 9 月 15 日，他再次对福建新闻采访团长颜振育说，他的祖籍在福建永春，迁往台湾五六代了，他十九岁时到过福建一次，对记忆中的家乡不如他夫人（严倬云）清楚。临别，辜振甫紧握颜振育的手说："希望在福建见！"此后，他每逢过年都给后庙宗亲会寄来贺卡。1998 年 8 月 2 日，后庙辜氏宗亲收到辜振甫的题词二幅——"祖兴祠""桃源辜氏宗祠",左下角落款都是"裔孙振甫 辜",右上角均书"一九九八年戊寅年秋月谷旦"。这两幅字是辜先生专为新修建的外祖厝商住楼大厅与店堂题写的。10月,他大陆行后,给辜氏宗亲辜朝阳来信,表示这次大陆之行"只以行程所限未克省亲为憾"。辜氏热爱祖地的拳拳之心,多么令人感动!

六、为何清末民初永春人未再迁居台湾而是迁居南洋

随着时势的发展,从永春林俊、陈湖起义后,陈氏族人再也没有去台湾的记录了。1853年,永春县爆发声势浩大的反清农民起义,首领是主帅林俊、副帅陈湖和先锋林雪。林俊是遏陵乡(今五里街镇埔头村)武举人,红钱会首领;陈湖,永春县志载为龙头乡(今五里街镇吾东村龙头自然村)人,黑钱会首领;林雪是藻岭(今吾峰镇枣岭村)的年轻人。他们响应洪秀全反清起义,先后达十多年,失败后,永春县人民包括上述林氏、陈氏纷纷避居南洋。笔者的高祖父在林俊起义失败后就避居南洋,后来衍为一个大家族,发展有成;笔者的曾祖母施氏、老姑丈颜氏、祖母郑氏、母亲郑氏以及余、藤、林、卢等姓氏的亲戚都是在林俊起义失败后避居到南洋的。到了民国年间德化匪乱,骚扰永春,龙头鸣琴陈氏不堪抢掠,再次纷纷避难到南洋,形成清末、民初两次出国高潮,其后裔绝大多数已经联系上。他们外迁都是到南洋,而清朝康乾时期都是迁居台湾。在家乡的鸣琴陈氏族人2010年9月七修族谱时只有九百余人,1985年马来西亚永春龙头鸣琴陈氏家族会成立30周年时在册族人则达四五千人。可见清末民初两次南迁高潮,国内人口流失多么严重。这里举鸣琴陈氏为例,可知其他各姓也都是大同小异。

清朝康乾时期,鸣琴陈氏也有许多人迁居大陆诸省。如陈起丑、陈起卿移居饶州府鄱阳县。陈文众移居江西。陈仲酉移居南洋而卒葬南洋。陈民恺移居福建之永福。陈文妙、陈文献移居福州大桥头。陈民藩、陈起鳌移居广东省肇庆府广宁县。陈肇蔼、陈肇松在康熙年间移居广东琼州府宁水县。陈晋森、陈晋呈、陈晋察、陈晋仁、陈晋心去南洋而卒于南洋。陈天赐、陈士桓、陈仲涉移居福建上府。陈晋爵、陈晋坑移居外邑。陈仲锥、陈仲厚去南洋。陈一椿、陈日廷、陈日照移居江西。陈日友、陈日都兄弟俱移居浙江开化县廿八都。陈日能及子元振、元传、元英,孙英探、英技、英总、英持、英拔、英扶、英操一派俱居住浙江衢州府开化县廿八都。陈日楚与子天养移居江西。陈日旭移居浙江开化县,生子元承。陈元榜移

居浙江开化县。陈光宣、陈光传堂兄弟俱移居福建闽清县十一都潘亭洋。陈圣元、陈广谋、陈光唐一家三代移居闽清。陈圣贯与子陈广川、陈广裕、陈广富移居闽清。陈一四与子陈日定、陈日安移居福清上定。

　　总而言之，清朝康乾时期，永春诸姓大量移民到台湾，形成移民高潮。他们在谋生的过程中，把大陆先进的生产技术传播到台湾，也为收复台湾献出自己的力量。从清朝末年到民国初年，永春人两次移民热潮，移民目的地不是台湾，而是南洋。

（作者系永春县陈氏联谊源流研究会会长）

彭姓入闽及迁台初探

彭嘉庆

一、彭姓入闽

福建彭姓多由不同地域辗转迁徙而来，支系繁多，各有不同宗祖，溯源可分为几个不同世系。入闽最早的武夷山作邑彭氏、泉州虹山彭氏和闽东宁川彭氏等世系，都有自唐起的文字记载的一世祖作为佐证。

（一）迁公——彭氏入闽第一祖、武夷山作邑始祖

彭祖曾居住在武夷山，后裔绵延至今，成为崇安古老的望族。武夷山早就称为彭姓的三大圣地之一。在《崇安县志》卷四《氏族》中，彭姓列为第一，是开发武夷山之祖。

彭祖之后，彭氏入闽第一祖是彭迁公。迁公，字紫乔，润州丹阳人，隋大业二年（606年）出生，唐贞观初年（627—649年）曾辅佐李世民平治隋末之乱，初授官前八部都尉，擢升中郎将，拜襄武太守。在封为左迁牛卫上将军、提节建州（今建瓯市）诸军事后，就由润州丹阳举家迁闽。年老辞官后偃武修文，隐居建平北乡，因钦慕彭祖故庐，爱九曲山水，便雇募乡民万余人，上括信州，下折建平，斩草锄蒿，凿湖筑陂，引水溉田三千余顷，创立九十余村，聚族而居，取名"新丰乡"。南周延载元年（694年）逝世，享年89岁，赠上柱国、河间郡公，葬武夷当源中乳，被尊为丹阳迁崇彭姓始祖。迁公次子彭汉，字云宵，唐永徽二年（651年）生于建州官舍，居住建州温岭。幼年博学力行，经监试部使推荐，授为洪县令，后擢升台州判官。汉公在台州任职二年后因母病离任回乡，侍奉汤药，并拓荒造田，

从事桑梓开发事业。因德才兼备，深受民众拥戴，后补判南剑军（治署南平市）州厅事，颇具政绩。武后垂拱三年（687年）继父遗志，奏准将新丰乡立为"温岭镇"，北面立街，设官守土。唐开元四年（716年）病逝于建阳界墩，享年63岁，被尊为作邑彭氏初祖。汉公曾孙彭玕，字武仲，生于唐贞元二十年（804年），自幼聪颖，精通经史，勇武过人。唐开成元年（836年）荫袭建州兵马殿中监兼摄郡政。当时温岭镇已日趋繁荣，人丁兴旺，赋税充足，玕公也在唐会昌五年（845年）奏请获准将温岭镇升为"崇安场"。崇安场迁立彭城街中，并设立官署。昭宗乾宁三年（896年）卒，享年94岁。北宋淳化五年（994年）崇安场晋升为崇安县。

《崇安县志》记载，因迁公、汉公和玕公三代开疆辟土，建功作邑，崇安"先有彭，而后有崇"，故称彭姓为作邑彭氏。崇安民众于南唐时在营岭县署义门旁建造"作邑彭氏三丈祠"，又称"崇德报功祠"，每年春秋两次祭祀。现在五夫镇尚存有"彭氏迁公宗祠"。迁公子孙蕃衍于岚谷、五夫、大将、吴屯、温岭、崇岭等处，成为崇安最古的望族。作邑彭氏出自三国彭羕。其先祖迈公，西晋永嘉元年（307年）南渡，首居京口丹阳。东晋元帝即位，被封为西都郡王，子孙散居江南一带。迈公十数传至迁公，入闽已1400多年。迁公后裔分天、地、乾、坤四房，人丁兴盛，于今约有5000多人。

作邑彭氏历代贤能辈出，累有建树。自玕公以下，继苗公登唐昭宗天复辛酉年（901年）进士，官至大司马、兵部尚书；继嗣公登唐光化己未年（899年）进士，官至内殿承宣运使、兵部侍郎；保宴公登后唐明宗己丑年（929年）进士，官至兵部尚书左仆射；保廉公登后唐庄宗癸未年（923年）进士，官至京兆尹、吏部侍郎。至宋朝更为显赫，北宋崇宁三年（1104年）特奏状元路公，其孙爽公又举南宋绍兴二十四年（1154年）进士，官拜刑部侍郎、枢密副使兼理平章事，升左丞相。

（二）枨公——泉州虹山入闽一世祖

虹山彭氏一世祖枨公，原籍河南汝宁府光州固始县（今为河南信阳市固始县），是宣公淮阳派下的后裔，但先祖的世次失传。枨公在唐僖宗广明元年（880年）黄巢起义战事中随军过江，起初居住在泉州，后迁南安，又迁晋江中山，便在琱峰山下定居。虹山彭氏以枨公为入闽一世祖，其子孙繁衍，人才踵接。2世相龄公，宋时任福州监仓曹；相荣公任广州司户曹。3世烨公任团练节度使，历高州安抚使。4世延进公和5世谦公均任承务郎。6世腠公任南剑洲教授。7世镇公任通议大夫、兵部侍郎。8世轻公任儒林郎。9世如高公任宣议大夫。10世汉湖公任遂昌教谕。

11 世卿月公任徽猷阁侍制。12 世潜公任宣教郎。在明、清时期，也多有人才。32 世秀村公授民国陆军少将，任永德警备司令。自 16 世源有、济有公起，虹山彭氏开始分为东、西两大房。从此一脉遁下，形成虹山人口发展的鼎盛时期，从 18 世开始，启行昭穆："秉文子仕宜，恒乔于茂孙，为可仲叔季，永建乃嘉芳"，又续："诗书绵世泽，忠孝绍先贤，余庆昌谟烈，发祥益寿年"。现在，虹山乡下设虹山、松角山、苏山、张坂、白凤等五个村，全乡彭姓约有 12000 多人，位居泉州洛江五大姓之列，是全省彭姓最大的集居地。虹山彭氏自一世祖枨公入闽，至今已 1100 多年。

（三）思邈公——闽东彭氏入闽始祖

闽东彭氏入闽始祖思邈公的先祖乃唐初裕公，字伯温，生于隋开皇壬子年（592 年），卒于唐龙朔壬戌年（662 年），江南扬州府江都县人，官唐兵部尚书。生二男：长令全，次令庄。唐高祖武德戊寅年（618 年）从江西省新昌县（今宜丰县），迁浙江省温州府平阳县，创立鸿基。传至 11 世思邈公，字有阙，生于唐太和丁未年（827 年），卒于唐同光甲申年（924 年），曾任开州司马（今四川开县）。唐僖宗广明元年（880 年），黄巢攻陷长安，思邈公随王潮入闽，官至礼部尚书，乃闽东彭氏入闽始祖。生三男：长兰胤，次兰居，二兰膺。

思邈公 2 世兰胤公（854—924 年），字永祚，号芳谷，官任闽省侯官令，与父乔居福州西湖。兰胤公生二男：长宝胜，次宝振。兰居公迁往建宁府，生一男亶迁居邵武。兰膺公官任宁远统军使，生二男：长仲修，官武毅大夫，迁宁德为宁川始祖；次仲辅，迁莒洲十四都为始祖。

思邈公 5 世金公（908—975 年），字品南，于后唐清泰二年（935 年）因闽王审知之子互相争斗，与长子官公发兵入闽，先寓福州西湖。四年后，即后晋天福三年（939 年），金公、官公父子因往宁德，路经古田县杉洋，因爱其佳山秀水，就决心定居枫湾。金公被尊为古田杉洋始祖。长子官公肇基杉洋，次子安公迁居浯溪，三子宏公回平阳，四子密公迁宁德飞銮渡头，复迁石后室头村。

思邈公 6 世官公（923—994 年），字公信，有饱学之才、过人之志，官任行军使，后晋天福四年（939 年）在枫湾建造屋宇，成为杉洋开基祖。

思邈公 7 世润公，乃官公三子，在迁张际居住数载后，复回杉洋菴前，披荆斩棘，择地而居。传至 32 世兰老公（太封君，赠儒林郎）择居登瀛，为登瀛开基祖。并选择吉地，创建金公总祠。

思邈公 8 世泰公，乃沐公长子，迁居福源塘边。8 世寿公（968—1048 年），乃沐公四子，字朝奉，号松亭，迁居玉湖（又名常熟洋彭家墩）。

思邈公 9 世稷公，寿公三子，其长孙季五公，历 4 世至得英公，于南宋淳熙年间（1174—1189 年）自熟洋彭家墩返回古田灵龟彭洋，遂使彭氏得传灵龟。得英公为灵龟开基祖。历 8 世至河公从灵龟迁到 45 都吉巷寮里。历 12 世至真荣公，又迁居古田前坪村。真荣公为前坪开基祖。

闽东彭氏自思邈公入闽已有 1100 多年，早期迁平阳，隶常州，徙西湖，籍杉城，播分熟洋、长溪、张际、东洋等派，厥后肇基灵龟，拓址寮里，创业前坪，使闽东彭氏逐步向宁德及周边各县扩展繁衍。思邈公后裔遍布宁德各市县，古田近万人，宁德六千多人，福安、周宁各有 3000 多人，屏南、福鼎、霞浦、柘荣也各有数百人。福州罗源县碧里乡还有 700 多人的分支。

（四）莆田彭氏入闽始祖

莆田彭氏入闽始祖主要有三支：一是汝砺公长孙宗伯（宇伯）公；二是宋孝行卓异的受公，俗称孝子公到念五公；三是宋国子监祭酒椿年公（奭公 10 世孙）。因迄今一直未能寻觅到莆田彭氏族谱，考证较多困难。

第一支入闽先祖在港内世德祠手抄本记载中，莆田开基始祖为彭汝砺（1041—1094 年），春湖公。彭汝砺，鄱阳（今江西上饶阳县）人，字器质，号春湖，官至监察御史、吏部尚书、资政殿大学士，赠少师，谥文政，被誉为宋朝一代直谏名臣。汝砺公系允颙公（亦名德颙公）长子文吉公五世孙。莆田港内彭氏世祖"宋文学宗伯（宇伯）公"，系汝励公长孙，是莆田彭氏第一支入闽先祖。1 世祖元承务郎慈利丞念一公，2 世祖处士安仁公、安美公、安吉公，3 世祖乃念三公（原谱缺，据林祖韩、彭元辉考证），由港内徙涵口。念三公历 7 世至韶公。9 世祖韶公，号凤仪，字从吾，官至刑部尚书，赠太子少保，谥惠安，是明朝功垂千古的名臣。

第二支入闽先祖是世祖宋太学士，旌表孝行卓异，讳受公。经考证，受公为太学生，事父母至孝，亲殁，庐居于墓侧。孝心感动天地，时有白鹤翔于墓旁，世称白鹤孝子，朝廷在莆田城郡建"孝行卓并异坊"予以表彰。受公生应承公，应承公生泽公，泽公生启伯公，启伯公生念五公。念五公生直夫公，讳百福。百福公传二子：长子足翁公，讳奉，由港内徙横塘肇基，为横塘始祖；次子以忠公，讳泗。泗公传二子：长庆公，世居后彭；次积公，传一子济公徙居清江，为清江始祖。足翁公派下兆一、兆二、兆三、兆四为二世祖，分仁义礼智四房。10 世孙彭鹏在顺治十七年（1660 年）中举后，历官广西左参政、赠兵部左侍郎，官至广东巡抚。因为官清廉，业绩昭著，康熙帝褒奖其为"天下廉能第一"。

第三支入闽先祖是宋国子监祭酒椿年公。椿年公是侍郎彭思永玄孙，奭公之 10 世孙。椿年公乃宋绍兴二十七年（1157 年）丁丑科进士，历国子监主簿、编修官。淳熙末年提举福建（泉州）市舶司，遂卜居兴化军所城。后擢知处州、太常丞吏部郎中、国子监司业、江东转运副使，终右文殿修撰。椿年公后裔中有一支迁往浙江天台县。

莆田彭氏先祖入闽已有 950 多年。另有几支莆田彭氏世祖：一是崇安始祖彭迁公后裔、乾房思温公同其弟思傅公在元至正年间（约 1359 年）迁莆的支派；二是南宋淳祐七年（1247 年）特奏名进士第一人、官温州府教授彭彝甫迁莆的支派；三是闽东始祖思邈公 6 世官公之四子渥公约在北宋太宗年间（976—997 年）迁莆的支派；四是虹山始祖枨公 6 世天禄公在南宋绍兴年间（1131—1162 年）移居莆田小横塘的支派。以上支系因无谱牒查证，至今不明后裔何存，须进一步探寻。

（五）天禄公——同安彭氏入闽始祖

同安彭氏，又称松山彭氏。远祖天禄公，别号念五，乃广东潮州府海阳县西门内第三巷人。据台湾彭炳进、彭国全考证，天禄公系广东始祖延年公 11 世孙，为三房锐公后裔。延年公，字舜章，号震峰，庐陵人。精通六经子史，才华卓越，领乡荐，登宋仁宗宝元戊寅科（1038 年）进士，特授福州府推官，升任大理寺评事。持法坚正，又务原人情。后迁大理寺少卿。元丰七年（1084 年）他致仕，隐居潮州揭阳浦口村。民众歌颂道："解结理絮，惟我彭公。复我生我，有我彭公。"这是对他一生的最好评价。

二世祖子安公，讳绍祖，生于元泰定二年（1325 年），早年即丧父母，先随任兴化路宣差的其兄伯福公。兄嫂去世后，又跟随在浯州（金门）盐司任职的母舅马氏生活。时值元末兵乱，子安公便不再回福建而长期客居在金门翔凤里十七都。子安公成人后娶罗氏之女尾娘为妻，有三子：长子用乾公、次子用吉公（为姜室张氏所生）、三子用斌公。子安公为人言行笃实，识时务，卒于明洪武壬申年（1392 年），与婆罗氏合葬浯州沙美乡。1994 年台湾彭武雄等重修金门子安公墓动土时挖出红砖墓志（该墓志现收藏于台湾新竹南寮彭氏祖祠），是这段历史的真实依据。

子安公后裔人丁兴旺，自 3 世用乾公、用斌公起，分东、西两派。而用吉公，则迁往诏安县径口乡（今属东山县）。

东派：四世孔道公创业骏发后，就长居在彭厝，与其五子敬瓒公、敬源公、敬懋公、敬厚公、敬森公一同在 1383 年起兴建祠堂，而后在祠堂背后种植百株松树，因树得名松山，俗称"松山衍派"。孔道公成为彭厝开基祖。敬瓒公后分三房：长克诚公，二克敬公，三克恭公。敬源公后分二房：长克全公，二克文公。敬懋公后分为五房：长克让公，二克思公，三克刚公，四克猷公，五克雍公。敬厚公后分为二房：长克明公，二克清公。敬森公后分为二房：长克和公，二克静公。

西派：3 世用斌公由浯州迁居同安之西。生三子：长孔敬公，次孔仕公，三孔学公。孔敬公亦生三子：长敬宏公，先居竹甫，为竹甫开基祖。传一房克坚公，后裔中有迁台湾竹堑属康垅庄，现是台北的彭氏支派之一。次敬亮公传一房克诛公，仍居同安后肖村。敬亮公为后肖开基祖。三敬肃公传一房克裕公，迁居西溪四口圳，后又迁他处。有一支迁出择居安溪县依仁里观山后宅（今龙门镇观山村）。孔仕公生一子敬明公和孔学公生一子敬初公，同为胡垅沙美开基祖。

同安彭氏先祖入闽已有七百多年。现有六千多人，其中彭厝有四千多人，沙美一千七百多人，后肖三百多人。

（六）福祥公——长汀彭氏入闽始祖

长汀彭氏始祖福祥公，原籍江西赣州府宁都州钟鼓乡白鹭树下。后唐庄宗同光二年（924 年）迁入福建汀州府宁化县合同里龙湖寨（今宁化县治平乡）。福祥公往游时见蜈蚣土地肥沃，就在这里筑室定居，并将蜈蚣地名改为彭坊（又称彭屋），于是绵绵衍衍，派繁支分，不断扩展。据崇仁堂《彭氏通谱》考证，福祥公出自构云公系，乃玕公七世孙。玕公生彦昭公，彦昭公生师俊公，师俊公生允郜公，允郜公生文轮公，文轮公生儒韶公，儒韶公生爵禄公，爵禄公生福祥公。福祥公与广东延年公均系构云公 12 世孙，同在宋时，福祥公南迁福建汀州，延年公因官落居广东，两系应是同宗共祖。

福祥公 9 世德诚公，曾于南宋淳熙年间（约 1180 年）复迁宁化县曹坊乡彭家庄。嘉熙年间（约 1238 年），德诚公与父进仪公携子十郎公又迁到长汀县南山乡朱坊彭屋。福祥公 10 世，即德诚公第四子仕满公，讳振范，是长汀县童场乡彭坊开基祖，历七百多余年，至二十八世，人口约四千多人。其子孙除主居本地外，也有迁往江西瑞金、广东梅县及宁化泉上、清流嵩口、汀州黄坑里等地。

长汀县古城镇的彭氏，奉新祖公为一世祖。师范公是彦昭公后裔，彦昭公妾孔氏生二子：师范公、师俊公。师范公 17 世孙新祖公在明永乐年间从江西宁都黄坑迁居福建汀州，被奉为一世祖。传至6世孙日赞公，号森宁，生于明嘉靖辛卯年（1531年），又迁居古城镇横街。日赞公为古城开基祖。9世孙祖惠公创建古城镇彭氏祠堂，原名敦睦堂，后称淮阳堂，浩劫中被毁，现修葺一新。

（七）福建彭氏中其他支系的入闽先祖

1. 德化彭氏霞碧南箕系，肇基祖庆公，生于元至顺二年（1331年），原住江西省抚州府临川县八十二都第九社，明洪武八年乙卯（1375年）调拨泉州府卫后千户所百户黄清总旗梁福下为小旗役，卒于洪武二十九年（1396年）。其次子闰公生于明洪武九年（1376年），父卒后补小旗役，永乐元年（1403年）拨屯种迁住德化县惠民里霞碧村，开拓霞碧、蟠龙、碧潭、苏洋等村，卒于明永乐十二年（1414年）。闰公为南箕系开基祖。

2. 德化彭氏陶趣系开基祖史亥公，字文已。原自长洲（今苏州）移江右（今江西），由江右迁泉州。洪武初年，奉命率泉州右卫所拨军入驻德化浔中涂厝格。先居西门泮岭，后迁北门外陶趣格。清乾隆二十九年（1764年）建陶趣堂为陶趣彭氏祖宇。

3. 德化彭氏上围系开基祖顶生公，原籍江西，因助洪武建国有功，洪武二十三年（1390年）以红牌事例奉调率江西拨军入驻泉州。后迁德化上围村，曾建有建美堂祖宇。

4. 德化彭氏凤阳系开基祖源德公，原籍失考，据直系相传，元末参加明军，于洪武十八年（1385年）拨军到德化浔中凤阳定居。曾建剧坂堂，为凤阳开基祠宇。

5. 武平高埔彭氏开基祖荣公，生于明万历年间（约1574年），因明末战乱，迫于生计，陟迁谋生。先经差干洋坑，后到大中打子石，最后辗转到武平高埔村定居。而后将其高祖祯祥公骸骨也移迁到高埔下窝老地坪，建坟立碑，并尊祯祥公为高埔世系一世祖。荣公生二子，长廷才，次廷选。二世廷才公生一子锦，居雁岭，建有"狮形"家祠；廷选公建"象形"家祠，与雁岭"狮形"家祠并称为"狮象把水口"。高埔彭氏传至11世元富、元隆、元英、元华起分为四大房，长房已繁衍至21世，人口七百多人。

6. 上杭彭氏开基祖五九郎。据《上杭县志》载，入杭始祖五九郎，2世俊二郎，开基县南上都青潭乡，至7世福聪分居县东安乡（今庐丰乡上坊村）。又据《客家姓氏源流汇考》曹永英查考，上杭彭氏属庐陵吉水分宜传流世系，迁入青潭的始祖应是延年公第五子营公后裔。自4世起分两大房繁衍：4世龄四郎系仍留祖居地青潭村，至 14 世分恩九、崇九两大房，清乾隆年间该村建有"龄四郎公祠"一座，现已毁。4 世德七郎系后裔文盛公，于清乾隆十三年（1748 年）迁到长汀濯田、江西万安等地。至 16 世又分玉章、衡章两房。

另外，散居上杭蛟洋乡梅子坝村的彭氏，是延年公第三子锐公的后裔，但其入杭始祖无法查考。

二、彭姓迁台

福建彭姓族人对台湾的开发很早。元末顺帝（约 1360 年）在福建澎湖设巡检司，就有彭姓族人的记载。同安彭姓开基祖子安公早在此时就已安家金门，繁衍生息，并终老安葬在沙美风水宝地。明朝郑和下西洋期间（约 1405 年），也有彭姓族人随迁入居马六甲，后因捕鱼避风而登陆台湾居住。

台湾彭姓，来自广东、福建的居多。迁台的几个主要时期：一是明末清初郑成功开垦台湾期间，大量随军留居台湾及沿海居民渡海来台垦种的；二是抗战胜利台湾光复以及大陆政权转移后，随蒋氏当局和军队迁往台湾的。从世系上看，以广东始祖延年公后裔占绝大多数，居住新竹、桃园、苗栗一带。清朝康熙六十年（1721 年），彭朝旺自广东迁居台湾屏东东港一带；乾隆中叶（约 1747 年），延年公 21 世彭茂松携眷带子来台，在桃园县开基创业。尔后陆续来台者逐年增加，从广东惠州府陆丰县迁台的有汉用公派下 36 支、汉卿公派下 8 支、汉铭公派下 13 支，从广东嘉应州受进公派下迁台的 3 支，从潮州府子顺公派下迁台的 4 支及未明先祖世系的其他延年公嗣裔。从福建同安天禄公派下渡海迁台的，居住在新竹、南寮、彰化一带。而后也有湖南、湖北、河南、四川、贵州、山西等省彭姓子孙，相继迁居台湾，衍成今日台湾超十万彭姓族人，位列台湾第 35 大姓。

（一）同安彭氏迁台

福建彭氏迁移台湾的，数同安最多。13 世汝灏公，少乐诗书，长习戎备，清顺治辛丑年（1661 年）受郑藩卫将，康熙甲辰年（1664 年）以游击归清后，曾随靖海将军侯施琅进取澎湖台湾。因军功觐见康熙，诰封荣禄大夫，为统一祖国建功立业。汝灏公后居家台湾。

同安彭氏因受汝灏公影响，自 13 世"汝"字辈起，陆续有许多后裔迁台。东派后裔，生于康熙甲寅年（1674 年）出居台湾的汝齐、名桓官，生于康熙辛丑年

（1721 年）出居台湾的荣达、名宣郎，生于雍正戊申年（1728 年）、后迁台湾的汝全及汝次、汝良、汝翼等。西派后裔：用斌公长孙、5 世祖敬宏公开基竹甫，后又举村迁出、渡海定居台湾竹堑属康垅庄。13 世汝旦公于清乾隆 35 年（1770 年）率众族亲，有汝登、汝锐、汝忠、汝珮、汝簏、汝束和东派汝涞等人，在金门沙美扫祭 2 世祖子安公墓后，甘冒海峡怒涛骇浪，分乘三艘船扬帆渡海迁往台湾。当时两艘船顺风上陆竹堑港，便在竹堑属康垅庄垦荒辟地，定居繁衍。其后裔大部分仍聚居于溪南一带，兴建南寮彭氏祖祠。另一艘船因强风南驶而在二林藩瓦上陆，后裔迁于漳化溪洲乡松仔脚定居。而后又有同安彭氏陆续迁台，如生于康熙甲寅年（1674 年）的 13 世汝齐公也举家迁往台湾。

现将同安彭氏部分迁台支派的血缘摘要于下：

1. 东派彭 13 世汝次迁往台湾

13 世汝次公的支系血缘为：子安生用乾，用乾生孔道，孔道生敬懋，敬懋生克让，克让生钦辅，钦辅生甫亮，甫亮生大慎，大慎生尧栋，尧栋生君弼，君弼生禹颙，禹颙生汝次。

2. 西派胡垵沙美的 13 世彭汝登、彭汝锐兄弟迁去台湾凤邑放索社（潘氏）

13 世汝登公的支系血缘为：子安生用斌，用斌生孔仕，孔仕生敬明，敬明生克武，克武生钦钺，钦钺生甫焜，甫焜生人楚，大楚生尧辉，尧辉生君乐，君乐生禹齐，禹齐生汝登、汝锐。

3. 西派胡垵沙美的 13 世彭汝忠迁往台湾凤邑放索社

13 世汝忠公的支系血缘为：子安生用斌，用斌生孔仕，孔仕生敬明，敬明生克武，克武生钦钺，钦钺生甫焜，甫焜生大楚，大楚生尧辉，尧辉生君乐，君乐生禹聘，禹聘生汝忠。

4. 西派竹甫的 14 世彭菜迁去台湾

14 世菜公的支系血缘为：用斌生孔敬，孔敬生敬宏，敬宏生克坚，克坚生钦浩，钦浩生甫桥，甫桥生大美，大美生尧伯，尧伯生君肃，君肃生禹达，禹达生汝钮，汝钮的三子为菜。

同安彭氏用吉公后裔迁往东山县径口村。在 1949—1950 年间，有彭响银、彭水纯等及铜陵镇彭坤等十多人曾随军迁往台湾。

同安彭氏迁台后裔中俊伟继起，颇多赞誉，如台湾中央银行总裁、著名金融家彭淮南，著名教授彭明敏，教育学法学双博士、著名教授彭炳进，元智大学校长彭宗平，交通大学教务主任彭松村，台湾青年论政联盟总召集、新竹市议员（全台最年轻议员）彭宪忠，新竹市商业总会理事长彭正雄，台湾彭氏宗亲总会副理事长、新竹市义勇消防总队荣誉总队长彭国全和新竹市彭氏宗亲会理事长、宝兴金银珠宝公司董事长彭明基等。

（二）虹山彭氏迁台

虹山彭氏自枨公入闽 1100 多年来，衍徙海内外的子孙繁多，有载可考的达300 多人，其中迁移台湾的 30 多人。最早迁移台湾的是 26 世懋彬公，出生于清康熙三十八年（1699 年），系枨公 26 世东二房长子。以后 27 世 5 人、28 世 5 人、29 世 3 人、30 至 35 世也有 16 人相继迁往台湾。谱中记载着"往台湾"、"携眷往台"、"往台湾不归、无回"、"娶白姓香娘台湾人"、"娶台湾林氏悦娘"及"殁在台湾"等内容，但却未记录迁台的具体时间。从 26 世懋彬公迁台，迄今已近 280 年，按虹山彭氏繁衍频率推算，台湾现有虹山系的人口应在千人户以上。是否在迁台后因遵循彭姓聚族而居的特点，而逐渐融入其他迁台人口较集中的宗支，有待进一步考证。虹山彭氏迁住夷洋的有 114 人户，侨居地分布在印度尼西亚、马来西亚、菲律宾和新加坡等地，后裔兴旺。1923 年在印尼锡江就已兴建彭氏祠堂，墓园依故乡名为"虹山亭"。在颇具数量的虹山彭氏侨民群体中，也涌现了不少海外精英。

从泉州虹山乡迁来台湾的枨公后裔有：

1. 懋彬，宗侑公四子，生于清康熙三十八年（1699 年），系枨公 26 世，东二房长派后裔。

2. 孙千，维和公长子，生于清乾隆十八年（1753 年），系枨公 27 世，东长房三派后裔。

3. 孙只，纯超公四子，生于清乾隆十二年（1747 年），系枨公 27 世，东长房三派后裔。

4. 孙极，纯超公五子，生于清乾隆二十一年（1756 年），系枨公 27 世，东长房三派后裔。

5. 孙思，顺轩公嗣长子，生年不详，其弟生于清康熙五十五年（1716 年），系枨公 27 世，东二房二派后裔。

6. 孙通，质慎公长子，生年不详，其弟生于清乾隆六年（1741 年），系枨公 27 世，东三房派下后裔。

7. 豹，孙帝公三子，生年不详，其弟生于清乾隆六年（1741 年），系枨公 28 世，东长房三派后裔。

8.瞆,孙帝公五子,生年不详,其弟生于清乾隆六年(1741年),系枨公28世,东长房三派后裔。

9.存已,宗仁公长子,生于清乾隆二年(1737年),系枨公28世,荃珠派后裔。

10.为棕,庄系公三子,生于清嘉庆二年(1797年),系枨公28世,东长房三派后裔。

11.如须,讳乾,硕意公次子,生于清乾隆三十八年(1773年),系枨公28世,东二房长纯奄派后裔。

12.克楼,讳塔,如陵公四子,生于清乾隆五年(1740年),系枨公29世,存义派后裔。

13.可湿,为鹅公长子,生于清嘉庆十一年(1806年),系枨公29世,东长房三派后裔。

14.可禄,质慎公子,生年不详,系枨公29世,东二房长五派后裔。

15.可孝,寅詹公三子,生年不详,其二兄生于清乾隆四十二年(1777年),系枨公29世,东二房二派后裔。

16.子傲,言山公三子,生于清嘉庆四年(1799年),系枨公29世,东二房二派后裔。

17.枹仲,怀孰公次子,生于清嘉庆二十四年(1819年),系枨公30世,东二房长派后裔。

18.忍居,添全公长子,生年不详,系枨公31世,东二房长派后裔,当年携家眷一同迁往台湾。

19.素奄,字素美,昇辉公三子,生于清道光二十九年(1829年),系枨公31世,东二房二派后裔。

20.树,西川公之子,即枨公32世,东二房长派后裔。

21.季桷,叔岁公之子,即枨公32世,东二房长派后裔。

22.绵远,生于清同治二年(1862年),系枨公32世,东二房二派后裔,娶台湾人白姓香娘为妻。

23.永准,生于清光绪七年(1881年),系枨公33世,东长房修齐派,娶尤氏春娘为妻,与其兴、旺二子(即枨公34世)一同前去台湾。

24.建坊,德成公长子,生于清同治十二年(1872年),即枨公34世,恪齐派后裔。

25. 建塔，德成公次子，生于清光绪五年（1879 年），即枨公 34 世，恪齐派后裔。

26. 乃墙，益美公次子，生于清同治十三年（1873 年），系枨公 35 世，恪齐派后裔。

27. 金木，再养公长子，生于清宣统二年（1910 年），即枨公 35 世，恪齐派后裔，娶有黄氏草娘为妻（黄氏生于民国二年），后又娶台湾林氏悦娘（林氏生于清宣统三年），养子名有德。

从泉州虹山乡七修谱后迁来台湾的枨公后裔（部分）还有：

1. 建淹，永惜公三子，生于民国六年（1917 年），居台湾淡水，系枨公 34 世，东长房克勤派后裔。

2. 文海，金溪公五子，生于民国十六年（1927 年），娶黄氏，育二子一女，居台北，系枨公 35 世，东长房德斋派后裔。

3. 首出，德貌公次子，生于民国六年（1917 年），娶黄氏，育一子一女，居台湾，系枨公 36 世，东长房德斋派后裔。

4. 乃等，建齐公长子，生于民国十二年（1923 年），迁居台湾，系枨公 35 世，东长房恪斋派后裔。

5. 团成，建再公长子，生于民国二年（1913 年），迁居台湾，系枨公 35 世，东长房恪斋派后裔。

6. 乃有，武公子，生于光绪二十八年（1902 年），迁居台湾，系枨公 35 世，东长房恪斋派后裔。

7. 俩姑（男），确公嗣子，生于宣统元年（1900 年），迁居台湾，系枨公 35 世，东长房恪斋派后裔。

8. 文超，锦绣公次子，曾任台湾农田水利部秘书，生于民国十一年（1922 年），娶黄氏、曾氏，子二女一，居台北，系枨公 33 世，东长房三派后裔。

9. 发愤，锦瑟公长子，生于民国十年（1921 年），娶张氏，子一女一，居台北，系枨公 33 世，东长房三派后裔。

10. 永喜，福田公长子，生于民国十七年（1928 年），娶庄氏，子一女一，居台北，系枨公 33 世，东二长振先派后裔。

11. 福厚，讳建健，益后公子，生于民国三十一年（1942 年），娶黄氏、李氏，育子二女二，居基隆，系枨公 34 世，东二房二中山派后裔。

12. 建成，永套（常青）四子，生于民国二十一年（1932 年），娶廖氏，育二子二女，居高雄永康，系枞公 34 世，东二房二中山派后裔。

13. 进均，讳丁平，季光公三子，生于民国十二年（1923 年），1949 年往台湾，系枞公 33 世，东二房二中山派派后裔。

（三）闽东彭氏迁台

闽东彭氏迁移台湾的杰出人物有清朝副将彭日光，生于明崇祯十六年（1643 年），宁德城关海滨南隅筱场人。清康熙十八年（1679 年）海寇群起侵扰我沿海，彭日光召集乡勇与海寇浴血苦战，屡战屡胜，被巡抚吴兴祚提为千总。康熙二十二年（1683 年）升为副将，后随同靖海将军施琅自福州港出发，先克澎湖，继入台湾，收复政权，为台湾回归祖国创建奇勋，晋升为从一品，而后康熙帝采纳施、彭奏议，在台驻兵屯守，设立府、县，彭日光因此居台任职，并因家于台，为祖国统一鞠躬尽瘁。随后闽东彭氏也陆续有人迁移台湾定居，因谱牒毁失而未能详考。

（作者系福建省姓氏源流研究会副会长）

试探开漳姓氏族谱对陈元光研究的史料价值和意义

——以《颍川陈氏开漳族谱》和《白石丁氏古谱》为例

阎 铭

唐垂拱二年（686 年），闽戍将陈元光向朝廷上表，建议在泉潮两地间建州，以安稳局势，巩固唐王朝在当地的统治，此为漳州建州之始。由于陈元光对漳州有"启土之功"、"保民之惠"，[1] 他不仅被当做开发漳州这一历史事件的中心人物，并且在民间信仰中由人成神，被尊奉为"开漳圣王"。研究陈元光，对漳州地方史和闽南民间信仰都相当重要。本文将尝试从文本分析的角度，探讨开漳姓氏族谱对于陈元光研究的史料价值和意义。

以 1993 年厦大出版社编辑的《陈元光国际学术讨论会论文集》为例。在 51 篇会议论文中，[2] 有 27 篇提及与开漳姓氏有关的族谱。这些论文或将族谱作为史料，以佐证论点，或指出族谱文献的谬误之处，以厘清争议。而其中最常被引用的两部族谱是《颍川陈氏开漳族谱》[3] 和《白石丁氏古谱》。

一、槟城本《颍川陈氏开漳族谱》

槟城本《颍川陈氏开漳族谱》是陈氏裔孙祯祥根据光绪乙巳年（1905 年）在马来西亚槟城发现的陈氏族谱，结合永春、江州、广东、厦门四地族谱，从宣统己酉到民国乙卯年间（1909—1915 年）修订而成，1916 年在槟城石印。[4]

族谱收录了自南宋到清代的历代陈氏族谱序言，如南宋庆元年间（1195—1200 年）理学家真德秀撰写的《陈氏世谱序》、明万历二十年（1592 年）龙溪县进士戴以让为陈氏族谱所作的序等。有趣的是，族谱中宋代、明代这些年代较早的序言几乎没有提到陈政、陈元光父子的开漳功绩。直到清代，康熙十四年（1675 年）龙溪教谕陈钟斗[5]的《撰唐开漳龙湖公宗谱总序》和乾隆四十二年（1777 年）南岐派裔孙陈文焕[6]的《唐列祖传记》这两篇序言才比较详细地记载陈元光家族的开漳事迹。而族谱所收录的《龙湖公全集》（即《龙湖集》）[7]和《唐高宗敕陈政入闽》则是陈文焕在乾隆四十二年抄录的。陈钟斗在序言中写道：

> 裔孙陈嗣锵持龙公宗谱示余，谓漳郡遭于兵燹，沦于水涝，载籍荡然，存者什一，求正诸余。余忻然受之……爰展阅字迹，奈不无鲁鱼亥豕之忧。由是讹者订之，落者注之，尚有阙义，不能强解，姑俟之。参稽因得序其世云……[8]

从这段文字可以得知，明清更代时，漳州地区的典籍受到了极为严重的破坏，陈氏的《龙湖宗谱》大概也受到波及，因此裔孙陈嗣锵请求陈钟斗帮忙修订《龙湖宗谱》。陈钟斗认为宗谱在传写刊印中会产生文字上的错误，对宗谱做了文字上的修正和注释。可见在清康熙初年，《龙湖宗谱》的保存情况应该尚可，所以陈钟斗只在文字上下工夫，而不是重新撰写。由于入清后漳州是郑成功、郑经军队与清军反复争夺的地区之一，直到清康熙十九年（1680 年）郑经才彻底退守台湾，我们可以推测从明末到清康熙十四年这段时间，陈氏家族不太可能在政局混乱、屡有兵乱的情况下重修《龙湖宗谱》。那么陈钟斗所翻阅的《龙湖宗谱》则应是至少成书于明末，他在序中对陈元光世序的简介可以看做是对明代族谱中陈元光世序记载的总结。谱序中对陈氏世系的介绍与万历癸丑《漳州府志》不尽相同，却自成体系。

《龙湖集》是研究者常用的研究资料之一，槟城本又是诸版本内现存年代最早的。因此总的来说，《颍川陈氏开漳族谱》中有关陈元光的文字资料是在承袭明代的《龙湖宗谱》的基础上，在清乾隆四十二年（1777 年）基本成形的。

在把《颍川陈氏开漳族谱》和历代漳州府县志进行文本上的对比时，可以发现府县志的文字记载除了大量承袭前志外，也会采用一部分族谱中的内容。也就是说，方志编写者通过引用族谱资料的方式，将族谱中被认为比较可信的内容纳入了官方对于陈元光开漳这一历史事件的叙事当中。

正德《漳州府志》是现存版本最早的漳州府志，它的陈元光传是在宋时漳州府志的基础上编撰而成的，没有直接的迹象证明它与陈氏族谱有关。但是在陈元光的儿子陈珦的条目中，正德志引用了《陈昭素家谱》，[9]说明在修撰开漳陈氏人物的部分时，撰者中少把这本家谱当做可参考的地方资料。然而不知何故，该谱在后来的府志中均未再出现过，取而代之的是其他陈氏族谱。在万历癸酉《漳州府志》的修志引用书目中出现了《龙湖谱》，是 31 部参考书目中唯一的一部族谱。[10] 不知此谱是否就是《颍川开漳陈氏族谱》的《撰唐开漳龙湖公宗谱总序》中陈嗣镕出示给陈钟斗的《龙湖宗谱》。此外在《秩官志下·唐名宦传》中，志书还引用《元光家谱》来充实对陈元光的叙述。并且在按语中摘出了《元光家谱》所载的随陈元光入闽的部将名录，以及附上了从《许氏家谱》、《卢氏家谱》中取材的许天正和卢如金的传记。[11] 而有关陈珦的记载也是出自《元光家谱》。[12] 因此可知癸酉志至少取材了《龙湖谱》和《元光家谱》两部陈氏族谱。通过对比两本府志中陈元光、陈珦父子的传记，可以发现癸酉志中父子二人的形象要比正德志要更为形象、具体，在细节上也有一些不同。如正德志载陈元光为河东人，[13] 万历癸酉志则认为陈元光"其先为河东人，后家于光州之固始，遂为固始人"。[14] 稍晚的万历癸丑《漳州府志》有陈元光传承袭了万历癸酉志的记述，也同样引用了《元光家谱》的内容，同时还根据《许氏谱》，加入了陈元光的祖父陈克耕，祖母魏氏，兄长陈敷、陈敏等人物，进一步完整了陈氏家族的开漳过程和宗族世系。开漳陈氏的谱系和事迹至此基本定型。

入清后，康熙《漳州府志》除了增加陈政传和指出前志根据《元光家谱》而犯的谥号上的错误外，与万历癸丑志的记载基本一致。[15] 光绪《漳州府志》则比前志更为详细，甚至增加了关于陈元光与术者关于陈政墓地风水的对话，却不再明确标注是否引用陈氏族谱。[16]

从正德《漳州府志》到光绪《漳州府志》中对陈元光及其家族成员记载的变化中，我们可以发现开漳陈氏诸人物的形象是在历代府志在传承前代记载的同时，不断吸收明清时期的陈氏族谱而愈发饱满的。另一方面，陈氏族谱中被方志参考、引用的内容，随着时间的推移，也被同化为官方记载的一部分，无须再被标注它是出自族谱的记载了。《颍川陈氏开漳族谱》作为一部在清代中期定型的有关陈元光的文字资料，依然有相当的史料价值。

二、《白石丁氏古谱》

《白石丁氏古谱》，据说始修于宋代，续修于明嘉靖、崇祯时，至清乾隆、嘉庆时仍有增补。[17] 因其年代久远，保存较为完好，为明清以来修志、研究漳州地方史的重要参考资料。如明何乔远的《闽书》中，"柳营江"词条就引用了《白石丁氏古谱》的内容。[18] 与《颍川陈氏开漳族谱》相比，《白石丁氏古谱》的年代就要早得多了。如提及丁儒"与陈鹰扬父子平蛮寇、开漳郡"之事的《江东丁氏世谱序》，落款署名为元释褐状元黄思永[19]。而族谱中其他历代序言也多有提及丁儒随曾镇府戍闽，后来追随陈政、陈元光父子开漳。可见在元代以前，丁氏宗族就已形成了完整而系统的，以丁儒入闽后辅助陈氏父子建漳、开漳为开端的家族历史。由于族谱中记载的丁儒的事迹依附于陈氏父子开发漳州的历史事件，而这些记录理所当然地被当做开漳史料的重要组成部分。古谱中《始祖功德论》一文，便描述了明万历漳州知府闵梦得对古谱的重视：

> 万历某年，郡刺史闵公延诸荐绅大修漳乘，偏访间间故族，徐耀玉先生鏊得吾古谱，阅之乃知柳营江之所由名及陈之前有曾、有丁，喜而志之。据凭吾谱以为德色，并以为漳乘生色。[20]

这段话在万历癸丑《漳州府志》的"柳营"条中可得到印证：

> 按《白石丁氏古谱》，唐自高宗朝有曾镇府者以将军镇闽。丁之先有丁儒者，曾赘婿也。及将军陈政与曾镇府更代……而陈政之前有曾镇府，皆前此诸志所未尝及。[21]

然而癸丑志虽然在"柳营"词条上引用了《白石丁氏古谱》的内容，并指出古谱关于陈政之前有曾镇府戍闽的说法是前方志没有提到的。但是在陈政和陈元光的人物传中，他并没有采用古谱的内容，而是基本沿用万历癸酉志的记载，补以《漳浦县志》的内容。事实上，比起正德志修撰者周瑛的对史料近似于严苛的筛选[22]，癸丑志的编撰者要宽容得多：

> 相传从唐侯入闽者五十有八姓，今惟许氏、卢氏家有谱牒，前志采以立传，其余姓名出自陈谱。建邦启土，咸有功力，与其过而泯之也，宁过而存之乎。惟引摭失实、称谓无据者，间为是正文仍旧乘，事归核实，匪资辨圃，庶几传信云尔。[23]

基于"宁过而存之"的态度，癸丑志和癸酉志一样都采用了《许氏家谱》和《卢氏家谱》的内容。从这段话不难看出，丁氏并不是传统所认为的开漳五十八姓。以至于虽然五十八姓中只有许氏和卢氏存有完整的族谱，官方却不把保存完整的

《白石丁氏古谱》正式纳入开漳历史的叙述体系中。不管是出于"前志所未尝及"，还是别的原因，闵梦得大概对古谱仍是抱着较为审慎的态度，没有直接用它来填补开漳历史的空白。

修于清康熙四十七年（1708 年）的《漳浦县志》在《名宦传》中将丁儒列为唐代的名宦，[24] 比它稍晚几年的康熙五十四年（1715 年）《漳州府志》由于对丁儒的官职存疑，兼之"他无可考，则宁从阙之"。[25] 直到光绪《漳州府志》，才采纳了《丁氏家谱》，在府志中将丁儒同许天正、卢如金共列于参军一类，[26] 标志着漳州府正式将丁儒纳入开漳历史的叙事之中。由于明代的《漳浦县志》已失传，乾隆《漳州府志》因故未刊，我们不得而知这两本志书是否已将丁儒收录其中，但以《白石丁氏古谱》为基础的关于丁儒的记载从明末至清，逐渐为官方修纂者所接受的过程却是相当清晰的。

直至当代，《白石丁氏古谱》被视作"谱记开漳事特详"，[27] 为研究开漳事迹者所好，用于佐证开漳前后的漳地面貌、陈氏父子平叛蛮獠之乱的战争过程、开漳安民的方法和策略等史事。如叶国庆先生的《论陈元光"畿荒一德"的政策——唐"贞观之治"与陈元光的战略》一文中，即引用古谱中的记载，以说明陈政绥抚闽地越人的方法。[28] 郑镛先生的《漳州的建置在江南开发史上的地位》则用古谱来描述陈氏父子平乱时的局势和地理环境，及攻取"蛮獠"的方法。[29] 然而也有学者对古谱提出异议。傅宗文先生的《丁儒龙溪诗篇的年代、作者及历史价值》一文，就通过对植物名实和史地背景的分析，得出古谱所载的两篇五言长诗并非丁儒原作，恐为宋初丁氏后人丁祖所作的结论。[30]

虽然《白石丁氏古谱》至少到了清代才开始被官方修志者视作可采信的族谱之一，其所载的丁儒诗歌也可能是后人伪托，但它仍然是一份相当珍贵的历史资料。由于漳州一直到宋淳熙年间才始修府志，从唐垂拱二年到宋淳熙这四百多年间，没有系统连贯的文献记载，"以故漳文献阙而无考"。[31] 这时，始修于宋代的《白石丁氏古谱》无疑可以很好地弥补唐代至宋代这段时间内漳州历史的空白。

三、结论

从上文对《颖川陈氏开漳族谱》和《白石丁氏古谱》的探讨中，我们可以得出这样的结论。在明清时期，尤其是明末清初这段时间里，漳州府县志的修撰者逐步将与开漳姓氏族谱中他们认为较为可信的部分纳入官方对于陈元光开漳的历史叙事

之中，并因此形成了一段完整的以陈元光为中心人物的陈氏家族及其部将开发漳州
的开漳历史。

尽管这段开漳历史，有不少细节难以考究，与其说是唐代建州开漳的历史，更
像是陈元光开漳这一史实被后人不断修饰后形成的结果。而在具体的研究中，有关
陈元光的身世、平蛮过程、如何开发漳州等诸多问题上仍有许多争议。如陈元光的
籍贯，便有河东说、揭阳说、固始说等不同观点。然而尽管诸说纷然，但是开漳历
史中关键的时间节点、开漳建州的过程和主要的开漳人物却是基本一致的。因而我
们仍然可以把握关于陈元光开漳的大致过程，并以此为基础，探索早期漳州社会、
政治、文化、经济等诸方面的状况。

以《颖川陈氏开漳族谱》和《白石丁氏古谱》为代表的开漳姓氏族谱，除了具
有补充开漳史料的作用，也可以看做自唐以来，民间对陈元光开漳这一历史事件的
看法和认识。它们既与官方的叙事有所区别，又与府县志相互作用。这正与古时陈
元光的祭祀被区分为官方祀典和民间信仰相呼应。[32] 这些族谱保存了大量的明清时
期，甚至更早以前的漳州地方历史资料，具有相当的研究价值。我们可以通过采用
多种甄别史料的方法，通过与正史、方志、碑文的相互对比、印证，谨慎使用，使
它发挥应有的价值。

注释：

1. 正德《漳州府志》卷十四《职官传》。

2. 该论文集实际共收入了 57 篇论文，但有 6 篇与陈元光完全无关。

3. 关于三种版本的《颖川陈氏开漳族谱》的讨论本，参见《福建史志》1995 年第 1 期
的杨际平《从〈颖川陈氏开漳族谱〉看陈元光的籍贯家世——兼谈如何利用族谱研究地方
史》一文，因馆藏文献所限，本文使用槟城本。

4. 槟城本《颖川陈氏开漳族谱》第 12 页。

5. 该序落款为"岁在乙卯蒲月谷旦署龙溪学事教谕举人沈水同谱钟斗陟望氏盥手谨识
于丹霞山平堂"。陈钟斗，清康熙二年（1663 年）癸卯科李达可榜进士，十年（1671 年）任
龙溪教谕，见民国《大田县志》卷五《选举志》和光绪《漳州府志》卷十三《秩官五》。根
据陈钟斗在漳任职时间，可知落款中的乙卯，即康熙十四年。至于容易引起误会的"沈水"
应是指大田县均溪镇玉田村，旧称大田沈水。"同谱"则与序文中"余忻然受之，曰古无二
姓，是即吾宗谱也"一语相应，指陈钟斗自认同是陈姓后裔，《龙湖公宗谱》也是他的
宗谱。

6. 南岐派，即太傅派系陈德秀支脉。太傅派系和开漳圣王派系是漳州陈姓的两大派系，不知族谱何故同时收录陈元光与陈太傅二位不同派系的陈氏开漳祖。

7. 作为常被用来论证陈元光在漳活动的重要资料，《龙湖集》在真伪问题上向来争议颇多，具体学者间的讨论可参见谢重光的《〈龙湖集〉真伪与陈元光的家世和生平》和汤漳平、刘重一的《初唐诗风与岭南诗人——兼论〈龙湖集〉的真伪问题》等文。

8. 槟城本《颍川陈氏开漳族谱》第 43 页。

9. 正德《漳州府志》卷十五《科目》。

10. 万历癸酉《漳州府志》卷首。

11. 万历癸酉《漳州府志》卷四《秩官志下》。

12. 万历癸酉《漳州府志》卷十六《龙溪县人物志中》。

13. 正德《漳州府志》卷十四《职官传》。

14. 与注释 8 同。

15. 康熙《漳州府志》卷十九《宦绩志上》。

16. 光绪《漳州府志》卷二十四《宦绩一》，虽然光绪志在按语中有提及《元光家谱》，但因为这是因袭前志的记载，故《元光家谱》并不一定是光绪志的参考族谱。

17. 《白石丁氏古谱》第 5 页。

18. 明何乔远《闽书》卷二十八《方域志》。

19. 黄思永：万历癸酉《漳州府志》卷十五《龙溪县人物志·元科目》，万历癸丑《漳州府志》卷十六《人物志·选举》。释褐状元：宋熙宁间实行三舍法后，太学上舍生积分和舍试皆列优等，在化原堂释褐，赐给袍、笏，称"两优释褐"，分数最高者号称"释褐状元"，参见上海辞书出版社 2000 年版《中国历史大辞典》下卷第 2934 页"释褐"词条。

20. 《白石丁氏古谱》第 64 页。

21. 万历癸丑《漳州府志》卷三十一《古迹志下·营寨》。

22. 周瑛在陈元光传的评论中写道：旧志载其威灵赫奕大著应验，亦以人心趋附之故也，子不语怪力乱神，故于此皆不收附。表明他是以理学的标准来对待史料。主持修志的知府罗青霄也在后序中称赞周瑛，"若夫荒唐怪诞，与吾儒论异者，皆不在所录"。可想而知经周瑛删裁之后，陈元光的记载必然只剩下正统理学观念的记载。而正德志中的陈元光传也是漳州府县历代方志中最为简练的。

23. 万历癸丑《漳州府志》卷十二《秩官志三》。

24. 福建省漳浦县政协文史资料征集研究委员会编：清康熙志·光绪再续志《漳浦县志》（点校本）第 413 页，2004 年印。

25. 清康熙《漳州府志》卷十九《宦绩》。

26. （清）沈定均修、吴联熏增纂，陈正统整理：清光绪《漳州府志》卷二十四《宦绩一》，中华书局，2011 年版。

27.《白石丁氏古谱》第 1 页，详细的史料价值上的论述参见漳州市地方志编纂委员会 1986 年为古谱所作引言。

28. 叶国庆《论陈元光"畿荒一德"的政策——唐"贞观之治"与陈元光的战略》，《陈元光国际学术讨论会论文集》第 120—124 页，厦门大学出版社 1993 年版。

29. 郑镛：《漳州的建置在江南开发史上的地位》，《陈元光国际学术讨论会论文集》第 84—93 页，厦门大学出版社 1993 年版。

30. 傅宗文：《丁儒龙溪诗篇的年代、作者及历史价值》，《陈元光国际学术讨论会论文集》第 257—266 页，厦门大学出版社 1993 年版。

31. 正德《漳州府志》卷首《漳州府志序》。

32. 古代知识分子对这两种祭祀的看法可以参考陈淳的《上赵寺丞论淫祀》，见正德《漳州府志》卷二十《公移》。

（作者系漳州市政协海峡文史资料馆馆员）

台湾简姓宗亲根在福建永定洪源

张开龙　简晓春

位于福建省西部的龙岩市，通称闽西，是世界客家人公认的客家祖地，在客家史上有着举足轻重的地位，起着十分重要的作用，是客家文化的"根基"，是台湾客家人的重要祖籍地之一，台湾客家人与闽西根脉相连，闽台客家文化一脉相承。由于篇幅所限，本文以台湾简姓同胞根在福建永定培丰镇洪源村为题，阐述两岸简姓客家的渊源关系。

简姓，是台湾客家族群的一部分。对简姓渊源最熟悉者大概都认为：福建梅林山"张简"，即台湾简氏的去台祖是南靖县德润公的后裔。其实，德润公是从永定培丰镇洪源村迁去的，对德润公之前的事，可能仅略知一二。为此，本文欲对此细说一番，让台湾和海外的简氏乡亲了解简家的来龙去脉。

一、简氏先祖雍公

明朝钱塘（今杭州市）人张纲孙在题"涿州城"时有一首五言古诗：

晓霜不在地，微白生牛背。

遥望涿鹿城，隆然沙碛白。

控堞走其下，壁立皆土块。

此地古范阳，甲兵天下最。

侧语闻啼饥，伤心自我辈。

……

这首五言古诗描写了被称为"天下第一州"的涿州地方，风沙侵袭、水土流失、战乱频仍、人民啼饥的苍凉悲惨情景。涿州古时称范阳，又称涿郡和涿县（今为涿州市），距首都北京六十公里，北京是辽朝的陪都，是金、元、明、清四朝的帝都，东扼辽东，西控山西，南倚鲁豫，自古是兵家必争之地，而涿州是它的辅翼，因而也兵灾不断。就在这样的环境中，孕育出刘备、张飞、简雍三位在三国中赫赫有名的英雄人物。

简雍与刘备同年，出生于公元 161 年。晋朝陈寿所撰的《三国志》中有"简雍传"记载，简雍字宪和，涿郡人，年轻时与先主刘备转战四方，刘备在荆州时，简雍和糜竹、孙乾一同任从事郎中，经常以说客身份出使各地，刘备进入益州，刘璋见到简雍时非常喜欢他，以后刘备围攻成都，少壮派简雍去劝刘璋投降，刘璋就和简雍同乘一辆车出降，刘备封简雍为昭德将军。简雍悠闲自得，还是两腿向前叉开，斜倚着坐椅，没有一点严肃的样子，自己随意放纵，在诸葛亮以下的官员面前，简雍就自己占一座榻，枕着枕头躺下来谈话，没有人能辩论过他。由此可见简雍在年轻时就是刘备的好友和高级幕僚，在征战各地和建立蜀汉政权中，功勋卓著，名留千古。故此，至今在成都诸葛武侯祠的文臣座中立有简雍的塑像，供人瞻仰。在简阳县南关外、成渝铁路旁、沱江之畔有"蜀汉简雍墓"，供人凭吊。

中国简姓是黄帝子孙，姬族后裔，始祖见之于《左传》，为周大夫简师傅（僖公二十四年），一说为狐鞠居（续简伯）。按《左传》原文编年，僖公之后为文公，但俱文证较少。近祖为简雍，是有较多文献可证的简氏先祖。

二、简氏入闽始祖会益公及其后裔

简雍在蜀汉建国之后，没有回到北方涿郡，而是在距成都市只十九公里的牛鞞县（今简阳县）定居，传到 20 代简庆远公，唐朝进士，被派出川任江西袁州（今宜春市）助教，生三子。长子简韶一支，由江西高安迁居新喻县（今余新县），后子孙又迁居清江县（又名樟树，今清江市），传至 31 代简鲁仲公居清江喻北桐村，生二子，孟一、孟二。孟一即福建开基始祖简会益公。南宋时期，金人入侵，继之元兵南犯，清江为中原通往广东要道，为进兵必经之地，简氏遂举家避乱，长途跋涉，迁移至相对安定的闽赣边山区福建省宁化县石壁村居住。会益公生于宋徽宗政和五年（公元 1115 年），中式解元。曾任南剑州（今福建南平市）教谕。52 岁时被派至上杭监督筑城，于乾道二年率邓孺人、长子驱公、次子骥公、三子骤公迁居上杭城郊蓝路口，骥、骤二公迁去广东，迄无从考。驱公生于宋绍兴六年（公元1136年），系会益公21岁时所生，卒于宋宁宗嘉定三年（公元1210年），享年74岁。驱公生一子致德公，于宋理宗端平二年（公元1235年）45岁时偕李儒人，携子永同公迁居至距离上杭城170多里的太平里洪源村，住在今蔡屋对面坪隔口山坡上，此时已届会益公逝世49年、驱公逝世25年之后。致德公初迁来时，洪源村大部分是荒坡草地，夫妇开荒种植、艰苦创业，至宋理宗景定四年（公元1263年）逝世。享年70岁，子永同公传子宣公，宣公传子宇远公（溢一、号评上），宇远公传子长源公，长源公传子开华公，五代单丁相传，至八世开华公才生了六个儿子，名次是长公甫、次德甫、三致甫、四德润、五明甫、六仁甫。是时人口增加、耕地不足、住房缺少，家庭艰困可想而知，但开华公与陈儒人还是含辛茹苦，把六个儿子抚育成人，为寻求生活的发展，三子致甫迁至龙潭背头坪寨顶称简屋塘，因该处缺水，改迁距洪源26多里的田地石砌塘开基，四子德润入私塾读四书五经，壮游泮水，去距洪源150多华里的南靖长窖（今长教）附近的梅林村设馆教书，德才风范为当地张进兴公所赏识，被招赘与其第三个女儿结婚，遂在长教开基，并将宇远公遗骸带去葬于梅林马踏鞍穴，德润公遂为南靖简氏一世祖，六子仁甫迁悠湾（原属永定，今属新罗区）。至于长子公甫、次子德甫、五子明甫，则仍在洪源定居，自后会益公的后裔因外出经商贸易，或外出做工糊口，或渡海去台拓荒种植，繁衍于华中、华南、西南、台湾各市（自治区）达数十万人，其中迁南靖长教德润公一支繁衍称盛，德润公姓张、刘、卢孺人生了八个儿子，除长子贵甫无嗣，三子贵祯迁往广东潮安枫溪外，其余六子均在长教、书洋一带创业，至今南靖有11000人左右。在明末清初跟随郑成功去台湾或以后前往台湾垦殖的近千人，目前台湾全省有简姓子孙近20万人，永定培丰洪源祖地有简姓3000多人，永定大排有3000余人，田地、城关、黄仕坑、上杭城郊、长汀城关、龙岩新罗悠远等地共有简姓1000余人，迁往永泰、福鼎、霞浦及浙江省平阳、苍南等县的，现有简姓2000余人。其余属简会益公传下而迁至省外和印尼、缅甸、荷兰等地的尚无法统计。

三、永定县培丰镇洪源简会益公大宗祠

永定县培丰镇洪源村简会益公大宗祠（又称惠宗祠）建于明朝天启二年（公元1622年）。崇祯九年（公元1636年）焚毁。清朝康熙二年（公元1663年）复建，同治四年（公元1865年）为太平军焚毁，同治五年（公元1866年）再建。祠堂大

门两旁书写着一副楹联：

涿水源流远，
范阳世泽长。

在大厅两旁还挂着另一副木雕楹联：

基开南宋八百载箕裘似续，
派衍西江三十传俎豆馨香。

这两副楹联引发了人们对探讨和研究简会益谱史和家族文化的兴趣。

大门一联昭示简姓的根，在古范阳郡涿水边的涿州，这是简姓近祖简雍出生的地方。

大厅一联记述了简会益迁移的时间、地点和世代，也是研究简会益家族的导引。

在大宗祠的大厅里，还挂着"纶音叠锡"、"中宪大夫"、"朝议大夫"、"奉直大夫"、"进士"、"文魁"、"武魁"、"荣封二代"等金匾，这是简氏文化的重要部分。据族谱记载，在同治十六年洪源有千余丁，有功名者 60 余人，南靖县亦多。可见文风之盛。

四、简氏家风精神

1. 在洪源简氏大宗祠内，还竖有四块石碑，分别是"改安八世于覆钟形碑"、"更修始祖坟茔现改二三世合附碑引"、"大宗祠儒资田片碑"、"大宗祠儒资捐银碑"。其记载所及，有永定县城、田地、南靖长教、台湾、洪源等地各分支子孙记名，是研究简会益族史重要资料的一部分。

2. 在历史长河中，福建、台湾和国内各省市众多的简会益子孙，为推动社会进步和历史向前发展，做出了许多有益的贡献。如迁南靖后移居台湾的后裔，近代抗日民族英雄简大狮，他的英雄事迹，引起了许多国内外人士的赞叹，如江苏武进名士钱振煌写下了：

痛绝英雄洒血时，海潮山拥泣蛟螭，

他年国史传忠义，莫忘台湾简大狮。

而今漳州市人民政府已把漳州城内当年简大狮被捕处"简氏侨馆"，列为市文物保护单位并竖立石碑。因此，深入研究和宣扬简大狮和其他台湾抗日英雄简成功、简精华、简添益、简吉等的事迹，以及众多近代和现代的对国家社会卓有贡献的简会益后裔如简祥明等事迹，以激励爱国主义精神，振兴中华，是简氏谱牒研究者的责任。

3. 盼望祖国统一，密切两岸经济文化交流，渴望探祖寻源，欢迎宗亲归来，已是闽台两岸简会益子孙的强烈愿望。因此，开展深入研究南靖、洪源、田地等简会益子孙渡海迁去台湾的移民史、开拓史、经济史和人文史以及大宗亲发展史等等，也是一项刻不容缓的任务。

4. 自简会益三世孙简致德于宋朝端平二年（公元 1235 年）迁居永定洪源后，经历了宋、元、明、清四个时代，计 773 年，其间，在明、清中国农村资本主义经济萌芽时期，洪源于明万历年间从闽南引进了烟叶（晒烟）栽培种植，然后发展了用烟叶制成条丝烟的加工工业，成为农村商品经济的主要支柱，当时不但洪源条丝烟加工作坊林立，而且为了把条丝烟推向全国市场，简会益子孙纷纷外出开店设行，足迹遍及粤、桂、云、川、鄂、豫、苏、皖、上海、天津等省市。由于经营有方，获利丰厚，又纷纷回乡买田建屋，至今仍有许多土墙大楼，还是当年祖先在外经营条丝烟获得归来建造的，一方面又购运土特产，如药材、丝绸、夏布、棉布等回乡销售，促进了农村商品的交流和市场经济的繁荣，另一方面又引进吸收了各省风俗文化中的有益部分，传进了时代气息，形成了洪源简姓客家风俗文化的一部分。

简会益一族自南宋迁入福建，至今已八百余年，其经济发展与文化，实源远流长，宜博采寻微，可古为今用，为两岸和平发展服务。

（作者系龙岩市人大常委会委员）

馆藏《桂东贝溪郭氏族谱》论析

郭　锐

中国客家博物馆收藏有民国十二年（1923年）郭上珍、郭同霖、郭锦棠等编修的（湖南郴州）《桂东贝溪郭氏族谱》一套，该族谱不分卷，存十五册，书衣题签《贝溪郭氏族谱》，整体内容包括福像（郭子仪）、排行、祠图（颜祖祠）、祠记、谱序、凡例、条规、族戒、旧序、翰墨（纪传、谢表、赞、墓志、祠堂记、房约、诰命、行实、寿文、诗文）、祭田、渊源世系、祖派世录等。卷首所记排行为：同人大有，履谦中孚，克绍远图，乃曰鸿儒，家敦礼让，代起贤良，则笃其庆，载锡之光。

据族谱所记，贝溪郭氏先祖郭瞿，字元明，唐僖宗时（874—888年）避黄巢乱，由金陵乌衣巷（在今南京市东南）徙吉之龙泉乡（今江西泰和县）十善镇隐居。始祖郭斌甫，字宪亭，宋京太学生，理宗时（1225—1264年）与太学生黄恺伯等共论史嵩之（1189—1257年）不宜起复，诏削籍归家。由符竹（今江西万安县高陂镇符竹村）徙居悠富（江西遂川县草林镇悠富村）。其世系为：斌甫—尧可（徙居湖南郴州桂东之君辅）—传道—颜叟（创居贝溪）。

关于世系实录，该族谱分宗顺、宗达、宗娄三大祖派进行编修：

宗顺祖派世录：斌甫—尧可—传道—颜叟—和仲—宗顺；

宗达祖派世录：斌甫—尧可—传道—颜叟—南仲—宗达；

宗娄祖派世录：斌甫—尧可—传道—洲叟—启凤—宗娄。

族谱所记世系排行：宗—赋—维—崇—荣—孟—仲—泰—永—选—志—世—化—佑—隆—兴—同—人—大—有—履—谦，传27世。

宗娄房世系排行略有不同：宗—赋—孔—道—养（文）—友—是—昇—荣—华—常（朝）—楚（廷）—登（用）—时（瑞）——（万）—胜（应）—崇

（同）一人一大一有（德）一贻（履）一谋（谦）一中一孚，传 29 世。

研读谱序可以推知，有清以来，桂东郭氏修谱次序为：康熙十六年（1677 年）、雍正十一年（1733 年）、嘉庆十四年（1809 年）、咸丰二年（1852 年）、光绪十二年（1886 年）、民国十二年（1923 年），共 6 次。

一、对郭泰遵支系的考察

桂东贝溪郭氏可谓耕读传家，诗书继世，代有贤人，这在宗顺祖派玧祖房郭泰遵支系表现较为明显。据族谱记载：

> 十三世郭泰遵字凌崖，恩荣八品，创业垂统，燕翼贻谋。
>
> 十四世郭应祥，郭泰遵长子，本讳永孔，字宗鲁，廪生，敏而好学，富而好礼。
>
> 十五世郭琼选，郭应祥次子，字瑶仙，号洁思，岁贡，骚坛祭酒，翰苑名儒，有传文。天启辛酉年（1621 年）生，康熙戊午年（1678 年）殁。
>
> 十六世郭志旦，郭琼选次子，字仍叔，云林雅致，靖节高风。康熙乙巳年（1665 年）生。
>
> 十七世郭世冯，郭志旦长子，字宸周，号甘棠，邑增生，志载孝友。康熙丙寅年（1686 年）生，乾隆戊辰年（1748 年）殁。
>
> 十七世郭斯举，郭志旦次子，本讳世翼，字展翎，号肃亭，恩荣八品。
>
> 十七世郭轼，郭志旦三子，字又苏，本讳世孝。
>
> 十七世郭濬，郭志旦四字，字毓川，本讳世德。

从"创业垂统，燕翼贻谋"、"敏而好学，富而好礼"发展到"骚坛祭酒，翰苑名儒"，经过三代的发展积累，到郭志旦时，郭泰遵支系在贝溪已经颇具儒雅风范，很有名望。

郭志旦自号瞻园主人，平时不乐仕进，然而时常在瞻园与诸好友诗酒唱和。族谱载有其所赋《事大如天醉亦休》诗四首，此仅录两首一窥其生平志趣所在：

> 事大如天醉亦休，杜家千古酒风流。
>
> 如何不解联知己，趋附芸芸若鹜鸥。

酒杯无处不风流，事大如天醉亦休。

逐逐风尘名利客，孰为鸾凤孰为鸥。

康熙六十一年（1722 年）三月，桂东知县贾伦到瞻园拜访郭志旦而不遇，游览瞻园后，称赞其所居"别开生面，洒落多姿"的同时，盛赞其"好读书无名心，亦治生无利心"，可谓评价颇高。

郭志旦四子亦能诗善文，族谱载有郭世冯《梦母钟孺人》、《瞻园禁约》两篇，为文情真意切。郭斯举、郭轼亦以《瞻园十景》为题，从北岭岚光、蒲塘月色、松林莺啭、古径樵歌、鸦归泰峰、西山红叶、春田蛙鼓、堤柳节风、拳山耸翠、晓炊烟接等十个方面吟咏瞻园，颇具雅趣。

二、对贤者达人的记载

郭锦棠在族谱序中称："迨传至我斌甫公，实子暖公之嫡派也，世居赣省龙泉，即今之遂川。由龙泉徙湘沤东君辅，三传至颜叟公，又由君辅徙贝溪，子孙繁衍，振振蛰蛰。由唐室历前清，或擢解，或夺魁，或称名宦，或号乡贤，以及忠孝节烈，散见于家乘者，星罗棋布。"对桂东贝溪郭氏的迁徙历程记载详细，同时也提到了家族人才辈出的显赫历史。笔者翻检族谱，时时可以看到乡贤达人的记载，在此摘录四例：

达公房十八世郭学海（1714—1780 年），字样深，号百川，廪贡出身，乡饮大宾，孝行达部，题准品重儒林，性成肫笃，旌表建坊街尾，入祀忠孝祠宇。

达公房二十一世郭维翰（1800—1869 年），字戳荣，号介亭，候铨巡政厅加布政司理问。奉札保举五品衔，经理五都总局。咸丰三年（1853 年），奉宪总办桂邑军需。不惜钱谷，捐百余担，使桂邑危而复安。苗邑侯赠匾"急公可风"。

达公房二十二世郭树屏（1800—1884 年），行名同绣，字锦华，号艺圃。冠军游泮，食饩明经，每试超等，屡荐乡闱。陈、梁二大宗师按试，以学品超群，廉隅自饬，叠举优行。咸丰壬子科（1852 年）恩进士，国子监学正衔，即选知县，两任嘉禾县教谕，亲加同知升用。生平排难解纷，去莠植禾，拯溺救焚，成梁除道，筹保桑梓，振兴学校，悉绰绰其有余。

达公房二十二世郭正荣（1843—1912 年），原名同楷，字善模，号仙梯，诰封国子监典薄，由军功保奏四品衔蓝翎顶戴，署理湖南镇簟镇协统，后任永守沅州府游击。

所谓"学而优则仕"，贝溪郭氏诗书继世，代有贤人。其族人或以孝行显，或以政声闻，文治武功，瓜瓞绵绵。

三、联省自治对族谱编修的影响

20 世纪 20 年代，湖南、四川、云南、贵州、广东、广西、浙江和奉天等省地方军阀纷纷发表声明，要求推行"省自治"和"联省自治"，建立全国性的联省自治政府。其中赵恒惕主持的湖南自治运动，成为当时影响最大的最具典型性的地方自治运动。

赵恒惕（1880—1971 年），字炎午，湖南衡阳衡山县人。日本士官学校炮科毕业，同盟会会员。参加过辛亥革命和二次革命，后任湘军师长、总司令。1922 年元旦，颁布《湖南省宪法》，经议员选举出任湖南省省长。赵恒惕担任省长期间，坚守省宪，兴学修路，公选县长，发展教育，励精图治，推动了湖南现代化的实质性进展。毛泽东早年更是称誉他为"驱张将士，劳苦功高，乡邦英俊"。

（湖南郴州）《桂东贝溪郭氏族谱》中记载有湖南省长赵恒惕于民国十二年（1923 年）一月二十四日所写序文一篇。文中赵恒惕对"联省自治"多有论述，深入阐述了族治、乡治、国治的关系：

吾国幅员广袤，制治不易，虽以尧舜之隆，但称垂拱，而稽其治之之序，亦不过亲睦九族，平章百姓。其由族治以进于国治也明甚。今之言政者，莫不曰民族自决自治矣。民族何肇？肇于种姓。种姓大者遍一洲，其次遍一国，其次遍一都。从而条析之，则氏族之聚居于一乡一村者，莫不皆是。是故族治则乡治，乡治则国治。

余比年以来，方日以联省自治与海内贤者商榷，思夫治道之所由来，顾推而言之，将见郭氏斯举以支派之分属，氏族之联系，于以饬伦纪、厚风俗、孝友睦、姻任恤，修明有章，由族自治以近于乡自治县自治，比积而省而国，则恒惕之殷望也。

郭氏族人郭亚藩在此次"联省自治"中被选为湖南省宪第一届省议员，其在序文中也极力宣扬"高擎联省之旗，广开制宪之幕"，把编修族谱的盛举视为"湘省自治之机枢，联省自治之权舆"，更把族谱放在"一族之自治根本法"的位置上，可见"联省自治"运动对三湘大地影响至深。

四、郭嵩焘遗文的补辑

郭嵩焘（1818—1891 年），字伯琛，号筠仙、筠轩，原名先杞，后改名嵩焘，湖南湘阴城西人。道光二十七年（1847 年）进士。曾任苏松粮储道、两淮盐运使、广东巡抚、首任驻英公使、驻法使臣等职。郭嵩焘善为文，王先谦曾称："先生之文，畅敷义理，冥合矩度。其雄直之气，追配司马迁、韩愈，殆无愧色。"其所著有《养知书屋诗文集》等。

除此之外，郭氏还于咸丰七年（1857 年）主修《湘阴郭氏家谱》十卷。郭嵩焘在"自叙"中称："汾阳五传至在徽，仕南唐，官鸿胪右卿，始居吉州之望云门。又一传至广国公晖，今吉安郭氏皆广国府君之裔也。"或许是先祖都有聚居江西的渊源，加之道光二十九年（1849 年），郭嵩焘曾亲至桂东贝溪省亲；故此，贝溪郭氏于咸丰二年（1852 年）编修族谱时，邀请时任广东巡抚的郭嵩焘撰写序文一篇。

此外，《贝溪郭氏族谱·翰墨》部分还收录有郭嵩焘寿文、墓志、传文五篇。即《例封修职郎永亭宗丈大人暨德配例封孺人宗母黄老孺人九袤开一双寿序》、《诰封登仕郎冠湘公墓志》、《韵琴太封翁传》、《大文元锦华宗先生暨德配黄孺人五旬双寿序》、《例封孺人宗母罗大孺人八秩开一暨例封孺人宗母何大孺人七袤开一荣寿序》。笔者翻检文海出版社影印本《养知书屋诗文集》，发现该书没有收录这六篇文章。故此摘录全文，或许可以补郭氏遗文之不足。（详见附录）

总　结

桂东郭氏渊源有自，传承近 30 世，向来重视族谱的编修。族谱中保留了大量贤者达人的记载。对郭泰遵支系五世发展情况的分析，更能看出贝溪郭氏耕读传家，诗书继世，在桂东社会有重要地位。

民国初期，在"联省自治"的节点上编修的《桂东贝溪郭氏族谱》，在"饬伦纪、厚风俗、孝友睦、姻任恤"的基础上，不可避免地透露出通过宗族自治达到乡治、县治乃至国治的理政思路。

此外，因为同宗关系，出生于湘阴的郭嵩焘曾于道光二十九年（1849 年）到桂东省亲，并建立了良好的宗亲感情，随后多次为桂东贝溪郭氏族人撰写谱序、寿文、传记等，这为族谱增色不少。从另一方面也保留了郭氏遗文，为郭嵩焘文集的文献整理提供了宝贵线索。

参考文献：

1. 郭上珍、郭同霖、郭锦棠等编修：(湖南郴州)《桂东贝溪郭氏族谱》，民国十二年（1923 年），中国客家博物馆藏。

2. 谢从高著：《联省自治思潮研究》，中国社会科学出版社 2009 年第一版。

3. 胡春惠著：《民初的地方主义与联省自治》，中国社会科学出版社 2011 年第一版。

4. 马勇：《20 世纪 20 年代"联省自治"的理论与实践》，近代中国研究网站，http：//jds.cass.cn/Item/3969.aspx。

5. 郭嵩焘著：《养知书屋文集二十八卷》，沈云龙主编：《近代中国史料丛刊》（第十六辑），文海出版社印行。

附录：

咸丰壬子年贝溪重修族谱序

吾家由吴来楚，星罗棋布，云初几遍湖湘，而生齿之庶繁，席履之丰厚，文物衣冠之联翩济美，惟沤东称最盛焉。焘垂髫时披览邑志，纪（记）载凤岭呈祥，狮山绚采，笔锋丛秀，珠石汇灵。窃叹扶舆之磅礴既极其隆，重以濂溪周子之流风余韵宜其产兹土者，代多闻人也。亟思一至先世发祥之地，以揽其胜而探其奇，于心始快。顾因北辙南辕，片无暇晷，耿耿于怀者久之。

岁己酉，蒙圣恩给假，乃得亲来斯境，初至贝溪谒祠。是日也，群贤毕至，少长咸集。晋接间，见有鹤发童颜者，居然道骨仙风者焉；有冲怀雅度，宛若春云秋月者焉；有名论情谭，不减丝弹竹奏者焉。心焉数之，如游玉海金山，应给不暇。既而往复流连，旬有余日，因获睹大雅之著作，喜其卓然成一家言。益美乡先辈之衣钵在兹，而数百年积累之隆从，可想其大略矣。

维时，适合族谋修谱系，属序于焘。窃念斯举也，尊尊也，亲亲也，敬宗而收族也，前继统绪而后裕诒谋也。《诗》云："昭兹来许，绳其祖武"，其谓是乎？爰为续其排行曰：家敦礼让，代起贤良，则笃其庆，载锡之光。惟愿族中雍睦以召嘉祥，懋修以承世德，积庆以振家声。敬祖也，而实能耀祖睦族也，而允堪光祖。谁谓床笏之隆，徽金台之雅望，仅获端美于前也哉！

赐进士出身翰林院编修国史馆协修荣禄大夫兵部左侍郎广东福建巡抚部院
裔孙嵩焘薰沐敬撰

例封修职郎永亭宗丈大人暨德配例封孺人宗母黄老孺人九裘开一双寿序

吾宗自江西吉安徙籍湖南者几数家，而皆导始于桂东，故桂东郭氏在楚为最盛，髦俊英英，有名闾里者比肩相望。予以己酉之春，访宗人于桂东，又知吾宗永亭先生年寿之隆，与其所以造家致富之由为难及也。

先生少而才俊，能虑事，推度反复，必周必详。家故不甚饶，先后持家政数十年，遂以大富。治宅第数十，楗门以外，田交壤错，露积云屯，皆其手植。既乃入赘为例贡生。嗣君之登（登）黉序，列名太学，左右环立，皆籍籍有声，族党间孙曾蔚兴，既昌以庶。

德配黄老孺人，并心一德，以勤以俭，克相其家。既躬其利，又康和安豫，同享髦期。天之所以与之者，益綦厚矣。

尝窃惟诗人颂祷之义多以眉寿为言，而《閟宫》之诗反覆（复）致其词曰：俾尔富而康，俾尔寿而臧。夫富者口适食而体适衣，然非身之康者，不能享之泰然。寿者齿高望隆，万目睽睽以相瞻属，非臧其身，则令名终閟（闇）。诗人之言，亦何深婉微至如此也。今先生齐眉合德，并以康强之身享福寿之隆，其于诗人所诵实躬备焉，斯可为难矣。

今岁三月，会先生暨黄老孺人同寿八十。予闻而乐，值其盛而犹以未与称觞为歉，乃推而序之，以明夫人生富寿之隆所以取重于《诗》者。如是以为吾宗之人异时升堂介嘏之资，又以见吾族一时之盛。非特为宗人光宠，益见耆耇之徵于一乡一邑者，莫非国家之庆。而吾族乃适遭际其隆，笃庆垂洪，蒸蒸熻熻，所以集祐而延釐者，益光且大也。谨序。

赐进士出身敎授儒林郎翰林院庶吉士国史馆协修兼武英殿纂修衔加一级
宗愚晚嵩焘顿首拜撰并书

诰封登仕郎冠湘公墓志

汾阳郡彦邦昆弟文武均列前茅，沤邑中佳士，亦予族中佳子弟也。亲生尽养，死尽哀，今葬矣，恨无吉壤为之谋窀穸者期年，若远若近，或成或废，不惜重金，兹得佳城而纳宅之辞犹未备。闻予来省公务，讬（托）其姻方君忠仁乞予一言以铭碑。予闻未及详，不禁恍然曰："彦之父非贡生永亭公之第四子，住邑二都狮形塝者耶？非庠生殿扬君之令兄讳联级字冠湘者耶？"噫！异矣，此一乡之善士也，天何夺若斯之速耶！

忆予自宴琼林后为守制，于庚戌来桂东省视家庭，常代永翁祝寿，惜其文不雅驯。维时冠军年近半百，居然有长者风。见其不事诗书，粗通礼义，孝友本乎性生，恋恭率其天质。训子诲侄皆以义，方睦族和宗，从无遽色。亲戚被其惠，邻里服其诚。且得黄孺人贤助，能相君以成家。一切桥路、梵宇修建，无所愒（吝）及。邑有大故，辄慷慨乐捐，以勷（襄）美举。至功名不肯大就，所食不过脱粟，所居不过容膝，闻人有缓急，解囊以赒。予先在其家，问之悉，故言之详。谓天之报施善人，不在其身，必在其子孙，将来后福正未有艾也。孰意即以此而赠封君墓铭哉。铭曰：

崔崔者山，郁郁者木。中有善人，藏此丘壑。其容温温，其质罍罍。素行无亏，知止不辱。马鬣可封，牛眠是卜。天宝物华，钟灵秀毓。于万斯年，永绥后禄。

赐进士出身钦点翰林院庶吉士协修兼武英殿纂修衔加二级

宗愚弟嵩焘顿首拜撰

琴韵太封翁传

夫子申赞《乾·初爻》辞：乐则行，忧则违，确乎其不可拔。盖言潜见因时，惟德裕于已，斯可见可潜，无入而不自得也。焘自束发学《易》，窃持此意以鉴别人伦，每企想其诣于心目间，今于封翁获蔚所愿焉。

封翁讳名标，字韵琴，号中和，世居沤东贝溪。尊人建元公抱道自重，年享期颐，发配偕老，康强逢吉，都人士金称为熙朝人瑞云。封翁继起，世德相承，当其键户潜修也，寝经馈史，孜孜罔斁，为文玉润珠圆，片晷立就。州县试辄压曹，数奇未遇，刘蕡下第，获隽者未免怀惭。

封翁淡然也，潜居里门，出所心得，启迪后学，口讲手指，反复周详。虽祁寒溽暑，不稍辍游其门者，如拨云雾，如睹青天，桑梓间文风因之日振。此可见独善兼善，其量虽殊，其义一也。晚年寓意诗酒，陶然自适，传家惟以耕读为远谋，以淳谨为正轨，以敦伦饬纪为良规，人世纷华，毫不介意。

然蓄之深斯达之壶（壹），积之厚其流自光。封翁偕德配方大孺人恭承天宠，并荷驰封冢君崐莹、仲君锦华，食饩明经而握瑾怀珍，行见掇巍科而膺显秩，孙枝蔚起，悉属瑶环。长者已列成均，余者怀抱利器。将来振翮腾霄，重邀紫诰，食报靡涯，彼苍眷德，岂啬于前而丰于后耶！潜德之光，弥幽弥显，理固然耳。

褁至严溪访轶事，芳型宛在，口碑载途，心焉慕之，方思有以表扬潜德也。适值重修族谱，遂乐为之纪其实，以光家乘云。

钦点翰林院庶吉士国史馆协修

宗晚嵩褁敬撰

大文元锦华宗先生暨德配黄孺人五旬双寿序

宝珠石畔每产文人，凤阁峰前恒多奇士。溯先世发祥之地，桑梓维恭；缅名流崛起之区，山川亦媚。极磅礴郁积之已久，乃清华灵秀之特钟。生斯地者大有人焉，其惟我宗仁兄锦华先生欤！

先生一代君才，三生慧业。瀚（浣）到西江之水，肠胃皆清；餐来蒲树之花，齿牙亦馥。擅雕龙于绮岁，勇可冠军；誇（夸）吐凤于英年，才能华国。既薰香而摘艳，亦茹古而涵今。宿美罗胸，花真在笔，固宜临文扫阵，吐气凌霄；弱水无忧，驾轻舟而直渡；强台可上，舒捷足以先登。而乃曲曲桃源洞，已引夫渔夫飘飘羽縠路。又隔夫蓬山，叹猿臂之难封，怅蛾眉之不嫁，良足嘅（慨）矣。

然而松柏因后彫（凋）而始见者，天心之所以淬励其材也。玉石因追琢而始成者，良工之所以磨砻其器也。是故风之积者厚，乃能为万里之飞；光之蓄者深，乃能为重渊之照。丰城剑气终达乎斗牛，汉水珠光自辉乎川岳。将见文章尊夫台阁，声价溢于寰区。于斯时也，有不羡富贵逼人，英雄得志也哉！

况乎先生前代以来更多盛德，作人伦之圭臬，为后进之楷模。栾武子遗德在人，东平王为善最乐。谷贻有自，槐荫长新。人以为论家学于眉山，渊源不少；吾以为溯门风于伯起，积累居多也。且夫音以同声而益韵，茧以同功而得成。乐羊之奋发有终者，断机之勖（勖）也；仲卿之激昂自勉者，牛衣之谏也。

先生德配黄孺人，井臼宜家，珩璜应节。鸡鸣而戒旦，梦不同甘；椎髻以持门，眉恒懒画。遂使交（高）文通不知漂麦，王浚仲无事特筹，孺人之力为多也。哲嗣有三长，已列夫成均。余暂羁夫骏足，薛氏之弟兄并凤桓家之少长皆龙，他日黼黻天家，辉煌仕版，讵可料乎？

今者大夫当服政之年，参军正应召之日。粲粲门子外事付与衮师，祁祁硕人内事□□贤夫。德曜得天伦之乐，极人事之欢，敢勗（勖）片言以当三祝。良贵君所自□，有乡辈之衣钵在兹；祖武汝其式绳，尊大父之宝田依旧。好音不远，试倾耳于荚酒之前；嘉会可期，待携手于凤池之上。

赐进士出身钦点翰林院庶吉士

宗愚弟筠仙嵩焘拜撰

例封孺人宗母罗大孺人八秩开一暨例封孺人宗母何大孺人七袠开一荣寿序

昔夫子《系易》至《坤》之四曰：阴虽有美，含之以从事。盖妇人相夫为政，生而同其劳，殁而成其志而已无事焉。此所谓地道无成，而代有终也。若吾宗母罗大孺人暨何大孺人之贤，其犹知道者乎？以予闻故例赠修职郎誉扬先生之为人，宏道精敏，能以事自任，自其少时，施为建树，已荦荦可纪。至老而无有勌（倦）敫。

郭氏之分居贝溪者，数十百□，距君辅宗祠相隔十有余里，每时□□□□□诸室牲牢尊俎，颇费周章□□□□□□□营宫室宗庙为先。乃度所居室之东，辟地数十亩，拓基广宇为支祠，营置祭田以奉时祀。又捐田若干顷为义塾，岁以所入延致名师，以课宗属子弟之俊者，于是宗之人翕然和之。翼乎其有容，秩乎其有序，盖所以重本图而基鸿业者如此。其他建桥梁，构神宇，扶艰赈乏，通财广利，靡义弗举，靡劳弗躬。尝以兴宁桂阳四交之区，山路峭厉，久病行旅，乃循求夷轨，疏山通道，更开地数十里，会事未竟而卒，人咸惜之。

夫古人为善必获内助以佐成其志，考之史册，常相半焉。盖坤之道为吝啬，而室家妇子之间其所咨度者，常详于外。耽逸乐于身，策缓急于孙，子之言皆顺而易入，以是沮挠其善心者常多也。而一二树名义喜推与者，必独处人伦之顺，同德而比义，以赞成其所欲为。以先生生平所费且钜（巨）万计，而无愫（客）于其心，亦无告匮于其家，谓非两大孺人赞画周旋之力而谁之力也？

予闻罗太孺人端愨（悫）醇谨，治家以勤，其处事也，尤详以慎。罗太孺人亦如是，无缺礼焉。义培、会文之事其母以及大母者，亦欣欣焉无少问。安愉悦怿，休和翔洽，子孙蔚兴，代有贤誉。于是又知两大孺人之德，薰（熏）陶渍染，以贻子孙麻者，为尤难也。

己酉春，予至桂东，适罗大孺人以是岁仲冬晋八旬开一之觞，何大孺人亦以是月寿七旬开一。予既闻何大孺人左右将事同其好恶，均其劳逸，盖相聚数十年而未尝有忤容。《诗》曰：何有何无，黾勉求之。彼夫妇之间周旋款曲，斯已难矣。而如两太孺人之温惠淑慎以和其家者，盖尤古人之所尚也。

今义培兄弟既皆能读书继志以致成立，而礼培之事罗大孺人左右，有甘旨必供，有事必咨而后行，其于誉扬先生为人而高其义。乃追述其行事，而考引两大孺人之德之盛，以为吾宗荣。又以著其世泽之绵长，业行之广懋，累庆储祐，敦庞硕大，所以介暇而延麻者，且永无疆也。谨序。

又赠联：芝瑞胪欢叠膺云诰，萱晖驻景双晋霞觞。

钦点翰林院庶吉士国史馆协修

宗晚嵩焘拜撰

（作者系中国客家博物馆文博馆员）

薛氏入闽入泉及与台金渊源

薛祖瑞

一

薛氏主要出自任姓，相传黄帝孙颛顼的少子阳（或云黄帝少子禺号）封于任（今山东济宁），得任姓。十五世奚仲，夏禹时任车正（官名），封于薛地（今山东滕县南），奚仲为薛氏得姓始祖。薛国历夏、商、周三代凡六十四世，公元前298年亡于齐，其裔薛登仕楚，以国为姓，称薛公，后子孙分布四方。薛登后裔至三国时有薛永，随刘备入蜀，与子薛齐任巴、蜀两郡太守，蜀亡，薛齐率五千户降魏，迁居河东汾阴（今山西万荣县），渐成河东望族。河东二世薛懿生子三：恢、雕、兴，分为北、南、西三祖。

薛氏还有一支出自妫姓，齐封孟尝君之父田婴于薛地，秦灭六国，子孙以国为姓。此外，尚有鲜卑、朝鲜等民族改为薛姓。

薛氏入闽最早为长溪（今福安）高岑薛氏。据《廉村薛氏宗谱》载：南北朝梁天监二年（503年）薛推六世孙薛贺南迁入闽，辗转定居于长溪县西北乡石矶津村。薛贺六世孙薛令之唐神龙二年（706年）高中进士，为福建省第一位进士，官至左补阙兼东宫侍讲。薛贺子孙后渐衍福建各地。长溪薛氏入闽极早，又世代袍笏，显显翼翼，世系井然，明、清之时，福建薛姓上挂依附甚多。

唐初，随陈政父子入闽的有薛使，据福建漳浦《薛氏起源记》："一千三百余年，以薛使公为始祖，来自皇唐河南光州，固始人也。同将军陈政入闽……一世、二世住潮州，三世住漳浦东山，四世住绍基，五世住漳浦东山、长泰山重。"长泰山重村薛氏自称系孟尝君后代。（其中"皇唐"引自薛振江编《黄帝世家薛氏家族

表》P14）

唐末，随三王入闽的有薛克甫，据福清市三山镇《前薛村（岐阳）薛氏族谱》："远祖薛克甫本河南光州固始县人，从唐王审知入闽，迁于福清城……（又）迁玉融、建宁、永泰。"后有十二世文质公入居惠安县。

据福清《上薛村志》："宋末，尚舍公随益王入闽，居于福州，不久殉于国难，只遗一子节翁公，宋卫士，不愿仕元，隐于福清文峰山下定居，（今）上薛主村已有万人之众"号"文峰薛"。后文峰五世乾福（字天与）因来泉贸易，入居泉州。

大概，入闽薛氏最早于南北朝时从北入居闽东，唐初随陈政、唐末随三王从南入居闽南，宋末则因元军南侵，随南宋朝廷退入福建留居。

二

泉州早在唐代已有薛姓。河东薛氏在唐代最为辉煌，故唐朝任清源太守者中，不乏薛姓。据府志载：武德年间（618—626年）有薛士通，天宝年间（742—755年）有薛昱，建中年间（780—783年）有薛播，宝历年间（825—826年）有薛戎，大中年间（847—859年）有薛凝。其中薛昱以清德著称，薛播厚待客泉名士秦系。泉州薛姓郡守声望均佳，唯不见有留居泉州之记载。另据旧志援引《闽大记》："欧阳詹少与里人王式、吴播、薛涛、郑简、康日韦、王云卿相善……特与诸公会此。"既曰"里人"，可知唐时居住在龙首山一带有薛氏族人。今龙首山居民为蔡、王、陈、康、林、谢诸姓，薛、吴、郑俱已外迁乎？不见记载，尚待考究。

今居住泉州之薛姓，遍布南安、惠安、永春、洛江、丰泽、鲤城，有二十多分支。现在基本查明，主要有四大支派：

其一为南塘薛氏。入泉始祖讳乾福，字天与，福唐文峰（今福清上薛村）人，薛节翁五世孙，元代航海家、大商人，自拥海船航行东南亚、粤、闽诸地，在车桥头设立货栈商行，卒葬泉州东门外七里庵山。在泉州海交史中，我们只注意到许多阿拉伯、波斯、占城海商的作用，忽略了本国海商的存在，中国人从来就不是一个只能面向黄土背朝天的民族，薛天与就是个很好的例子。薛天与梯航万里，子孙繁多。原在文峰娶周氏，生子元亨、元杰、元茂；又在仙游枫亭娶陈氏（或曰刘氏），生子元宝、元实；闻在广东番禺亦有妻、子。已查明后裔2万多人。天与公在泉州娶王氏，居于南塘市（今晋江塘市社区），生一子元美，元美生子六，次子讳士掌，字克铭，永乐乙酉（1405年）京闱亚魁，任杭州府通判，徙居郡城之西，衍肃清、仕曹房；五子士攀徙居南安潘山溪头村（今属丰泽区）；长子士长徙居福州，三子士益先留居塘市，后经倭乱他徙；四子士训徙居南安下庄，后又他迁；六子士尾相传徙居金门。南塘薛氏名行：士世尚德，天应必昌，允迪彝训，奎璧联章，祖宗文学，垂裕远长。

其二为桃源薛氏，据入永始祖二吾公指示：先祖天福公，唐季从王潮入闽，本居嘉禾（今厦门），始居塘市，厥后垂裕公居车桥。至宋，纯儒公登第，入居郡城新路。明初则有嫡裔永兴公，字纯仁，尊为郡城一世祖。七世祖思道公，字以毅，号二吾，万历戊寅（1578 年）徙居永春上场城。清朝及其后又有部分族人返居郡城。

其三为风吹鼓薛氏。祖居地南安水头风吹鼓村，源流尚未查明。今部分族人留居水头，部分徙居厦门，部分于清朝徙居郡城。入城始祖佚名，墓在南安后田，生子五，传四房，已衍 200 多人，有名行八字：克明俊德，启寿联章。

其四为惠安螺城薛氏，原居福清孝义乡化南里岐阳半岛东山，十二世文质公，字于先，号彬亭，于顺治十二年（1655 年）间徙居惠安县螺城庆泉铺，生子七。康熙年间，台湾告平，文质公携长、三、六子回归祖籍，二、四、五子留居惠安。螺城薛氏尊文质公为一世祖，二世起分为孝（后湖）、义（石马）、礼（尖山）三房，已繁衍十四世。

三

据台湾高雄县茄萣乡《薛氏族谱》叙及薛氏在台籍别及渡台先后年代称：

顺治十一年，长泰县山重村薛玉进入垦台南市安平区，后其子藏家移垦高雄县茄萣乡，薛玉进系前述入闽始祖薛使公之裔，开薛姓入台之先，至今子孙繁盛。顺治十五年，长泰薛姓入垦台南；康熙年中，海澄薛珍元与子薛蒲党开垦嘉义大林，云林斗六之间；道光年间，薛禹入垦嘉义；嘉庆年间，漳浦薛纯益入垦宜兰三星；雍正年间，福清薛迪奏入垦东港；嘉庆年间，薛老入垦高雄左营。金门珠山薛氏嘉庆年间先后多位族人入垦澎湖、嘉义、云林、彰化等。

有关泉州市记有："晋江县，道光年间，薛添禄徙居屏东县东港。"

此外，尚有广东各地薛姓入垦台湾彰化田尾，斗六，桃园龟山、八德，台中东势，不赘。

四

泉州薛姓，"南塘"、"桃源"两支有族谱传世。

桃源薛姓虽唐末即入居泉州，但旧谱遭遇火灾而无存，至康熙丁酉（1727年）始重新修谱。

南塘族谱始修于明隆庆戊辰（1568年），末修于民国己卯（1939年），共十六卷，木刻印刷本，经"文革"浩劫，今仅存四残本于泉州图书馆。该族谱始修时仅收南塘郡西房士掌公一族，嘉庆续修时加收塘市房士益公一族，其余四房均未收录。今残本更仅剩肃清长、三、四房（肃清共九房），仕曹长房（仕曹共二房）四部分较完整。即以今存残谱，庄为玑、王连茂两先生合著的《闽台关系族谱资料选编》仍列出迁台南塘薛氏九人。迁台族亲，因当时两岸交通不便，音信隔绝，修谱时记载极为简略，往往不知在台湾定居何地，所娶何人，子嗣如何，一代之后，不见下文，令人怅然。今细勘旧谱，上下求索，分述如下：

十二世迪三公。谱载："迪三公名士三，允乞公三子，娶吴氏，葬石门院祖山，又在台娶□氏。子四：彝泰、彝添、彝寅、彝全。"迪三生、卒失考，但既知其为允乞公三子，查其兄迪文生于康熙己巳年（1689年），其弟迪智生于康熙辛巳年（1699年），可知迪三生于1690—1698年间，即康熙三十四年左右。元配吴氏葬泉州祖山，长子彝泰葬德化县，有一子训迁。可知元配、长子一脉，均未往台，终老泉州。其余三子皆仅知其名，后述无继，推测彝添、彝寅、彝全三子定居台湾，从此失去联系。

十三世彝群公。谱中仅载"彝群，迪祖公三子，往台娶妇"寥寥数字。查其父迪祖讳士成，允乞公长子，则知前述往台迪三系彝群三叔父，彝群乃往台寻叔，或与其叔、堂弟聚族而居，同在台湾某地。

十四世训刚公。谱仅载："训刚名志光，彝来公长子，在台娶妇。"查其父彝来系迪文公次子，而迪文乃首往台迪三之兄，如此，迪三是训刚的三叔公。简而言之，这是一个常见的家族式的移民，郡西仕曹（今会通巷）房允乞公派下，三子士三（迪三）在康熙年间肇始迁台，后其侄彝群、侄孙训刚相继往台，加上其子彝添、彝寅、彝全，聚族而居，可惜不知所居何方，至今与大陆宗亲失去联系已有300年。

十五世奎麟公。旧谱仅载："奎麟名□□，训章公长子，子未详。"奎麟系谱名，原名缺失，本人谱中亦未注明往台。查其父训章，才知悉：其父训章号厚斋，乾隆庚申年（1740 年）生，乾隆戊申年（1789 年）卒，娶粘氏谥懿勤，乾隆庚申生，乾隆戊戌年（1779 年）卒，俱拾骸往台葬。子一，奎麟，往台。奎麟于乾隆末（1780 年后）往台，嘉庆间回泉拾父母之骸往葬台湾。推想他在台已成家立业，决心定居，可惜亦从此与祖地失去联系。

十五世奎地公。奎地讳捷高，号义斋，肃清三房（旧居新街）训继公长子，乾隆丁未年（1787 年）卒，葬台湾。娶陈氏名聘官，谥纯德，与弟妇颜氏合葬象加山。子一：璧狮。其元配陈氏葬泉州东门外祖山，则必终老泉州。其子璧狮，族谱未再续及，可能居台，父子后未再与大陆联系。

十七世联禄公。联禄公属肃清四房井亭分支，是笔者本支叔公，一九三九年末次修谱主持人薛文波是其亲侄，故联禄公谱中资料较全，其家族往台人众，故高雄茄萣乡《薛氏族谱》曾叙及。据族谱：联禄公，讳添禄，字钦若，号福塘，璧亨公四子，原居鲤城会通巷，开族在台湾东港街。添禄有子五：长子章庆名海，生子二：金钟、金盘；次子章祥，生子二：戊金、安然；三子章本，生子二：湘潭、铭煌；四子章霖，生子六：祖荣、祖华、镇江、铁泉、金谷、金丰；五子章色名老色，生子二：仁川、义川。谱中所载子孙共 19 人，均留居台湾。添禄公本人卒于民国辛酉年（1921 年），归葬泉州五斗祖山。可知其子孙 1921 年后才渐与大陆宗亲失去联系。

因谱中仅载其居地"台湾东港街"太简略，笔者长时间未明白"东港街"所指何地。前日至鲤城区方志委，得工作人员帮助，上网查询，才得知：东港镇位于屏东县的西端，隔着台湾海峡与琉球乡遥遥相对。公元 1920 年台湾地方改制，在此设置"东港街"，划归高雄州东港郡管辖，到战后初期划设高雄县东港镇，1950 年改隶屏东县至今。既知宗亲所在，则思往寻亲，但不知迄今已 90 多年，宗亲们尚留居东港旧地，抑或星散而居？请知情人通知作者为感。

五

本文前提及：泉州南塘薛氏二世祖元美公有子六人，"洪武之初，征丁充役，兄弟更名分居四方"。其中六子士尾公相传徙居金门。但现存族谱残卷，有关三世六祖生平，除入居郡城次子士掌公（字克铭）外，余皆失佚，无从考证。南塘十世昌坤公康熙修谱作序云："谱中自一世至五世，俱有传有志，下此则或有志无传，有传无志，均不敢妄为附会。"倘旧谱传志部分复出，则士尾公之源流可一览立明，惜乎!

由于上述缘由,泉州薛姓十分关注金门珠山薛氏。金门薛氏自明倭患之始叠经战乱,迁居澎湖和台湾本岛者众,涉洋至菲、新东南亚亦多,且人才济济,瓜瓞绵绵。

珠山薛氏族谱有两序,其一为《薛氏族谱沿革》,全篇录载我泉八世薛应钟明隆庆戊辰所撰《纪姓》一文,唯金门序文中入泉一世祖"天与公"写为"天舆公"。珠山薛氏族谱初修于清乾隆年间,斯时我泉薛氏族谱尚为手抄本,保存于祠堂木匣中,不轻易示人。珠山修谱诸族贤必定抵泉城与我族长相晤,谒祠登堂,披阅抄录之,且《纪姓》一文专为上溯一世祖天与公之源流,金、泉两薛渊源之深,不言而喻。金门族谱中另一序为乾隆五十七年珠山十七世明玑字立衡所撰。序中曰:"我祖自舜俞公传至开基始祖贞固公,世居银同西市……贞固公行二,娶祖妣刘氏,生一子名曰成济公。当元至正五年(1345 年)元顺宗年,始避乱来浯(金门)太文之南、龟山之西……。"查薛舜俞系南宋绍熙庚戌(1190 年)推恩榜进士,属长溪薛贺一枝。薛成济入浯为元季公元 1345 年,士尾公如迁浯当在明初公元 1370 年后,有一代之差距。泉州薛氏秉持"薛姓一家"之主旨,积极发展与金门珠山族亲的联系。经前任珠山薛氏宗亲会理事长薛芳千的牵线联系,2010 年冬至,以薛建设、薛祖瑞为首的泉州宗亲代表十六人,应邀到金门珠山村参加每年一度的祠堂祭祖仪式。泉州薛氏代表受到珠山宗亲会薛承琛理事长及众宗亲的热情款待,时任台湾"行政院""政务委员"、"福建省"(辖金门、马祖两县)主席薛承泰特地从台北赶来,会见泉州宗亲,并互赠礼物,合影留念。泉、金薛氏之亲情期望与时俱深。

泉州南塘薛氏尚有蚶江薛章玉一枝,早年往台经商,定居台湾员林,章玉子孙与祖地蚶江薛氏宗亲互有往来,2010 年蚶江薛氏祖厝重修落成,八十多岁的薛东培宗长亲临祝贺。

"三春化日舒清景,一域暄风聚太和。"薛氏本黄帝之裔,是缔造中华古代文明的部族之一。几经历史风云,分布于海峡两岸的薛氏族人各自生生不息,奋斗不懈。当此中华民族崛起之时,两岸人民来往日益深入。欣逢盛世,泉州薛氏正在编修族谱,我们期望与多年失散的台湾宗亲早日取得联系,共同续好族谱,无憾于子孙后代。

(作者单位:泉州市区地方志学会)

白水姜氏世系考

王俊海

旧传白水姜氏出自天水郡敬胜堂，由闽长乐而涉。宋元兵燹谱牒无存，维留先世遗纸一幅，得其行第而失其详传。

今查台北图书馆馆藏姜氏谱摘录，唐相姜公辅贬为泉州别驾，五世孙姜誉，唐末永嘉尉，后隐居不仕，兄姜熹入琼；海南姜氏谱记，姜天赐为长乐府古田钓国村人，拔贡生，授南昌县正堂，配江西蔡氏，生四子，长元熹避唐末高平战乱自闽入琼，次元勋隐居，志行高洁，有燕翼贻谋之功；永嘉潮川姜氏谱记，唐时始祖从西京迁泉州，五世孙姜暮（疑为"誉"字）为温州教授，因居焉，传二世，其次子西行几十里择潮川而居；平阳姜垟谱记，始祖入闽越二世后，周显德元年宦游闽中，置业于万全姜垟，等等。祖先事略散见于各地谱牒，皆班班可考。

唐末五季时闽长乐府古田人姜誉为永嘉尉，后隐居不仕。疑隐罗山之东白水姜家坦。此地有姜氏古墓二座，今得墓砖一块，经科学测定为北宋初期由山脚海蚀泥制造。

北宋时白水姜氏叨承祖庇，瓜瓞绵延，人文鹊起，蔚为邑之望族。姜誉三传姜项官任苏州知府；六传姜禧初任大理寺，升学士，拜平昌伯。联姻于吴、陈、胡等当时名门豪族。元祐四年姜氏全家和僧善辉共造姜合桥，今古桥尚存。初建大宗祠于白水横山之阴横川之阳，坐北朝南。

南宋乾道二年温郡海溢，人亡地荒，宗族星散。瑞安马屿姜家汇、瑞安丽岙白门、永强永中北山下、平阳万全姜垟、平阳凤巢溪头等地谱记，苏州知府姜项六传礼二公始迁闽长溪赤岸，宋绍定六年癸巳，闽中盗起，其孙兄弟三人返温，长居瑞邑孙桥（后转沧河），次居瑞邑丽岙白门，三居平阳泗溪（后居宋岙）。姜项八传智二公后分三房居平阳姜垟、温州龙首桥、梅头东岙；智三公宋端平乙未岁迁瑞邑十四都南社，后裔居瑞邑姜家汇等地；民国瑞安县志稿记，七都仙潭乡渔潭姜氏，始祖姜文宋时迁此，大宗祠在永强；而智一公携子隐居罗山之东白水姜家坦下呇底高地，有生于宋咸淳癸酉卒于元至正癸未的女孙嫁吴新翁（见《永强吴氏家谱》）；有生于元皇庆癸丑卒于明洪武壬子名讳姜贞的曾女孙嫁郑祥（见《永强横山郑氏谱》）。智一公之孙恭一，讳树统，字兆伦，号建源，配江边杨氏，生四子，长成一衍白水高地姜氏一脉，次慕源、三思源、四奉源后裔皆迁永中西姜（见《西姜姜氏谱》）；成一公数传至廷秀，幼年随母带瑞邑至苍南，由仁甫蒋氏抚养成人，居苍南麟头（见《麟头姜氏谱》）。明清之时白水姜氏薪火相传，志奋鹏程，薄积而丰。后发轫于今朝，再焕精彩。

然年代久远对此谱牒考证持疑者众。据现代生命科技，验家族之基因，便可知其真伪。基因中之男性染色体者，女性所无，故得父系代代相传，可谓家族之信标。天下男性染色体型号繁多，凡略粗分有千余型，而白水姜氏之族，失散近八百年而流诸温郡各处，不知彼此久矣。今验其基因，则有多族之男性染色体共为一型，再细分后且亲疏明了。先麟头，次西姜，次姜家汇，次沧河，次白门，再北山下、东呇、姜垟等等，与诸地谱牒记载一致，实为同宗共祖一家人矣。

（作者系中华百家姓谱牒收藏馆（温州）基因科技工作者）

《普度民谣》见证闽台缘

——以晋江市安海镇与彰化市鹿港镇为例

柯朝硕

闽台两地因移民的关系形成语言、民风、民俗、民谣等风土习俗的相同。这种地方民俗文化的认同即为"闽台缘"。晋江市的安海镇与彰化市的鹿港镇一衣带水，从两地流传的《普度民谣》中可以看出两地有着千丝万缕的关联。现录厦门大学石奕龙教授《闽南乡土民俗》刊述的鹿港《普度民谣》及安海镇颜呈礼先生收集整理的安海《普度民谣》。供大家参考对照，笔者意在保留民俗文化，见证"闽台缘"。

鹿港《普度民谣》

初一放水灯，初二普王宫，初三米市街，初四文武庙，初五城隍庙，初六普土城，初七七娘妈生，初八新宫边，初九兴化妈祖宫口，初十普港底，十一普菜园，十二龙山寺，十三普衙门，十四饿鬼埕，十五普旧宫，十六普东石，十七普郭厝，十八营盘地，十九杉行街，二十后寮仔，廿一后车路，廿二船仔头，廿三普街尾，廿四普宫后，廿五许厝埔，廿六牛墟头，廿七安平镇，廿八濠仔寮，廿九泉州街，月尾通港普（龟粿店），¹（八月）初一米粉寮，初二乞食寮，初三乞食是食无肴。

古版：安海《普度民谣》

初一起路灯，初二明义境，初三西宫，初四仁福宫，初五咸德境，初六兴胜境，初七七娘生，初八桥摞（黄墩），初十西安，十一鳌头境，十二西河境，十三龟湖，十四无人普，十五做节，十六倒了鑪（无人普），十七玄坛宫，十八坑岬，十九型厝，二十上帝宫，廿一圣殿，廿二史厝围，廿三三公境（大仕宫），廿四关帝宫，廿五新街（厚底街），廿六后库（妈祖宫），廿七永高山，廿八观音殿，廿九大埕头（王厝），（八月）初一小宗埔，初二囝仔普²，初三乞食营。

新版安海《普度民谣》

现在流传的安海《普度民谣》与古版安海《普度民谣》大同小异，略有增减。因地域的扩大而增加"十三普东鲤"、³"十六普安平"、⁴"月尾报恩寺"⁵，因地名减少而删去"（八月）初三乞食营"。

一、对照闽台二首《普度民谣》从中发现诸多相同之处

1. 普度时间的相同，均从每年农历七月初一开始至农历八月初三结束。

2. 民谣的内涵相同：安海的"初一起路灯"与鹿港"初一放水灯"。同为向冥界发出许可各路无主孤魂及"好兄弟"入境享用祭品的信号。安海的"囝仔普"与鹿港的"通港普"，都是在向冥界告知月尾要关鬼门，当日全镇各家各户备五味菜，一谢灯脚，二送各路鬼魂出境归入地府。

3. 二首《普度民谣》都罗列全镇所有铺境在三十余日内轮流普度，这种现象在大陆及台湾同属较特殊个例。

4. 二首《普度民谣》字句均以五字为主，押韵部分均以 ing 韵为主。

5. 二首《普度民谣》的地名有诸多相同之处：如：鹿港的"安平"及"东石"，安海古称安平，而东石则是安海同一水系的邻镇；二首民谣同有"龙山寺"、"妈祖宫"、"城隍庙"，鹿港《普度民谣》中的"许厝埔"、"杉行街"、"牛墟头"、"米粉寮"、"文武庙"、"乞食营"等在安海均能找到相应的地名。

综上所述二首民谣有诸多相同之处，而形成这种相同之处的历史渊源，有必要作一番探究。

二、安海《普度民谣》产生于清初复界以后

《安海志·风俗》将七月普度视为"盂兰会"记载，而"盂兰会"是宗教设醮"做事"从而拯救鬼魂早日脱离地狱苦海，上升天堂或轮回转世超生的一种法事活动。然而"普度"民间风俗是否从佛教的"普度众生"教义演变、脱化而来，还须进一步寻找佐证。因受《唐王李世民游地府》传说的影响，可能早在唐宋时期就有民间设醮普度的习俗。经"好事者造端"及迷信从业人员鼓吹，变为轮流普度，从

而产生《普度民谣》。

虽然安海《普度民谣》形成的时间志书无从稽查，但从明末清初安海地名变更的历史沿革推论则可得到答案。明时安海称安平镇，当时有"东山埔"、"鲤鱼尾"及"报恩寺"的地名。清初迁界遭焚毁，复界后因这三地涉及郑成功与清廷谈判地，而没人敢于重建居住而成为荒埔、废墟及墓地。古版安海《普度民谣》没有这三个地方，所以说安海《普度民谣》的形成是在清初复界以后。

三、形成安海《普度民谣》的社会基础及经济基础

农历七月，按道教说法为鬼月，鬼门关整月开放，那些在战争、瘟疫中罹难的平民百姓及历代阵亡的将士等无主孤魂野鬼将在农历七月四处求食。故闽南一带农历七月有轮流普度的习俗。一般以村、乡、镇为序轮流普度，而安海镇比较特殊，罗列全镇铺境序日而供，以便那些无主孤魂野鬼日日有食而不在地方作祟。这种以镇为单位各铺境轮流普度的形式，需要当地巨大的民间财力的支撑。故《晋江县志·风俗》有"普度拈香……酿钱华弗，付之一空"的记载，可见普度耗费民间巨大财力。所以在大陆闽南也只有商贸繁荣的安海镇才有能力承受这种以铺境轮流普度的巨大经济压力。那安海镇当时的经济实力如何？

安海镇在唐宋以来就是一个繁华的商贸集散地。《安海志·卷一沿革》记载："安海市。其港通天下商船，贾胡与居民互市。宋元祐二年丁卯（1087 年），泉州府设市舶局。客舟自海到者，州遣吏榷税于此，号曰石井津。南宋建炎四年庚戌（1130 年），因东西两市竞利相戕，榷税吏不能制，州请于朝，乃创石井镇。朱熹之父朱松为镇官，此乃安海建制之始。"明朝以降安海港及安海商埠进入繁华的全盛时期。出现"安平之俗好行贾……浮大海趋利，十家而九""舟车辐辏，郊行林立，山海百货，胡贾互市"之局面。明末清初安海镇遭受清廷的"丙申焚毁（1656年）辛丑迁界（1661 年）""安海之官室、寺观、宫庙、民居，扫数毁平"，安海镇遂成荒埔旷野，杳无人烟。那安海镇在什么时候，由什么人主持废镇重建？

《温陵浔海施氏大宗族谱》记载：靖海侯施琅靖台后于康熙二十三年（1684 年）安海复界。施将军委派其族弟施秉进驻废镇安海。施秉字国侯，号鹿门，曾随施琅平台有功，初授把总，驻镇古陵馆，后授左都督，再授提督军门，诰封明威将军。

"施秉受命移防安海主持废镇重建，时安海已废达 28 年"，[6]"东西埭崩决，菁获丛生，荆棘遍野，狐兔出没"，"施秉移驻安海后，督率兵士披荆斩棘，搭盖简易

民房 500 多间，作为招抚流离异乡归来的迁民栖息之所"，"又按三里长街的格局搭建店铺 800 多间，租给迁民"互市，"收四季税"。几年后施秉成为拥有千余间店、屋的大房地产业主，于此同时在安海历来认为是风水宝地的永高山前至石狮巷一带为其子孙营建六座"五间张三进"以上的豪华大厝，因此引起安海五大姓愤慨。为平息民怨，施琅于康熙三十二年（1693 年）将施秉调任台湾凤山军门提督。施秉长子施世榜随父入居台湾凤山，康熙三十六（1697 年）考选为贡生，授闽北寿宁县教谕，施世榜无意仕途，当年乞假回安海继续经营房产业。在这段时间施世榜继父志再建大厝三座，合称"九房施"，施氏成为当时安海望族。施秉离开安海后施琅委任原部将提督兰理驻镇安海。在这段时间返回安海的民众及原有五大姓，纷纷聚族圈建房屋而居。继而出现"九围"、"十八埔"及"林厝"、"李厝"、"陈厝"、"余厝"、"柯厝坊"等新的地方。然继任安海驻镇的提督军门兰理，对施氏占地建房屋、店铺成为一方富豪非常羡慕。在施琅及施秉逝世后的康熙四十六年（1707 年）于安海安平桥水心亭双边（中亭）搭盖店铺 100 余间。因经营效果不佳又于康熙四十九年（1710 年）拆除安平桥从"望高楼"至"超然亭"一带的桥板后（断桥于兰理罢官后，回填杂土，铺碎石复通），另筑土路从"望高楼"经"山斗门"至"西宫"。然后强行占地从"西宫"经"上帝宫"转"新街"至"石井书院口"（朱祠口）搭建店铺 650 余座出租商人互市。此举造成极大的民愤，民众纷纷依据旧契联名上诉要求赎回祖业。综上所述，安海复界后二次兴建街市的大型运动，虽有凭借官府权势巧取豪夺民众财产之嫌，但对复界后的安海经贸市场的复兴起了积极作用。这种"前者巧取""后者豪夺"的行为，是施秉调任台湾及兰理在康熙五十年（1711 年）罢官的原因之一。总而言之，施秉、施世榜父子在安海镇从废墟中重建复兴的过程中有重大建树。

清初复界后的安海商埠在短短的二十六年间建有新旧街道数十条，店铺近一千五百间。可见当时安海商埠的规模宏大，经济非常繁荣。这种繁荣除得益于安海商埠几百年的厚积薄发及"安平商人"的儒商经营理念外，特别得益于清政府开放两岸贸易，使天然良港安海港能够发挥巨大的海运吞吐作用。清廷在施琅收复台湾后，于康熙二十四（1685 年）年在厦门设立"海关"，安海港的货物及渡台人员经厦门港转口到台湾、台南的安平港。厦门港需转内陆的客货也从安海港转口输入内地。由于安海港口、商埠的繁荣，清雍正七年（1729 年）设立户部税馆，曰"鸿江澳"。正如《安海志》所载，"安海港成为厦门客货转口之要港"，特别是清乾隆四十九年（1784 年）开放台湾鹿港与大陆蚶江对渡以来，安海对台贸易尽得"天时、地利及人和"，港口的吞吐量及商埠集散功能空前发达。正如《安海志》所载，"来自各地商贩，骡驮车载，肩挑背负，更是熙熙攘攘，络绎不绝于途"，使安海成为福建三大名镇（晋江县的安海，莆田的涵江，漳州的石码）之首。

由于安海商埠的繁荣不是靠资源、矿产或工业，而是依赖具有巨大风险的海上运输来维系，因而形成听天由命、靠天吃饭的宿命思想。再者，安海系从废墟中重建，明末清初又是清廷与郑成功之间的主要战场之一，而生灵涂炭，哀鸿遍地。从迷信的角度看，当地有大量的孤魂野鬼需要赈祭及普度超生。在当时社会科学技术欠发达的情况下，难免滋生封建迷信的思想。这些商人大都昨日还在流离失所，一夜之间暴富如有天助，所以他们热衷于求神托佛，大修宫庙等封建迷信活动，在这种情况下形成带有迷信色彩的普度民俗，也没有什么奇怪，《普度民谣》就在这种时代背景下产生。

四、《普度民谣》借助大陆蚶江与台湾鹿港对渡的桥梁，大量的泉南移民将闽南的宗教信仰及地方民俗带到台湾而相沿成俗

依据《温陵浔海施氏大宗族谱》记载：浔海施氏十六世施秉又名施启秉，于康熙三十二年（1693年）施琅将其调任台湾凤山县军门提督。施秉有三个儿子从安海随同前往台湾侍亲。其长子施世榜为凤山贡生，授寿宁教谕后回安海经营房产；次子施世魁为凤山武生；四子施世黻为诸罗武生，生二子，均留台湾拓展。后裔衍成台湾望族。

施世榜回安海又于康熙四十年（1701年）往台奔父丧并袭父职，为台湾凤山兵马使司副指挥而入台定居。康熙四十四年（1705年），施世榜化名施长龄，以安海商人的名义向官府申请垦殖彰化浊水溪流域（半线番社、东螺平原、鹿港溪北岸一带）。接着到大陆招收移民渡台种植而收取租米。从事垦殖关键是"水利"，施世榜正急于筹集资金兴修水利时，适逢兰理提督断桥建安海新街市场，严重干扰安海旧街经营，施世榜主动低价出让安海的店铺，集中资金筑建彰化"八堡圳"水利设施。因水圳可供水灌溉彰化县十三堡半的其中八个堡（103村），土地受益面积21万亩，故曰"八堡圳"，为纪念安海商人施长龄（施世榜）建圳之功德又名"施厝圳"。以上只是安海移民，彰化鹿港的前奏。

清乾隆四十九年（1784年）清廷开放台湾鹿港与晋江蚶江对渡以来，大量安海及安海周边的民众移民台湾从事垦殖及到鹿港经商。如做泉郊生意的安海林氏，做京果、京味生意的安海"许厝埔"许氏，安海兰氏的打铁作坊，安海五乡水头的

蔡氏、姚氏、黄氏的"米粉寮",安海洪氏开染房,安海邻村的井林许氏建盐埕等等。还有大量从事垦殖活动的村民如:安海及安海周边的"青阳蔡氏稔六致政"派下六个自然村,这次有一个半村依据族谱登记整理《青阳蔡氏钱湖瑶里裔孙涉台芳名录》从该文中看出:这一个半自然村当时人口不上 2000 人,在清乾隆年间到台湾从事垦殖的就有 250 多人,他们大部分居住台中市的彰化县一带。

在鹿港与蚶江对渡前,鹿港只是一个小渔村,通过对渡的闽台商贸活动及大量的移民垦殖开发,鹿港跃居台湾第二大经济文化重镇。俗语"一府(台南)二鹿(鹿港)三艋舺(台北)"就是在讴歌鹿港的繁荣。所以从清康熙二十二年(1683年)到清道光年间(1820—1850 年)被台湾史学界称为台湾经济、文化发展的"鹿港期"。"鹿港期"也是鹿港的黄金期,当时鹿港人口达十多万人,拥有八大行郊:"泉郊金长顺"、"厦郊金振顺"、"南郊金进顺"、"布郊金振万"、"敢郊金洪福"(杂货行)、"油郊金长兴"、"染郊金合顺"、"糖郊金永兴"等。八郊中以泉郊为最盛,泉郊中又以林品的"日茂行"为最盛。传说《嘉庆君游台湾》的故事就发生在"九曲巷"林品豪华的住宅中。清嘉庆皇帝钦赐"大观"及"太子楼"匾额给林品,也从侧面佐证鹿港经济的繁荣。

台湾鹿港与晋江安海的经济文化繁荣及发展有着同样的时代背景,鹿港的繁华是靠大陆闽南籍移民的开发,所以鹿港民众膜拜的神祇大部分从闽南分灵香火而来。其中神格最高的佛祖"观世音菩萨"系从安海"龙山寺"分香到鹿港"龙山寺"。台湾鹿港几乎全盘承接闽南的宗教信仰及闽南民俗文化,所以说鹿港《普度民谣》是从安海《普度民谣》移植来台。

民俗文化是中华文化的一部分,民俗的形成是有一定的时代背景的。《晋江县志·风俗》云:"风俗之本,在民心;风俗之转,在教化。"如今政通人和、科学进步、社会和谐,在政府有关部门大力宣传移风易俗活动的感召下,人们自觉地改变原有普度那种轮流请客的劣俗。《普度民谣》即将失传的情况下,笔者本次引用并无意宣传迷信,而是用来引证一段"唐山过台湾"的"闽台缘"。

注释:

1.2."月尾团仔普"即为"通街普"及"通港普"。七月如没三十日,则普廿九,或普八月初一。

3.明末清初安海原称"安平镇",当时有"东山埔"及"鲤鱼尾"的境名。因该地有座

"东山书院"，郑成功曾在此与清廷谈判，清时遭到焚毁而无人敢兴建业产，成为废埔及墓地。1980 年安海镇政府将"东山埔"及"鲤鱼尾"开发成东鲤社区。

4. 安平开发区系 1991 年外商黄加种先生在安海镇西南部，利用堨田、盐埕、滩涂开发成新区。

5. "报恩寺"始建时间未考，南明隆武二年（1646 年）四月，郑芝龙重建"报恩寺"。隆武帝亲赐"敕建报恩寺"匾额。郑成功在此与清廷谈判。清时其址遭到焚毁而无人敢于重建。改革开放初期安海镇西安村颜氏华侨移址重建。

6. 清时主持重建安海镇的是提督施秉。原《安海志》手抄本为"施提督"，但出版《安海志》时误为施琅。清初迁界至复界计 23 年，但安海提前 5 年，即"丙申"焚毁开始，计 28 年。

参考文献：

1. 石奕龙：《闽南乡土民俗》，香港·闽南人民出版有限公司出版。

2. 颜呈礼：《爱安海》网。

3. 《温陵浔海施氏大宗族谱》。

4. 郑梦星：《晋江谱牒研究·四期》。

5. 许在全主编：《泉州文史研究》，吴金鹏先生的文章。

6. 乾隆版《晋江县志·风俗》。

7. 中国文联出版社：《安海志》《安平志》。

8. 《晋江与台湾·文化民俗信仰》。

（作者系福建省济阳柯蔡委员会安海片区分会秘书长）

以"肖"代"萧"谬误考订

萧祖绳

一、萧姓考

萧氏立姓，已有四千余年。萧氏族源有四：

1. 伯益后裔。《姓氏考略》云："伯翳之后，作土于萧，是为萧猛亏。"萧猛亏即中国第一个萧姓人物。伯翳即伯益，为舜帝臣僚，佐大禹治水有功，其后在萧邑（安徽萧县西北）开荒定居。《左传》称殷民六氏，萧为六氏之一。

《尚书·禹质》有载，古代冀州的部落曰"鸟夷皮服"。鸟夷族有三个著名首领：伯益、少皞金天氏、皋陶。据传伯益通晓鸟语，部落以凤凰作为图腾标志。凤凰为百禽之首，伯益正是鸟夷族首领。

2. 出自子姓。春秋之初，商纣王庶兄微子启十一世孙宋国大夫乐大心，人称乐叔，因平定南宫万之乱有功，宋桓公以萧邑（江苏萧县）封之为萧国。乐大心遂改为萧大心，人改称萧叔。萧叔之后，以国为姓。

3. 少数民族改姓，或被赐姓。据《续通志·氏族略》、《姓氏词典》、《古今姓氏书辩证》等所载，汉时巴哩、伊苏济勒、舒噜三族被赐萧姓。据《辽史·列传·后妃》载："太祖慕汉高祖皇帝，故耶律兼称刘氏，以乙室拔里比萧相国，遂为萧氏。"契丹唐时分为八部，五代后梁耶律阿保机并七部，占东三省、热河、察哈尔、绥远及直隶北部并内外蒙古之地，形成对俄罗斯的威胁，俄罗斯称其"KuTaü"（"骑答夷"契丹的音译），即中国，并延称至今。一个民族代表一个国家，足见契丹鼎盛时期的辉煌。据《续资治通鉴》记载，有辽一朝"姓氏止分之二，耶律与萧而已"。辽后族附会为萧何后裔，以兰陵为郡望。契丹各族萧姓群体的规模相当庞大，佼佼者众多，有：萧敌鲁、萧匹敌（辽封兰陵郡王）、萧思温、萧挞凛、萧排押、萧图玉、萧孝穆、萧奉先……辽圣宗统和年间，萧太后（名绰）与宋真宗订"澶渊之盟"。

4. 外姓改入。金、元时期，在我国北方流播的"太一教"，因创办人姓萧，许多信徒纷纷改为萧姓。另，据传宋朝战将钟达有七个儿子，其中三个避祸改姓萧。

萧姓作为一个悠久的姓氏在中国历史上曾几度辉煌。

萧史，周宣王以为史官，时人遂以史名之，善吹箫，秦穆公以女弄玉妻之，有凤来止，公为筑凤台。弄玉向萧史学吹箫，夫唱妻随，琴瑟和鸣，萧史乘龙，弄玉乘凤，直上九霄，成为千古美谈。

西汉初，开国元勋宰相萧何被后世萧氏子孙尊为一世祖。萧何辅助汉高祖刘邦封为鄼侯。西汉"一代儒宗"萧望之为帝师，刚正不阿，宁死不屈，被后人奉为神明，建庙敬祀。泉、台两地太傅香火十分旺盛。

《汉书·萧育传》："（育）少与陈咸、朱博为友，萧闻当世。往者有王阳、贡公，故长安语曰'萧朱结绶，王贡弹冠'，言其相荐达也。"世称"萧朱"。

南齐萧道成、梁萧衍先后登上九五之尊，萧姓共出过18位帝王。齐、梁两房子孙封王、公、侯、伯、子、男及刺史百人以上，出将入相不计其数。

南齐，萧子良（460—494年），字云英，编成《四部要略》千卷，著《内外文笔》四十卷。

萧统（501—531年），字德施，梁武帝天监六年（507年）立为太子，事母至孝，英年早逝，史称"昭明太子"，乃集总之祖，天下奇才。文著六朝。存世有《昭明太子文集》三十卷。

梁，萧子云，字景乔，风神间旷，不乐仕进，留心撰著。撰有《晋书》、《东宫新记》等。善草、隶，为时楷法，尝飞白大书"萧"字。国史补："梁武帝造寺。命萧子云飞白大书一萧字。后寺毁，惟此一字独存。李约见之买归东洛，建一室以玩之，曰萧斋。"后世称之为"萧寺"、"萧斋"，典故乃出于此。

萧子显（489—537年），字景阳，为梁史学家，曾据不同版本《后汉书》考证异同，编成《后汉书》新版百卷，后又撰《南齐书》六十卷。

入唐之后萧氏先后有八人入阁为相，接踵端揆，世称"八叶传芳"。

萧颖士，唐颖川人。年十九举开元进士对策第一，高才博学，博爱仁厚，有萧夫子之称，与李华均为中唐古文运动先驱，时称"萧李"。

萧德言，唐地理学家，字文行，贞观中（627—649年）完成中国地理学上的里程碑《括地志》（正文 50 卷，又序略 5 卷）。

南宋漳州萧国梁擢进士第一，大魁天下。

在反侵略、反封建及大革命洪流中萧氏宗亲也有许多杰出人物。

萧三友，晚清人，官至守备，甲午战争爆发，赴台督军协力反攻盘踞彰化的日军，在指挥诸军与再犯云林的日军鏖战中阵亡。

萧佛成（1862—1939 年），祖籍福建南靖。生于暹罗曼谷，为同盟会暹罗分会会长，创办《华暹日报》宣传革命，募捐革命经费，是两广集团的重要成员。

萧友梅（1884—1940 年），现代音乐教育家。早年留学日本、德国，谱有《问》、《国耻歌》等十首钢琴曲，创办中国第一所音乐学院。

萧楚女（1896—1927 年），原名萧秋。中国共产党早期青年运动领导者，1926 年任黄埔军校政治教官，并在广州农民运动讲习所任教，1927 年主编《中国青年》宣传革命，当年牺牲。

当代还有：中国人民解放军萧劲光大将，萧华、萧克两位上将，萧望东、萧向荣、萧新槐三位中将，另外在 1955—1965 年间还有 21 位萧姓宗亲被授少将军衔（萧前、萧元礼、萧文玖、萧永正、萧永银、萧全夫、萧远久、萧应棠、萧学林、萧思明、萧新春、萧平、萧森、萧锋、萧大荃、萧友明、萧志贤、萧荣昌、萧选进、萧建飞、萧德明）。台湾前"行政院长"、当今副领导人萧万长。台湾"法务部"前"部长"萧天赞。国民党上将萧毅肃。国民党中将 11 名。国民党少将 55 名……

文武两萧前：

萧前，原名锡尧。江西万安人。1931 年加入中国共产党。第十五兵团军政治部副主任。参加了辽宁、平建、广东等战役。建国后，任军政治部主任，军区空军干部部长，军区空军副政委、政委。是中共九至十一大代表。1955 年被授予少将军衔。

萧前，原名萧前菜，我国著名哲学家、哲学教育家。曾是著名哲学家艾思奇的得力助手。著有《萧前文集》（政协主席李瑞环亲笔题名），生前为国务院学位委员会哲学学科评议组成员、召集人、特邀代表，中国辩证唯物主义研究会会长、名誉会长，中国人民大学五名资深教授之一、中国人民大学首批荣誉教授。现为中国人民大学哲学系教授，博士生导师，国务院学位委员会、哲学学科评议组特邀成员，中国辩证唯物主义研究会名誉会长，享受政府特殊津贴的专家。主要著作：《哲学论稿》、《辩证唯物主义原理》、《历史唯物主义原理》、《马克思哲学原理》、《实践唯物主义研究》、《马克思主义认识论研究与我国社会主义现代化建设》、《关于中国社会主义现代化的哲学反思》、《新大众哲学》等。作为当代中国有代表性的马克思主义哲学家，中国人民大学马克思主义哲学原理教科书体系的主要创始人，最为突出的是对马克思主义的实践观点和生产力观点富有创新意义的阐发。作者关于"马克思主义哲学是实践唯物主义"、"历史唯物主义是唯生产论"等论断，在学术界和社会上影响深远。

萧扬，最高法院院长，1938 年出生，广东省河源人，1968 年 5 月加入中国共产党，毕业于中国人民大学法律系本科，是中国首席大法官，1993 年至 1998 年任司法部部长，党组书记。1998 年任最高人民法院院长，党组书记，审判委员会委员。2005 年香港城市大学第 19 届学位颁授典礼，向最高人民法院院长萧扬等杰出人士颁授荣誉博士学位。

萧秧（1929—1998 年），又名萧元礼，四川省阆中市五台镇人，祖籍广东兴宁，曾任四川省委副书记、省长。当选为第六、七届全国人大代表和中国共产党第十四大代表，十四届中央候补委员。1993 年 4 月兼任国务院三峡经济联合发展委员会主任委员，1998 年 10 月 9 日在成都逝世，享年 70 岁。

萧寒，河北省馆陶县人，70 年代至 90 年代曾任国家经委副主任，煤炭工业部部长，全国能源基地主任，中国神华集团公司董事长等。

萧姓后裔在科技、医学、文艺等领域也各领风骚。

萧龙友（1870—1960 年），中医学家，中国科学院学部委员。1930 年与孔伯华大夫创办华北医学院，为北京四大名医之一。

萧长华（1899—1967 年），戏剧家。长期与著名京剧演员梅兰芳同台演出，京剧名丑。建国后任中国戏剧学校校长。

萧乾，原名萧秉乾，现代作家、文学翻译家、著名记者，是第二次世界大战欧洲战场唯一的中国战地记者，曾任《大公报》文艺副刊兼旅行记者。1949 年任英文《人民中国》副总编辑。1956 年任《文艺报》副总编。

萧伦（1911—），放射化学家，中国科学院学部委员。

萧健（1920—1984 年），宇宙线高能物理学家，中国科学院学部委员。

萧纪美（1920—），金属学家，中国科学院技术科学部委员。

萧泉生，泉州人，人防工程供水给水设计专家，消防灭火专家。2005 年中国建筑设计院（集团）授予其"功勋员工"称号及金质奖章。

萧氏是一个古老的姓氏，一个声名显赫的家族，作为炎黄子孙历朝历代都与整个中华民族血肉相连，息息相关，有着不可磨灭的贡献；作为一个独立的群体在漫长的历史长河中有着不可替代的位置。

2000 年全国第五次人口普查萧姓人口约 767 万人（不包括港澳台），是全国 100 大姓之一，人口列第 30 位。

二、"肖"姓考

二十世纪初之前中国文字没有拼音。字典、辞源、辞海所有的字的发音全用韵切。"肖"，据字而言有四个读音。

（一）"肖"，《辞源》（民国时期王云五编纂，由商务印书馆发行）载："细腰切，音宵。"《康熙字典·正韵》载："'先彫切丛，音宵。'衰微也。"

1.《史记·太史公自序》载："申吕肖也。"申吕是舜帝后裔。舜帝后裔本姓姜，后又分一支姓申。到了申吕时，没有发展，衰微了。2.《庄子·列御寇》载："'达于知者肖。'注：肖，失散也。"3.人名，《战国策》载："周肖，魏臣。"衰微、失散、人名三个释义明确读音"xiāo"。这是"肖"的第一个读音。因此，笔者考证"肖"（xiāo）并不是姓的发音。

（二）"肖"，《康熙字典·集韵》载："或作俏，亦作宵。"明确注明"肖"有 qiào 的发音。现代人读十二生肖（xiào），古时读音为十二生肖（qiào）。这是"肖"的第二个读音。

（三）"肖"，《辞源》又载："'细要切，音笑，啸韵。'似也。"《康熙字典·集韵》载："'仙妙切丛，音笑。'《说文》：骨肉相似也，从肉，小意，兼声。"《康熙字典·杨子方言》又载："趙肖，小也。"这个注释直接点明"趙"与"肖"的关系，并说明是"小（少）也"。这也证明"肖"作为姓，后来已读"xiào"音。这是"肖"的第三个读音。香港壁联姓有"肖·司徒"，直接注音"肖"为"xiào"音。

（四）汉代的大学者许慎在《说文解字》一书中，是这样解释"趙"字的："趋，趙也，从走，肖声。"从而证明"肖"最早发音（zhào），"趙"的发音是从"肖"（zhào）缘起的。"肖"（zhào），这就是"肖"的第四个读音。

据笔者考证"肖"姓其源不一，有汉族，有少数民族，有冒姓，也有改姓。不但古有此姓，今亦有之。据笔者考证《元史》肖乃台、肖撒八为冒姓，少数民族羡慕中原文化，历代冒姓不乏其人，有冒姓刘、萧、李……肖乃台、肖撒八慕"趙"宋，弃"走"留"肖"作为姓。清，肖雅奇为其族后裔。

由语文出版社出版，吕叔湘任首席顾问、李行健主编的《现代汉语规范字典》独树一帜，它把"肖"注成只读 xiào 的单音字，字头下的第二个义项，就是"姓"。这样处理，"肖"与"萧"就完全脱钩，"肖"已成为独立于"萧"姓之外的另一个姓。这样，它的读音变成了去声 xiào，从而成了另外的姓氏。该书荣获国家图书奖和国家辞书一等奖。

"萧"与"肖"历史上是截然不同的两个姓氏。肖姓在中国古代汉族中极为罕见。《姓氏考略》载："汉有肖安国、肖绍。"明万历凌迪知撰《古今万姓通谱》载："汉代有肖安国、肖绍；明时有肖靖（明宣德中解元）。"《元史》载有两个少数民族肖姓人物，即肖乃台、肖撒八，都是蒙古人。《满清通志·氏族略九》载，除《元史》所载肖乃台、肖撒八外，增加肖雅奇。肖雅奇，镶黄旗汉军人，任三等护卫。

1921 年由商务印书馆出版的《中国人名大辞典》载："肖望、肖乃台。肖乃台，元初蒙古人，原姓秃伯性烈氏。以忠勇侍太祖。从木华黎为先锋。金亡。肖乃台功为多。以老病卒。"

陈文宫编撰《中华千家姓》载："明有肖邦用，任文县教喻。"该书还记述："当然萧姓比肖姓在历史上早出现 400 年，两者关系如何，待论证。第三次人口普查居第 75 位。"

1950 年台湾人口普查中全岛共有 28804 户，其中萧姓为 2161 户，肖姓仅有 2 户。在 1976 年台湾人口普查中全岛人口总数为 16951904 人，其中萧姓人口128350 人，肖姓为 26 人。那么在大陆茫茫人海之中肖姓人口应有一定数量。肖姓作为一个独立的姓氏确实存在。《南齐书》萧子响（468—490 年），字云音，齐武帝萧赜第四子，永明初，为南彭城、临淮二郡太守，六年（488 年）封巴东郡王，七年出为江州刺史，旋改荆州。萧子响，性好武，勇力绝人，后得罪贬爵为鱼复侯，永明八年因叛乱被杀，"赐为蛸氏"。齐武帝认为，子夺父位乃猪狗不如，只堪与虫类为伍，"赐为蛸氏"（蛸即蜘蛛的一种）。有人推测肖姓来源与此事件有关，其实不然，萧子响死时只 20 岁。南齐政权在萧子响被诛之后只维持 12 年。距萧衍建立梁王朝至梁亡也只有 67 年，这段令人不齿的历史不可能有改姓肖的可能。如果改姓，梁时或梁之后，市朝已变，其后也一定把姓改过来。

三、"肖"姓与"赵"（今作"赵"）姓历史上曾经相通

肖姓作为一个独立的姓氏存在倒是与"赵"姓有关。少皞金天氏的后代姓

"趙"，少皞氏与伯益有血缘关系，少皞氏的部族以燕作为图腾标志。这是上古时期的事，而后来的"趙"姓受姓又与周穆王西游有关。古代的君王都会定期到全国各地"巡狩"视察，西周时期周穆王也曾周游天下。穆王，姓姬名满，即位于公元前976年，去世于公元前922年，在位55年，享年105岁。公元前964年，即周穆王在位十三年，他率领七萃之士，乘八骏之驾，以柏天开路，造父御车马，浩浩荡荡沿着渭水向东前进，到了盟津，渡过黄河，然后，沿太行山西麓向北挺进，直达阴山脚下，转而长途西行，到了昆仑山又向西走了几千里，到达一个"天方夜谭"式的国度，即"西王母之国"。周穆王行程一万两千一百里，一路上看到许多稀奇古怪的人物，经历了许多妙趣横生的事情。西王母梳着蓬松的发型，穿着小垂的豹尾式的服装，在瑶池盛宴款待穆王。此事颇具传奇色彩，亦幻亦真。司马迁《史记·周本纪》只字不提周穆王西巡之事。他可能认为仅仅是传闻。但司马迁在《史记·赵世家》载，周穆王时，"趙"姓的受姓始祖造父因功受赐"趙"城（今山西洪洞县），由此而得姓为"趙"。

《晋书·武帝纪》记载，咸宁五年（270年），汲县人不准（人名）盗发魏襄王冢，得竹简小篆古书十余万言，藏于秘府。晋武帝立即选派几位饱学之士，前往整理，一共成书16种25卷。《穆天子传》是其中之一。《穆天子传》所记的时间、地点、事件都历历可数，如同日记一般。《隋书·经籍志》、《新唐书·艺文志》把它列入"别史"，明朝《崇文总目》则把它归于传记，《左传》在昭公十二年中也载："昔穆王欲肆其心，周行天下，将皆必有车辙之迹焉。"以至于他的大臣祭公谋父作《祈招》之诗，"以止王心"，从此周穆王的远游才停下来。

根据史料记载：周穆王自镐京至"西王母之国"行程一万二千一百里，过去学者按所说里程，认为"西王母之国"应在西亚或欧洲。但在1992年中日两国关于《穆天子传》的学术研究会上，学者提出，中国秦以前的"里"指的是短里，只有77米长。因此"西王母之国"应在甘肃、新疆一带，中心位置在敦煌、酒泉一带。这和班固在《汉书》西域传中长安至锡尔河流域的康居有一万两千三百里的记述是一致的。后人根据郦道元的《水经注》注解的山川、河流，都和《穆天子传》记载的毫厘不差。西王母蓬松的发型、豹尾式的服装，也在出土的文物中得到印证。在我国西北部考古出土一件舞蹈彩盘，盒内有三组跳舞的场面，每组五人，头上都梳着蓬松的发型，舞衣从背后下垂像豹尾一样。

"赵"姓始祖造父，作为周穆王御夫，侍从穆王西游一路辛劳，劳苦功高，被受封赵邑，其后以此为姓。

"赵"在金文中是典型的象形文字。"走"在古文中是跑的含义，而现代人的"走"在古文中即为衣食住行的"行"。汉代的大学者许慎在《说文解字》一书中，是这样解释"赵"字的："趍，趙（赵）也，从走，肖声。"又说："走，趍也，从夭止，夭止者屈也，凡走之属，皆从走。"又说，"肖，骨肉相似也，从肉小声"。"走"与"肖"二字结合为"赵"字，"赵"的含义就是亲近的随从仆人。"趙"姓的受姓始祖造父正是周穆王的亲近车御。在奴隶社会中，驾车的马夫地位是低下的。在西藏农奴制时期就是这种情况。"走"在甲骨文和金文小篆中就被书成双膝跪地。"肖"，下面的月字，过去字典偏旁部首称为"肉肢部"，现在字典称为"月"部，代表身体，凡与身体有关器官皆带有"月"字，如：肝、腰、背、肺……"肖"字，在"月"字上加"小"即汗流浃背。周穆王赐造父为"趙"姓可谓颇费苦心，甚有讲究，把造父忠于职守，肝脑涂地，一路辛劳形容得淋漓尽致，惟妙惟肖。"肖"（xiào），在字典的解释为像似也。所以成语中有惟妙惟肖这个词。

造父六世孙奄父，名公仲，为周宣王近御，助"宣王中兴"。周宣王三十八年（公元前789年）伐姜戎，王师大败，周宣王圣驾被姜戎军士掀翻，宣王滚于地下，眼看就要成为俘虏。在这千钧一发之际，奄父之子带叔将宣王救起冲出重围。周宣王感恩，授带叔执政，故《史记·赵世家》载："自带叔以下，赵宗益兴。"

在中国戏剧传统剧目中有《赵氏孤儿》，写的是春秋时赵氏孤儿被义士所救的动人故事。"赵氏孤儿"名叫赵武，是造父的后裔。赵武生赵成，赵成生赵鞅。赵鞅即是中国历史上有名的赵简子、赵孟，都是同一个人。

1965年12月中旬，为配合山西侯马电厂的工地建设，考古人员在工地作抢救文物发掘。曲沃县农业中学一名学生在勤工俭学参加劳动的过程中，拣到了用朱砂写的密密麻麻的不认得的字的石片。山西省考古所的陶正刚先生赶忙和其他考古人员将这些石片保护起来。后来，先后在侯马出土5000多件玉石片，这些玉石片磨琢精致，用毛笔书写，字迹与春秋晚期的铜器小篆铭文相似，大部分是用朱砂写成的朱红色文字，也有小部分是黑色的文字，玉片大小不一，字数也有多有少，多的达200左右字，少的只有10余字。这就是后来考古界所称的"侯马盟书"。在春秋末，整个社会礼崩乐坏，动荡不安，诚信缺失，正是由于道德沦丧，出现大量背信弃义的言行，才需要盟誓旦旦来约束结盟之人。

"侯马盟书"是春秋晚期晋国正卿大夫赵鞅与卿大夫订立的文字条约，要求参加盟誓的人都效忠盟主，一致诛讨驱逐在外的敌对势力，不再扩充奴隶、土地、财产，不与敌人来往。赵鞅作为晋国的新兴势力之一，是一代枭雄，他为赵氏崛起，扩张宗族势力，广事结纳，联络本宗，招降纳叛。召集同宗与投靠他的异姓，反复"寻盟"。在暴力高压下，参盟者一个个胆战心惊，向神明誓，以包括本人在内的身家性命为担保，对赵鞅表示忠心，倘有违反盟誓者，就要全族诛灭。据统计参盟人有 152 人之多。"侯马盟书"是社会的大裂变、大动荡、大变革的反映。

1995 年"侯马盟书"被评为新中国成立以来十大考古发现之一。在这 5000 多件玉石片中，赵鞅（即赵孟、赵简子）的"赵"字，有写成"趙"字，也有去掉走字底写成"肖"，赵鞅作为盟主，当然再也不愿意给人当跑腿，这也显露赵鞅的不臣之心。以此可证在春秋末，"趙"与"肖"相通，并且读音与赵同，"肖"作为姓，读 zhào 音。

晋定公十八年（公元前 494 年）赵鞅逝世，其子赵毋恤（即赵襄子）继承爵位。赵襄子与魏大夫、韩大夫主宰了晋国朝政。后来形成了三家分晋的政治格局，战国就是以"三家分晋"的历史事件掀起战国的七雄之争的序幕，赵鞅玄孙赵籍于周威烈王二十三年（公元前 403 年）正式建立赵国。

公元前 221 年，秦始皇横扫六合，统一中国，统一文字，统一货币，统一度量衡。赵国的江山不复存在了。以"肖"代替"赵"姓的历史也结束了。但小部分的"肖"姓仍旧有所保留。

无独有偶，公元前 344 年，周显王姬扁二十五年（魏惠王在位二十七年）因迁都汴梁，故七雄之一"魏"曾改称"梁"。魏惠王改称梁惠王。这是个大事件。梁惠王下令铸大梁司寇鼎，鼎铭刻 20 字："梁廿又七年，大梁司寇肖亡（无）智金寸（铸），为量容半，下官司。"肖亡智即赵亡智。这次事件在《侯马盟书》之后，且已进入战国时期，"肖"作为"赵"姓已普遍使用，从大梁司寇鼎以"肖"代"赵"我们再次印证了事实。陈剑 2000 年 10 月发表于《中国教育报》论文《战国金文两篇》，其论述也考证"肖亡智"乃"赵亡智"。

郑思肖，南宋人（1241—1318 年），字亿翁，号所南。福建连江人。曾以太学上舍生应博弘词科，授官和靖书院山长。郑思肖书室称"木穴世界"，寓"大宋天下"。他不但是位造诣很深的艺术家、诗人、文学家，还是一位政治家、思想家。他学习百家，皆造奥极。元代画家王冕称其"文章学问有古人风度"。日本大阪市国立美术馆藏有其《墨兰图》。美国耶鲁大学艺术陈列馆也有其一幅作品。郑思肖好画兰花，表明心迹，他画的兰花露根，不写坡地，被称为"露根兰"。人问其故，郑说："地为番人夺去，汝犹不知耶？"郑思肖名、字、号、书室皆元朝入主中原后所改，自称三代野人，坐心南向。郑思肖作品有《一百二十图诗集》、《所南文集》、《心史》。他把《心史》用铁函封缄，沉入水井中，明崇祯时，于吴中承天寺井中出之，世称《铁函心史》。郑思肖临终嘱其友唐东屿曰："思肖死矣，烦为书一牌位，当云大宋不忠不孝郑思肖。"思肖，即思赵，怀念故主之含义也。郑思肖，作为博览群书的一代学者，他是知道古代"赵"与"肖"通，赵从肖声的典故的。他不明说，别人也怕招祸。现代人对"肖"作为姓读"zhào"已知之甚少矣。笔者考证"肖"（zhào），这是"肖"的最早读音。

四、"肖"姓不可替代"萧"姓

综上所述，我们清楚知道"肖"与萧姓是两个独立的姓氏；"肖"与"萧"既非异体字，又非繁简关系。春秋、战国时，"肖"姓与"赵"姓通用，说明当时"肖"是"赵"的异体字。

大陆"肖"与萧的混用，主要受 1956 年公布《汉字改革方案》的影响，特别是 1977 年 12 月 20 日，国家语言学会公布了《第二次汉字简化方案（草案）》一度以"肖"代"萧"，萧氏族人，各界人士在媒体、字典、工具书的推波助澜下，深受其影响。在 1986 年 6 月 24 日国家语言工作委员会发布《关于废止〈第二次汉字简化方案（草案）〉和纠正社会用字混乱现象的请示》的通知，在各大媒体上重新发表《简化字总表》中以"肖"代"萧"已经纠正。但这并没有扭转混乱的局面。笔者本人家里有一本由商务印书馆出版，中国社会科学院学院语言研究所词典编辑室编《现代汉语词典》（1978 年 12 月第 1 版，1983 年 1 月第 2 版，1996 年 7 月修订第 3 版，2000 年 3 月北京第 260 次印刷），此书仍旧沿用以"肖"代萧。笔者最近查看了《中国人民解放军将军谱》一套三本，第一本是编汇元帅、大将、上将、中将集，此书由文物出版社出版（一九八七年十月第一版第二次印刷），责任编辑华家玶。这一集把大将萧劲光、上将萧克、萧华，中将萧向荣、萧望东、萧新槐的"萧"姓全改为"肖"姓。第二、三本（上、下册），全是收录少将军衔的将军，也是由文物出版社出版（1987 年 12 月第一版，1987 年 12 月第一次印刷）责任编辑仍旧是华家玶，但里面 21 位授予少将军衔的萧氏宗亲，都冠以萧姓。可见，"肖"与"萧"姓混用到了何等荒唐的地步。一错再错，欲罢不能。萧氏族人翘首以望能有还其历史本来面目的一天。

中国社会科学院语言文字应用研究所汉字整理研究室和山西大学计算机科学系合作，语文出版社 1991 年出版的《姓氏人名用字分析统计》一书，利用 1982 年全国人口普查资料，用计算机对北京、上海、辽宁、陕西、四川、广东和福建7个省市174900个人进行的抽样综合统计显示，萧姓人口仅有72人，姓氏排列第198位。

令人遗憾，公安部在全国发放第一代居民身份证时，居然还在全国范围内使用以"肖"代"萧"身份证及其他证件、护照等。在发放第二代身份证时，笔者本人小女满十八岁，在为其办理身份证时，由于户口本登记时误用"肖"姓原因，不能改姓"萧"。古人云大丈夫坐不更姓，行不更名，我们只能自叹不如。今年4月24日新华社北京电："公安部管理局最近对全国户籍人口统计分析显示：王姓成为我国第一大姓……"我们萧姓在百家姓中的位置被挤掉了，取而代之为"肖"。以少数人的肖姓替代近千万人的萧姓岂不怪哉！5月11日《每周文摘》指出公安部治安管理局的统计资料不准确，没有把港澳台的人口加入是错误的，不能以"肖"代"萧"，应加入被挤出百位的萧姓。

笔者手上有三份泉州市部分县区姓氏排列分布情况表。第一份，截至2000年11月1日零时之前《安溪百家姓排列新序及其分布》萧氏全县姓氏排列为18位，人口12464人。第二份没有注明具体统计时间，《南安市姓氏排列》肖氏全县姓氏排行为43位，人口2761名，南安县人口统计直接以"肖"代"萧"。第三份，2003年5月统计《鲤城区各街道办事处姓氏排列顺序及其分布》肖氏排列41位，人口955人，而清朝时号称萧半城的萧氏排列130位，人口只有50人。这显然是以"肖"代"萧"造成混乱而贻笑大方的闹剧。据笔者考证，泉州没有"肖"姓，所谓的"肖"姓其实都是萧姓族人。

姓氏是文明的曙光，血缘的标志，婚姻的纽带，部族的开端，国家的根基，跨越地域、国界，并渗透着宗族的血缘。人之有祖，犹木之有本，水之有源也，然而继继绳绳不穷其本，我们不应该把姓氏仅仅看成是个符号，它包含着国家与民族许多远古时代的信息。任意更改姓氏是对其整个宗族的不尊重！不仅我们"萧"被改为"肖"，还如"戴"被改为"代"、"傅"被改为"付"等等，不一而足！国家要统一，民族要团结。海内外萧氏本是同姓、同根、同源，不要人为地造成混乱。我们祈望政府尊重史实，发一个正式文件，拨乱反正，正本清源，具体落实"肖"姓替代"萧"姓的更正工作，恢复我萧姓的原来面目，不应把"肖"代"萧"的混乱局面留给后代，以免张冠李戴，谬误流传，造成千古遗憾！

（作者系泉郡萧衍本房二十世）

从徐向前家谱体例的改变看中国家谱体例改革的方向

阎晋修

中国十大元帅之一徐向前，谱名象谦，字子敬，投身中国革命后改名向前。祖籍山西省五台县建安乡，系三股19世孙。清康熙初年，其10世祖士遇公迁居石村，11世祖绵孔公移居永安村定居。

山西五台徐氏始祖才甫公于明洪武年间，从马邑（今山西朔州）迁居五台县河池都二甲籍居县西南35里建安村。才甫公子孙兴旺，至今10股（大房）子孙已繁衍30世，人口达2万多人，徐向前所属的3股这一房人，现已有9200多人。

一、《徐氏宗谱》体例的过去与现在

《徐氏宗谱》自二股11世绎孔公于康熙三十五年（1696年）创修以来，至2013年12修本出版已续修了11次，共经历了317年。在317年中连创修的版本在内，已有12个版次了。这12个版次的《徐氏宗谱》用的是什么体例呢？要说清楚12个版次体例的问题，需知道《徐氏宗谱》体例发展的四个阶段：

第一阶段：采用"体例不明确"时期：从历次修谱的序言中可知，从1696年创修本起，到乾隆三十五年（1770年）的4修本，共计74年中，修了4次，但都未留传下来，所以用的是什么体例已无法确定。

第二阶段：采用"欧氏体例"时期：从乾隆三十五年（1770年）到民国二十三年（1934年）的164年中，修了五次，从5修本主修人天叙公写的序中可知，自5修本起开始采用欧氏体例，因此5修、6修、7修、8修、9修本已采用五横栏式欧氏体例，其中5修、6修、7修本未留传下来。

第三阶段：采用"七横栏欧氏体例"时期：从1934年至2011年止的77年中，

修了两次，可能因为五栏式欧氏体例比较费纸张，所以 10 修本、11 修本改为了每页七栏，但仍然是欧氏体例。

第四阶段：采用"新体例横排本"时期：自 2013 年 4 月的 12 修本起，经宗祠管委会审查批准，同意由阎晋修任《徐氏宗谱》12 修本主编，负责将《徐氏宗谱》11 修本的欧氏体例，改成为他创新的新体例，将竖排繁体字格式改成横排简体字。

为什么《徐氏宗谱》12 修本的主编要由阎晋修担任？

虽然阎晋修不姓徐，但他仍然是徐氏家族的成员，因为他是三股 20 世外孙。阎晋修从事家谱研究 20 多年，是祖宗牌新体例家谱的发明人，理应主动积极地为母亲的徐氏家族修谱尽到一份孝心，尽到一份责任。

二、"欧氏体例"《徐氏宗谱》11 修本的落后之处

欧氏体例是北宋欧阳修编《欧氏家谱》时创立的家谱体例，在中国家谱史上有不可磨灭的重大功绩，近千年来一直被广大民众沿用至今。其体直序，世系横推，以图的形式列出祖先世系，每 5 世一图，第二图自 5 世至 9 世，第三图自 9 世至13 世，以下类推。

虽很多人在沿袭使用欧氏体例续修家谱和翻查家谱时，已经感觉到翻查费时，不方便，纸张浪费大等弊病，但该体例仍然被沿用着。这是因为在没有出现可以取代欧氏体例的新体例之前，人们没有更多的选择，然而新体例《徐氏宗谱》12 修本的问世，给人们带来了选择借鉴的绝好机会。

1. 欧氏体例的落后之处主要有以下方面

（1）受自身格式的局限，篇幅大，纸张浪费大

由于受欧氏体例自身格式的局限，加之字体较大，每一页只排 5 代，所以每页纸排印的人数较少，以致不少页面只有几个人，甚至只有一两个人。因此，一些人数上万或几万人、十余万人的大家族的家谱有几十册，甚至上百册也不足为奇。

显而易见的是，在当今印刷条件、版面格式早已今非昔比的情况下，仍然继续采用千年以前的老版式来印制家谱这条路的确再也不能走下去了。

（2）翻查费时、难查

很多人查欧氏家谱时都有一个共同的感受，就是费时、难查。当然查某个人及其子孙肯定能查到，但是对全套谱册有几十册以上的大家族来说，要查一个人，要

查若干人，往往很费时间。

2. 难查的主要原因在哪里

主要原因在于从 5 世到 9 世、9 世到 13 世……所在页面的头一行只标明了父××，而未标明其父在哪一页，而页面的末一行只标明了子××、××……但未标明其子 ××……应该往后查哪一页。因此，如果需要连续往上或往下连续查很多代人，则需在多册谱本的若干页中逐代往前（或往后）查很长时间才能完成。

因此，要在大家族的几十册、上百册的家谱中寻根问祖是很费时的。如果说只知道某人的名字和代数，但不知道他是哪一房的人，那就更难查、更费时了。

3. 为什么人们还要继续沿袭欧氏体例

虽然人们对查谱难这一点早就认识到了，但是对每一位主持修谱的人来说，他办的事是一件在自己的一生中，从来也未办过的事，他没有经验，也不了解有什么更好的家谱格式来供他比较，供他选择。所以，一代又一代的修谱人对老祖宗使用过的老格式，只能照搬沿袭，而不敢改弦更张，不敢越雷池一步。这也是中国家谱多年来为什么一直落后得不到改进，得不到创新的根本原因之一吧！

三、新体例 12 修本有哪些先进之处

《徐氏宗谱》改用的新体例是阎晋修创新发明的，其先进之处主要有以下几个方面：

1. 先进、方便、适用、查谱快捷准确

新体例之所以先进、方便、适用，是因为世系图的表现形式有所创新，采用了新的图示形式：（1）按男左女右排列。（2）每页排 10 代人。（3）通常情况下按双联页排版。（4）本姓男或女用较大字体排印，夫人及女婿、外孙等用较小字体排印。（5）每页首行或末行都注明了往前查 ×× 页，往后查 ×× 页等等。（6）世系图还可以手工补充填写等。（7）每页边框外加了提示语，使查谱更方便了。

所以采用阎晋修创新发明的新体例来续修家谱，会让使用人感觉到先进方便适用，查谱快速准确等优点。

2. 节省篇幅、节省资金

由于对新体例家谱的页面进行了科学设计，页面清爽醒目，与原来的 11 修本页面完全不同了，因此，大大节约了篇幅，11 修本原有 2044 页，还有附本 28 页，总共计 2072 页。而 12 修本连 24 页彩页在内每本只有 984 页，比 11 修本少用纸 1088 页，节约了 52.5% 的篇幅。因此原来的 8 卷本改成了一册精装本，不但节约 50% 多的资金，而且好查好用了。

3. 新增补充填写页，对家谱续修与传承具有积极作用

在新体例 12 修本中，特地增加了"世系图补充填写页"和"新增家族成员入谱登记表"，具有积极而重要的作用。

每个家族都希望家谱能够世世代代传承下去，但是应当怎样修才能传下去？可以说在海内外的绝大多数中国人的家谱中并未有什么具体的方法和实施方案。而在《徐氏宗谱》12 修本中，却公布了续修的具体方法和措施，让后代子孙明白应当做好哪些工作，为家谱的续修与传承做准备。因此，按照有关具体规定按时填报"世系图补充填写页"和"新增家族成员入谱登记表"是非常重要的措施。

四、新体例 12 修本制定了续修规划，在中国家谱发展史上是一项具有深远影响的举措

新体例 12 修谱本制定公布的"续修规划"和"具体实施步骤"，可以说在各家各姓已经修好的家谱中从来都没有采用过。因此，这一做法是中国家谱发展史上令人耳目一新的重大创新，是一项具有深远影响的举措。

12 修本对今后如何续修作了放眼于"万长久远"的规划性安排部署，为徐氏子孙永续不断地续修下去做了前瞻性安排，从而为后代子孙遵照祖辈的设想把家谱传承这件大事办妥、办理想提供了方法，从具体的措施上保证了《徐氏宗谱》作为传家之宝永续不断地传承下去。

1. 为什么家谱续修应制定规划

大家可以设想续修家谱这件大事，如果祖辈不提前设计规划好，在若干年之后谁来自告奋勇、主动承担这个重任呢？现今时代人口流动迁徙已经很频繁了，若干年后还能有多少子孙能保证与故土、与宗祠联系不会中断呢？如果很多子孙不参与

宗祠的活动，从情感上不重视家谱的续修与传承，那不是家谱中的血缘传承关系就会越来越窄了吗？那不是很多徐氏子孙的名字就不会再出现在家谱中了吗？这种很多人并不愿意看到的现象，在 11 修本中，在 12 修本中都已出现了，的确有很多小分支接不下去了，有很多在外地的宗亲与宗祠已失去联系了。

因此，我们应当以 12 修本已制定出的续修规划为契机，广泛宣传，作出决定，作出安排部署，让后代子孙"有章可循"。全体族人应当把宗祠管委会作出的决定，当成祖宗的训示认真遵守，切实履行。因此，我们应当用长远的眼光规划部署续谱这件大事，根据有关要求和具体的操作步骤，让儿孙们懂得并明确这件大事为什么应当办，以及应当如何办。

2. 两次续修间隔多少年为宜

起始年限的确定，应当符合人们的一般认识为好，建议 50 年续修一次，也就是两代人修一次比较合适。年份的末两位数为 50 和 00 的年份，就是应当续修的年份。也就是说规划中的续修年份是 2050 年、2100 年、2150 年、2200 年……比较合适。也就是说 2050 年第 13 次续修，2100 年第 14 次续修……

3. 每次续修的准备工作和实施步骤

既然已将续修家谱的年份确定了，那么要提前做好哪些准备工作呢？

（1）宣传续修家谱规划的要求、意义和作用。结合 12 修本的颁谱，向全体徐氏家族成员广泛宣传续修家谱的规划，续修家谱的意义和作用，让大家提高认识、增强意识、积极参与。

（2）为了有利于族人增强对续修家谱的认识，要广泛宣传对族人的要求。要求每逢末尾数为 9（也就是从 09、19、29、39、49 或 59、69、79、89、99）的年份，各大家庭都要将本房本支系新增成员填入"新增家族成员入谱登记表"，上报宗祠管委会。

为什么每 10 年就要上报一次？因为这样做有助于增强家族成员对续谱意义的认识，提醒大家不要忘记加强与宗祠的联系。如果长时间都不与宗祠保持联系，就会削弱、淡化人们与宗祠应当经常保持联系的认识。要让徐氏儿孙都知道，自己这支人如果不与宗祠保持联系，那么新续修出来的家谱中就不可能刊印自己这支人的名字，那么他们这支人在家谱上就中断了，失传了。如果不是每 10 年就上报一次，而就在 xx48 年，或 xx98 年集中一次性上报不是更简单一些吗？否！这样做也不可取。因为直到 2048 年才着手上报材料，才来着手准备续修，那就是说还要在 35 年之后才来要求大家进行入谱登记，到那时可能有相当多数的族人已经联系不上了。哪怕现在还在五台县周边居住的家族成员，30 多年后说不定不知迁哪里去了。

五、修家谱采用新体例是中国家谱体例改革的方向

从《徐氏宗谱》12 修本采用新体例来编辑设计的总体效果来看，今后各家各姓续修或新修家谱完全可以借鉴、推广。今后各姓的家谱不宜再继续走"欧氏体例"或"苏氏体例"等旧式体例之路来续修。现代人修谱不宜再继续走千年的老路，修家谱也应当"与时俱进"，跟上时代的步伐。希望每一个家族修出来的家谱都是一部谱册体例科学，版面格式先进，查谱快速准确，好查好用，节省纸张，省时，方便续修传承，能让当代人满意、子孙后代认可的家谱。

各家各姓除了借鉴推广《徐氏宗谱》采用的新体例之外，还有三个方面应该借鉴，其一：为今后续修制定出规划和具体措施，从而有利于各个姓氏的家族把自己的家谱修得更理想、更科学适用、更方便、更有利于子孙的传承。其二：在家谱中增加可补充填写的页面，供子孙后代填写记录并作为上报之用，从而通过续修家谱来增强子孙后代血缘关系的凝聚力。其三：积极、按时向祠堂（或族长，或指定的家谱撰修人）报送登记资料，让祖辈和儿孙的名字永载谱册。不要因为你和儿孙的疏忽或不重视，未按时上报自己一家人的资料，造成续修的谱册中没有你这一大家人的名字，致使自己的血脉在家谱中断代失传。

愿中国广大百姓都采用简明易懂的新式体例，简便省时地修好自己家的家谱，将新体例家谱作为自己家的传家之宝，世世代代地传承下去 。

希望广大百姓人家都能轻松拥有自己家的家谱。

（作者系成都谱牒文化有限公司总经理）

族谱数字化网络化促进闽台两岸祖源对接

邱盛樑

一、海峡两岸习俗相近，血缘相亲，祖源相同

自宋朝在台湾设立行政机构到清朝光绪十一年（1885 年）台湾单独建省之前，台湾归福建管辖。在 1684 年至 1728 年的 44 年间，台湾与厦门同属设在厦门的"福建分巡台湾厦门道"管辖；从清初始，所有有关台湾府的往来公文，都经由厦门传递。在很长一段时间里，福建缺粮，需要台湾接济，而台湾的饷银则要由福建提供。最早把大陆的政治、军事连同经济、社会等方面的制度移植到台湾的，是民族英雄郑成功。

宋元即有闽人移居澎湖，明清两代，闽人多次大批移台拓荒垦殖、建村定居、繁衍生息。各个时期前往台湾经商的闽籍商界人士也为数众多。闽籍先民渡台时，为渡台海上安全、垦台拓荒顺利、经商赢利、定居平安繁衍，纷纷把家乡崇拜的神明、佛祖、祖佛（神化的先祖）请往台湾，立庙奉祀，以求保佑。台湾的民俗民风与闽南风情一脉相承。

福建与台湾之间具有独特的地缘相近、血缘相亲、文缘相承、商缘相连、法缘相循的"五缘"优势，是连接宝岛与大陆的桥梁和纽带。

二、闽台祖源对接是两岸同胞的共同诉求

国家编正史、州县纂方志、家族修谱牒，构成中华民族历史文化的三大支柱。史与志涉及面广，族谱则局限于本族本宗。族谱是以血缘世系为脉络，从始祖先祖

起，经过几代、几十代乃至上百代的繁衍、迁徙，连续不断的历史记录，具有血缘关系浓、文化积淀厚、时间跨度大、地域范围广等特点。尊祖敬宗，盛世修谱，改革开放以来，全国各地民间掀起一股编修新家谱的热潮，特别是海峡两岸，更是走在全国的前面。这对于继承中华民族爱国主义精神、增强民族凝聚力、弘扬传统美德，促进祖国和平统一，实现中华民族的伟大复兴，十分有益。

参天之木，必有其根；怀山之水，必有其源；世间之人，必有其祖。自甲午战争以来，日本侵占宝岛台湾达 50 年之久，而国民党当局移居台湾后，两岸又是半个多世纪的对峙。人为的阻隔并不能阻挡在台湾的闽籍后裔寻根谒祖的坚强信念和决心，他们想方设法与祖籍地联络，通过各种途径寻找自己的"根"。有回祖籍地修祖祠续族谱的，有探亲访友的，还有建宫庙的、投资办公益事业的等等，体现他们对祖籍地和同宗族人的血缘亲情。改革开放两岸关系缓和，特别是直航的开通，使闽台的双向交流越来越频繁。闽台祖源对接已成为两岸同胞共同的渴望。

三、族谱的由来和闽台两地族谱现状

家谱是中华民族悠久历史文化的重要组成部分，是记载本宗族世系和事迹的历史图籍，被誉为"传家宝"、"命根子"、"传世宝典"，与祖坟、祠堂共称为家族的三大宝，成为家族繁衍发展的灵魂与皈依，在社会文明发展中具有极其重要的作用，对于历史学、民俗学、人口学、社会学和经济学的深入研究，均有其不可替代的独特功能。

1. 修谱技术发展简史

（1）第一代修谱技术时代（周代至宋代）。纵观中华民族历史，人类从最早用文字记述的族谱甲骨谱，周朝开始出现的青铜谱、竹简谱、帛谱，以及后来随着造纸术诞生直至活字印刷术出现的纸质族谱，都是应用手工工具的第一代修谱技术的产物。刀刻手抄是这一时代主要的手段，所以效率低下。故这一时期的族谱普遍无法得到较广流传，至今残存甚少。

（2）第二代修谱技术时代（宋代至今）。随着活字印刷术的诞生和广泛应用，第二代修谱技术时代随之开启。修谱技术进入了以应用机械工具为特点的新时期。在这一时代的前期，活字印刷术的发明，大大降低了修谱成本；同时，族谱世系图的一些体例（如传统的欧／苏体例）逐渐产生，并得到广泛采用和不断发展，一定程度上提高了修谱效率。修谱进入了机械工具时代，"印刷"（包括拓印、活字印刷术和现代印刷术，如数字印刷术等）迅速成为生产过程中的主要复制方式，族谱得以广泛流传。直到今天，我们仍主要停留在第二代修谱技术时代。

（3）第三代修谱技术时代（上一世纪末至今）。随着计算机尤其是计算机软件技术、互联网技术等一系列 IT 技术的广泛应用和普及，一场全新的修谱技术革命正扑面而来，这便是"数字化修谱技术"。网络化、数字化的电子版族谱是编修族谱的一次伟大革新，是对传统族谱文化遗产的有效保护和升华，它应用了现代先进的计算机信息网络技术，使传统族谱实现了从印刷版本到电子版本的质的飞跃。

2. 闽台两地族谱现状

（1）民间收藏族谱分散，保管困难。由于历代战乱，特别是"文革"浩劫，在荒唐的"破四旧"运动中，大量的族谱被烧毁，现幸免于难的族谱已十分稀少。这些族谱多由民间收藏，由于保管条件等因素，许多族谱遭受虫蛀、腐蚀等侵害，有的收藏者年事已高，后辈无意传承。再者因分散收藏，资源难以共享，族谱的应有功效也不能发挥，台湾同胞回来寻亲问祖只能通过民间渠道，靠一些热心人士的帮助。如厦门黄千忠老先生自 1989 年开始收集和整理族谱，其家 50 多平方米的客厅摆满了 30 多个姓氏族谱共 2000 多本。热心为各地想要寻根问祖的人们牵线搭桥，每天收到许多求助信件，很多都是从台湾寄来的，仅去年就接待 200 多人次。

（2）祖源查询技术手段落后，难以满足台胞寻根问祖的迫切要求。传统的族谱多为手抄本，数量少，查阅困难，即使后期修谱也有大量的印刷本，但要从砖一样的大块头族谱中寻找自己的"根"，并不是非专业人士所能为之。许多台湾同胞来大陆寻祖，也只能在浩大的书海中翻阅查询，有时要花费几天时间才只能找到一点线索，费时费力，这种情况给迫切寻根问祖的台湾同胞造成很大的困扰。

四、族谱网络化、数字化的修谱技术概述

1. 网络、电子族谱的特点

（1）修谱简便。只要将入谱登记表内容录入电脑，即可自动排列成谱。

（2）查询方便。只要输入要查询对象的姓名或相关资料，数秒钟内就可在千百

万人谱族亲中查找到您要的资料。

（3）资料相关紧密。对所查看的对象，只要轻点鼠标就可在同一界面看到其一家三代（"我的一家"、"三代溯源"）资料及其逐代溯源资料。点击"一键寻祖"可查看自本代开始到开基祖的各代父辈、兄弟信息（世系图、家族树），嗣子、承子、祧子等资料以及个人世传、兴建家园、创办企业等相关信息。

（4）续谱灵活。可适时续谱，并按您录入的资料自动填加到相关支系、房派、世代中。

（5）收录内容丰富。除传统族谱内容外，可顺应时代的发展，添加现代人的相应信息，如收录企业信息入谱和添加个人照片、音像等多媒体信息。

（6）方便祖源对接。①族谱数字化后方便查找祖源；②区域之间只要开基祖与祖源对接，开基祖以下成员的资料将自动做相应衔接，特别方便港、澳、台和海外族亲对接祖源。

（7）输出格式多样。①保留传统族谱逐页翻看习惯和格式，有仿真印刷本的效果；②可按个人所需要的资料打印输出；③可按族谱格式制作成电子书；④可按闽、浙、赣等地区旧谱竖排格式打印成册；⑤可按用户的需求定义打印格式；⑥可直接打印成菲林供印刷所用。

（8）旧谱保存完整。将旧谱资料影印入谱，保留旧谱原貌，更有效地传承旧谱这一非物质文化遗产。

2. 与传统修谱比较的优点

（1）省时、省钱。传统修谱从资料收集→绘制世系图（吊线图，工作量大）→房派、支系、世代排列→个人世传编辑→资料反馈、修改→送印刷厂排版→印刷成谱等多道工序，不仅花费大而且耗时间。用电子版软件修谱，只要收集资料→录入电脑→成谱。同时，一次录入可同时获得电子版光盘族谱、网络族谱和可供印刷传统族谱用的排版资料。既省时又省钱，一次录入，多份回报，既有电子版光盘谱、数字化网络谱又有传统族谱印刷版。

（2）方便续谱。传统修谱 30 年一小修，60 年一大修，一旦定稿付印，即使当日的新生儿也要等到 30 或 60 年后再编入谱，修谱时间跨度大，资料保管困难，同时每次修谱 2/3 的工作量都用在旧谱翻修上。用电子版软件修谱，旧谱资料一次录入，永久利用，新谱资料可实时入谱，保证信息的准确性和节省了大量旧谱重修的支出。

（3）容量大、功能强。电子版族谱的介质不受印刷成本限制，可录入更多的多媒体信息资料，便于保管和交流。

（4）查询便捷，世代清晰。传统族谱收藏受地域限制，如查找祖源需要到当地查看族谱，很不方便。做成电子族谱或网络族谱，只要有网络的地方都可查阅，便于外迁族亲寻根问祖。同时"一键寻祖"可清晰显示世代和祖源信息。

（5）容易实现"横排世系、纵贯时间"。电子族谱或网络族谱一旦建立，很容易统计各个地区或各个世系和年代的繁衍情况，对研究种族人口迁徙、世代变迁和了解某一年代的政治、文化、经济状况提供了很好的关联信息。

（6）实现大联谱。电子谱实现千百万族亲同在一张谱牒已不是梦想，实现真正意义上的姓氏大联谱。

五、实现两岸祖源对接 应用高新网络技术势在必行

电子族谱可以说是把族谱编撰变得更为普及，加快了明代以来编修族谱"庶民化"的进程，可以预料，族谱的数量将会大大增加。就文体结构而言，电子族谱其实是文字世界的一个产物，和二维空间的族谱没有太大的区别。但是，由于网络世界存储数据的容量理论上可以无限大，加上超文本链接功能造就了无数个可能的数据之间的关系，并由此衍生更多更随机的思考路径，我们可以估计，将大量出现的电子族谱的信息量会极大，上溯的渊源可以极为悠长，横向的关系可以极为多样，这样一种只可以存在于网络世界的族谱建构和族谱构成的元素之间的关系，比起书写／印刷时代的结构将会繁杂得多，但这样的结果，也可能是不同的人终归会追溯到共同的祖先，彼此的家族史的论述越往上越趋一致。

前人修谱为我辈所用，我辈修谱也应为了后人着想。现在已进入计算机网络信息时代，族谱电子化、网络化是必然趋势，更是势在必行。

"盛世修谱兴"，族谱文化兴盛是国家繁荣、社会和谐的体现。改革开放以来，民间多次形成寻根、修谱热潮，各地不断开展的族谱文化活动为各地政府提供了"文化搭台，经济唱戏"的大好平台，有力地促进了当地招商引资、旅游、地方建设等方面的发展。为方便台湾同胞寻根问祖，加强两岸同胞的交流，促进祖国的和平统一，建议政府牵头，鼓励两岸民众运用现代网络技术收藏和编修族谱。随着各姓各族的各支各系不断采用数字化修谱技术进入这一平台，它将是一个实现中华民族"千支一统，万姓归宗"，实现海峡两岸祖源对接的一个很好的网络平台。将对

增强中华民族凝聚力、促进祖国和平统一及国家软实力提升都具有不可估量的重要作用和意义。

参考文献：

1.《同安县志》。

2.同安区台湾事务办公室编纂：《同安台湾关系志》，2002 年 3 月。

（作者系厦门谱盛网络工程有限公司总经理）

新发现：江西"荷田柯氏"渊源世系有了明确结果

柯宏胜

2012 年我曾先后写过两篇有关荷田柯氏世系的探讨文章，当时我称其为湖口柯氏，经彭泽柯文彬宗亲提醒，认识到称谓不准。在江西九江市的彭泽县、湖口县和庐山区以及湖北黄梅县、安徽宿松县乃至陕西等地，广泛分布着九华山来凤公的后裔，还有不少迁居台湾的。他们都是来凤公的次子秋崖迁居彭泽荷田之后，秋崖公的后代，统称为"荷田柯氏"。

近日，与柯有为、柯晓春网上讨论，并通过深入研读九江"荷田柯氏"《济阳柯氏宗谱》、安徽望江"石篆堂"刻本《柯氏宗谱》和《莲玉柯氏宗谱》，尤其是上个月外出到东至县洋湖镇两次深入实地调查，获得了《尧封柯氏宗谱》的大部分原样，将几种柯氏谱联系起来，惊喜地发现：不仅《尧封柯氏宗谱》残缺的世系可以基本填补起来，而且"荷田柯氏"始祖来凤公以上直至益逊（叔和）公的世系图可以明确绘制出来，也就是说"荷田柯氏"《济阳柯氏宗谱》中《谱图书后》一文中古人提出的："叔和传霆龙，霆龙传元盛，元盛传天四，是为颖公，颖公传来凤，不过五代，天下岂有五百余年仅传五世者哉？"的疑问，有了明确答案！

先将有关情况分析如下，请各位宗亲大方之家提出批评和建议：望江柯氏家谱显现鸿爪麟角：望江"石篆堂"刻本《柯氏宗谱》中《柯氏家乘总序》中如是记载："叔和为鄱阳令，亦寄居建德尧封坂，贵池、青阳、石埭、彭泽、湖口、黄梅、宿松、望江、安庆、池州（柯氏）之祖出也。叔和之后，惟元盛公擅（盛）名一时，生子有二：长天三公，次天四公。厥后，天四公居青阳，其二世孙来鳞、来瑞、来凤。而来凤（后裔）则分居九江、彭泽、湖口、黄梅、宿松。其后千五公、千六公居大路马当，其后福一暨福十二等居彭泽、湖口、黄梅、宿松、四川等处，至天三公，生子有三：忠一、忠二、忠三。由是忠二分居石埭；忠二分居贵池；惟忠一侍（父亲）天三公居尧封坂。自元盛而上，若光祖、茂先、文虎，若东谷、应烈、雷龙、霆龙，则皆后先相继耀简册者也。"同时，还指出，叔和有两个哥哥，老大叔永、老二叔中，他们都是洛阳景晖公之后，不是"梁"的儿子。实际上，叔永、叔中、叔和也不是景晖公的儿子，而是景晖公的后代（按《莲玉柯氏宗谱》载叔和（益逊）是景晖公 43 世孙），因为景晖公是东汉时期人，叔和三兄弟是唐朝灭亡之际的南唐人，与景晖公生活的东汉初年相距近千年。

荷田柯氏《济阳柯氏宗谱》记载与上面望江《柯氏宗谱》记载相呼应：荷田柯氏《济阳柯氏宗谱》中柯氏得姓远祖系图，同样提到了如下人物：景晖、叔永、叔中、叔和、东谷、应烈、雷龙、霆龙、文虎、光祖、茂先、元盛，只是元盛以上世系并不是按五服图一代一代排列的。人物基本情况记载与望江谱相同。

《尧封柯氏宗谱》的发现，研究取得重大进展：我和芳春、晓春到安徽东至县洋湖镇调研，找到了《尧封柯氏宗谱》的残本。尧封谱的中谱世系是这样的：1. 晟祥—2. 崇礼—3. 朴—4. 万（东谷）阎氏夫人，后面没有了。接着，第四册孟股世系丢失，第五册是尧封仲股世系，也就是柯暹那股世系，这册开头柯暹被列为第五世，似乎与中谱对接。但是，一分析就发现问题了：万（东谷主人）生于南宋乾道乙酉年（1165 年）九月初八日，卒于宝庆乙酉年（1225 年）十一月廿七日，享年61 岁；而柯暹（东冈），生于明朝洪武己巳年（1389 年）六月初十，卒于成化丁亥年（1467 年）五月十三日，享年 79 岁。万（东谷主人）生活在南宋时期，而柯暹生活在明朝初年，两人相差 225 岁，中间相隔整个元朝，因此，万（东谷主人）绝不是柯暹的父亲！那么，柯暹为什么是"第五世"呢？我们推测，柯暹的第五世应该是后谱的第五世，中谱世系中，万（东谷）之后至中谱柯暹之前的世系遗失了。

那么如何知道这些遗失的世系呢？《尧封柯氏宗谱》中《宋东谷主人柯君墓志》〔作于南宋宝庆二年（1226 年）〕有这样的记载："（东谷）娶菊乡阎北部孙女，生男一，讳应烈，守学诗之训，女一，孙男一尚幼。"《宋故夫人阎氏墓志铭》如此记载："子应烈娶朝议韩公女，（生）孙男二：雷龙娶夏国学女，霆龙娶李朝议孙女，（生）孙女二，曾孙男三，曾孙女二，俱幼。"《宏冈阡表》一文中记载："府君讳某字彦斌，姓柯氏。……任临安县知县……以子暹官推恩赠考奉直大夫"，"鄱阳令叔和之后，若东谷之邃于经……子应烈苦学，有功御寇不就辟，孝母有异徵。孙雷龙乡闱漕贡连中诗魁，若此者，代有其人，族衍其三：曰茂先，曰光祖，曰文虎，茂先之后生忠一（乙），忠一（乙）生儒五，（儒五）娶胡氏，生三子：长贤，次智，次府君（彦斌）。"

荷田柯氏《济阳柯氏宗谱》中，"元盛"的同代是茂先，下代是"天三"、"天四"，《谱图书后》一文中说："元盛传天四"，而《尧封柯氏宗谱》中柯暹所作《东冈公批与关生书》言："有元盛时，派分三族：光祖、文虎、茂先，予茂先之后也。予自滇南万里外带汝归宗，疑是光祖、文虎之后，而今不可考矣！"还有清末宣统年间修撰的《建德县志》载："宋大中祥符五年，柯茂先、柯光祖、柯文虎，俱尧封人，叔侄同登壬子科徐爽榜进士。"

综合以上各种资料，再结合安徽《莲玉柯氏宗谱》，荷田柯氏渊源世系自叔和（益逊）开始至秋崖公世系如下：1. 叔和（益逊）—2. 伯阳—3. 万仟—4. 晏—5. 祯寿—6. 明聪—7. 仁三（献三）—8. 勉一—9. 玑（迁彭泽）—10.（？）—11. 祥晟（迁尧封）—12. 崇礼—13. 朴—14. 萬（东谷）、阎氏夫人—15. 应烈（娶韩氏）—16. 霆龙—17. 元盛—18. 天四（迁青阳县）—19. 来凤（居青阳九华山）—20. 冰崖、秋崖、丹崖。以上世系，每代约25年左右，这就解决了《谱图书后》中提出的500年只传五代的问题。

同时，《尧封柯氏宗谱》柯氏渊源世系自叔和（益逊）开始至暹公世系如下：1. 叔和（益逊）—2. 伯阳—3. 万仟—4. 晏—5. 祯寿—6. 明聪—7. 仁三（献三）—8. 勉一—9. 玑（迁彭泽）—10.（？）—11. 祥晟（迁尧封）—12. 崇礼—13. 朴—14. 万（东谷）、阎氏夫人—15. 应烈（娶韩氏）—16. 霆龙（或雷龙）—17. 元盛—18. 天三—19. 忠一（两个弟弟：忠二、忠三）—20. 儒五（娶胡氏）—21. 彦斌（长兄贤，次兄智）—22. 柯暹（东冈）。至于光祖、文虎之后及世系，正如东冈公所说："而今不可考矣！"也许光祖、文虎就是天一、天二。

另外，请注意斗坑派《尧封柯氏宗谱》字辈：

远字派辈：添（19）—忠（20）—儒（21）—鼎（22）—晋（23）—巽（24）—震（25）—复（26）—恒（27）—乾（28）—泰（29）—丰（30）。

新字派辈：用（31）—世（32）—宜（33）—逢（34）—泰（35）—远（36）—大（37）—绍（38）—其（39）—芳（40）—春（41）—来（42）—多（43）—美（44）—景（45）—德（46）—永（47）—必（48）—嘉（49）—祥（50）（后面待补充）。

上面字辈后面的数字为从一世祖瑞祥（祥瑞）公到该世的序数，表示该代为多少世，这个世数，我是比照棠溪柯氏家谱相同字辈〔棠溪谱字辈：用（31）—世（32）—宜（33）—逢（34）—泰（35）—远（36）—大（37）—绍（38）—其（39）—芳（40）—春（41）—来（42）—联（43）—显（44）—贵（45）—

德（46）—永（47）—必（48）—嘉（49）—康（50）—礼（51）—让（52）—宗（53）—仁（54）—政（55）—诗（56）—书（57）—述（58）—祖（59）—章（60）〕倒推而得出的。就是说，棠溪、斗坑、尧封字辈相同的是同辈人，而不是尧封柯氏与棠溪、斗坑相同字辈的人，比这两支的柯氏同字辈人辈分要长，因为他们各自的老祖宗晟祥、祯祥和瑞祥是同辈兄弟。结合上面论文提到的人物名字，我们可以知道字辈对应的"添"对应：天三、天四；"忠"对应：忠一、忠二、忠三；"儒"对应：儒五；"晋"对应：晋一、晋二、晋三。那么，"晟祥（祥晟）"到"天三、天四"这一代总共是 19 世，到"来凤"公为 20 世。而上文探讨时，叔和（益逊）公到来凤公为 19 世，实际应该为 30 世，也就是说中间还少了 11 世（在晟祥到来凤之间少了 11 世）。因此，可以得出结论：从"晟祥（祥晟）"到"来凤"公为 20 世，真实可信，中间 11 世不可考。以上观点不对之处，欢迎各位专家学者，尤其是欢迎台湾同胞批评指正！

（作者系安徽电视台高级记者、央视供稿部主任）

中华柯氏与中华至德十二姓寻根溯源

柯贵善

中华文明的源头、中华民族的发祥地在中原，这是当今全世界中国人的共识。中华民族的姓氏之根（主要指汉民族的姓氏），绝大部分也在中原，这也是没有疑义的。"中原"一词，本来有广义、狭义两种解释。广义的中原指黄河流域，包括今天的河南省大部分及陕西、山西、河北、山东等的一部分。狭义的中原则指古代的豫州一带，其范围大体相当于今天河南省的大部分地区。《尔雅·释地》云："河南曰豫州。"这里的"河南"即指黄河以南至淮河之间的广大地区。因此，当代人们论及中原常取狭义，即指河南省而言。

中国的姓氏到底有多少，很难做出确切的统计。袁义达、杜若甫主编的《中华姓氏大辞典》中收录的姓氏 11969 个，其中单字姓 5327 个，双字姓 4329 个，3 个字以上的姓氏 2313 个。这么多的姓氏若要一一查明根源是非常困难的，要查明其中究竟有多少姓氏是源于河南的也同样非常困难。今天谈论姓氏寻根问题，只能以常见的、涵盖人口较多的姓氏为基础。根据袁义达、杜若甫提供的资料，按占世界汉族总人口的比例大小排列出前 100 名大姓，第 1 名李姓占汉族总人口的 7.194%，第 2 名王姓占 7.141%，第 3 名张姓占 7.107%，第 100 名文姓占 0.17%。100 名大姓总计约占汉族总人口的 87%。柯姓第 186 名。河南省姓氏学专家谢钧祥先生依据上述排序，著《中华百家大姓源流》一书（1996 年 10 月中州古籍出版社出版），详细考察了这 100 家大姓的源流情况。

中华民族都自谓是炎黄子孙，共同的文化心理使全世界的炎黄子孙都不忘自己的始祖，并具有强烈的探寻祖根的愿望。现在，学术文化界一般认为中华民族有九大始祖，即伏羲、炎帝、黄帝、颛顼、帝喾、少昊、尧、舜、禹。这九大始祖都出自河南，后世姓氏根源于九大始祖的，当然也可以视为其姓氏之根在河南。

据古代传说，伏羲居于陈地，死后葬于陈地，今河南淮阳有太昊陵，即伏羲墓。炎帝、黄帝本是同父母兄弟，即少典（娶有虫乔氏）之子，生于华阳（今河南新郑）。新郑市西有山即所谓具茨山，这里在当代被确认为炎黄故里，经过整修，成为中华儿女的祭祖圣地，也成为当地著名的旅游景点。新郑市附近的新密市也有一处轩辕黄帝宫，是祭拜黄帝的另一处圣地。

从宗族传继的关系来考察，九大始祖属于三个血缘系统。伏羲和女娲兄妹是一个血缘系统，原为风姓，后世有些姓氏源于伏羲的（如程姓等），都是风姓的系统。禹是鲧之子，鲧是舜之臣（被封为崇伯），禹之子启建立夏朝，从鲧到禹到启自为一个血缘系统，后世有些姓氏源于禹的（如夏姓、禹姓等）都属于禹的后裔。其余六大始祖为一个血缘系统。炎帝和黄帝是亲兄弟，颛顼、帝喾、少昊、尧、舜都是黄帝的后代。后世姓氏中只有谢姓、姜姓等较少的一些姓氏根源于炎帝，而后世汉民族中数量众多的姓氏皆为黄帝的后裔。

据《史记》、《国语》等史籍记载，黄帝25子，得姓的有14人，除去其中重复的2姓，实有12姓，周朝始祖姬姓即在这12姓之中，后世姓氏源于这12姓的，或源于周朝的姬姓宗室被封的诸侯国者，也都是黄帝的后裔。黄帝妻嫘祖所生的两个儿子，一名玄嚣，一名昌意。玄嚣的孙子即为帝喾，帝喾的儿子放勋即是帝尧。昌意之子即颛顼，颛顼传数代为重华即是帝舜。关于少昊，有一种说法说他是黄帝的儿子，名挚，字青阳，己姓（也有一说他是东夷部落首领，非黄帝血统），即少昊金天氏。因此，后世的许多姓氏分别根源于颛顼（如李姓、赵姓等），根源于尧和帝喾（如刘姓等），根源于舜（如陈姓、胡姓等），根源于少昊（如金姓、尹姓等），这些也都是黄帝的后裔。对中华人文始祖进行寻根究底的考察，有益于解决姓氏寻根方面的许多疑难问题。

古代都城寻根是和姓氏寻根紧密联系在一起的。因为许多姓氏源于古代最早分封的诸侯国，如黄姓源于古黄国、许姓源于古许国、郭姓源于古虢国等。对古国古都的考察，对理清某些姓氏的源与流来说，都是关键性问题。如赵都中牟的被确定，对理清赵姓的根源流派就具有重要的意义。赵氏出自嬴姓，祖先是颛顼的裔孙伯益，伯益的九世孙即周穆王时的著名驭手造父，再传七世为东周诸侯之一赵叔带。

中华至德宗亲十二姓渊源，始于四千多年前之后稷。相传帝喾（即高帝）之元妃姜生后稷名弃，屹如巨人之志，其游戏好种树、麻、菽。长大后，善耕农，播种百谷，建功天下。帝尧闻之，举为农师，天下得其利。帝舜以其有功于民食，封于台（今陕西省境内），号后稷。《史记·周本纪》载：古公有长子叫太伯，次子叫虞仲。太姜生小儿子季历，季历娶太任为妻，太姜、太任都是贤惠的妻子。太任生子姬昌，有圣明之兆。古公说："我的后代当有成大事者，大概就是姬昌吧。"长子太伯和次子虞仲知道古公想立季历，以便将来能传位于姬昌，所以两人便逃亡到了荆蛮，（按当地风俗）身刺花纹，剪短头发，而让位给季历。

古公死了，季历即位，就是公季。公季遵循古公留下的原则，笃行仁义，诸侯都顺从他。

《史记·吴太伯世家》载：吴太伯、太伯的弟弟仲雍，都是周太王的儿子、王季历的哥哥。季历贤达，且有一个有圣人之相的儿子姬昌，太王意欲立季历，并传位给姬昌，于是太伯、仲雍二人便逃奔到南方部族荆蛮人居住的地方，遵随当地习俗，在身上刺画花纹，剪短头发，表示不可再当国君，以此来让避季历。季历果然登位，这就是王季，而姬昌就是文王。太伯逃奔到荆蛮，自称句吴。荆蛮人钦佩他的品德高尚，追随并且归附他的有上千家，被拥立为吴太伯。

《史记》中对季历的具体活动记载不多，而《竹书纪年》中却简单留下了季历的一些记载：后稷始姓姬，是周族的祖先。自周朝开创后，始有由姬氏分改名姓之事，故后稷为至德始祖。至德宗亲虽有十二姓，但追根溯源，实是同宗共族，中华至德宗亲十二姓今分述如下：

1. 吴姓：太伯让位后，即偕弟仲雍奔荆蛮，成立句吴小国。太王卒，乃传季历，再传昌，继传发，后灭商纣而统一天下，国号周，制礼作乐。开中华文化之丕基。武王崇德报功，追封太伯为吴国公。嗣后子孙以国为姓，自此始有吴姓。

2. 周姓：周文王昌之正妃太姒生子十人：伯邑考居长，次武王发，再次管叔鲜、周公旦、蔡叔度、曹叔振铎、成叔武、霍叔处、康叔封、冉季载。其中以发、旦最贤，左右匡辅文王，故文王舍伯邑考而发为太子。文王卒，发继位称为武王。武王四年（从《中国史稿》之说，约公元前 1066 年），下令出师，遍告诸侯：殷有重罪，不可不伐。于是武王亲率军队伐殷。殷亡，武王得天下。次年，武王以天下未定，夜不能寐，乃封功臣昆弟，"以藩屏周"，各令采邑。武王之十三世孙平王，别封其少家子烈于汝州，其地在汝水之南，人称周家，遂以周为姓。

3. 蔡姓：武王克殷后，封周公旦于鲁，都曲阜（今山东曲阜），周公不受封，留佐武王。因辅国有功，作典周之相。封叔鲜于管（今河南郑州），封叔度于蔡（今河南上蔡西南），封叔处一于霍（今山西霍县西南），封商纣儿子武庚于殷，治理殷朝遗民，并命叔鲜、叔度、叔处三兄弟辅助并监视纣子武庚，史称"三监"。

约公元前 1063 年，武王卒。成王接位。因成王年少，天下初定，周公恐诸侯不服，乃摄行政事。但管、蔡等人不服，乃要挟纣子武庚叛乱，以复殷。于是周公奉成王之命兴师东征讨伐，杀武庚，诛管叔，放逐蔡叔，迁之于郭邻，降霍叔为庶人。蔡叔迁郭邻不久就死。蔡叔的儿子胡与父不同，率德驯善，归顺成王。为此，周公告知成王，并推举他做鲁国的卿士。由于他将鲁国的政事处理得井井有条，于是周公又请成王把以前封给叔度的封地"蔡邑"复封给胡。以奉蔡叔之嗣，是为蔡仲，遂以蔡为姓。

4. 翁姓：周武王四世孙昭王之庶子名溢，字庶任，居盐官（今陕西盐池县境），食采于翁山，赐姓翁。座谥端明王，遂以翁为姓。

5. 曹姓：周文王第六子、武王之弟振铎，受封于曹（今山东省曹州），为诸侯国，其后以国为姓，振铎是为曹姓始祖。

上列五姓，其先世本属伯叔兄弟关系，因辈分之顺序，是以后代俗称为吴、周、蔡、翁、曹。

6. 辛姓：夏禹之子夏后启（夏代君主，生时称后，死后称帝）封其支子于辛（今陕西合阳东南），遂以为氏。

7. 柯姓：吴太伯死，无子，其弟仲雍继位；就是吴仲雍。仲雍死，其子季简继位。季简死，其子叔达继位。叔达死，其子周章继位。那时正值武王战胜殷纣，寻找太伯、仲雍的后代，找到了周章。周章已经是吴君，就此仍封于吴。又把周章之弟虞仲封在周北边的夏都故址，就是虞仲，位列诸侯。周章死，其子熊遂继位。熊遂死，其子柯相继位。柯相死，其子强鸠夷继位。强鸠夷死，其子余桥疑吾继位。余桥疑吾死，其子柯卢继位。柯卢死，其子周繇继位。周繇死，其子屈羽继位。屈羽死，其子夷吾继位。夷吾死，其子禽处继位。禽处死，其子转继位。转死，其子颇高继位。颇高死，其子句卑继位。这时晋献公灭掉了周北虞公，为的是开拓晋国版图、征伐虢国。句卑死，其子去齐继位。去齐死，其子寿梦继位。寿梦继位后吴国方始日益强大，自称为王。

从太伯创建吴国算起，到第五代时武王胜殷朝，封其后代为二国：其一为虞国，在中原地区，其一为吴国，在夷蛮地带。到第十二代时晋国灭掉了中原地区的虞国。又过了两代，夷蛮地带的吴国兴盛起来。总计从太伯至寿梦共传十九代人。

周太王之次子仲雍随兄太伯南奔荆蛮，传至周章，封于吴。仲雍之六世孙名柯相，周成王时会盟柯山，以名为氏，是为柯氏得姓之祖，遂以柯为姓。柯、蔡均为太王之后裔，以分封得姓，蔡氏为先，论昭穆次序，则柯氏居长，所以柯蔡并称。

在南洋，尚有辛、柯、蔡三姓之联宗，统称"济阳堂"。

8. 洪姓：洪、江、翁、方、龚、汪六姓合称"六桂堂"。洪氏相传系尧时共工氏的后代，本姓共，后加水旁为洪。

9. 江姓：江氏传说为古帝颛顼玄孙伯益的后代，封于江陵，子孙以国为姓；翁氏得姓于周昭王的庶子食邑于翁地。

10. 方姓：方氏衍于周宣王大臣方叔（见《诗·小雅·采芑》），后代以其字为姓（另一说为：相传古帝榆罔——神农氏之后，其子雷封于方山，后人以地名为姓）。

11. 龚姓：龚氏为共姓所改，共氏因避难加龙为龚（一说为：相传古帝共工后代有共。共、龚二氏）。

12. 汪姓：汪氏系春秋时鲁成公后代食采于汪邑，以邑名为姓，各有本源。迄于宋代，始祖乾度生有六子，分为六姓，乃与旧姓合流。六子分姓因时值世乱，胡夷侵袭，乾度三子处易奉命率军应战，掩护父母兄弟家属子女退却，劝兄弟化姓避难所致。乾度六子在宋代先后考取进士，均为显宦。长子处厚，字伯起，系宋太祖建隆元年进士，官礼部员外郎兼殿中丞上柱国，号敦煌，居朱紫坊，分姓"洪"。次子处恭，字伯虔。宋太宗雍熙二年（985年）梁灏榜进士，官州法曹，号济阳，居淮阳，分姓"江"。三子处易，字伯简。宋太祖建隆元年（960年）进士，与长兄同榜，南剑少尉官。号盐官，居竹啸庄。奉令应战胡互，后壮烈殉难于盐官之地，不改姓，仍姓"翁"。四子处朴，字伯陈，宋太祖开宝元年（968年）（一说为开宝六年）进士，官都曹，号河南，居竹啸庄，分姓"方"。五子处廉，字伯约，宋太祖开宝元年（一说为开宝六年）进士，与四兄同榜，官大理司有直监察御史，号武陵，居马栏，分姓"龚"。六子处休，字伯容，宋太宗雍熙二年（985年），与次兄同榜，官朝散郎韶州判官，号平阳，居东林，分姓"汪"。乾度为"六桂"开基之祖。

综上所述，中华至德宗亲十二姓渊源，追根溯源，实是同宗共族，据《史记》、《国语》等史籍记载，黄帝25子，得姓的有14人，除去其中重复的2姓，实有12姓，周朝始祖姬姓即在这12姓之中，后世姓氏源于这12姓的，或源于周朝的姬姓宗室被封的诸侯国者，也都是黄帝的后裔。所以中华至德宗亲十二姓（吴、周、蔡、翁、曹、辛、柯、洪、江、方、龚、汪）渊源，始于四千多年前之后稷。后稷始姓姬，是周族的祖先。自周朝开创后，始有由姬氏分改名姓之事，故仲雍之六世孙名柯相，周成王时会盟柯山，以名为氏，是为柯氏得姓之祖，遂以柯为姓。这是当今全世界中国人的共识。中华民族的姓氏之根能够在一定程度上说明中华姓氏在中原的事实。中华柯姓之根也能够在一定程度上说明中华柯氏与中华至德十二姓寻根有着极深的渊源事实。

（作者系中华大族谱协会副秘书长、中华柯氏族务理事会副会长）

惠安崇武大岞张氏祖源考

张省民

20 世纪 90 年代初，石狮永宁张氏宗亲欲重建永宁怀远将军祠（并祀永宁卫指挥同知从三品怀远将军张寿，金门青屿封指挥同知张泰常），请余向金门张氏宗亲募捐，不久金门沙美海传宗亲汇来一笔捐款，余嘱永宁宗亲来泉取款。他们派张齐灿、张升川、张金锥（小学教师，校长退休）三人到寒舍取款，座谈中张金锥言其高祖张建术（1793—1863 年）、曾祖张乃色字泽厚（1825—1879 年）、其祖父张家邦于清同治年间带着高曾祖神主牌从大岞迁居永宁至今已历五代，依附儒林第七房同安金门青屿分支永宁的宗亲而居。余闻知十分惊喜，久闻惠安崇武大岞村张氏只知清河衍派，未悉何支传芳，今悉大岞张氏昭穆（字辈）竟然是儒林张氏……永建乃家孙子贻谋……同昭穆即同血缘，各姓皆然。余与金锥查询深悉其系。即书一函寄大岞张氏执事宗长收，告之该村族史略考。

由于没有写明具体收件人，四日后被退回，刚好崇武街曾恨女士来访，曾原为崇武供销社店员，丈夫姓张，偶于泉惠车上结识，而有交往。她不久告吾欲辞职自营小商店，向我借款，我二次借之各五千元，没有利息，她营业十分成功，购买店屋，后来成为全国闻名崇武第一解放军庙创建人。当日我询之，是否认识大岞张氏族老，她曰：终日在我店内闲坐。我十分高兴，退信没有拆封，即由曾恨带去再转交。时隔不久，大岞宗亲派出张之英、张送来、张红毛、张征鸿四人代表往晋江张林谒祖，回程过泉州寒舍言谢。其中 80 余岁的张送来言其父张三抛少年时即有到张林拜祖吃祀。不久余邀儒林祖庭晋江张林三位负责人和我前往大岞回访联系宗谊，探索族史。双方座谈融洽，互相交流所知宗史，我们敦促张文英组成宗亲理事会，开展全村重修族谱等宗事活动。他是水产系退休的，至其去世前迟迟没有做成。文英去世后，公安系统退休干部张高保热心宗事，全力组成第一届宗亲理事会，被选为会长，工作十分出色，与各地宗亲交流密切。参加各地宗事活动，数次到泉州寒舍见访。我告知他们最主要是重修毁失无存之族谱，这一代不重修新谱，少数高龄老族长尚健在，是活字典可供咨询，回忆族史各辈昭穆，世系尚可存录记载。如再过若干时日，将不可收拾。他们听了恍然大悟，我告之不必另起炉灶，在宗亲会架构下组成修谱领导小组，各房、各刊头分头派人负责到各户依昭穆字辈登录人丁世系，组成人员内查外调探索查证宗史族源，点滴史实不予遗漏，果然成绩斐然。高保任内，工作有目共睹，不幸高保病逝，留下对斯人无尽之哀伤。继之张平海当选第二任会长，张春龙任秘书长，二人认真负责，踏实肯干，平海勇于奉献，被选为福建省姓氏源流研究会张氏委员会副会长，张春龙为常务理事，各项宗事工作积极开展。2006 年轮值承办儒林张氏第七房联谊会。原局限于邀请七房内各地分支宗亲会代表，花费只需二三万，基本不超过五万。省张委会向我建议扩大邀请台湾金门及全省各地宗亲会代表，会长张世德住在台北，副会长张顺在住在厦门。我急与主办方大岞平海、春龙协商，告之省张委会上述建议及其所需费用。平海热情应承，我即转告副会长厦门张顺在，我只负责实际操办儒林第七房联谊会并任荣誉副会长，荣誉会长张海传住金门。第六届海峡两岸儒林张氏宗亲联谊会于 2007 年 1 月 7 日在崇武大岞村举行，住台北会长张世德率台湾代表团参加，台湾剧作家张龙光等多名知名人士，省张委会会长张振郎，秘书长张发军暨全省各地张氏宗亲会代表数百人，盛况空前，会议开得十分成功，花费近 20 万元，为此可见平海会长，主持第二届领导班子是经得起大风大浪的考验。2008 年 6 月 28 日，由平海会长、春龙秘书长主撰《崇武大岞清河张氏探源》全文五页约 4000 余字。全文内容丰富史料翔实，人口、村容、村貌概况，祠堂位置及四房小宗祠坐向，肇基大岞始祖初探，明初入居大岞一世祖探索，五、六、七、八、九世祖坟葬处、坐向均有初步考证，这就是新版大岞新族谱族史，前言初稿、征求方案探索佐证。这是余初步拜读的心得，也是以平海、春龙、建明这一届领导班子的成果汇报。

大岞村人口 12644 人，张氏占 11540 人，村里有张、蒋、苏、杨等姓，清末、民国年代有大岞张氏分衍台湾台北、基隆三沙湾窟仔底建有大岞新村，人口 1368 人。文中旧祠堂有旧匾"开封世泽"、"赐进士"、"中宪大夫"（正四品）、"奉政大夫"（正五品）。两种可能：一为大岞历世先祖有居官于河南开封府；二为在开封府当官的子孙分支居大岞。对照大岞昭穆同于张林，但儒林始祖张镜斋生九子分支九大房，只有第四子张智封安国侯，可能居于开封。但必须取得正史的佐证，方可确认。大岞宗亲诚心请余协助查证，余不能无为，勉力为之，提出以下几点供查证：

一、清源军节度使留从效疽发背卒，年五十七，伪赠太尉灵州大都督。节度副使张汉思自称留后，陈洪进为副使，时宋建隆三年（962年）也，次年，洪进又废汉思而自立。（宋史卷四十，13959页）（福建通志总卷三十四页，分卷三）

二、厅上房智郎公，镜斋公之四子也，字汉思，号退耕。累封安国侯，旧祖祠即右有安国侯匾。张廷榜于明崇祯戊寅（1068年）重修《儒林张氏家乘》载……又考纲鉴，宋太宗初，吴越王献纳版籍，平海军节度使陈洪进以漳、泉二州来归，岂侯封在五季前后际乎。《泉州府志》载：晋江王，清源军节度使留从效薨，军政大权归副使张汉思，不久被部将陈洪进所夺，幽汉思于别墅。宋太祖封陈洪进为平海军节度使，宋太祖因唐被藩镇割据之乱而采用杯酒释兵权之法，将各地将领调入京城释去兵权。宋太宗封陈洪进为太子太师岐国公奉调入京，张智字汉思号退耕封安国侯，二人子孙均被派往各地为州官（1999年《儒林张氏联宗谱》第二卷484页）据此居住京城开封的安国候张智的子孙有的可能回泉州崇武开基，此"开封世泽""中宪大夫""正奉大夫"旧匾之由来可释也。

三、同安下张旧谱载：八世华公生八子，第八子吉贞约生于1150年，1187年左右分支惠安。基本与崇武清河张氏的祖先在800年前（约1170—1187年）入居崇武西房溪的史料吻合。（据1470年张世业始修《同安洪塘下张族谱》130页）有可能大岞张氏有儒林四房，七房子孙同村而居，历史以来以张林昭穆为字辈。

上述三点佐证史料仅供大岞新谱编修组参考核正。

平海、春龙、建明为首的第二届领导班子最大功绩莫过于筹资120万元，历时三年艰辛，重建大岞张氏祠堂，金碧辉煌，并已于2012年农历三月初二日举行隆重的落成奠安衬桃庆典。到会张志裕为团长的台湾、金门庆贺团40人，省张氏委员会正、副会长，正、副秘书长，海内外宗亲代表，各地嘉宾共800余人，盛况空前，为大岞肇基历史以来之仅有，为大岞村带来欢欣浓郁之亲情及荣耀，留下一笔浓墨之青史。

大岞新谱之编修工作是十分艰辛之文字工程，仍在正常继续编撰工作中，期盼早日出版。

（作者系惠安县侨务办退休公务员）

晋江青阳蔡氏源流

蔡国荣

　　青阳是青阳蔡氏先祖于公元546年命名的。意思是居住在青梅山麓之阳，又符合蔡氏郡望"济阳"的延伸。从青阳蔡厝迁居晋江各地有百余村庄，还迁往广东、海南、南京等地，以及迁居台湾台北、台中、台南、嘉义等地的裔孙，随处可见他们所居住的房屋大门上方都有"青阳衍派"四字郡号。居住在青阳其他姓氏迁居各地的裔孙都没写"青阳衍派"，这是青阳蔡氏独特的地方，青阳蔡氏迁居各地的裔孙有几十万人。较著名的有享誉华人世界的前首富台湾大企业家蔡万霖家族。2011年12月，台湾前首富蔡万才不顾八十多岁高龄，亲到青阳蔡氏家庙拜祖。

　　晋江市谱牒研究刊物，2001年12月第九期第33页刊载：晋江青阳镇原是蔡、孙、赵、林、李、庄六大姓共居村庄。唐开元间（713—740年）泉州设市舶司，晋江沿海各地商贾常来常往，为给商人肩伕提供方便，青阳蔡厚七代裔孙，在青阳设立五间店面，因此青阳最初为"五店市"。

　　清嘉庆庚午（1810年）《西山杂志》第128页记载：唐开元时（公元713年），东石、安平之藩集行陆路，中站有蔡氏先世居青阳山麓，七世孙五人焉，设肆以利行人，行人德之称曰"青阳蔡五店市"，后为庄氏入居也，蔡氏之来始于西晋，庄孙之来始于五代，所以青阳蔡之晋有百余村也。说明：《西山杂志》确认青阳蔡于晋朝就入闽。结合以上资料，对照一些刊物及旧谱牒记载青阳蔡氏一世祖用明公是与王潮、王审知同时入闽，这需要更正。

　　王审知是公元885年入闽，蔡氏先祖于晋朝就入闽，至唐懿宗咸通元年（860年）才确立用明公为青阳蔡氏开基始祖，比王审知入闽早二十五年，详细情况如下：

　　清《西山杂志》53页记载：晋永和九年（353年）蔡谟，字道明，与王羲之友，五胡之乱时，由考城南来率宗入闽，居晋安之南，曰古丰州清源，今之仙游也。说明：青阳蔡氏先祖在晋朝时就入闽，居住在晋时地名为晋安清源郡的地方，就是现今的仙游地界。青阳蔡氏大宗谱，大汉时莆阳一派世系金木水火谱图记载，蔡谟，系大汉时蔡勋第十世孙，晋时历左光禄尚书，赠司空，谥文穆。

清《西山杂志》第 49 页记载：蔡谟之孙伯若，司晋安清源推官，泛舟浯江盖，既今之浯涧憩斯溢上，石镌曰"泉林清居"，其子文穆，晋元熙间（419 年）结舍而课子良逢孙志山方山也。说明：青阳蔡氏先祖于 419 年就在浯江（现晋江九十九溪）边上，搭草屋教导子孙读书。

《西山杂志》49 页记晋元熙间，良逢擢升侍御，晋亡归幽建阳，志山则负耒于清源矣。此地空废六十有三载。说明：良逢擢升侍御，举家上任当官，至晋亡，志山再来此地已经时隔六十三年。

《西山杂志》49 页记志山于南朝宋永明元年（483 年）于清源，其子全忠，孙友信，即于梁天监二年（503 年）任浙江会稽令。大同十二年（546 年）归休于浯江之上，青梅山之阳。说明：蔡氏先祖于公元 503 年又到浙江会稽（现浙江绍兴）当官，至公元 546 年才归休于浯江之上，青梅山之阳。青梅山即现在青阳蔡氏家庙所在地。

《西山杂志》49 记载：其子昭然于陈太建四年（572 年）任南安郡守，隋开皇九年（589 年）始结木构为精舍三楹，其子有二，德祖、德源，均名贤也。《西山杂志》53 页记载：德祖公居青梅山之阳，子孙为青阳望族也。德源公任闽州太守，即莆阳之始焉。说明：蔡氏先祖于公元 589 年就开始将草屋改建造以木为主始构的房屋三座，居住在青梅山之阳。

明《毅轩杂志》文摘类，卷十八之十三引录：泉郡，晋江历代人物传，乐善，卷十二之十六，后唐叶嘉坡原撰，明陈春播辑录，蔡志远续纂记载：蔡阳明，一作用明，号一翁，徒居晋江梅山之阳，故又自号阳山一翁，生唐代宗广德甲辰年（764 年）八月十八日。一翁少高朗，资性过人，有大志，年十六岁举监生，人谓奇才，年十八上书阙下，劝德宗以王道为心，生灵为念，黜世俗之政，治久不报，遂厌弃仕途，为当世逸士。年弱冠娶武荣殷户王藩昌令次女清韵为室，生子晓日，一作尧，定居晋江永福一里青梅山东麓蔡宅，即今五店市蔡厝，开青阳蔡氏基业。一翁博学贯经史，而立年荐为州郡教授。至馆专尚宽厚，以教化为先，诸生咸师事之，先生信古好义，以名节自砥砺，奉己甚约，俸禄尽以周乡党，奉宾友，家或无百钱之储。乡邻张缨病逝，子幼，护其丧，归葬之。而其家浆粥不给，亦旷然不以为意也。时太守薛播，感其名节，称一翁曰"青阳先生"。经向奏，授候县主簿，县有狱不决，先生至，一讯立辩，众口交称。任满请退，归隐于乡间设帐课教一生。民以事至馆者，必告之孝悌忠信，入所以事父兄，出所以事长辈，度乡村远近为保伍，使患难相枑，而奸伪无所容，凡孤茕残疾者，责之亲堂使无失所。先生课务之余，喜舞文弄墨，著一翁文钞四十卷未刊。咸通壬辰年（872 年）十月十八日卒，享年一百零八，墓葬华表山。

王太孺人封县君，生大历戊申年（768 年）三月初八日，卒咸通壬辰年（872 年）十一月十八日，享年一百零四。生平知书明礼，课子孙读经，涵养德性，以易为宗，以中庸为体，以孔孟为法，继往古，开来学，善治家，精刺绣，知养老，亲夫君，睦邻里，恤贫困，有口碑，子晓日，府庠生，精货殖，多贩鬻为生，性仁慈好善，修桥造路，济困扶危，不计时日矣。说明：唐德宗于 780 年至 804 年为唐朝皇帝，用明公上书时间是公元 781 年，时间上符合。《泉州府志》记：薛播是唐朝建中间（780 年至 783 年）为泉州太守，当时用明公二十岁，被薛播称为"青阳先生"时间也符合。

莆阳蔡氏南塘族谱系宋代的蔡其祥，元代的蔡驰娉蓝本编纂，明代的蔡振源，学究蔡毅轩撰修。族谱记载：蔡用明系德祖之孙，唐灵源庵主蔡明浚，唐司空蔡用元之胞弟。用明公墓初葬华表山，后移青梅里崎山佳城，这与《西山杂志》的记载相同。用明公墓于 1994 年发现于崎山，至今已一千多年，当时世界日报及台湾的报章杂志都有报道。

蔡用元与用明是兄弟，因此莆阳、青阳同宗同祖。有青阳蔡氏家庙联文为证：

派分莆阳，世居青阳，堂揖双阳，好就三阳开泰运，
裔出周代，基肇唐代，泽流昭代，长绵百代振家声。
聚族梅山，一千余年来，唯是青与白，不失故山气味，
构祠五市，半亩方宅中，自为爽而恺，却忘近市尘嚣。

（作者系晋江市青阳石鼓庙董事会理事）

翀霄张氏族源与世系探考

张诗竹

张氏翀霄衍派尊张乌为肇基祖。张乌生于元顺帝末叶 1360 年左右，系张逊几世孙待考。根据锦里二房十四世孙镇敦于清光绪十年（1884 年）所作谱序中载：我始祖讳乌，由清溪而入泉郡，建祠西街，坐丁向癸兼午子，取织金龟拜北斗，初时门匾书"清溪张氏宗祠"。立翀霄堂号，改张氏宗祠为张氏家庙记载有四：最早是蓝溪华山蓬岛（现安溪祥华），三世祖翼轸在蓝溪华山蓬岛《张氏族谱源本》序中载：始祖九郎公为蓬岛来，原其始则湖头蓝溪公之裔也，妈金氏九娘乃温陵金氏之女。昔我上代迁居泉城西街，即翀霄之派也。翼轸于元延祐四年（1317 年）立为六甲里长。又据其系十六世孙方新伯焕于清康熙五十四年（1715 年）所作谱序载：余之先乃湖山同知蓝溪之裔也。祖九郎公与兄弟迁居泉城西街，公惧末世乱，于是辞外戚，还居湖山上张祖宅，余兄弟尚住泉城，即翀霄派也。其二，《泉州府志》卷四十七载：张宽，字洪肃，一字溥容，号慎斋，晋江人。明永乐正统丁卯（1447 年）举人，有司表其坊曰"翀霄"。其三，锦里二房光绪十年（1884 年）谱序载：明末崇祯戊辰（1628 年）年间，维枢维机兄弟俱侍郎，才貌兼全，魁梧奇伟，同入朝面君，皇上钦嘉兄弟有翀霄气概，故改清溪号曰"翀霄"，所由来欤。其四，1945 年福建泉州原鲤城区城东乡白叶村发现一明代墓，出土墓志载：翀霄二世祖默轩张公，明代贡生，领乡荐，祖妣杨氏惠肃。年号没载明。白叶村全村均为翀霄张姓，据传是为看护祖墓而迁居于此地。

综上所载，张乌建清溪张氏宗祠在先，张宽有司表其坊曰"翀霄"其后，维枢维机侍郎公改清溪，号翀霄可能误传，两者先后相差一百五十余年。而翼轸志载翀霄派比张宽年代更早约一百三十年。总之，从元延祐四年（1317 年）至清光绪十年（1884 年），历经五百六十余年，人移世易，莫知考据。

肇基祖张乌生于元顺帝末叶 1360 年左右，张宽正统丁卯年（1447 年）举人，约生于明初（1440 年）左右，翀霄二世祖默轩公墓志没载明年号，仅为明代贡生，翀霄一世祖是张乌或张宽有待考查。

根据《晋江新志》下卷"明代人物"篇载，泉州十四望族有儒林张守化其中。《泉志昌后录》载：张守化，字时化，号谨吾，晋江人。伯志选，举进士，守毗陵有声。祖郁父志，子维枢任工部左侍郎，次子维机亦仕至侍郎。《泉州府志》卷五十二载：志选为良宝（文会）次子。《泉州府志》卷五十五载：维枢、维机为文郁曾孙。洛阳翀霄张氏族谱载：维枢、维机兄弟先后官至侍郎，其间兄弟重修扩建西街家庙，于郡城建"水心亭"园林，成为有名水心亭世家。《泉州园林介绍》水心亭小筑篇载：水心亭小筑，为明代万历戊戌（1598 年）进士张维枢，天启乙丑（1625 年）进士张维机兄弟所建，位于胜果铺，园地现充党校附小，残存规模痕迹依稀可见。

根据上述史载反溯，维枢、维机兄弟万历戊戌（1598 年）、天启乙丑（1625 年）进士，约生于 1565 至 1575 年间，父守化约生于 1535 年，祖伯志选嘉靖戊子、乙丑（1528、1529 年）联捷进士，约生于 1500 年，曾祖文郁约生于 1470 年，张宽正统丁卯（1447 年）举人，约生于 1400 年，二世祖张默轩出生年代可能比张宽迟，约在 1435 年，自张乌（1360 年左右）至侍郎公（1565 年左右），经七世历时二百余年，基本符合历史规律。

洛阳翀霄张氏一世祖张应科，号西桥，生于明天启辛酉（1621 年），西桥之伯父生于明万历壬辰年（1592 年），西桥之父生于明万历己亥（1599 年）。（祖茔翻修时出土的墓志铭记载）祖避乱于崇祯末叶戊辰（1628 年），先从泉州西街迁惠西大坝内，乱靖之后，迁洛阳桥头居住，繁衍至今已十有六世。

根据史载资料显示，上列世祖是为翀霄后裔，也是儒林八房后裔。余谨将史载资料整理摘录，追溯推演，是否正确，有待考证。

另据《泉州府志》卷四十二载：张元玺，号弦斋，晋江人，父旺，成化癸巳（1473 年）举人，未授官卒。元玺痛先志弗遂，少即力学，弘治辛酉（1501 年）领乡书，迁国子监学正，多十顾化，擢建昌府同知。侄冕。旧志闽书合参。《泉州府志》卷四十三载：张冕，字庄甫，号惺吾，晋江人，旺孙，元玺侄。嘉靖庚子十九年（1540 年）领乡荐，丁未廿六年（1547 年）登进士，授乌程知县，湖广参议，广西参议，迁桂林同知，擢广东兵备佥事。旧志参广东广西通志闽书《景壁集》。

张旺，成化癸巳（1473 年）举人，约生于 1430 年左右，比张宽晚约三十年，

《泉州府志》没载明与其有关系。《泉州府志》卷四十二载：元玺居蔡文庄门下。《泉州府志》卷五十五载：文郁受易于蔡文庄清，二人同门师生。府志也没载明两人有关系，而且张宽、文郁所载资料均节选于张氏家传，张旺父、子、侄、孙三世是否出自珩霄派待考。余摘录于此以备查证。

（作者系泉州市洛阳张氏大夫第宗亲会会长）

青山王张悃新考

张国琳

今年五月，国务院核定并公布了第七批全国重点文物保护单位名单，惠安青山宫荣幸地名列其中。青山宫原与莆田的妈祖宫、龙海的慈济宫通称"闽中三宫"，在台湾有一百多家分灵，有广泛的影响。而青山王张悃，是惠安历史上最扑朔迷离、对民众影响最大、最深远的一个古代历史人物。然而，对他的生活年代、籍贯、生平都缺乏充足的史料，并存在争议。因为张悃涉及惠安建县及惠安最早县治的历史，是惠安最早的历史人物之一，惠安历史没有他肯定是不完整的历史。这就是他在惠安历史上最特殊的又不可缺少的身份和地位，这就成了研究惠安历史一道绕不过去的坎。可是经过不同朝代、不同地方的以讹传讹，青山王的名字在台湾已显得五花八门，有的叫张捆，有的叫张滚，也有的叫张衮，都已失去本真。笔者为此作《青山王张悃新考》，以求教于方家。

最早有关青山信仰的文献资料，载于《宋会要辑稿》（也称《宋会要》）："青山王祠，在泉州府惠安县守节里。绍兴五年十二月赐庙额诚应，绍兴十九年八月封灵惠侯。"这说明青山王信仰在南宋初年即已得到官方承认。

而嘉靖《惠安县志》卷十典祠记载，青山王崇拜早在李畋就任惠安县令时就有了。李畋就任时间是北宋仁宗赵祯天圣元年（1023 年）。"及李令建城隍，乃迁其庙于乾峰寺前，与青山神同时受封，故乡人合而祀之"则明确说明青山神在李畋任职时就已经存在多时了。天圣二年（1024 年）离大宋建国之年建隆元年（960 年）只有 64 年。所以我们可以断定青山王崇拜最早起码是从北宋开始的。这是笔者认为可以澄清的第一个历史问题。

实际上，由于我们目前见不到徐松所引用的《永乐大典》中的相关记载，最早记载青山王的书也可以说是真德秀（1178—1235 年）的文集。两度出任泉州知府的真德秀曾亲至青山庙致祭，所献《惠安诚应灵济庙祝文》，收录于《西山真文忠公文集》卷五十四：

> 惟神正直聪明，默佑一邑。圣朝嘉奖，申锡赞书，威灵益章，遐迩蒙福。某假守于此，密藉神庥，敢荐菲仪，具昭诚意。

对于青山王张悃到底是什么朝代的人，有两种不同的观点，至今相持不下，难以定论。主流观点认为张悃是五代闽将，我们暂且称之为"五代说"。张岳著嘉靖《惠安县志》卷二山川大势记：

> 青山在县南，伪闽时，将军张悃尝立寨于此，以御海寇，殁后，乡人庙而祠立，至今不废。
> 青山诚应庙在二十六都，神张姓名悃，闽时尝营青山下以御海寇。宋建炎间，海寇作，神有阴助功，邑人蔡义可闻其于朝，赐庙额诚应，封灵惠侯。妻叶氏封昭顺夫人。景炎元年，进封灵安王，夫人封显庆妃。至今有司岁一致祭。

张岳对张悃的记载也相当简略，这种说法被万历惠安知县叶春及所著《惠安政书》、乾隆《泉州府志》卷七山川、《崇武所城志》所沿用。

对张悃事迹记载最详细的是雍正年间重修的《惠安县志》，其卷六山川志记载：

> 青山，在县南三十里青山铺，闽时将军张悃立寨于此以御海寇，没，而乡人庙祀之。或云悃即述，今其子孙在永春，谱载甚详。

卷十一坛庙寺观载：

> 青山诚应庙在县南青山铺，神张姓名悃，三国吴将也。
> 大田张氏族谱载神名述，其祖也，先葬螺山，陈震建县，始迁青山，田力移居盘龙下孟。

卷二十八武绩五代张悃（今为青山灵安王）记：

张悃，五代时，天下割据，兵燹叠告，民各鸟兽四散，乡间不保。悃集民兵训练之，旗鼓严肃，刁斗时巡。青山一带，盗不敢犯。桑麻无恙，鸡犬救宁。殁后常出灵异。海寇登岸，每见旌旗散空，金鼓时鸣，辄自引去。邑人进士蔡义可闻其事于朝，封灵安王。妻华氏，封显庆妃，立庙青山以祀，赐额诚应。至今有司春秋到庙致祭。大田张氏族谱载，悃即其祖述。

若悃即述，学问深造，生则御灾捍患，殁则为神庇卫乡人，庙食青山百世，宜哉！

到了嘉庆年间所修的《惠安县志》则全部是根据雍正《惠安县志》所载，一字不漏，故也可忽略不计。因此，剩下要探讨的就是嘉靖县志与雍正县志了。

由此可知，对张悃的新认识是在雍正年间，根据关键在于大田张氏族谱。

雍正八年（1730 年）县令王泽椿请张步瀛重修县志。时距张岳撰嘉靖志已有180 年至 200 年之久。可是张步瀛对张悃受封灵安王一事所记载前后不一，互相矛盾。卷十一坛庙寺观所载时间非常明确是景炎元年，可是在卷二十八武绩中却说是托蔡义可的福才受封灵安王。这是他的第一个矛盾之处。

而蔡义可却不是南宋元初之人，而是南北宋之交时人。蔡义可，嘉靖《惠安县志》记载他是绍兴五年（1135 年）特奏进士。因为他是特奏进士，因此估计他当时的年龄应有 50 岁以上，可以肯定的是他绝对不可能活到景炎元年（1276 年）。

《宋会要》是清代人所编纂，故可以肯定张悃受封灵安王应是景炎元年，而不是蔡义可所奏绍兴年间。如果真有蔡义可上奏之事，那就应该要么是绍兴五年（1135 年）十二月赐庙额诚应之事，要么是绍兴十九年（1149 年）八月封灵惠侯才是因蔡义可上奏的结果。而后据李汉南的记载，此事是从绍兴五年十二月而非绍兴十九年。此说可以成立。

这是笔者认为可以澄清的第二个历史问题。

第二个矛盾之处是，从雍正《惠安县志》卷六山川志所记载张悃是三国时人，与卷三建置沿革表、卷十一坛庙寺观、卷二十八武绩所载均持五代说来看，已有明显的分化和动摇。

张步瀛的第三个前后矛盾之处，即卷十一坛庙寺观记载张悃夫人是叶氏，封昭顺夫人。景炎元年（1276 年），晋封灵安王，夫人封显庆妃。可是到卷二十八武绩中叶氏变成了华氏封显庆妃。

张步瀛的第四个前后矛盾之处，是卷六山川志记载："或云悃即述，今其子孙在永春，谱载甚详。"可是到了卷十一坛庙寺观所载则是："大田张氏族谱载神名述，其祖也。"

为什么在同一件事上的记载居然有四处前后矛盾的不同记载呢？因为另有奥妙隐藏于中！暂且不提。笔者还有一个疑问，张步瀛所补充的张悃的史料到底是来自哪里呢？要知道，雍正年间所修县志经过明清的改朝换代尤其是郑成功父子与清兵的交战，惠安县城能留下来的史料已经焚毁或失踪了。到底这些补充是不是张步瀛所纂雍正《惠安县志》呢？笔者从卷二十八武绩五代张悃所记载之"按……宜哉！敏求"中发现了蛛丝马迹，突然领悟到一个秘密：这些补充应是张敏求所为，而不是张步瀛所为！

这里有必要介绍一下张步瀛与张敏求的关系。

张敏求，乾隆三十六年辛卯（1771年）贡生，乾隆二十年（1755年）重修县志，增补十四卷，被县令王泽椿采用并增补，是为嘉庆《惠安县志》。因此，严格讲，雍正县志不是纯粹的雍正县志，嘉庆县志也不是真正的嘉庆县志，而是雍正县志已经含有乾隆年间张敏求所补充内容，应是乾隆年间才正式出版，故称乾隆县志应会更准确些。而嘉庆县志则当然包括了雍正、乾隆年间张步瀛、张敏求所补充的内容。因此可以说，对张悃史料作重大补充之人应就是张敏求。

张步瀛是用修弟，雍正八年（1730年）受县令王泽椿之托重修《惠安县志》，已成稿，未刊行。张敏求则是用修曾孙，任直隶县令。

因此，在张步瀛所著雍正《惠安县志》未正式刊行之前，此稿极有可能就是落在张敏求手中。所以后来他也作了相当分量的增补。故雍正版《惠安县志》中竟然会出现乾隆间"按……宜哉！敏求"的表述，这就不足为奇了。

而从张敏求重修《惠安县志》时间乾隆二十年（1756年）和前后语言文字的表达来看，他是亲自看过大田张氏族谱的！从卷六山川志开始不可确定、模棱两可的表述"或云悃即述，今其子孙在永春，谱载甚详"，到卷十一坛庙寺观所载"大田张氏族谱载神名述，其祖也"，再到了卷二十八武绩五代张悃所记载之"按……宜哉！"中一大段的说明和详细记载，张敏求两次提到"大田张氏族谱载神名述，其祖也"。证明张敏求就是根据大田族谱补充进去的。

还有一个事实可以佐证此事系张敏求所为。这就是乾隆《泉州府志》的出版。乾隆《泉州府志》是乾隆二十八年（1763年）怀荫布、黄任、郭赓武等修纂的，虽然从时间上看确实比张敏求晚了八年之久，但是我们切勿忽略了这么一个事实，即张敏求所续修《惠安县志》增加的部分在当时并没有出版刊行，所以在乾隆《泉州府志》中并没有及时补充刷新，没有增补有关张悃的新史料和新发现。

这是笔者以为可以澄清的第三个历史问题。

清乾隆五十四年（1789年）惠安人总邦仁、沈鹏飞撰写的《惠安灵安王记略》记载：

> 王姓张，讳悃，五代闽时，尝营青山，御贼有功。
>
> ……
>
> 明季嘉靖庚寅，邑志所载者如此。迨万历间，晋江何司空乔远所辑《闽书》，则谓王三国时吴将，配叶氏，立寨青山。宋绍兴辛巳，虞允文破金兵于采石，王扬旗助战，书王姓名，允文讯之闽人从军者，知王神绩，请旌。此则邑志所未及载者也。又云：王墓在今县治库房左，初建县时，掘地得碑。识云："太平兴国间，古县移惠安。若逢崔知节，送我上青山。"碑阳识："开我墓者立惠安，葬我身者祀青山。"说近谶纬。然司空博物，君子采纂旧书闻，当必有据。而传信传疑，亦史家成法，故省郡县志因之。现今县署内堂有平堆，相传为王之墓，不树不记，未知是否？又相传王光州固始人，从广武王潮入闽，裔衍永春，亦无谱牒可据。

从《惠安灵安王记略》中可知，总、沈二人仍然延续灵安王的称呼是景炎元年所封，而非蔡义可所为。

这是第四个可以澄清的历史问题。

其次，《惠安灵安王记略》所记"宋绍兴辛巳，虞允文破金兵于采石，王扬旗助战，书王姓名，允文讯之闽人从军者，知王神绩，请旌"，与雍正志卷之十一坛庙寺观载"宋建炎间，采石之战，人见大旗上题张将军姓名。时虞允文讯青山土人之从军者，得其神迹，录功上闻，制入祀典，赐庙额诚应，封灵惠侯。妻叶氏封昭顺夫人。"所载又有不同。到底谁是谁非呢？

查阅史料，虞允文破金兵于采石确实是在宋绍兴辛巳（1161年）年，而非雍正志所记载的建炎年间。

这是可以澄清和需要更正的第五个历史问题。

由《惠安灵安王记略》又出另一个问题，即明代两次重修及碑记又有什么内容呢？由于青山宫现存碑记风化磨损太严重，已经分辨不出碑文。但我们还是可以从《惠安青山考》中厦门大学人类学研究所所长郭志超先生撰《青山宫始建与历次重修考述》找到残缺不全的碑记内容。

从两篇重修碑记中可以看出，早在元末明初，惠安人就已经将崔公认作惠安第一个县令，故有"宋太平兴国间崔令"和"宋太平兴国间邑侯崔公"的记载。如此说来，何乔远在《闽书》中将惠安第一任县令记为崔姓亦有根据，并非无稽之谈。故从雍正《惠安县志》起，即改变了张岳从端拱二年（989 年）胡纬开头记起的做法，补充认定为惠安第一任县令："崔太平兴国间，从《闽书》增。"问题是我们所知，张岳肯定是看过洪武和成化年间的这两块碑记的，而且他对洪钟也是情有独钟，按照獭窟志和獭窟人的记载是张岳在县志中对洪钟是"三致意"，且洪钟与张岳六世祖张祖是好友，为何已经记载惠安建县于太平兴国六年（981 年）的张岳没有将崔令列为第一任县令，却要将一个端拱二年才就任的胡纬列为第一个呢？难道惠安建县的开头八年时间内没有县令？这显然是不可能的。这到底是张岳的疏忽还是因史料欠缺过于审慎而有所保留？要说张岳将此重要问题竟然忽略了实在说不过去，因此笔者倾向于后者。另一种可能就是惠安建县时间并不是太平兴国六年？因为未认同惠安县建置于太平兴国六年的，早在北宋即有。

欧阳忞《舆地广记》记载："中惠安县，皇朝淳化五年（994 年），析晋江置。"《舆地广记》成书于宋徽宗政和年间（1111—1117 年），作者详情不明。南宋陈振孙《直斋书录解题》则认为作者为欧阳修从孙，现多以此说为是。王象之《舆地纪胜》也记载：

> 惠安县中（注：指中等县），在州北七十里。《寰宇记》云："本晋江地。"《图经》云："淳化五年析晋江县地置。"《国朝会要》云："太平兴国六年，析晋江县地。不同，当考。"

王象之，南宋庆元元年（1195 年）进士。《舆地纪胜》定稿大约在绍定年间（1228—1233 年）。从《舆地纪胜》的记载来看，作者是亲眼见过《国朝会要》（即《宋会要》）的记载的。而且早在欧阳忞之前，北宋已有《图经》一书记载惠安是"淳化五年析晋江县地置"。只是我们如今基本都是采纳《国朝会要》的记载罢了。因为，这本《图经》到底是北宋什么时间著作的？作者是谁？版本今在哪里？都不清楚，当然作为记载官方史实的《国朝会要》就显得更可靠更准确些。故采纳其说是很正常的，倒不在于是因为其所记比图经早了 13 年的缘故。再说《太平寰宇记》是北宋的地理总志，全书二百卷，约一百三十余万字，是继唐代《元和郡县志》以后出现的又一部历史地理名著。此书作者乐史，是北宋著名的历史地理学家和文学家，江西宜黄县霍源村人，生于 930 年，卒于 1007 年，此人的生活年限最符合，刚好处于惠安建县时间前后。

那么他的记载又是什么样的呢？且看："惠安县，去州四五十里，二乡，本晋江县北乡也。皇朝太平兴国六年析置惠安县。"

所以，我们目前认定的惠安建县时间是完全正确的，怀疑另有时间是淳化五年（994 年）的证据是不足的。

这是笔者认为可以澄清的第六个历史问题。

还有清代福建一个著名史学家、翰林院出身的陈寿祺，在重纂《福建通志》中赞同宋太宗淳化五年惠安建县之说，相差 13 年。而比张岳所记载的端拱二年（989年）胡纬已任惠安县令迟了 6 年之久。但陈寿祺所记也是自相矛盾。他在重纂《福建通志》卷九十三宋职官惠安知县名录中第一个列的还是和雍正《惠安县志》基本一样："知县事崔＿＿＿，太平兴国间任，见《闽书》。"既然你认定惠安建县时间是淳化五年，而县令却是太平兴国间任，这就无法自圆其说了。而按照张岳的记载，胡纬之后第二任是胡克顺，就任时间是咸平六年（1003 年），则胡纬任惠安县令时间长达 15 年之久！似乎也太长了，不合常理。因为宋代县令的任职年限基本上是五年一任，而胡纬连任三届，不符常规。这似乎是一个谜团。但好在陈寿祺解决了这个疑问。他的记载是：第二任胡纬，端拱间（988—989 年）任。第三任杜从善，淳化间（990—994 年）任。第四任王谏，至道间（995—997 年）任。第五任许载，江西萍乡人，端拱二年进士。第六任才是胡克顺，也是端拱二年进士，江西奉新人，与许载"俱咸平间（998—1003 年）任"。陈寿祺所记比张岳更详细，有籍贯，有科年，任职时间比较合理。所以笔者以为，在惠安县初期县令的任职顺序上，应以陈寿祺为准。

这是笔者以为可以澄清的第七个历史问题。

那么，这个崔令是不是崔拱呢？

根据张岳记载，崔拱于北宋端拱二年（989 年）中陈尧叟榜进士，是惠安置县以来的第一个进士。而此时胡纬已到任，所以可以断定这个崔令并不是崔拱！况且根据史书上记载，崔拱也没有担任过其他地方的县令。第三条理由是，崔拱中进士后不可能马上在本县就地任职。崔拱步入仕途的第一个职务是著作郎，后又任掌礼乐和祭祀的太常丞，复出任潮州军州事。目前所能查找到的史料均没有发现崔拱曾经当过县令的记载。第四条理由是根据大田族谱记载，当时惠安最早的居民仅有"东董、西崔、南庄、北洪、中张五姓"，那么崔拱可以说是与张悃同时代之人，应完全清楚张悃埋葬在惠安的历史，故不存在是崔拱首先发现张悃墓，且将他迁往青山。除非张悃确实是三国时代人，而这是不可能的。理由待下面分析。第五条理由是，查《中国历代官称辞典》，知节不是官名，更不是知县的别称。网络资料中也只有唐开国名将程咬金又称程知节。所以即使崔知节果然就是惠安的第一个县官，知节也可能就是崔县令的名或字，肯定不是崔拱。第六个理由是，无论是最早的洪武间的洪钟，还是稍晚些的林玉、或是万历间载入《闽书》的何乔远，还是清代的陈寿祺，在记载惠安第一任县令时都是仅有姓，没有名，说明他们一路相承都未认同崔令就是崔拱。理由已经足够了。民间传说不足信，千万不可当真，否则就会出现"三人成虎"的问题。

故笔者以为这是可以澄清的第八个历史问题。

再来谈谈首提"三国吴将说"的何乔远。据何著《闽书》记载：

> 至宋太平兴国间，令崔某移古县于今县，开基得铜牌，志云："太平兴国间，古县移惠安；若逢崔知节，送我上青山。"牌阴云："开我基者立惠安，葬我身者祀青山。"庙中铜牌洪武初尚存，岛夷入寇，以为金也，载归，舡寻没海。又云，令不亲祭，即有虎患。

认同他观点的是钦定四库全书《粤闽巡视纪略》卷五清康熙工部尚书、浙江秀水人杜臻撰："《宋朝会要》云：'太平兴国六年析晋江地，置惠安县于螺山之阳。'其地故为三国吴将张悃墓，徙之青山，而置署焉。今县库即悃葬处也。"

乾隆《泉州府志》卷十六坛调寺观引《闽书》原文后，又附一首佚名的《咏青山灵应庙》：

> 遗庙向沧溟，风涛对面生。海门须有捍，汉将旧知名。
> 碧砌滋苔藓，阴廊画鼓钲。铜牌金椀似，温峤待犀呈。

这种说法为陈寿祺撰重纂《福建通志》所采用，卷二十二坛庙·惠安记："青山灵应庙在青山铺，神张捆，三国吴将，尝屯青山御寇，宋建炎间赐额诚应，邑内亦有青山王祠。"

何乔远所记载的史料有三个问题值得注意：一是他凭什么说张悃是"三国吴将"？二是对"古县移惠安"应如何理解？三是对铜牌及谶诗的真实性应如何

认定？

先来探讨第一个问题。史学家要推翻前人所云，必定要么有权威可靠的证据，要么有合理合情的推断论证，方可取信于人。何乔远是否具备这两个条件呢？

第一个条件，他没有。其一他的直接证据是他本人没有见过的且已经丢失的铜牌。其二他的标新立异没有注明出处，未能像王象之等人那样说明资料来源。其三，在宋代之前没有任何史料可以佐证他的"三国吴将说"。从三国到五代相隔时间，最迟从三国末年晋武帝咸宁六年（280 年）算起，至宋太平兴国六年已有 701 年之久，到何乔远（1558—1631 年）《闽书》成书时间则有 1300 多年之久，他是如何考证出来的？而从三国时代，中间经历东西两晋、南北朝、隋、唐，并无任何史料涉及青山王张悃，并无任何皇帝敕封过青山王，并无任何民间传说提到过青山王，怎么一个三国时代的人时隔六七百年之后才突然如此的灵应，三番五次地受到大宋朝皇帝的青睐呢？张悃又是靠什么被孙权封为时为蛮荒之地的青山将军呢？孙权有什么必要分兵一支来守护一个远离虎视眈眈的蜀、魏之外的青山呢？又有谁可以考证三国时代的青山战略位置之重要，或是财政收入之重要足以让孙权派一位将军来此安营扎寨、保卫海防？如此大的时间跨度何乔远前辈是凭什么取得跨越式的进展和跳跃式的突破的呢？何乔远前辈所说的那块深埋于地下至开基才挖掘出来的铜牌，是如何完好保存了 1100 年而没有生锈，以至于被岛夷误认是纯金而抢走的呢？而按照何乔远的记载洪武初铜牌尚存的话，洪钟肯定是看过这块铜牌的。但洪钟在撰写《重建青山庙寝宫记》时为何没有记载这块铜牌？虽然他的记述中有缺字，但是从所缺字数来分析，却不可能超过 20 字以上。所以笔者断定洪钟并没有记载何乔远收录的这首谶诗。何况以谶诗作为正宗的历史记载并认定，真正研究历史的史学家们又有几人是这样做的呢？这十个问题如果何乔远尚在，又该如何回答？或者又有谁能够代替何司空回答这些问题，那么我就对他五体投地、甘拜下风。

再者，即使是持"三国闽将说"的何乔远，在《闽书》卷一百四十七灵祀志中泉州府惠安县所记也只有灵应庙一条：

灵应庙，有二像，一曰盐仓陈公国忠，一曰青屿郑公济时，皆固始人，避地入闽，殁而庙食。宋绍定中，海潮暴溢，民居尽没，惟庙独存。淳祐六年，赐今额。

如果他有足够的史料或新发现表明张悃在五代之前的三国时期曾经有显灵的

话，那么他在这里会作相应的补充说明。遗憾的是，他留在这里的是一片空白。

第二个条件，他也没有，依然是一片空白。后来史学界对何乔远《闽书》的一个批评就是他的一些结论或新发现没有根据。如文城先生在《谈明清时晋江人的重要著作》指出："《闽书》也存在着缺点，如史料没有注明出处，难于证实，比较缺乏说服力。"所以清末贡生泉州苏大山《红兰馆诗钞》有《题青山（在惠安）》二首有云：

> 鼎足销沉霸业空，猕儿父子自英雄。青山留葬将军骨，不付江流石转中。
> 艰难一旅下南荒，青盖羞看入洛阳。名字不登陈寿志，独留虎气在高岗。

如苏大山所言张悃"名字不登陈寿志"，说明他对"三国吴将说"也是持怀疑态度的。如果说《三国志》是不可能记载到惠安青山这个小而偏的地方的，那么又凭什么认为吴国会派一位将军驻守于青山呢？

如果说上述理由都是推理的话，那么我们还可以让实物来作证。

1979 年 10 月，惠安县政府建办公大楼，王嘉成承建，开基一米时发现张悃墓石碑高 50 厘米，宽 30 厘米，碑刻主文为"青山灵安尊王古迹"，现存工人俱乐部后青山宫。笔者于 10 月 30 日从县委宣传部张伟松手中拿到一本《惠安城隍庙》，从中发现有位李汉南写的《青山王、妃夏村赐福堂志》一文中居然对青山王的生卒、历次封荫及原因有非常明确的记载，填补了上述史书的空白。

《青山王、妃夏村赐福堂志》的主要内容体现在《赐福堂青山王略记》，部分摘录如下：

> 据传，王姓张，读悃，祖籍河南光州固始县。其父系王潮军偏将。
> 唐僖宗光启元年（885 年），随王绪军南下入闽。其生于光启末年（887 年）十月廿三日，殁于伪闽永隆末年（942 年）三月初十日，享年五十六岁。
> ………
> 因其天资聪赋，十六岁就得审知重用为王廷侍卫，二十岁任侍卫副统领，因五代混乱时期，天下割据，盗寇四起，民不聊生。时东坑海盐仓港，以出产盐、鱼、布驰名，而引起闽王重视。故闽王于乾化二年（912 年），调其镇戍青山。其又招集青年训练之。其军法严明，忠于职守，日夜派兵游巡，使青山一带盗不敢犯，贼不敢偷，恶棍、渔霸不敢横，民夜不闭户，为青山一带创造了特有的太平世景。

至太平兴国六年（981年），惠安置县，清基发现其墓，首任崔知节敬其德亦惧其灵，欲迁而不敢，又碍于阴阳同处互有不便，为长远计，特设香案以文祷于神，愿到青山为其建庙，使其有所归，让其管阴，他自管阳，莹保留，每逢清明始开放。因有此举，后来崔知节果到青山民敬处建一小庙让人敬奉。（开基得牌，改葬立庙，皆为后人讹传，恫生前非孔明。）

直至绍兴初，海寇作乱，神英灵助阵，邑人蔡义可于绍兴五年（1135年）成名后，奏请于朝，十二月始赐庙额"诚应"。十九年（1149年）八月封神为"灵惠侯"。妻柯氏为"昭顺夫人"。绍兴三十一年（1161年），神又到安徽当涂采石矶以南风云，飘北风旗迷敌，助宋军大败金兵，受高宗再赐一面"大宋名臣，威武驱寇"大旗。

嘉定六年（1213年），灵惠侯再娶华妹李，（即李银花）冥婚为二夫人。后二神常显化扬灵于海上护航，驱盗逐寇，又解救晋江围头受海盗攻掠。嘉定九年（1216年）十二月，受宁宗晋封"安惠公"，二夫人华氏为"显懿夫人"，嘉"庆济妈"。庙嘉赐"宁济"，曰"诚应宁济庙"。

景炎元年（1276年），端宗乘船南幸，经温州海面遇元兵。神与二夫人同赴海上救驾，直护至惠安象埔港。汪应麟闻于帝。三月廿三日受端宗晋封"灵安王"。二夫人华氏晋"显庆妃"，并赐银建王庙。明初，又助常遇春攻安徽采石矶，受明太祖御赐一圣旨牌。

嘉靖四十二年（1563年），再助戚继光、俞大猷威海卫平倭，受世宗嘉尊为"灵安尊王"，显庆妃则改嘉"庆安尊妃"，并赐"兵（李汉南记为兵字，青山宫牌匾系岳字）献海邦"匾额。清光绪间，又往台湾驱瘟镇怪，遇凶年皆与二夫人并驾出狩。

李房弟子李汉南敬撰 共和五十二年十月

此文的重要价值，一是非常清晰地回答了青山王历次封荫的具体时间和经过，包括起因、当事人、对象、封号等，尤其是诚应宁济庙的赐额时间，还有景炎元年汪应麟（洛阳黄塘汪氏祖先）的请封，还有三月廿三的封荫，对晋江围头的解围，以及明朝的两次封荫，均补充了县志记载的不完整之处；二是明确记载有青山王张悃的生卒及生平简历，条理清楚，能够回答和解决有关青山王张悃确实是生活于五代伪闽时期，籍贯光州固始县等千年疑团。其人长期在看顾青山王二夫人宫，记载二夫人原姓华事迹，也能合理解释县志及《崇武所城志》含混不清的记载。这些都属于独家新闻，以我个人的分析判断都似非伪造，而基本是信史，合情合理。只可惜其人已逝，无法从中知晓其来源。如果将李汉南提供的史料与大田张氏族谱所记载作比较，笔者认为还是李汉南的解释更可靠些。

按照李汉南的解释，闽王王审知派遣张悃驻守青山的原因是"时东坑海盐仓港，以出产盐、鱼、布驰名，而引起闽王重视。故闽王于乾化二年（912 年），调其镇戍青山"。这个理由笔者本人认为是可以接受的，于史可稽。因为青山一带港口密布，与后渚、秀涂（秀土）、乌屿、獭窟、小兜（崇武）一线相连，故其海上交通运输及贸易的发达是完全符合条件的，也说明泉州（包括今惠安）远在唐末五代时期的海上贸易已经有一定的规模。嘉庆《惠安县志》卷十五盐榷记载："宋时，邑东南濒海有盐亭一百二十九所，皆领于官，岁榷其入，令民以产钱高下，纳钱而给之盐。"据同卷所载，雍正元年（1723 年）之前设置的解盐大使的办公地点就在"青山铺门头乡，有县馆，有水客馆，并在门头乡。每月收盐，一、二、三日，县收；四、五、六日，商收；余日，盐官收。"

泉州是王潮、王审知兄弟一路游击战后打下的第一块根据地和封王立国发家之地，对青山一带周边海岸线的了解和重视也是自在情理之中。

青山一带盛产食盐在叶春及的《惠安政书》中也有记载。据其书卷七关于二十六都青山一带的记载：

> 风卤交浸，不利耕植。惟盐田编列，渔罔绸属，乘沺往返，可伺贼之出没。而斥堠壁垒，亦错据期间。民抱桴而卧，释梃而食，久且安之。贼固摄（疑当为慑）之矣。山公洋至林军，为是都主。折青山，转赤湖，水各由壊入盐仓江，会于东坑海。而东崙、南浦每为寇冲焉。

叶春及的记载说明由于青山一带盛产盐、渔，故屡有盗贼侵犯，"每为寇冲"。这也进一步佐证了有司派兵保护的必要性。

而上溯更早还有张岳的嘉靖《惠安县志》卷五所载："自青山以南至凤山，其民多业盐，以盐为籍。宋元以前用煎法，今则纯用晒法。"宋以前即是五代。据嘉靖《惠安县志》所载，嘉靖元年黄册（即户口册）记载，惠安的盐户有一百五十四户，共一千四百七十一人。而全县人口才三万八千八百二十一人，几乎占了全县总人口的三十分之一。同书卷七还记载："盐课，宋时邑东南濒海，有盐亭一百二十九所，皆领于官，岁榷其入，令民以产钱高下纳钱而给之盐。"当年安排给惠安盐产量定额达到七千三百五十二引四十八斤。古代 200 斤为一引，约合 15000 斤。可见惠安盐业的重要性。至上世纪末，惠安仍是福建产盐大县，食盐远销香港等地。故笔者以为李汉南的说法应是可靠可信的。

笔者认为张悃驻扎此地可能还有另外一个原因，那就是同时出于保护黄厥家族和张澜家族的需要。唐昭宗光化年间（898—901 年），黄厥被闽王王审知纳为爱妃，后生两子，即延钧和延政。唐明宗于天成三年（928 年）封黄厥为鲁国夫人。王延钧为此进贡白金五千铤上谢。

青山离黄、张居住地今张坂后边不到两三公里，而时黄厥叔父黄讷裕为闽王工部侍郎，银青大夫，资治尹。后唐同光三年（925 年）底，王审知去世，长子王延翰继位，于次年自称大闽国王，同年被其弟、黄厥所生长子王延钧杀死，王延钧继位，更名璘，自称闽惠宗，后于唐明宗长兴四年（933 年）称帝，国号闽。黄讷裕侄女黄厥被尊为太后。闽惠宗念及黄讷裕辅助王审知治闽时的政绩及人品，赠封黄讷裕为工部尚书加检校少保，后又加封他为楚国公。而张澜是时亦任漳州太守之要职。龙启二年（934 年）十一月初八日，闽帝王延钧还亲自到黄田黄氏家庙拜访外祖父家。是时张澜称病在家。因此，无论是王审知还是王延钧，都有可能派兵维护青山一带安全，同时肩负起保护外戚和重臣的责任。而这段时间与李汉南所载张悃驻守时间也是完全吻合的。

青山设寨也是有史可证的。除了张岳的嘉靖《惠安县志》外，明隆庆、万历间县令叶春及在《惠安政书》中也有记载。据该《图籍问》中记载："险寨重务，邑志有三寨，郡新志有四。曰青山寨，寨在崇武城北，误以青山之斥堠为寨也。郡志二十二斥堠，邑志二十三。曰黄崎。盖误以青山为黄崎。而青山固自有斥堠也。"斥堠即侦察用的土堡。同书卷四记载："三澳之间，若张坑，前林，青山诸处有堡。"

再说，张澜是张岳的直系祖先，与张悃是同时代人，青山一带附近就是张氏故居所在。故以理推，两人相互熟识自在情理之中。因此，张岳比起何乔远来说更有发言权。故笔者认定张岳的"伪闽说"可以成立。

故笔者再次认为这是可以澄清的第九个历史问题。

应该提醒一条的是，在台湾，有不少寺庙和文章介绍张悃是张滚或张衮、张捆，都是由于口传音误，应该纠正，不能以讹传讹。

（作者系福建省张委会副秘书长、惠安县政协文史委主任）

浅谈张泉苑茶庄及其家族

张五鹏

话说泉苑茶庄，它在历史上不只是国内赫赫有名的百年老字号，而且名扬海外特别是台湾地区、日本及东南亚诸国。泉苑茶庄专门经营茶芯。茶芯的制作原料是来自于武夷山的岩茶，它不仅是香溢生津的饮料，更是清凉解热的良药，曾经为贵重礼品，海外华侨出国一定要带上送人。

张泉苑茶庄的创始人张白源（1789—1856 年），是同安县西塘乡人，于一八一三年（清朝嘉庆十八年）来泉州城内卖茶，初时肩挑贩卖于街头小巷，后来在胭脂巷口摆摊卖茶芯。胭脂巷靠近涂门街头是泉州城内历久不衰的闹市，因此生意很好。后来就在胭脂巷口租了店面，一八二八年（清朝道光八年）创办张泉苑茶庄。当时白源公长子满水公年已十五，也来帮其父共同创业。泉苑的泉字是由白字与水字合并而成的，苑字的意义是集名茶的园圃。其所以命名为泉苑，意思是这茶庄由白源和满水两人创办，经营的茶均是名茶。店名是泉苑，为什么店号叫"榕莲"呢？有一天，白源公在棵榕树下一边乘凉一边构思取什么店号时睡着了，在睡梦中见自己沉醉在一片盛开的莲花之中，醒来即取榕莲璧合之义，店号为"榕莲"。以后并不只代表店号，在很多具体的事物中都以榕莲代表家族的称号：比如榕莲别墅、榕莲古筑，还有在已故先辈所有墓碑都刻上"榕莲"两字。

现在，人们把张泉苑茶庄认定为泉州城内最早创办的茶庄。后来为了适应茶庄生意需要，白源公又从同安叫来了四子文柱公协助打理，张泉苑茶庄生意日益兴隆，收入逐年增加，于是就先后建置产业，不但在胭脂巷口涂门街头买了店铺，而且在武夷山买了岩茶（茶园）。相继在府学口（旧大众剧院）后面建"榕莲别墅"，供经理生活办公。由于人丁兴旺又在后城、灵慈建买大厝供族人生活居住。但是如今仅存的后城 34 号的张家大厝，亦称"榕莲古筑"，也只有它能见证泉苑百年茶庄的风风雨雨……

为什么泉苑茶庄会生意兴隆，名扬四海？除了有周到的服务态度和高度的诚信外，更重要的是茶芯的质量。泉苑茶庄的茶，是来源于武夷山岩石下面常年有雾的天气下生长的茶叶，采集下来的三叶芯，当时不像现在都叫茶叶而是叫茶芯。茶芯的得名就这样名副其实而来的。茶芯采集要很注意时节气候，只采头春，不采二春，采下来经过十几道复杂细致的工序制作加工后，还得经过认真的验收才能装锡罐。锡箱进库，四年后才根据不同市场销售的需要包装成不同规格的盒子上市出售，也就是说最新的茶是四年前生产的，这是保证茶芯质量的最起码的条件之一，就这一点要拥有很宽大的仓库同时要储备巨额的资金，在当时一般商家是很难做到的。

泉苑茶芯主要分为"水仙种"与"铁罗汉"两个最佳品牌，这两种茶不但是香溢生津的佳饮，而且是治疗疾病的良药，凡是患有伤风发热、目赤头痛、大便不通的，医生往往只教患者喝泉苑茶就可以。泉苑茶贮藏多年，不含酸性，胃酸过多的人尽可以喝。泉苑茶不但不受时间限制，而且存放越久越好，更不用冷藏。人们总是把新茶作饮料，把旧茶作药用，家家户户都存有泉苑茶，形成家居必有、出门必备的好东西。请客送礼不但离不开泉苑茶，而且当成珍贵礼品，特别是归国华侨出国倘若没带上泉苑茶等于没回泉州。

泉苑茶庄常年（白天）不关店，就连正月初一也照常营业，农历正月、二月生意特好，经常是排队购买，由于生意好，想假冒的也就多，于是"只此一家，别无分号"的牌匾是当时打假的一个有力标记。

每年春天到武夷山运（原料）茶是比运金子还贵重的壮举，因怕被土匪抢劫，每次都需雇清兵，后来是国民党兵从闽江一直护送到福州，然后转运到泉州。凡是派到武夷山押送茶的茶庄店员，一路上的吃、喝、玩乐，所有的开销都全报销，安全到达后还有大赏。记得一年新茶开春，聪明公（第四任经理，任期一八七七至一九零五）宴请绅士名流，席间征得绅士所撰冠头对联"泉南佛国无双品，苑北仙家第一春"。老板很自豪，就把对联挂在泉苑招牌两边，以照声誉，以耀门楣。

在聪明公执掌期间，晚清帝师陈宝琛慕张泉苑茶庄之名前来品茗，盛赞其为"茶中至尊"，故世人将泉苑名茶誉之为"皇宫至尊"。一八九八年在陈宝琛的推荐下，张聪明挑选"水仙种"等五个茶品参加法国巴黎国际博览会，并获得铜奖。

当时张氏家族的人员每月可按人丁向茶庄领取生活费，逢年过节加倍，婚丧喜庆由茶庄按行规统一操办，读书上学全额报销，族人从来没想到会没有房子住。说白了相当于超时代的供给制，早在一百年前就这样。从负面的角度看，正因为供给制，养成了一些人，特别是丧失进取心的年轻人跟着部分成年人不劳而获，不务正业，一辈子从来没赚过一分钱，整天沉醉在嫖赌饮之中，过着花天酒地、醉生梦死的腐朽生活。当时社会上所称的"泉苑阿老""泉苑阿治"就这样产生了，并流传整座泉州城。泉苑人有的为此而荣，有的为此而耻。但真正像这样的人很少，说明当时夸大其词之风甚盛。

从正面的角度说，如果有进取心的青年人不管是上大学或者出洋经商都很有成就。泉苑茶庄的成功秘籍是因为有严格的企业管理制度和合理的经济分配机制，形成家族上上下下齐心协力的良性发展后劲，因而生意兴隆，人丁兴旺，一代更比一代强，最鼎盛时期是第五任经理张丕承（任期一九零五至一九一六）、第六任经理张丕烈（任期一九一六至一九三三）。张丕烈去世于一九三三年农历十月二十五日，其灵堂布置得既庄严又豪华，存放了整整三十天做"公德"、"丢罗陀"、"唱南音"、"演戏曲"。纸厝糊得比真厝还高大，里面什么人间仙境都有，纸厝要烧时门前马路安置不下恐发生火警，只好移到明伦堂的旷地上去烧了。张祖荫（国民党三青团书记）还派当局的消防人员看护，每隔七天做大"公德"还撒钱给过路的人捡。当时人山人海热热闹闹的场面，轰动了整座泉州城，史无前例的景象至今还流传于民间。张氏家族对去世的张泉苑主人有这样隆重的礼仪，一方面说明对先祖的悼念，另一方面体现了张泉苑的整体经济实力，同时扩大了社会影响，从而提高了知名度，等于做了无形广告。泉苑茶庄最鼎盛的时期延续到一九三七年抗日战争前。

抗日战争爆发，在战火纷飞的年代里，武夷山的茶源断了后路，南洋的战乱堵了销路，茶庄的生意受到很大打击。为了减少开支，只好少雇工人，族人自己参加制茶、捡茶等工作，但是减少开支并不能根本解决问题，只有增加收入才是根本的办法，在火烧眉毛之际，群策群力，怎样渡过难关？一方面由店内的老职员到同安、马巷主动推销生意；另一方面，妇人们在过年过节时除了蒸糕做粿还做糯米龟，几个婶婶婆婆们灵机一动提出，把糯米龟拿些到市场去卖，结果销得很好，做多少销多少，后来就有规模有计划地大生产，"泉苑龟"由此很快就名闻全市，如今很多老人们仍然思品"泉苑龟"的美味。

为什么"泉苑龟"会如此畅销？首先是好吃，在生产制造过程有严格的流程和原料要求，龟皮要用上等的糯米经过一定时间的浸泡，水磨细碾，吃起来又细腻又柔软，而且不粘牙。龟馅是用当年产的最好的绿豆，煮熟去壳经碾细后，还要经过三次水洗过滤，也就是人们常说的"重三馅"再加点白糖香料，吃起来冰凉香甜可口，确实是一种上等的点心佳肴。"泉苑龟"在产量上也很讲究，不是无止境地生产，每天都要根据季节和天气情况定量生产，任其供不应求也不剩余，让人们吃了还想吃，买了还想买。"泉苑龟"由于生意很红火，这样一来整个张氏家族的经济一下搞活，不但茶庄正常营业，族人的生活起居也与往常一样。更可贵的还是可以腾出大笔的资金捐助抗日战争的宣传工作，人们经常夸奖泉苑家族不但男人精通生意，妇人们也能吃苦耐劳，而且精明能干。

当时是如何宣传抗日的？张泉苑第五代子弟张祖廉（字一朋）生于一九一一年，卒于一九七零年，他是泉州话剧的创始人之一，泉州剧联社社长，其父亲张丕承是泉苑茶庄最鼎盛时期的经理。抗战时期为了发动群众参加支持抗战，张一朋带领泉州青年剧社队员走南闯北，城市不能宣传就转入农村，走遍闽北、闽西等山村小镇，承受了疾病和饥寒的考验。在国难当头，国家经济困难时大部分的资金是张一朋筹集，当然主要来源于张氏家族，就这样坚持到一九四五年抗战胜利。张一朋是一位开明的民主党派人士（泉州民革成员），对泉州的戏曲教育有很大的贡献，曾多次被评为先进工作者。他撰写的《张泉苑茶庄的回顾》早在一九六一年六月便发表在《泉州文史资料》第二辑上。不过当时由于父亲张一朋本人的政治处境很差，难免有相当的思想顾虑。所以在叙述中有所保留，思想也有一定的局限性。

泉苑茶庄的发展并不是一帆风顺，它经过两次火灾，店铺全被焚毁，店内遭抢劫、偷窃、老板受绑架，族中争权夺利，等等，使茶庄飘摇不定，直至新中国成立后接受公私合营。

张泉苑茶庄第七任经理张祖泽（任期一九三三至一九五一），从一九五一年起响应政府号召，实施职工民主管理，直到一九五六年接受社会主义对私改造，公私合营。同时，在"榕莲别墅"创办了泉州茶叶加工厂，该厂生产的水仙种、铁罗汉的商标也应时代的需要换成玉女峰。一直保持并延续到改革开放才被市场经济所淘汰。至于张泉苑这个经历一个半世纪的老字号则早已销声匿迹。

关于张泉苑茶庄的兴衰由来，目前只能初步追忆到此，这时急于下结论还为时过早，应该寻找历史的考证，让最有发言权的张泉苑传人去逐渐论述评定。

由于旧城改造，胭脂巷口涂门街头以及"榕莲别墅"和灵慈古厝全部被拆迁，以前张泉苑的产业仅存后城 34 号张氏祖大厝。这座本来拥有两千多平方米的古老建筑的左右两边也被无偿征用，只剩中间的主厝和西侧的护厝共计一千多平方米。建于清朝道光年间距今已有一百八十多年历史的"榕莲古筑"，虽然经历沧桑变化，但这座独具晚清建筑风格的闽南传统的五进大厝还依然隐藏着昔日的辉煌。最遗憾的是逃不过"文革"的"洗礼"。十年浩劫把古大厝所有的牌匾、木雕、石刻以及对联全部毁坏，所有的文房四宝、书籍、字画、瓷器、铜器等古玩被洗劫一空，有的被当场销毁、砸碎。当时我目睹了所有的这一切，作为张氏后代尤为心痛，今天的"榕莲古筑"看上去伤痕累累，破旧不堪，完全失去了当年人丁兴旺、气象万千、生气勃勃的美好景象。这座张家大院无声地记录了历史的风云变化，见证了近两百年来曾首领古城茶业风骚的张氏家族的兴衰沉浮，人生春秋的传奇故事。

据不完全统计，现有载入族谱的，二百年来由白源公带其长子、四子，来泉州创办张泉苑茶庄至今繁衍九世，人丁数量近五百人，在生人数三百多人，时光虽然在流失，但生命还在延续，一切的一切都在不断地按自然规律发展着、变化着、传承着。

改革开放三十几年来，各方面的政策都在全面落实，过去的已成了历史，大家都要往前看，我们希望国家在恢复老字号及保护古建筑这方面的政策和法律的天平上能多加几个砝码，多开几盏绿灯，让百年老字号能重新复活，古老建筑能重新修复。我们深深认识到张泉苑茶庄不单是张氏家族的遗产，更是具有研究价值的历史遗迹。我们有责任把它重整旗鼓，发扬光大，这同样也是弘扬中华传统文化的善举，使之源远流长，卓立于历史文化名城泉州丰厚的历史文化遗产之林。

（作者系泉州市张泉苑家族理事会会长）

浅谈族谱的作用

方港水

姓氏是家族的标记，在寻根活动中具有不可替代的作用。中国姓氏是一项独特的国情资源，其内涵和特征在世界上是独一无二的。中国姓氏的遗传本质如同血脉世代相传，始终维系着中华民族这一大家庭的生存。以血缘、姓氏为传承的族谱文化对于共同祖先和民族渊源的追溯，对于海内外炎黄子孙的寻根问祖，对于凝聚中华民族的向心力，都有着重要的现实意义。

族谱又称宗谱、家谱、家乘、或谱牒，是以记载一个血缘家族的世系与事迹为主要内容的史类文献。家有谱、州有志、国有史，家谱与方志、国史并列成为祖国三大历史文献。

族谱是一种能够比较真实反映历史面貌、时代精神、社会风尚的载体，对当今时代仍有着重要的作用。

一、追本溯源，寻根留本

古人云："谱牒身之本也。"意思是族谱能告诉你，你是谁，你是从哪里来的，长辈叫什么。族谱好像就是给家族的每个成员一把椅子，在连绵不断的家族史中留下一个位置，一个有所归依的位置。族谱是平民百姓的"小史记"，我们绝大多数普通人是不可能在历史上留下名字的，有了族谱，不管过多少年，许多人还是会知道你，甚至记住你，哪怕你默默无闻，也会有一群人承认你，总会有所归属。族谱浸润了血浓于水的归依之情，族谱上那些密密麻麻的名字，都是生命的符号，通过族谱的记载，让人们看到了普通百姓的家族变迁、血脉传承的历史。

族谱是寻根问祖的重要依据。一个家族随着时代的变迁，成员的流动，或徙他乡，或飘洋过海。一个人不管漂泊多远，总是忘不了自己的家乡，因为那里埋葬着他们的祖先。中华民族五千年来，人们有着自己祖宗的事迹记录下来传给后人的习惯，这就是谱，只要有了谱书，凡与族人有关的人和事，谱上都有记载，历代传承，为后来者的寻根提供了最直接的依据。

闽南与海外联系密切，居民又多是唐朝以来陆续南迁的中原汉族移民，接着又通过移民到台湾地区以及东南亚各地。因此，闽南既是台湾同胞以及东南亚侨胞寻根的起点，又是海外赤子追溯自己炎黄血统的重要渠道。改革开放以来，姓氏源流以及寻根认祖、探本溯源的活动已成为海内外炎黄子孙民间文化交流的热点，众多的港澳台同胞以及海外侨胞纷纷回到中国大陆祖居地探亲访祖，以族谱家乘为引导，不少迁徙到他乡的族人找到自己的"根"，认祖归宗。

二、血肉联情，敦亲睦族

俗话说："亲不亲，故乡情"，"多个朋友多条路。"在大流通的社会中，在国际一体化时代里，人们不可能禁锢封闭。要走出家门，还要走出国门，这是今后子代裔孙必行之路，通过联宗族谱，本族同一血脉的宗族同胞更进一步加深了解和往来。一个人走在外，路人（路上随意相遇的人）不如乡人（自己家乡的人），乡人又怎与血肉之情相比。经济开发中的往来，生死祸福的降临，人与人之间自然也非常必要相互提携、帮助，有了谱书，哪怕你走到天涯海角，哪怕相见恨晚，血肉亲情一定更好、更深厚。

同一祖先可以衍传出许多不同家庭的人，虽然有亲近陌生、关系远近、贫穷富庶等，但同属于一个祖宗，都是祖宗的后代子孙。又哪里有亲近陌生、贫穷富庶、高贵低下、聪明愚笨、贤良不孝的区分。同一宗族，亲密的族人对陌生的族人，就会想到怎样才能同陌生的亲厚和睦；关系亲近的对疏远的，就会想到怎样才能同已经疏远的亲戚经常会面走动；富庶的对于贫穷的族人，就会想到怎样才能经常的接济他们；高贵的对于贫穷的，就会想到怎样维持彼此的亲近关系；聪明的对于愚笨的，贤良的对于不长进的族人就会要想到如何劝诫鼓励他们。这样就会呈现喜好厌恶相同，忧患快乐一致，想法互相了解，名声威望和气势相互依靠，规则秩序上相互扶助，富有和贫穷之间相互调剂，对内对外友好相处，大家见面互相尊敬，德行操守上互相劝勉，功过得失间彼此规整，农活耕种相互帮忙，生意买卖相互合作，水灾火灾以及遇到盗贼等不法侵害时相互照应，生病困难相互救援，婚丧相互帮忙，强大的不欺负弱小的，人多的不欺负人少的。一个宗族之间，和谐气氛环绕四周，仁义恩德浩大充沛，首先对得起祖宗，其次对得起后代，最后对得起整个家族，使家族兴旺发达，共谋发展，这是多么美好啊。

随着海峡两岸民间交流的深入开展，两岸姓氏宗亲交流和姓氏族谱联展，记录了闽台两地上千个家族的兴替迁徙，见证了两岸同胞的血肉亲情。福建省是中原姓氏播迁的重要驿站。台湾同胞中百分之八十以上的人祖籍地都在福建，与福建乡亲可谓是同根共祖，一脉相承，手足情深，血浓于水。通过加强宗亲文化、谱牒文化交流，对于增强两岸同胞的凝聚力和向心力，进而促进祖国统一大业的完成有重要的意义。

三、教化启迪，承前启后

族谱中的"家训"、"族规"、"家法"之类内容，其中固然有不少封建思想糟粕，但如敬长老、孝父母、和夫妇、尊师长、崇俭朴、戒奢侈、禁赌博等伦理规范，以及家谱中记载的很多志士仁人忧国忧民的爱国主义精神、自强不息的奋斗精神、追求真理的奉献精神等，对我们建设现代家庭道德有很好的借鉴意义，对促进现代文明建设也有积极作用。传统伦理与现代文明是辩证的统一，现代文明建设必须以传统文化为基础，传统文化也只有被赋予新的时代精神才会有生命力。家谱中反映出来的优秀传统伦理，实际上是中华民族几千年来奋斗的结晶，它曾经对凝聚中华民族发挥过巨大的作用，对促进当代文明建设也必将起重要的激励作用，对构建和谐社会起着不可忽视的作用。它能给我们很好的教化启迪，陶冶我们的情操，鼓舞我们热爱生活，奋发向上，为国贡献，为族争光。

每一个人的出生和成长都与家族的记忆紧密相连。当血脉的传承遭遇阻隔而断裂时，是族谱承载了"继往事、知来者"的重任。族谱演绎的是追问生命的传承，追溯家庭、家族的历史，还有强大的人文教化和诸多的情感因素。

族谱还具有承前启后的功能，这里有双重含义，一是上对祖先，二是下对后代。先人千辛万苦创业、育人，为本家族为社会创下了丰功伟绩，不能从我们这一代或下一代丢掉。必须通过修谱，为祖先树碑立传，把他们的育人和创业精神，一代一代的传承下去，作为永久的纪念，这是我们这一代或后一代人神圣的不可推卸的历史使命。通过学习族谱，要知道历代祖宗的嘉言懿行，训示诫规。我们不仅要继承和弘扬先辈的优良传统美德，还要教育年轻一代知根源、崇伦理、敦族谊、识礼仪、重功业、贵德行。这样才能上对得起祖宗，下对得起后人。

总之，族谱是中华民族千百年来形成的一项独特姓氏文化，它在历史上发挥了一定的作用，而在当今时代仍具有重要的、积极的作用。我们不仅不能摒弃它，而且要进一步的继承完善和与时俱进，使中华民族的优秀文化传统得以继承和发扬光大。

（作者系漳州市方氏联谊会副会长）

闽台两岸卓氏同源同根　南安彰化卓姓同宗同祖

卓安邦

　　卓氏，是中华民族最古老的姓氏之一，是中华人文始祖黄帝的后裔，出自芈姓，源自春秋战国时期，楚威王之裔卓滑为立姓始祖；后裔卓俨公任西河郡守，是卓氏立郡始祖；卓俨公之孙卓茂公，东汉初官居太傅，得封褒德侯，是卓姓的人文始祖。诸多卓姓的郡望（堂号）为"西河堂"、"西河衍派"、"褒德堂"、"褒德传芳"，卓姓诸多宗祠镌刻有"东汉开基基永固，西河衍派派长流"的楹联，即由此而来。这些标识、符号，超越了历史时空，记载着卓氏两千多年的血脉传承，大陆与台湾共同的郡望、堂号，清晰地标识着卓氏的根源所在、血缘关系，见证了两岸卓氏同源同根的同胞亲情。

一、闽台两岸卓氏同源同根

　　西晋永兴二年（305 年），卓茂公裔孙卓宏公任晋安郡守，督守福地，政绩斐然，退休后在现福州文儒坊闽山巷置地建房，颐养天年，为福建卓氏最早的祖居，卓宏公为吾卓姓中原南下创业的入闽始祖。

　　卓宏公十六世孙卓隐之公，为莆田卓姓开基祖，唐贞元十三年（797 年），任莆田县令，后裔枝繁叶茂，瓜瓞绵绵，遍布福建，乃至广东、广西、海南、香港、澳门、东南亚等海外各地。

　　卓隐之公七世孙卓佑之公，字长吉，侯官闽县人，宋仁宗景祐元年（1034 年）甲戌进士，官推官，后封户部仕郎。平生正直精爽过人，自谓死当为神。及卒，果著灵异乡人，里人在其所立庙祀之，号应公大夫，即闽山庙神，也就是福州三坊七巷里的"闽山卓公祠"。在宋高宗建炎年间（1127—1130 年）屡屡显灵，有司以闻，敕封广利侯。宋理宗，敕赐二道，端平二年（1235 年）9 月 21 日，敕福州灵应庙广利侯，特封广利威显侯。明追封镇闽王，后人奉祀为闽山庙神。

明王应山闽山祠避暑诗曰："选胜为三伏，言过里社中。山寒泉有白，林密日无红。我辈能歌雪，神君数借风。虽非河朔饮，不放酒杯空。"

卓隐之公十五世孙卓得庆公，字善夫，号乐山，生于宋宁宗开禧元年（1205 年）3 月 12 日，莆田人，宋理宗壬辰科（1232 年）进士（比文天祥早八科），知德兴县，有治绩，历官秘书郎、著作郎、兵部郎中兼国史院编修。因忤逆当时奸臣贾似道，被贬出牧漳州。宋端宗景炎二年（1277 年），特旨授右文殿修撰、户部尚书，兼福建制置司参谋官。1279 年元兵逼进兴化城，得庆公并两子被执死于难，为南宋尽忠，嗣后名人黄仲元为其撰写墓志铭，称其"忠孝父子"，流传于世。

得庆公幸存后裔，有的迁居福建宁化后转徙广东惠州海丰县开基衍传。

卓隐之公裔孙卓晚春，为明嘉靖年间莆田一大奇人。他出生在醴泉里柳营村一贫穷人家，三岁丧母，七岁丧父，是一个苦命的孤儿。好心肠的姑母将他带到北高南渚林扶养。晚春自小聪明伶俐、智力超常，无师自通，能吟诗作对，善草书，神于算法，预言极灵验，人称"卓小仙"，民间传说他后至杭州净慈寺得道成仙。今莆田秀屿营边村有卓午祠（三教祠），祀奉卓晚春、林龙江、张三丰三位神仙，系卓、林两姓共有宗祠，也是卓真人讳晚春纪念馆。

卓禄美公（也有系卓宏公裔孙之说），在王审知入闽主政后镇守福地造县立门，居福州米仓前依仁坊，后裔繁盛，成为当时福州的望族。

卓武公（也有系卓宏公裔孙之说），唐咸通时（860—874 年）官居中郎将，入闽督守泉州银同邑（今同安），后裔子孙遍布泉、漳、厦等地。尤以泉州南安为最，卓姓人口九千二百多人。

总之，卓宏公的祖居地福州三坊七巷中的文儒坊闽山巷闽山卓公祠，是我们卓氏共同的先祖祠宇，卓宏公是各地卓姓宗亲的共同祖先。

福建是南方各省、台湾、香港、澳门、东南亚各国卓姓迁徙的中转站，福建卓姓先民迁徙台湾，从隋、唐、宋、元、明时期，就陆续星散由闽入台；明末清初郑成功收复台湾后，特别是清康熙初年，解除海禁，诸多卓姓先民入台开垦创业；1945 年日寇投降，国民政府接管台湾后，在此期间诸多黎民百姓，当然也包括卓姓宗亲出于生计，往台湾谋生、创业。这可说是中国近代史上，也可说在人类历史中罕见的民族大迁徙。

溯源、追宗、敬祖、爱乡，是中华民族优良文化传统，也可以说是华夏炎黄子孙的美德,尽管山川阻隔,大海汪洋浩瀚,但海峡同根,闽台一家,血脉相连,族情、宗亲情、血缘之情仍然绵绵不断。据有关统计资料,全国姓氏卓姓位列第 224位,福建卓姓近七万五千人,位列全省姓氏第 62 位,其中泉、漳、厦占全省百分之三十,泉州占全省百分之十八,南安卓姓也有九千二百多人,占全省百分之十二点五。台湾卓姓也有八万多人。吾卓姓闽台血脉相连,两岸同宗、同祖、同根,亲情不断,而且与时共进,不断加强,特别是两岸"三通"以来,来往更是频繁密切,族情,宗亲情,血缘之情更加融洽。

二、南安、彰化卓姓同宗同祖

缘自 2009 年 4 月间,彰化县卓姓第三任宗亲会理事长卓明昌先生一行二十八人,到南安市翔云镇福庭村(族谱载名:泉州府南安县二十八都福佑庭尖兜保)寻亲谒祖,查看族谱;2010 年 11 月初,福建省姓氏源流研究会卓氏委员会组团,前往台湾彰化、台中、桃源拜访卓氏宗亲,所到之处,受到宗亲们的热烈欢迎,盛情款待,并进行了亲切交流,特别是受到彰化县卓伯源县长的亲切接见和诚挚交谈;2012 年 3 月 3 日彰化县卓姓第四任宗亲会理事长卓有德先生一行八人(其中包括卓伯源县长之父卓泷助老先生)拜谒泉州百源川卓氏宗祠(卓泷助老先生述捐给宗祠人民币 1200 元)。这三次我都有幸得以与宗亲晤面,并进行了诚挚、亲切地交谈,互认宗亲,共叙血缘亲情。

几年来,出于族情、血缘亲情的涌动,经过不懈的努力,查看了南安翔云云峰卓氏族谱(五次修谱,最早于 1643 年,最后一次 1930 年);南安翔云福庭(即二十八都福佑庭尖兜保)卓氏族谱(五次修谱,最早于 1684 年,最后一次 1992 年);南安石井浯港卓氏族谱;同安蔡宅卓氏族谱;南靖山城三卞深浪卓氏族谱等有关谱牒、资料。可以肯定,南安、彰化的卓氏大部或部分是同宗同祖;台湾卓氏诸多与南安、同安、南靖,包括现已改谢姓的厦门大嶝谢氏(仍与南安、同安、南靖卓姓往来关系密切)也可以说都有血缘亲缘关系,同宗同祖(见附件《关于尚舍公、长清公、长静公、观土公源流探考》)。

(一)2009 年 4 月同卓明昌先生见面,以及 2010 年 11 月到台湾彰化和宗亲见面交流回来后,出于族情亲情的驱动,我即通过各种渠道查阅、抄录了泉州府南安县二十八都福佑庭尖兜保(现南安翔云福庭村)卓氏族谱中云龙公衍传世系(云龙公,南安翔云云头云峰均禄公衍传第四世,又称佛进公)。谱载:云龙公派下,自第十世起至第十七世，计有八代从清初至清末 137 人迁徙居住台湾，其中目前查有宗支世系的有 47 人，在谱中载有明确往台，有的还注明在台过世的有 90 人。（见附件泉州府南安县二十八都福佑庭尖兜保云龙公派下移居台湾世系图㈠、图㈡，以及两份迁徙台湾人员简况）。

（二）据泉州府南安县二十八都福佑庭尖兜保（现南安市翔云镇福庭村）谱载："另观事述，史谱查有记载，有往台湾凤山县居者卓肇昌，字思克，属十三世，乾隆恩科拔贡生，至庚午年中试第十六名，来寻祖云头祖祠，挂碑竖旗，因重洋阻隔，未详登记，待后详补云。"

这尚寄望于台湾卓姓宗亲查询，或是卓肇昌衍传后裔，回南安寻宗查谱谒祖认亲（见附件《南安县翔云云头卓氏一世祖均禄公偕胞弟均寿公简况及说明》）。

（三）2010 年 11 月，福建省姓氏源流研究会卓氏委员会组团前往台湾拜访卓氏宗亲，在彰化受到卓伯源县长宴请接见。县长曾告诉我先祖来自安溪。2012 年 3 月 3 日，在泉州百源川卓氏宗祠，卓伯源县长之父卓泷助老先生告诉我，他的祖先来自安溪官桥。几年前，他们几位曾回安溪官桥祖先居住地探访未果，已建为学校。去年也有现居住在安溪县官桥镇仁峰村的卓乌先生（现在南安师专任教）等三人到我家，交谈中得知他们的宗祠、祖先的坟茔早已拆除，建为官桥仁峰小学，现卓姓人口仅 30 多人。人丁稀少的原因是早年遭遇瘟疫侵扰，亦有外迁。台湾卓氏，已知的昭穆，和南安翔云福庭卓氏相同，这和卓伯源县长父子的说法是基本吻合的，也正好弥补了南安翔云云头卓氏多年查寻不到一世祖均禄公之胞弟均寿公衍传后裔的下落。谱载均禄公、均寿公偕母三人及一头耕牛于明洪武三年即 1370 年入户籍，而卓乌先生他们现在居住的安溪县官桥镇仁峰村，也正是谱中记载的清溪依仁里白石乡（见附件《南安县翔云云头卓氏一世祖均禄公偕胞弟均寿公简况及说明》）。

（四）南安翔云云头均禄公衍传脉裔，南安仑苍坑口宗亲卓九金先生，其家谱因保管不慎无存，其宗亲迁徙台湾阿里山下，原有联系，由于历史原因而中断，尚未恢复，寄望于台湾宗亲帮忙寻找，以便再续血缘之亲。

以上这些有根有据的亲情族情，都有写信给台湾彰化的宗亲，2012 年 3 月 3 日，彰化卓姓宗亲来泉州百源川拜谒卓氏宗祠时，卓有德理事长告诉我正帮忙仑苍卓九金先生寻找阿里山下宗亲，彰化卓姓宗亲编修族谱也在进行中。

总的说来，尚舍公（厦门大嶝——现已改为谢姓）、长清公（南安翔云、石井浯港）、长静公（同安蔡宅）、观土公（南靖山城）四同胞兄弟的后裔源远流长，只是四兄弟的上辈乃至追溯更远的先祖，尚待继续探究，而这四兄弟的后裔，包括源自南安的平潭卓姓，除上面所提到的较为清晰、明朗，尚有诸多或载入谱，或未载入谱，而前往台湾的宗亲，尚待寄望于通过进一步加强两岸交流而续上亲缘血缘关系，敦亲睦族，共叙亲情。

此次工作，得到云龙公（佛进公）裔孙卓志昌、卓炳煌宗亲大力帮助，屡次三番不厌其烦，费神劳时，查抄族谱，鼎力支持，能成此文，其功不可没，特此致谢。

汪洋浩瀚，扶摇可接，寄望于随着两岸关系的不断深入和发展，闽台两岸卓氏宗亲往来，更加热络、密切。同根同源共叙血浓于水亲情，互相交流，对接谱牒，认祖归宗，寻宗谒祖，共担中华炎黄之伟业，为中华民族的伟大复兴做出应有的贡献！

附件：

关于尚舍公、长清公、长静公、观土公源流探考

卓安邦

一、据现厦门大嶝谢氏谱载（明万历六年（1578年）修谱，清乾隆五年（1740年）续修）："余始祖光州固始入，后居闽之同安县，光州以上不可知矣。今其谱断自同安者，卓礼……任宁波府丞，有嗣曰武、武生伟……伟亦仕宋，历官至兵部右侍郎。长子卓侃公赘于大嶝洪僻谢均直家，明洪武八年（1375年），为防倭患，朝廷下令悉数内迁同安十四都竹浦村创置产业，至明成化八年（1472年）近百年，侃公卓姓已衍传至第五代，欲迁回原居住地，由于系谢姓之地，朝廷令其改卓姓为谢姓，方准予"请产复业"，故卓姓第五代文字辈（14人登谱）全部改为谢姓至今。大嶝谢姓尊卓侃公为尚舍公，目前续修有宗谱，新建宗祠，繁衍人口3000来人。

二、据南安翔云云峰卓姓谱载（1643年第八世修谱）："我祖入闽以来，居于泉郡银同邑……继而长清公深慕父志，慨世道纷纭，与弟长静公谓曰：扰扰之间，随欲何为，不若望深处而隐焉。弟曰：舍故土而适他邦，馀能忍乎？遂与弟折手足，爰择清溪龙涓而居。"

三、据南安翔云原廿八都福佑庭尖兜保（现福庭村）卓姓谱载（第十世修谱）：长清公：性温，想隐居山区，而往安溪龙涓居住，不久与子敬阳迁往上坂（现

安溪官桥），敬阳公生子长曰均禄，次曰均寿。

长静公：性刚烈，想习仙，最后定居同安西山后（今厦门同安新民蔡宅），为开基一世祖。

四、世居南靖山城三卞深浪的卓姓，谱牒虽于"文革"时焚毁，但据世代相传，其一，其开基一世祖系素朴公（即伟公）的第四子观土公与侃公、长清公、长静公是亲兄弟；其二，观土公，俗名臭头观，名副其实，虽经几百年的衍传，至今已知十八世、十九世，也有秃顶。

五、据泉州府南安县廿八都福佑庭尖兜保卓氏谱载：均寿公生子妈公，子妈公生孚俦公，孚俦公传佛祈公、佛达公、佛俊公（云山公）三人。均寿公子孙在清溪依仁里白石乡居者（今安溪县官桥镇仁峰村），来录祖家要同立祠宇，我众恐非一本之亲，致乱宗属。查其谱序阅其明初户籍，仰照具有载弟均寿就籍及序，稽之果是我祖，据查谱序，祖叔弟均寿早已去定居清溪依仁里白石乡。我谱至第十世即开始重新记录，在当时众乡亲之执事决定叫祖叔均寿弟自己建谱牒，为妥善。但今后若来相认，仍然以同胞之亲相认相称。

另观事述，史谱查有记载：有往台湾凤山县居者卓肇昌，字思克，属十三世，乾隆恩科拔贡生，至庚午科中试第六十名。来寻祖云头祖祠挂碑竖旗。因重洋阻隔，未详登记，待后详补云。

说明：

原《闽台两岸卓氏同源同根　南安彰化卓姓同宗同祖》文中关于卓禄美公，于唐僖宗乾符元年（874 年）偕王审知入闽，在时间上是对不上的，故改为"在王审知入闽主政后"。

王潮：生于唐会昌六年（846 年）

王审邦：生于唐大中十二年（858 年）

王审知：生于唐咸通三年（862 年）

公元 881 年，王审知兄弟三人偕母随王绪军南下。公元 885 年，王绪军攻占漳州，继续前行至南安时军中政变，王绪被杀，王潮取代。公元 888 年，攻取福州。公元 897 年，王潮病卒，王审知接任威武节度使。公元 910 年，封为闽王。

伟公（素朴公）仕宋，历官至兵部右侍郎。	侃公：遵父嘱逃躲海岛，入赘谢家，衍传至第五代，因前朝廷为避倭患令全族内迁同安，倭害稍息欲迁回原居住地大嶝，但朝廷部议旨批，应改为谢姓，方准予"请产复业"，故第五代14人全部由卓改为谢姓，得以定居繁衍子孙，其祖卓侃公尊为开基祖尚舍公，已繁衍3000多人。	
	长清公（灯塔公）：娶连氏，原居安溪龙涓，不久携子敬阳迁往安溪官桥上坂居住，继而再往南安石井浯港续娶林氏，生子茂修、茂为。长清公亡故于浯港，葬身于灯塔穴，故后世亦尊为灯塔公。	
	长静公：字时贤，又称麟趾公，定居同安大岭脚为同安蔡宅卓姓开基祖，现建有宗祠，修撰宗谱，繁衍人口3000来人，居同安姓氏第三十八位。	
	观土公：又名臭头观，定居南靖山城三下深浪，为其卓姓一世祖，现繁衍人口1500多人，2008年重建卓姓宗祠。	
长清公（灯塔公）原配连氏先居安溪龙涓携子敬阳迁往安溪官桥后再往南安石井浯港，续娶林氏，生子茂修、茂为。长清公繁衍子孙，目前南安卓姓人口12000多人，位居南安姓氏第25位。	敬阳公：随父长清公自安溪龙涓迁往安溪官桥居住，不幸早逝，谱载葬身于官桥上坂驷马山牛眠穴。	均禄公：号隐云，娶洪五娘，谥坤德，谱载与弟均寿公葬敬阳公后，即偕母三人迁徙南安现翔云云峰定居，明洪武三年（1370年）入户籍（一头耕牛三个人口），为云峰卓姓开基祖，即俗称三世为一世，故称浯港茂修公、茂为公为叔，后世相传"浯港叔"1643年第八世始修宗谱，数次续修，1990年重建卓氏宗祠，已繁衍人口9000来人。
		均寿公：在翔云云峰居住，不久即迁往安溪依仁里白石乡，其后裔目前居住安溪官桥仁峰，南安宗谱仅记载衍传三代。
	茂修公——仕公——（大舍公） 茂为公——仕编公——（教谕公）仕列公	南安石井浯港村1990年重修卓姓宗祠、宗谱，现已繁衍人口3000多人。

南安县翔云头卓氏一世祖均禄公偕胞弟均寿公简况及说明

云头一世祖（祖父）	云头一世祖（父）	云头一世祖	第二世	第三世	第四世

长清公（祖父，云头一世祖）
姓连氏，原居安溪，龙涓，不久携子敬阳迁往官桥上坂，再后往南安石井老港，坟墓似灯塔，故奉为灯塔公。

敬阳公（父，云头一世祖）
公亡故于官桥上坂，葬于与母及弟均寿「兆驷马山牛眠穴。望云峰尖山脉「移徙在『云头』定居蕃衍发脉。号隐云姓洪五娘谥坤德。明洪武三年（公元一三七〇年）入户籍（一头耕牛三个人口）

茂修公（大舍公）
林氏，生子茂修。

茂为公（教谕公）
翔云卓姓尊洗港卓姓为洗港人口
茂为长清公卒于老港，坟墓似灯塔，故奉为灯塔公。
公至于老叔即缘于此

均禄公（云头一世祖）
— 第二世 **子福公**（居仁公） 号笃齐，姓郭细娘，谥慎淑
— 第三世 **罗仔公** 号守轩，姓杨氏，姓章氏，谥格爱
— 第四世 **云龙公**（佛进公）
— 第四世 **佛仔公**（云凤公）（东房） 号质齐，姓王氏，谥恭慎
— 第四世 **佛冶公**（云燕公）（西房）
— 第四世 **佛祈公**
— 第四世 **佛达公**
— 第四世 **佛俊公**（云山公）

均寿公
号笃齐，姓郭细娘，谥慎淑
— **子妈公**
— **孚侍公**

据泉州府南安县二十八都福佑庭尖兜保卓氏族谱载：均寿公子孙在清溪依仁里白石乡居者，来录祖家要同立祠宇，我众恐非一本之亲，致乱宗属。查其谱序阅其明初户籍，仰照具有载弟均寿就籍及序，稽之果是我祖。据查清序，祖叔弟均寿早已去定居安溪依仁里白石乡。我谱至第十世时即开始重清记录，在当时，众乡亲之执事者决定叫祖叔均寿弟自己建谱牒为妥善。但今后若来相认，仍然以同胞之亲相认相称。

另观事述，史谱查有记载：

有往台湾凤山县居者卓肇昌、字思克、属十三世，乾隆恩科拔贡生，至庚午科中试第六十名。来寻祖云头祖祠挂碑竖旗。因重洋阻隔，未详登记，待后详补云。

承蒙云龙公裔孙炳煌、志昌鼎力支持，提供予本人编绘此世系图。祈望予追根溯祖、续修家谱有所裨益。

安邦　公元二〇一二年八月二十日

福建南安翔云峰卓氏世次昭穆排序

穆	昭	世代
宗		五
伯		六
甫	冠	七
卿	廷	八
尔	才	九
子	士	十
元	文	十一
男	培	十二
仲	铢	十三
淑	维	十四
振	茂	十五
云	本	十六
孙	克	十七
孝	绪	十八
梯	开	十九
友	鸿	廿
恭	猷	廿一
恢	缵	廿二
祖	承	廿三
德	应	廿四
诗	名	廿五
书	君	廿六
奕	修	廿七
世	身	廿八
绍	荣	廿九
经	前	卅
纶	哲	卅一
	辅	卅二
	国	卅三
	显	卅四
	达	卅五
	尊	卅六

泉州府南安县二十八都福佑庭尖兜保卓氏云龙公派下移居台湾世系图（一）

字序	辈序	世代
		1
		2
		3
	云	4
	宗	5
	伯	6
	允	7
	中	8
	进	9
	士	10
	文	11
	世	12
	肇	13
淇	维	14
松	迪	15
炬	慈	16
坊	并	17
镇	孝	18
派	恒	19
析	修	20
焕	德	21
壎	与	22
镛	功	23
清	箕	24
楷	裘	25
煊	传	26
坡	燕	27
镜	翼	28
淑	诗	29
桢	礼	30
灿	衍	31
地	千	32
铺	秋	33

承蒙云龙公裔孙炳煌，志昌鼎力支持，查阅抄录家谱，提供予本人编绘此世系图。世系图中每一支派最后一位系移居台湾芳名。祈望予追根溯祖、续修家谱有所裨益。

安邦 公元二〇一一年八月二十日

第一世　第二世　第三世　第四世　第五世　第六世　第七世　第八世　第九世　第十世　第十一世　第十二世　第十三世　第十四世　第十五世　第十六世

均禄公—子福公—罗仔公—云龙公。宗顺公—伯清公

- 第四世：云龙公；（佛进公）、（云凤公）佛凤公、佛仔公、（云燕公）佛治公（佛治公之第六子）
- 第五世：宗顺公、宗载公、宗进公、宗敬公、宗惠公、宗庆公
- 第六世：伯清公、伯元公、伯贞公、伯恩公、伯锐公、伯星公
- 第七世：允止公、允哲公、允化公、允修公、允爵公、允助公、允静公
- 第八世：中珪公、中雅公、中荣公、中诚公、中英公、中灿公、中皿公、中福公、有才公、有治公
- 第九世：进玮公、进佩公、进琦公
- 第十世：士卿公、士贞公、士旺公、士发公、士熙公、士贡公
- 第十一世：文愊公、文严公、文潜公、文灿公、文科公、文敬公、文筹公、文畅公、文奇公
- 第十二世：世浯公、世脱公、世留公、世廉公、世育公、世贺公、世云公、世珍公、世纯公、世外公、世然公、世佑公、世转公、世体公、世安公、世力公
- 第十三世：肇旷公、肇波公、肇瑞公、肇赞公、肇郡公、肇清公、肇重公、肇义公、肇佳公
- 第十四世：维远公、维长公、维起公
- 第十五世：迪劲公、金玉公、迪炼公、迪峰公（色）、迪角公（甲）、迪要公
- 第十六世：慈尚公

注：（不知去向）、有望公、邑鸟空格、人移居安、（兄弟二）

字序	辈序	世代
		1
		2
		3
	云	4
	宗	5
	伯	6
	允	7
	中	8
	进	9
	士	10
	文	11
	世	12
	肇	13
淇	维	14
松	迪	15
炬	慈	16
坊	并	17
镇	孝	18
派	恒	19
析	修	20
焕	德	21
墀	与	22
铺	功	23
清	箕	24
楷	裘	25
煊	传	26
坡	燕	27
镜	翼	28
淑	诗	29
桢	礼	30
灿	衍	31
地	千	32
铺	秋	33

承蒙云龙公裔孙炳煌、志昌鼎力支持，查阅抄录家谱，提供予本人编绘此世系图。世系图中每一支派最后一位系移居台湾芳名。祈望予追根溯祖、续修家谱有所裨益。

安邦　公元二〇一一年八月二十日

泉州府南安县二十八都福佑庭尖兜保卓氏云龙公派下移居台湾世系图（二）

第一世　第二世　第三世　第四世　第五世　第六世　第七世　第八世　第九世　第十世　第十一世　第十二世　第十三世　第十四世　第十五世　第十六世　第十七世

均禄公—子福公—罗仔公—云龙公

第五世：宗顺公、宗载公、宗惠公、宗敬公、宗进公

第六世：伯清公、伯元公、伯贞公

第七世：允哲公、允修公、允止公、允化公、允恩公、允爵公、允助公

第八世：中珪公、中荣公、中英公、中诚公、中观公、中雅公、中灿公、中皿公、中福公

第九世：进琏公、进玑公、进瑞公、进璇公、进鼎公、进玺公、进璟公、进琮公、进选公

第十世：士泰公、士禄公、士登公、士珺公、士珺公、士殿公、士懿公、士颖公、士昭公、士儒公、士玄公、士雄公

第十一世：文常公、文咸公、文纲公、文白公、文亚公、文衷公、文复公、文觐公、文泳公、文无公、文器公、文俊公、文楚公、文快公、文添公

第十二世：世万公、世京公、世美公、世宝公、世赞公、世魁公、世朴公、六宗公、五许公、世柔公、世御公、世景公、世投公

第十三世：肇亚公、肇宝公、肇活公、肇奉公、肇科公、肇探公、肇善公

第十四世：维从公、维高公、维素公、维称公、维伐公、维重公

第十五世：朱雾公、慈海公、慈江公、迪持公

第十六世：玉雪公、玉印公、慈移公

南安县二十八都福佑庭尖兜保卓氏族谱
移居台湾列宗支世系图人员简况（一）

世次	姓名	出生年	月	日	时	备 注
10	卓士殿	崇祯庚辰				子文泳
11	卓文泳	康熙丁卯	7	25	丑	父士殿
	卓文楚					士玄公次子
12	卓世语	康熙辛巳	5	8	巳	妻江氏子饮、食、碧
	卓世脱	康熙辛酉	7	26	巳	妻叶氏
	卓世留					
	卓世庆	康熙辛卯	1	6	酉	妻方氏，子肇海、肇删
	卓世育	康熙丙戌	9	26	丑	继子肇伏
	卓世贺	康熙甲午	12	8	申	
	卓世珍					
	卓世纯					
	卓世外					
	卓世然					
	卓世佑					
	卓世万	康熙丁丑卒				
	卓世京					
	卓世赞					
	卓世魁	康熙丙戌卒				
	卓世朴					
	卓世景					
	卓世投					
13	卓肇波	乾隆丙寅	2	18	子	妻王占娘，老大
	卓肇瑞	乾隆辛巳	2	15	酉	妻白质娘，老二
	卓肇赞	乾隆癸巳	3	17	酉	妻白雁娘，老三
	卓肇清					两兄弟老大
	卓肇重					两兄弟老二
	卓肇义					两兄弟老大
	卓肇佳	乾隆乙酉	6	22	申	两兄弟老二

世次	姓名	出生年	月	日	时	备　注
	卓肇宝					
	卓肇科	乾隆癸酉	12	1	戌	四兄弟老大
	卓肇奉	乾隆辛巳	2	12	戌	四兄弟老二
	卓肇探	乾隆乙酉	4	8	酉	四兄弟老三
	卓肇活	乾隆乙巳	10	8	未	四兄弟老四
14	卓维高	乾隆庚戌	8	8	戌	妻何金娘
	卓维素	嘉庆丙辰	10	10	戌	
	卓维称	嘉庆壬戌	3	8	申	
	卓维伐	嘉庆癸酉	5	23	子	
15	卓维玉	嘉庆壬申	7	1	卯	妻沈善娘，老大
	卓迪练	嘉庆戊寅	11	25	未	
	卓迪峰（色）					
	卓迪角（甲）					
	卓迪要					
16	卓慈尚	光绪己酉	2	29	寅	
	卓慈海					与子玉印同往台
	卓慈江	光绪丙子	5	24	寅	
	卓慈移					
17	卓玉印	嘉庆戊辰年	1	25	辰	与父慈海同住台

南安县二十八都福佑庭尖兜保卓氏族谱

移居台湾列宗支世系图人员简况（二）

世次	姓名	出生年	月	日	时	备　注
11	卓文龙	康熙辛亥	2	14	巳	
	卓文顺	康熙丁巳	5	7	午	
	卓文和	康熙庚申	9	3	辰	
	卓文淑	康熙己巳	6	14	寅	妻梁氏生男六
	卓文是	康熙甲戌	9	17	戌	
12	卓世尊					

世次	姓名	出生年	月	日	时	备　注
	卓先登		5	7	午	与子肇篆、肇燕、肇鱼、肇默同往台湾
	卓世现	乾隆甲子				
	卓世日	雍正乙卯	4	1	酉	
	卓世款	雍正戊申	4	9		
	卓世帖					文公之四子
	卓世铄	雍正壬子	12	17	酉	
	卓葛文	雍正甲寅	7	6	午	子旭日、旭华
	卓世情	雍正甲辰	10	6	寅	妻林氏，子贯英
	卓世良	康熙庚子	10	14	亥	妻徐氏
	卓世试	康熙癸丑				
	卓世喜	康熙甲午	7	26	酉	妻林氏
	卓世貌	康熙癸巳	5	26	辰	妻王氏，子肇天
	卓世端	雍正甲寅	12	9	酉	
	卓性理	乾隆庚申	3	15	未	
	卓世友	雍正壬子	5	22	辰	妻柯氏，子杨，娥、恳
13	卓肇群	乾隆丙寅	闰3	25	辰	
	卓肇贯	乾隆壬午	7	28	申	
	卓肇业	乾隆己丑	9	23	丑	
	卓肇兼	乾隆丁丑	9	10	寅	
	卓肇道	乾隆甲子	2	12	酉	五兄弟老大
	卓肇劝	乾隆丁卯	9	17	亥	五兄弟老二
	卓肇陆	乾隆甲戌	9	6	寅	五兄弟老三
	卓肇永	乾隆庚辰	5	1	巳	五兄弟老四
	卓肇章	乾隆庚寅	9	13	亥	五兄弟老五
	卓肇运	乾隆庚午	1	1	寅	两兄弟老大
	卓肇仰	乾隆甲戌	7	13	亥	两兄弟老二
	卓肇报	乾隆壬子	闰5	14	巳	两子俊杰，皆作
	卓颜圣	雍正壬子	2	25	戌	妻叶劝娘，生子卓能得，继男卓善继，女卓成治，全家台湾居住
	卓公侯	乾隆甲子	6	14	亥	

世次	姓名	出生年	月	日	时	备　注
	卓肇谅	康熙甲申	3	2	卯	妻陈氏
	卓肇凌					往台湾，其他不详
	卓彩凤	乾隆辛丑	6	3	午	
	卓紫燕	乾隆庚辰	7	12	午	妻梁氏
	卓鸿雁	乾隆壬午	9	2	辰	妻施德娘
	卓我友	乾隆丁亥	11	17	未	妻叶粮娘
	卓三建	乾隆己巳	9	7	寅	
	卓肇忍	乾隆庚午	8	28	巳	五兄弟老大
	卓肇敏	乾隆癸酉	6	25	辰	五兄弟老二
	卓肇机	乾隆丙子	7	11		五兄弟老三
	卓肇老	乾隆癸未	7	15	午	五兄弟老四
	卓嘉禄	乾隆丙戌	12	29	辰	五兄弟老五
	卓肇巧	乾隆丙辰	7	23	未	妻黄氏
	卓肇良					不详
	卓肇法					与母高氏同往台，其他不详
	卓肇殳、卓肇尧、卓肇剡三兄弟同往台，余不详					
	卓肇藜	乾隆甲戌	11	24	戌	
	卓肇猛	乾隆乙酉	11	13	午	
	卓肇恋	乾隆丁卯	2			
	卓肇爱	雍正乙卯	3	13	酉	
	卓肇爽	乾隆壬申	8	21	戌	四兄弟老大
	卓肇咲	乾隆戊寅	6	28	寅	四兄弟老二
	卓肇钩	乾隆丁亥	2	5	卯	四兄弟老三
	卓肇富	乾隆壬辰	3	1	卯	四兄弟老四
	卓肇元	乾隆壬午	10	29	未	
	卓肇泽	康熙辛丑				妻洪氏
	卓肇琐	乾隆甲午				
	卓肇溪	乾隆甲子				
	卓肇宗	乾隆庚寅	11	17	丑	
	卓肇麟					肇宗、肇麟同父世进同往台湾

世次	姓名	出生年	月	日	时	备　注
14	卓光明	乾隆辛酉	11	7	寅	母吴氏
	卓维件	嘉庆丁卯	10	23	子	
15	卓迪裕					十四世卓连山之子
16	卓慈尚	光绪乙未	6	]6	丑	另同一名者在世系图内
	卓慈江					另同一名者在世系图内
	卓慈恰	迪郭公长子往台，余不详				
	卓慈轩	迪郭公次子				
	卓慈玲	迪郭公三子				
	卓奇英	咸丰丙辰	7	1	寅	妻叶要娘
	卓慈木	五皆公之子，往台				
	桌敬宗	嘉庆辛未	9	3	寅	
	卓慈沟	道光己丑				
17	卓並朴	光绪				妻廖尾娘，子孝见
	卓並梯	道光己酉	9	2	辰	
	卓时德	同治丙寅	2	21	午	妻白冰娘
	卓並教	咸丰甲寅	6	27	戌	

（作者系福建省姓氏源流研究会卓氏委员会副会长）

关于卓公仲兴世系的几点疑问

卓泽灵

予自 2010 年秋起，撰修中山、珠海、斗门之《古香山黄梁都·锦兰（坤）公世系·卓氏族谱》以来，在追寻锦兰公世系源流时，有幸数次接触仲兴公世系有关资料。然按予对其世系的浅见，总觉得疑点重重。现就予所见、所想、所感说一说其中疑点，以供仲兴公世系后裔求证，也请有识之士对予粗浅看法加以释疑。

予从平远五修理事会清祥会长处看过广西壮族自治区卓氏合谱，特意粗略看过仲兴公世系吊线图。从图中反映，自得庆公至仲兴公繁衍是十二代。若从繁衍速度推算：得庆公生于公元 1206 年，仲兴公约生于公元 1380 年，其间相距约 184 年。若以 30 年为一代推算，即应繁衍六代人；若以 25 年为一代，即应繁衍七代人；若以 20 年为一代，即应繁衍九代人；如果按繁衍十二代算，即每代时间为 15 年，此情况是不可能的。三几代有可能，但十几代仍以此速度繁衍，综观中国所有姓氏族群亦是不可能之事。而从南洋斗湖卓氏秋明宗亲家谱反映，从得庆公到仲兴公只繁衍九代（此繁衍速度属正常）。如果仲兴公乃得庆公所自出，为何两处所记世系却不同，而且相差较大呢？此乃疑点一也。

从南洋斗湖秋明宗亲所持家谱反映，其族群皆奉宋朝卓异公为开基始祖。但二至七世祖与庠公世系相近，而到八世却出现如下错乱："德宣公后代有一位由福建往长乐到连平州（注：从德宣公世系已知：德宣公三世裔孙仲六郎公于明永乐年间由广东平远迁居长乐西林坝；五世裔孙启发公由长乐西林坝迁居连平州），德庆公字广辉，号乐山（注：若从"字广辉"而考证，德庆公乃德宣公胞弟），生一子名子斌，在长乐作一世祖，子斌公生二子，长亚凌，次亚稔，大宋皇绍定壬辰科进士，户部尚书，忠义传家。子斌由长乐与凌公同移居海丰。"从这段叙述不难看出：德宣公与德庆公乃同胞兄弟（德庆公，德宣公世系有记作德辉，字广辉），但为何又会加有"大宋皇绍定壬辰科进士，户部尚书，忠义传家"字句？就此句话可知是关于莆田系得庆公的叙述，而得庆公乃莆田隐之公十四世裔孙栋公之子。然而，如果子斌公乃得庆公所自出，为何公之上祖不记隐之公世系而记庠公世系？为何一本家谱会出现两个不同世系源流？是否乃当初修谱者误将"德庆"作"得庆"？此乃疑点二也。

予又从湖南浏阳汉初翁处借得一九八九年《卓氏五修族谱》，翻阅其历次修谱序言。其中，光绪二十六年《萍浏合修谱序》中有关得庆公世系一段记载："公之先世，远宗茂公，近宗殿丞，言派属崇公所自出，言祖居则有异人相告之东径，言迁徙虽云世居河南，而闽与莆两邑，乃其原籍。迨自莆，迁惠州之海丰，当宋南渡后也，若由海丰分派长乐，乃元之季年，即公所自出之八世祖、仲礼公改名仲兴也。故至今尊为长乐开基祖也。"从此处记载可知：得庆公后裔迁徙路线为：莆田—惠州海丰（宋末）—长乐（元末，此长乐是福建长乐还是广东长乐，需查证矣）。而在秋明宗亲家谱有记："宋朝老祖由异公起，在福建省由归公起，在长乐西林坝子斌公起，元朝尾在长乐西林坝起，凤岭下由仲兴公起。"从此段记叙已知子斌公当初已居于广东长乐西林坝，仲兴公也居于长乐西林坝。如此看来，子斌公居所与得庆公后裔迁徙路线有矛盾，并非从莆田而海丰，海丰而长乐（此长乐应指广东长乐，即今广东五华），相反而是从长乐西林坝而海丰。此乃疑点三也。

另，予在《中华卓氏源流》一书中录得清乾隆三十八年十九世裔孙南峰宗瑜于宝安所作《修辑谱牒始终叙志》一文，其中如是记："迨后庠公，又为连城开基始祖。传至八、九、十、十一世等，德庆、德宣、仲兴等公，又为梅州平远、长乐等郡县开基始祖。传至玉鸾、文明、俊一郎等公，又为惠州府归善、新安等县开基之祖。至于今我曾祖爱文公，又为移居广州府东莞水坝屯立基之祖，其间世系次序相传。兹奉庠公为老始祖，次奉德庆公以提祖纲，次奉仲兴公为一世开基祖，次又奉玉鸾公为次立基祖，爱文公为近世迁居立业祖。"从此段记述来看，仲兴公应属庠公世系德庆公所自出还是莆田得庆公所自出，世人难道不能分辨矣？此乃疑点四也。

再者，从黄仲元为得庆公所作《得庆公墓志铭》所记："三娶郑氏，故清漳左司之孙女顾氏，故通守儒俊女，俱前卒，赠令人。另规，承直郎，权，通直郎，同日死。令人阮氏与准在。准，承直郎。阮令人以从子庆之子复为规后孙乾翁，己卯（元，1279年）十二月丙申日准奉窆羑于保丰里长基山。"从此段可知，得庆公生三子：规、准、权，但未记有斌公为其子。黄仲元所处年代与得庆公年代最为接近，以黄仲元对得庆公之尊崇，绝不可能漏记其子嗣。斌公之附于得庆公，是否乃后人为攀华胄而臆造矣？此乃疑点五也。

由于予涉足仲兴公世系家谱较少，因而以上观点只乃予之肤浅之见。但予所言实为我卓氏源流泾渭之分而尽责，故而作抛砖引玉之用也。上述观点只代表予本人之感受矣，如有相同，实为巧合。

诚望仲兴公世系后裔及有识之士为予释疑也。

（作者系《古香山黄梁都·卓氏族谱》修谱理事会副会长）

五修《卓氏族谱》的创新做法与体会

卓清祥　卓柏林

卓氏德宣公乃福建省首开连城县治（见民国二十七年版《连城县志》），卓庠公系八世孙，迁入广东嘉应州（今梅州市）平远县的具体时间不详。德宣公系《卓氏族谱》首修时间约为 510 年前的大明正德元年（1506 年），该谱毁于兵火而失传，四修时间是清代嘉庆七年（1802 年）至今二百多年来，幸得历代多位有识族贤着力精心珍藏，四修老谱八卷本共 2 套得以保全，特别避开十年浩劫，未被"破四旧"所灭，为 2001 年 12 月族中第五次修谱提供宝贵历史文献。本次修谱历时 3 年才正式出版，新谱既忠实传承老谱，又大胆创新编修，做法重点综述如下：

一、筹备工作扎实有序

1.筹备成立五修理事会，印发五修德宣公系《卓氏族谱》倡议书，以卓氏宗亲人群居住的自然村为单位，选出各村修谱理事，负责召集宗亲开会、散发倡议书、宣传修谱事宜，并按策划要求组织指导谱稿撰写及初审等工作。约定各地理事务必于规定截稿时限内入谱人口登记，以确保新谱能在预定时间出版发行。

2.承前启后修新谱，从继承宗族传统文化的角度，对四修老谱原文如原条约、家训、凡例等保持原貌；凡四修谱中有名而无后人延续或外迁又无联系的，旧谱内容则如实续存于新谱，以便后人查考。此外，新谱增加了先祖开基、裔孙迁移、五修活动、与家族礼仪相关的人文知识等内容，以利阅读备用。

3.印谱所需资金由各村理事负责筹集，并欢迎宗亲热心资助修谱，设置专门账户，专人负责，专款专用，努力以较少的钱办好修谱事宜。不定期召开理事会通报修谱进展，印发《修谱简报》，将资金收支状况及时公布，办事公开透明，凡事有据可查。

4. 寻根拜祖查证史料，广泛联系团结宗亲。2001年7月理事会派人抵先祖卓庠公发祥地——福建省连城县，查阅了该县档案馆藏的民国廿七年版《连城县志》，并复印了《连城县志》所载卓庠公于绍兴三年首开连城县治的珍贵文献，充实新谱内容。还先后到广东五华、紫金、广宁，广西玉林等地拜访德宣公后裔，热诚邀请本世系宗亲参与五修族谱，计有紫金、广宁、广西玉林、浦北、象州、福建建宁、武平，以及迁台的钦廉公裔明义支系、广生支系、广西迁台湾省桃园县的宗亲等都一一录入新谱。

二、编辑结构自有创新

五修《卓氏族谱》的各位理事经两年努力，各村撰写的初稿集中后，统编未搬照四修版本结构编辑新谱，而按五修理事们自己的思路，借鉴各姓氏修谱经验，依照武汉大学、北京大学合编《目录学概论》（中华书局1982年版）有关书目内容结构和编排体例的知识，策划编排全新版面结构的五修版本（计1336页）。

1. 突出主题，在新谱封面特注（德宣公世系）字样，方便与各地各支系卓氏宗亲谱本明显区分。

2. 突出注明居住地，在谱本目录及每一页眉，注写各世系编排的同时，注明了所在省市县镇村的地名，便于更快检索查阅谱牒内容。

3. 享用新科技成果，增加彩照页面，如理事会成员个人玉照、鼎力资助修谱族贤玉照、四修老谱原件、福建连城县北团镇卓家演庠公祖屋、广东平远黄石老祖屋、仁居镇邹坊的祖坟等，实地拍摄了彩色图片资料列入新谱，丰富新谱内容。

4. 编写新谱体例，与时俱进，创新思维，从适应当代需要角度统编新谱，如旧谱配偶只写姓氏未冠全名，新谱对配偶冠全名。而且凡1949年以后出生者注明出生年月日，个人信息只录中专以上学历及行政职务，不录党派职务。提倡男女平等无分尊卑，按自愿的原则男女均入录上谱。

5. 重视文字质量，实行3次校对，以示对谱本文字负责。谱稿打印出来，先由编辑组人员首次校对；勘正后印第二稿，分发各村理事再次校对，校对人署名并注于各村各支系谱牒尾页，以明责任；二校勘定后印出第三稿，特别要求各村理事逐户下发此稿，由各家各户自己校对，若有差误即时在新谱样稿上纠正，如校对无误的各户签名确认，成为定版稿后才上机印刷。费时8个月，终于让五修新版《卓氏族谱》面世。

6. 举行隆重颁谱仪式。五修新谱 600 本全部印出后，远在广西玉林、江西万载、福建连城、广东五华以及当地宗亲计六七百人，欢聚在广东平远仁居邹坊村举行了相当隆重的颁发新谱仪式活动。省亲祭祖、分发新谱，加强了联系，团结了宗亲。因新谱很快分完，各地仍需订购，又重印 300 本以满足宗亲之需。

三、理事们几点体会

1. 修谱理事遵众宗亲之重托，都能兢兢业业，不辞辛苦，不图个人名利，尽心尽力把修谱事情办好。如谱本编排后期，出现空白页面，承印方老板示意笔者个人署名题词，笔者虽为编辑组长，万万不敢出此风头，而是拟写了"弘扬祖德 团结宗亲 激励后辈 共振家声——《卓氏族谱》告竣志勉"的话，用清祥、添松、柏林共同署名列入谱页，聊为三年修谱的总结吧。

2. 同心协力可成大事，众多理事来自各方，几年共处一块做事，难免各人见解不尽相同，我们本着维护修谱大局、求同存异之准则，较好协调，无闹别扭无理争执现象。

3. 乐于奉献不计报酬，理事不负宗亲所托，检点自珍，从严管好用好修谱资金，未出现贪占私心或挪用修谱费用的现象。

4. 通过编修族谱，广泛联系了宗亲，教育后辈传承宗族优秀传统文化，弘扬先祖美好品德，使后代不忘祖宗、饮水思源；也是和谐社会、团结民心之良策，值得海峡两岸中国人共同重视，冀谱牒文化流传千秋万代！

（作者卓清祥系广东德宣公系《卓氏族谱》五修理事会会长；卓柏林系广东德宣公系《卓氏族谱》五修编辑组组长）

深入实地考证　完善家谱质量

柯逢殊

家谱在中国已是千年传承，是中华民族的传统文化，也成为我国的三大文献之一。家谱又称族谱、宗谱、家乘，是人类与社会文明进步的轨迹，家谱记载着一个家族的源流，迁徙分布，家族文化，生衍情况及人员的血缘关系，堪称中华文化瑰宝！

一、实地考证的必要性

在旧社会修谱是一种既严格又谨慎的工程，但由于交通通信不便，所以在走访、比对考证等方面有所难度，可谓山高水远。在条件不济的情况下，先人只能依靠记忆口传方式来完成源流迁徙等修谱工作。旧时一个人有存在名讳、字、号等称谓，而且在家族当中还编有昭穆字行，甚至还有内、外字行之分，所以在各个分流拆迁处，经常单一记载，致后来汇编、合谱当中经常出现观点分歧的现象。祖籍故地和分流析居地也经常会出现辖区变革，所以在这方面应需灵活运用加之祖籍地和析居地多为交流澄清。以下几则人所皆知、颇具哲理的谚语："耳听为虚，眼见为实"；"百闻不如一见"；"不入虎穴，焉得虎子"等，就通俗易懂地揭示出进入生活现场观察和考察所含的科学道理。家谱在从世代口耳相传形式进化到文字形式的体现，是人类文明和谱牒文化的一大进步。现在，我们各方面条件提高，交通通信便捷，网络信息广泛，在编修家谱的过程中，完全有条件深入实地考证，多方比对研讨分析，使家谱的编撰质量更为完善。

二、实地考证的现实性

修谱工作的实地考证，顾名思义，就是修谱工作者走出书斋或办公室，深入民间各地去观察、收集各种研究资料的调查。由于历史文献和他人著述中的谱牒资料，都是"过去的事实"，显现的都是已经发生过的事项，所以这些资料对于谱牒工作者、研究者来说，都是"历史的资料"和"第二手的资料"。使用历史的资料和第二手的资料来进行研究，应该是必要的也是不可避免的，这是因为任何一位修谱工作者，都不可能做到对所有谱牒内容都进行直接观察，完全不使用历史文献和他人的研究成果。但是，又不能仅仅依靠或完全依靠这些现存资料去进行修撰，应加以实际考证，以求谱牒内容的真实及完善。

根据本人在阅读过的家谱资料中出现的几点情况作枚举：

曾经有缘得以拜访重庆大学柯红路教授，柯教授提供了广东《柯立义族谱》参阅，其中，《合水柯氏重修族谱序》（乾隆十八年）载："筠苍公由河南固始村，充统兵官征闽，既平，携妣汪氏卜居泉郡晋江县水沟头"；《合水柯氏会修谱序》（嘉庆二十四年）载："迨唐末，筠苍公由河内固始村，充统兵官征闽，既平，携妣汪氏居于闽地泉州府晋江县水沟头村"；《重修合水柯氏族谱序》载："我柯氏自唐末筠苍公，由河内固始村迁居泉郡晋江县水沟头。"

依照以上体现的"河内"和"固始村"来看，无疑是指河南及固始县。因资料有过秩失，当时造谱时，由于口述失误或其他原因，把河南固始县载为"河内""固始村"。而"水沟头村"是凭空推想的结果，因为，常人都会这样理解：以地名而论，"泉州府晋江县"后面的"水沟头"应该就是一个村落，故把"水沟头"而定为水沟头村。水沟头，据参阅泉州有关柯氏的族谱的水沟头体现，是以前泉州城内元妙观西侧的一处地号，叫：水沟巷，旧时俗呼：柯厝巷。

笔者在网上浏览时，曾发现一位广东柯氏朋友所发表的源流信息：其祖由泉州普江水沟头莆田武盛里西山分至广东的，祖先是宝公。根据泉州《济阳柯氏宗谱》和《莆田柯氏大宗族谱》及闽南多处柯氏族谱均有记载："迨唐僖宗光启二年，基祖延熙公率一家一十七人眷河南光州固始县，始随节度使王绪部将王潮王审知入闽，共除乱政，助开八闽，勋名彪炳。家世阀阅择居永春和平里卓兜乡，移至田内及石码聚族，因族繁地窄兄弟散处分居不一。斯时我祖徙居泉郡晋江县元妙观西水沟，巷人呼柯厝巷，祖讳宝公，字世重，号松山。兄弟五人，公居于次后晋天福元年，由泉州晋江县水沟巷徙居兴化府莆田县武盛里西山古楼兜。"

从广东柯氏发表的内容看，普江的"普"字与晋江"晋"字乃形近字。可能是在整理资料过程不慎用了错字，而被沿用了，而"泉州普江水沟头莆田武盛里西山"方面应该是通过口传或者是之前族谱文献有遭破坏或遗失过，所以，在后期修缮时没把泉州和莆田两者分清。

2000 年初，台湾柯进堂携家眷来泉州寻根问祖，根据柯进堂口述介绍，其本人"子"字辈，其祖父偏叫的方言音为"笃领"，9 岁时往台，居台湾彰化县溪底。依照柯进堂家族在台湾沿用的昭穆字辈与晋江南塘派相符，确定系出于晋江南塘派。经查阅，南塘派支系柯仓三房学礼公派下家谱载有：二十一世来拼公，生卒未详，有携四个儿子移居台湾台中溪底。从资料的内容和情节看，与柯进堂身世概况相接近。可在柯进堂南塘大宗探访拜祖过后身瘫开不了口，而当祖籍地人士与柯进堂儿子接触时称：资料没有直接体现"笃领"；他们是彰化溪底而不是台中溪底。可从以下几个方面分析看，本人认为是不能完全定是非。1. 笃领 9 岁时单身一人从唐山过台湾不可能，应该跟随长者过台湾的；2. 虽然来拼公带往台湾的四个儿子的名字当中没有一个能和"笃领"相吻合，但"笃领"只是方言发音偏叫，也不能完全排除。且晋江柯仓家谱记载所字辈沿用的是内行，进堂家族在台字辈沿用的是外行，但在内行与外行方面比对是对称的，依照柯进堂及其祖父的年龄推断，年代是符合的。3. 虽然现有的彰化溪底与晋江柯仓家谱记载的台中溪底的归属不同，但经查获知现在的彰化以前就是台中的辖区，是后来新成立的政区，二者就好比晋江和石狮的关系一样。

本人参阅浙江《三门柯氏宗谱》谱序（1994 年修），其中载：仁权公系浙江柯氏之鼻祖，原居福建蒲田县，为奎章阁学士。公之六子，于五代晋汉间（即公元936—950 年）为避王审知之乱，诸兄弟航海至浙。经查阅《福建通史》等有关文献："王潮，乾宁四年十二月（897）逝。于乾宁五年初（898）王审知接任福建节度使，至后唐同光四年（926）逝。王审知治闽期间：政通人和；民心稳定！"在关于迁徙的缘由，应对历史事件和时间的对照，依照三门谱体现的是在 936 年过后迁浙，但根据体现的 936 年，此时王审知已过往。可见，在谱牒的沿袭过程中应该曾有过断层或其他因素。

泉州《济阳柯氏宗谱》（乾隆四十四年修）之《泉州祠堂记》中有一节记载：乾隆三十二年，柯伟生（塘市人）出仕河南光山时，造访固始县，询知固始县北关外柯家营为先世故里（指：入闽前，北关外柯家营。今，北环路柯营），而探源并致礼。柯氏在入闽后迄今千余载，仅伟生公一人曾探源入闽前故地。可见先人对待家族的源流是存有多大的严谨和执着。此举在源流考究方面是一大强有力印证，同时也是后人对家谱的认识和启发。

寻根留本，清缘备查，增知育人，血肉联情，承前启后。家谱是一个家族成员的生卒婚配等方面的字典，也是家族的文化。先人在当时条件不济的情况下，为我国传统文化宝库中镶嵌了一颗耀眼的明珠。当今，社会进步，各方面条件提高了，我们应充分利用各方面有利条件，深入实际，认真考查，努力提高谱牒的质量。

（作者系东经传统文化国际传播有限公司执行董事）

两岸魏氏同一脉

魏朝阳

一、台湾魏氏访泉寻根

刚于 2003 年农历正月初六成立的泉州魏氏宗亲总会，在十天后的正月十七日，又迎接了台湾中华魏征文化事业发展促进会理事长魏开匾先生所带领的魏氏文化访问团一行，他们来泉州东门外西福村寻根探祖，受到时任泉州市人大副主任魏声外和泉州市文化局原负责人陈健鹰等领导的接见。在与泉州魏氏宗亲总会的联谊交流中，魏开匾理事长把台湾新编的《魏氏大族谱》及《钜鹿会刊》等典籍赠送给泉州魏氏宗亲总会。参照泉州魏氏原旧传的《莆阳枫林魏氏族谱》（南宋景定五年魏梦极编修）和《钜鹿魏氏族谱》（明末崇祯二年魏元翼和魏呈润编修），两岸魏氏终于找到共同的祖先，他就是南宋绍兴廿四年进士，后来担任户部、兵部侍郎的魏吉甫之孙魏仁（绍定四年进士）。泉州魏氏是魏仁的次子魏福的后代，台湾魏氏大部分是魏仁的四子魏祢的后代。

二、两岸魏氏同根连枝

魏仁是莆阳枫林魏氏第五世祖。莆阳枫林魏氏的第一世祖是魏鸿（曾登宋宣和年间八行科，因于权幸不和，谪福建泉州路德化尉），魏鸿是安阳魏氏的第十四世祖。唐初名相魏征之父魏长贤，是安阳魏氏的第一世祖。故唐初名相魏征也是两岸魏氏的共祖。

魏征传五代后又出了一位任唐宣宗的宰相魏谟，魏鸿是魏谟的裔孙。两岸魏氏也都是魏征的后代子孙。兵部侍郎魏吉甫有一弟叫魏吉安，吉安有一子就是《莆阳枫林魏氏族谱》的编修者魏梦极进士。魏梦极的长孙是魏隆（与魏福、魏祢为同一代兄弟）。魏隆的三子是魏逸（魏逸进士原籍泉州安溪，后任温州府永嘉县同知。任满留温州），是温州的魏氏始祖。

魏仁的次子魏福传四代后出魏九郎（魏征的第二十四世孙），九郎是泉州（西福）魏氏的始祖。

魏仁的四子魏祢生有四子：进富、进贵、进兴、进旺。魏进富原居于宁化石壁，因海寇纷扰而迁永定苦竹；魏进兴也是原居于宁化石壁，先迁永定苦竹，后再迁南靖梅林。

魏征的第二十六世孙魏良佐，其时被授福建布政司参政，赴任途经江西赣州遇乱，遂留居江西石城。魏良佐的长孙魏元与其弟（魏亨、魏利、魏贞）遭寇劫掠，兄弟分路出走，魏元南迁广东嘉应州长乐（今之五华县）后，便在五华开基立业，遂成为广东五华魏氏的始祖。

三、魏氏后人入垦台湾的主要人物和时间

1. **魏祢之子魏进兴后裔，由闽之漳州南靖入台。**

魏文仲于康熙后期，初居台南，后垦居台中乌日。

魏习赋于雍正期间，垦居今之台中市一带。

魏祉千于雍正期间，垦居今之台中丰原一带。

魏可俊于雍正期间，垦居今之桃园中坜一带。

魏文兆、魏秀明、魏阿挂、魏恭朴、魏元商、魏俊生等人，于乾隆期间，先后垦居今之台中市一带。

魏庆荣、魏四洪、魏联飞等人于乾隆期间，先后垦居今之台中丰原一带。

魏隆康于乾隆期间，垦居今之台中潭子一带。

魏天植于乾隆期间，垦居今之桃园大园一带。

魏清连于乾隆期间，垦居今之台北八里一带。

2. **魏祢之子魏进富后裔，由闽之汀州永定入台。**

魏愧烈于乾隆初期，垦居今之新竹新埔一带。

魏德宽于乾隆期间，垦居今之膨化一带。

魏行春于乾隆期间，垦居今之桃园平镇一带。

魏龙美于嘉庆期间，垦居今之台中东势一带。

3. 魏良佐的长孙魏元后裔，由广东嘉应长乐（五华）入台：

魏彰瑞、魏朴义、魏浩等人，于乾隆期间，垦居今之新竹新埔下寮里。

魏国云于乾隆期间，垦居今之新竹关西镇一带。

魏应贵于乾隆期间，垦居今之新竹横山一带。

魏君伯于乾隆期间，垦居今之桃园一带。

魏国汉于乾隆期间，垦居今之桃园平镇一带。

魏宣俊于乾隆期间，垦居今之桃园龙潭一带。

魏嘉凤于乾隆期间，垦居今之桃园杨梅一带。

4. 尚有魏良佐的长孙魏元后裔，由分居广东惠州陆丰一带入台：

魏成汉于乾隆期间，垦居今之新竹竹东一带。

魏特敬妻刘氏携四子于乾隆期间，垦居今之新竹芎林一带。

魏斐捷、魏春贵等人于道光期间，垦居今之新竹芎林一带。

魏斐茂于道光期间，垦居今之新竹横山一带。

魏朝恩于道光期间，垦居今之新竹新丰一带。

还有众多魏氏人物，他们为开垦和发展台湾的经济而作出了不小的贡献，这里就不一一介绍。

（上述清代入台垦居的魏氏人物，摘自台湾魏氏多期《钜鹿会刊》的相关文章）

台湾各地现魏氏宗亲会的成员，主要是由魏进兴、魏进富等福建南靖及永定的后裔和魏元等广东五华的后裔所组成。今之台湾魏氏，先后在台北、新竹、高雄、花莲、桃园、金门等地成立魏氏宗亲会，并联系香港、澳门、东南亚及大陆一些地区的魏氏宗亲会，率先于1987年10月，在台湾成立世界魏氏宗亲总会。其章程第二条明定："以联络世界各地魏氏宗亲，俾期宏扬祖德、敦亲睦族、团结互助、砥砺志节、贡献智慧、造福社会、促进和谐为宗旨。"最近几年来，他们以中华魏征文化事业发展促进会的名义，到大陆各地区的魏氏宗亲中寻根探源，做了许多联谊睦族的好事。希望世界魏氏宗亲总会能进一步发扬其宗旨，弘扬祖德，敦亲睦族，团结互助，促进和谐，贡献智慧，造福社会。

（作者系福建省姓氏源流研究会魏氏委员会丰泽区华大街道老龄委常务副主任）

浅议谱牒文献的历史价值

陈乐怀

一、谱牒文献的形成、发展与现状

谱牒诞生于战国末年，带有家谱性质的《世本》，是以表谱形式记载一个血缘关系为主体的家族世系繁衍及重要人物事迹的文献，又名家乘，包括族谱、宗谱、家谱等。"广泛涉及一个家族的发展历史、理想模式、价值标准、经济状况、礼仪习俗、文化层次等等，其形式和内容集中了社会学、历史学、档案学和文化人类学等学科的要旨"。[1]正如梁启超先生在《中国近三百年学术史》一书中提出："我国乡乡家家皆有谱，实可谓史界瑰宝……能尽集天下之家谱，俾学者分析研究，实不朽之盛业也。"

先秦时代《禹本记》、《牒记》、《世本》等，就已开始利用记述帝王、诸侯与名人世系的谱牒写成。《史记》的"本纪"、"世家"、"列传"，相当一部分材料取之于家谱档案。两汉以后的许多豪门望族，凭借谱牒记载炫耀门第，坐取官爵。北魏太和中，更以门第优先，以举选为次，"凡有司选举，必稽谱牒，而考其真伪，故官有世胄，谱有世官"。从而促进了世家谱牒的兴盛。唐代，由政府主持编撰《氏族志》、《姓氏录》，推动谱牒文化的进一步发展。宋代，私家修撰谱牒兴起。"明清时代，盛行私家修谱。这时期，几乎姓姓有谱，族族有谱，家家有谱，而且家谱一修再修，不仅汉族修谱，各少数民族亦是如此"。[2]谱牒资料所影响到的深度和广度几乎使其成为中国古代的一种全民性文化运动。中华人民共和国成立后，谱牒编修基本停止。"文化大革命"中，民间旧存谱牒相当一部分遭焚毁。改革开放以来，随着社会经济的发展和台湾、港、澳地区及世界各地宗亲寻根问祖热的兴起，民间修谱再现高潮。

二、谱牒文献的历史价值

清代学者章家诚在《文史通义》中说:"且有天下之史,有一国之史,有一家之史,有一人之史。传状志述,一人之史也;家乘谱牒,一家之史也;郡府县志,一国之史也;综纪一朝,天下之史也。"谱牒、方志、正史构成中华民族历史学的三大支柱。谱牒中保存的大量原始资料,发挥的是一种史料凭证作用,在经济史、社会史、移民史、民俗史、历史人口学、地方志等历史学研究领域中,正可以作为可靠的参考工具。

(一)谱牒文献是史学研究的有益参考

谱牒资料中人物家世,如皇帝封赠的诰命、敕命、墓志和碑文等记载,正是正史之外的有益补充,二者相互印证。"族产是宗族存在的经济基础,谱牒中对族产的记载占有相当篇幅,如对祠田、坟田、义田、义庄、族祠、坟茔、山林等私家财产的数量、形成、经营、收支状况均有详细记载。谱牒档案中所记载的族产形成过程中的房契、地契,可用以研究古代的土地交易关系;对于经营收支情况的记载,则是研究古代生产力与生产关系的珍贵资料"。[3] 家族小社会,谱牒具体、详细地记载了家族成员科举中第、技艺诗文、族规、婚丧礼仪制度等,一定程度上反映了当时的社会风貌,可为社会史研究提供参考。先辈迁移的时间、地点及缘由,谱牒一般都会详细记载。移民是自发还是官方,规模是大是小,正史中往往缺少具体而详细的记述,分析同一历史时期迁移的若干份谱牒资料,采用计量史学研究方式,可以为移民史研究提供佐证。许多谱牒对服饰、饮食、居住、生产、婚丧、节庆、礼仪等当地的民俗风情都有所记载。这些有关普通百姓日常生活的史料,同样也在正史中往往不予记载,民俗史研究需还原的一个时期、一个地区的真实历史面貌,可以在谱牒中找到依据。谱牒完整记录了家族世系,成员的姓名、生卒年月日、婚姻状况、子嗣状况等,据此可推测人口的平均寿命、出生率、死亡率、性别比等信息,可作为历史人口学研究史料来源。

(二)谱牒文献是编纂地方志的重要资料来源

谱牒文献对于地方志编纂作用,是其他历史资料无法替代的。二者关系密切,顾颉刚先生曾经说过:"我国历史资料浩如烟海,但尚有两个金矿未曾开发,一为方志,一为族谱。"1957 年,毛泽东在谈及研究历史问题时说:"搜集家谱、族谱加以研究,可以知道人类社会发展的规律,也可以为人文地理、聚落地理提供宝贵的资料。"在首轮修志具体实践中,王复兴、来新夏、林衍经、刘光禄等修志工作者已认识到谱牒"对于研究地名、风俗、方言、历史人物及历史事件等具有重要的作用"。借鉴谱牒资料,对于当前开展的第二轮修志工作是很有必要的。

1. 编纂人物传,具有相当权威的资料价值

我们知道,查考古代人物,主要是通过正史中的传记、古代的文集、笔记和方志等。一些不太有名的人物,在这些资料中就很难找到,如果有,也只是寥寥数语,即使是一些著名人物,有时也是如此。"谱牒的核心是世系,每一部家谱都用连线、图谱或横竖表格的形式,将一姓一族的始祖及其以下各世子孙上下左右地布列起来,给人一览便知的清晰印象"。[4]详细家族人物名、字、号、行第、生卒年月日时、享年、妻室、子女、墓地,尤其对功名、官阶、传记、墓志铭等资料。多数内容还是可靠的。利用家谱资料,纠正了过去历史人物研究中的很多疑点。如陈泗东先生通过泉州《清源林李宗谱》,考证出明代思想家李贽(李卓吾)原姓林,名载贽,他父亲、祖父都信奉伊斯兰教,其本人也有阿拉伯或波斯血统。

2. 编纂地名志,提供基础资料

在历史长河中,地名屡屡变更,尤其是关于一些小地名的记载,为史书、方志所不记。因而,谱牒对研究地名学的资料弥足珍贵,可以说是舍此莫属。近日,泉州市区地方志学会秘书长薛祖瑞先生查询先祖迁台事宜,在大陆多份族谱中均有薛氏开族在台湾"东港街"一说,而"东港街"在台湾的具体位置,却无从知晓。后从台湾《薛氏族谱》(1989 年修)中查有"道光年间,薛添禄徙居屏东县东港",由此确定薛氏迁台最早到达今台湾省屏东县东港镇。某一家族在某地开枝散叶,那么居住地往往与家族姓氏关联,类似"象峰陈"、"旧馆驿龚"、"西门阮"等姓氏与地名相结合的现象,多不胜举,谱牒资料有助于了解地名沿革。

3. 编纂艺文志,丰富资料来源

首轮修志艺文志过于随意地处理,不够重视,达不到"反映了一个地区某个时代学术发展的趋势;反映了某个地区在断限内的各个时期艺文发展的动向。也体现出这一地区文化教育是否发达的一个重要标志,也是这一地区人才状况的具体体现"[5]要求。谱牒中的《艺文篇》收录族人或与家族相关的各种著述诗文等,涉及

政治、军事、生产、经济、文化、风土等诸多方面，可供参考。如"南靖《庄氏族谱》，收载有寿文、挽文、祭文、诗歌等数十种，以及族人、进士庄亨阳遗著《秋水堂集》的许多篇目"。[6]第二轮修志过程中，发掘谱牒中丰富的艺文资料，旧资料可在"纠错补遗"中呈现，新发现应设"艺文志"专章，以丰富志书的学术性和可读性。

三、谱牒资料正确运用

谱牒文献反映不同历史时期不同的社会特点，有助于我们全面地掌握一个时代的状况，正如章学诚"将史志比作日月，那么家谱则犹如遍撒九州环球，密如繁星的灯火。灯者，补日月之不足也"。谱牒与方志、正史相互参证，可匡史志之错，详史志之略，补史志之阙，续史志之无。但谱牒中的记载往往会有不实之言、夸大之辞，这是值得我们注意的。采用谱牒资料，必须谨慎核实、求证。

注释：

1. 王云庆，刘振华：《谱牒资料的社会意义及文化价值刍议》，《图书与情报》，2007年，第5期，第129页。

2. 邓达宏：《从文化层面探析谱牒档案文献的社会价值》，《福建省社会主义学院学报》，2003年，第3期，第38页。

3.4. 王云庆，刘振华：《谱牒资料的社会意义及文化价值刍议》，《图书与情报》，2007年，第5期，第131页。

5. 饶展雄：《第二轮修志要重视艺文志——兼评〈惠州志·艺文卷〉》，《中国地方志》，2005年，第5期，第21页。

6. 陈支平：《福建族谱》，福建人民出版社1998年版，第32-33页。

（作者系泉州市鲤城区地方志编纂委员会科员）

试论莲玉柯氏的迁徙

柯有为　柯宏胜

　　据安徽《莲玉柯氏宗谱》记载：隋时有讳舜元公者，徙于杭州大南之东秦村桥，历八世至唐神龙初年，有讳应诚公者，为江南刺史升镇国安化节度使，景云辛亥避世，以池之蓉城九子山西麓莲玉里家焉，即今莲玉柯是也，而池州有柯氏，皆本应诚公始。历十世，有岂貌公者迁广德，十六世有明聪公者迁横厚，明精公者迁尧封，十八世有勉九公者迁福建之莆田；十九世玑公迁彭泽，二十一世有祥祯祥纳公者居棠溪横厚；祥瑞祥气公者迁峡川、陡坑。而我祥受公，独于天圣间复归莲玉里。二十九世有绅昌珠昌公者返大南之东；盛昌公者迁棠河之留田，缙昌公者迁陡坑，俱以避疫故也。三十世有什万公者，时疫又大作，仍徙棠河之留田后冲平坑居焉。三十二世有添禄公者迁彭泽，三十四世至廷均公，奋然叹曰：莲玉里我先人之故土也，胡不归来乎哉，时在元季，遂复归我莲玉里居焉，而自廷均公下外迁者更远超前代。

　　而谱又载十一世益逊公与夫人檀氏合葬留田荷花形庚山甲向（留田在今贵池境内），二十一世祥受公葬留田大坑缙昌公宅后癸山丁向，二十二世秀和公葬九华山虎形辛山乙向，二十九世雄昌公（什万公父）葬凤村金龟朝北斗亥山巳向（今青阳九华乡境内），三十世什万公葬崇义回龙山大坑丑山未向（今贵池棠溪境内，距二十一世祥受公不远），此后三十一世文景公、三十二世添福公、三十三世珙二公、三十四世廷均公皆葬于留田，而三十五世浩二公葬刘冲凤形乙山辛向（今青阳县九华乡境内）。

一、莲玉柯氏的迁徙记录

莲玉直系

一世应诚公至十世岂颜公，居青阳今莲玉柯（理论上），葬不详。

十一世益逊公，居不详（或益逊公本人或自其上某一世，由青阳今莲玉柯迁至贵池棠溪），葬贵池棠溪。

十二世伯阳公至二十世扶灵公，居贵池棠溪，葬贵池棠溪。

二十一世祥受公，居青阳今莲玉柯，葬贵池棠溪。

二十一世秀和公至二十九世雄昌公，居青阳今莲玉柯，葬青阳。

三十世什万公至三十三世珙二公，居贵池棠溪，葬贵池棠溪。

三十四世廷均公，居青阳今莲玉柯，葬贵池棠溪。

三十五世后诸公，居青阳今莲玉柯，葬青阳。

外迁系（老世系）

十世岂貌公，迁广德，余不详。

十六世明精公，迁尧封（携二子二孙），余不详。

十六世明聪公，居棠溪横厚，余不详。

十八世勉九公，迁福建莆田，余不详。

十九世玑公，迁江西彭泽，余不详。

二十一世祥祯公，居棠溪横厚，余不详。

二十一世祥纳公，居棠溪横厚，余不详。

二十一世祥瑞公，迁石台陡坑，余不详。

二十一世祥气公，迁峡川，余不详。

外迁系（祥受公世系）

二十九世缙昌公，由青阳今莲玉柯迁石台陡坑，后世不详。

二十九世盛昌公，由青阳今莲玉柯迁棠溪留田，后世不详。

二十九世绅昌公、珠昌公，由青阳今莲玉柯返应诚公祖居地杭州，后世不详。

三十二世添禄公，由贵池棠溪迁江西彭泽。

三十三世珙一公，居贵池棠溪，后世不详。

三十四世世均公，居贵池棠溪，后世不详。

二、迁徙路线地名的描述

尧封即今天东至县洋湖和葛公部分地区，在贵池东至石台三县交界处，群山环绕。

棠溪和峡川都处在贵池南部山区。

陡坑处在石台县西北部与贵池交界的大山区。

莲玉柯村在青阳县西南部大山环抱的一处盆地里。

从上面的描述可以看出，莲玉柯氏迁徙的地方都处于池州府南部的山区，即使在今天棠溪、陡坑仍然交通不便，是什么原因让历代先祖在这些山区里来回穿梭，乐此不疲呢，难道仅仅是爱这里的山水抑或是避世而居焉？

三、迁徙的原因初探

一是对祖宗的情结，如二十一世祥受公和三十四世廷均公回归莲玉里，二十九世绅昌公珠昌公返一世应诚公祖居地；

二是避瘟疫，如二十九世缙昌公盛昌公和三十世什万公；

三是人口的快速增长与土地的矛盾；

四是战乱的影响，每逢王朝末年都伴随着战乱和屠杀，迁居深山老林无疑是保存家族的最好办法，如唐末益逊公、宋末什万公、元末廷均公；

五是还逃避着什么（仅做推测）。

廷均公前，莲玉历代先祖在贵池棠溪和青阳九华之间来回迁徙凡几十世，然自廷均公之后，这个过程戛然而止，两地永远失去了联系，以至后世互不来往，世系谱牒衔接不上，成为谱史上一大千古憾事，而历代在棠溪先祖默默长眠深山几百年上千载也在无声的抗诉。这究竟是为什么？这里面隐含着深刻巨大的故事原因，有待我们去发掘研究。

另外，莲玉柯氏的开创者柯应诚来自浙江杭州，他举家迁徙到安徽九华山的。他的老家在杭州，应该属于钱塘柯氏，目前只知道《钱塘柯氏家谱》（清道光十五年钞本）被收藏在台湾，但收藏在台湾何处？希望能够得到台湾同胞的帮助，希望知情者能告知。我们希望能找到在台湾的《钱塘柯氏家谱》，查证一下那上面的世系里是否有"杭州大南之东秦村桥"的记载，是否有柯应诚的记载呢？是否有二十九世绅昌、珠昌公者返杭州大南之东的记载呢？

　　莲玉柯氏的迁徙史，既是一部血泪史，也是一部奋斗史，研究这其中包含的信息，无疑对了解我们的家族史、研究当时的社会是大有益处的。

　　（作者柯有为系安徽电视台记者；柯宏胜系安徽电视台高级记者、央视供稿部主任）

首届海峡两岸民间谱牒文化交流大会会议小结

陆炳文

壹、大会实况

一、征得论文 50 余篇，收入论文汇编 46 篇。

二、大会进行两天，开幕式后，先后安排了 45 名与会嘉宾在大会上做了论文交流、或研讨发言。

三、邀请嘉宾及报名参会者共 100 余人，分别来自台湾、四川、安徽、江西、浙江、广东、福建。

贰、大会成就

一、一心感恩：祖上有德，积德深重，情深似海，恩重如山。

二、两重感谢：

1. 主办单位操办人员：牵头牵成，积德积善。

2. 所有参会参与人员：无私奉献，无量功德。

三、五内感动

1. 针对编修谱牒表现形式

（1）实质表现，面面俱到

文本原件，复印件缩影。

电子文件，云端存储。

统谱总览，范本简谱。

男女平权，尊卑齐观。

协同合作，相互支持。

优势互补，取长去短。

正简皆宜，大小不拘。

礼品伴手，商品上手。

（2）精神表现，向上提升

荣誉功业，德行节烈。

耆寿扬善，文艺记述。

歌功颂德，趋吉避恶。

2. 针对编修谱牒主要内容

（1）序言意赅，明白本义，体例清楚，版本适用。

（2）姓氏源流，世家沿袭，脉络分明，世代相承。

（3）谱上有名，确认祖先，饮水思源，崇拜先祖。

（4）详明世系，昭穆排行，长幼有序，伦常有据。

（5）历代名人，光宗耀祖，行善义举，垂诸万世。

（6）祭祀公业，证明祖产，列载义田，保全权益。

（7）发祥始迁，开基垦殖，安身立命，安家立业。

（8）派下分衍，传承祖德，不忘宗功，不辱家声。

（9）郡望堂号，分辨宗支，同登一谱，共拥一族。

（10）宗祠沿革，规范体制，遗训家规，教化族众。

（11）庐墓祖冢，各有其主，岁时祭扫，子孝孙贤。

（12）其他内容，所在多有，不及备载，各自表述。

3. 针对编修谱牒社会功能

（1）尊前敬祖，报本返始，留昆裕后，承先启后。

（2）联谊睦族，团结宗亲，爱族爱国，垂范子孙。

（3）宗族制度，渐被打破，生存土壤，不复存在。（危机）

（4）有心人士，登高一呼，抢救保护，渐见曙光。（转机）

4. 针对闽台谱牒征集工作

（1）引玉抛宝，分类典藏，编目检索，陈列展示。

（2）技术支持，科学管理，开发利用，宣传推广。

5. 针对闽台谱牒对接服务

（1）数据查询，义务顾问，牵线搭桥，复制翻印。

（2）寻根问亲，交流平台，报本返始，晒谱节礼。

（3）学术研究，专业投入，书法教学，推广姓学。

叁、大会贡献

一、具体体现

1.风雨中照常举行，风雨故人来，风雨生信心，有助于中华谱牒文化的伟大复兴。

2.晒谱节前后办理，国族一统有谱，关系不再离谱，有利于中华民族完全的团结统一。

二、献句句云

闽台六缘同谱系，海峡两岸共姓觿。氏族一字奠万哗，刺桐二日开千禧。

务实推进海峡两岸根亲文化的传承发展

——首届海峡两岸民间谱牒文化交流大会活动综述

朱定波

为了发挥闽台"五缘"优势，促进闽台谱牒对接联谊和两岸族谱民间的互动交流，推动海峡两岸和平统一的发展进程，报经福建省台办批准同意，经过两年多的筹备，中国闽台缘博物馆于 2013 年 7 月 13 日至 14 日，在泉州举办首届海峡两岸民间谱牒文化交流大会，来自海峡两岸的氏族宗亲、专家学者，以及谱牒文史工作者 100 多名参加大会交流活动。尽管受到 7 月 12 日强台风"苏力"的影响，还是有来自台湾、浙江、四川、广东、安徽的嘉宾来参加交流大会。

为祝贺首届海峡两岸民间谱牒文化交流大会的顺利召开，台湾地区原副领导人萧万长先生题赠词"谱系两岸"；题词由台湾谱牒专家现任台湾文化艺术界联合会理事主席、海峡两岸和谐文化交流协进会会长陆炳文先生亲自携往泉州，在首届海峡两岸民间谱牒文化交流大会开幕式上转送给中国闽台缘博物馆。

本届大会作为国台办 2013 年海峡两岸交流重点项目，最大的特色是海峡两岸首次举办民间的、以闽台谱牒文化为中心主题的交流活动；这是一次民间谱牒的文化传承，也是一次民间谱牒的互动交流。本届大会突出务实精神，强调大会的民间性、开放性、基础性和务实性。会议期间，还组织部分与会两岸嘉宾参观泉州重要的涉台文物保护单位。

海峡两岸与会嘉宾经过两天的热烈交流讨论，总共有 45 名与会嘉宾在大会上做了论文交流、或研讨发言，并对中国闽台缘博物馆主办海峡两岸民间谱牒文化交流大会成果，给予了充分肯定和高度评价。

一、高度认同举办两岸民间谱牒文化交流大会的重大意义

两岸与会嘉宾认为，中国姓氏的存在至少已有五千多年。姓产生于原始氏族社会；周朝是我国氏发展的最重要时期；但姓氏作为一个家族的标志，则是在隋唐时期形成的。根植于中国农耕社会的姓氏谱牒文化，是伴随着中华民族文化产生而产生、发展而传承发展，世世代代不断延续，是中华民族的宝贵文化遗产。

晋唐以后，伴随着中原士族大规模移民福建，中国农耕社会政治、经济、文化中心的不断南移，修编族谱开始在福建产生与发展；福建的姓氏家族制度趋于完善，谱牒体系基本确立，谱牒体例趋于完备，谱牒文化获得传承。明清时期至二十世纪二十年代，闽台族谱文化传承曾经在不同时期不断形成新的发展阶段。

两岸与会嘉宾指出，谱牒是记载一个以血缘关系为主体的姓氏家族世系繁衍、以血缘宗族后裔人物为中心的姓氏家族人物事迹、以姓氏宗族繁衍发展历史为主题的特殊文献体裁。中华姓氏族谱文化的研究已形成一门新学科，它与社会学、人类学、语言学、历史学、考古学、民族学等，有着极为密切的必然联系。更为重要的是，在新的历史时期，推动海峡两岸民间谱牒文化交流，弘扬中华民族文化、增强两岸同胞的民族凝聚力、推进祖国和平统一进程等方面，都具有极为重大意义。

1. 巩固闽台谱牒的文化根基

闽台谱牒文化是中华民族与中华文化形成和传承发展的大根大本，也是两岸之间所有关系形成和不断发展的重要根基。本届两岸谱牒的专家学者和民间宗亲代表，深入探讨交流闽台谱牒修编、谱牒研究的新成果和新进展，研究讨论闽台族谱历史渊源、姓氏繁衍播迁、宗亲寻根谒祖的新情况和新特点，提出促进闽台族谱文化、族谱研究交流的新意见和新建议，必将有力地推进两岸宗亲续编族谱、寻根谒祖活动，尤其是增强台湾同胞的血缘意识和对祖国大陆的认同感、归属感和自信心。

2. 搭建两岸族谱的对接平台

两岸与会嘉宾对闽台缘博物馆开展两岸民间谱牒文化研究与交流，搭建两岸的族谱修编、收集利用、对接服务、增进情感的服务平台，给予了高度评价。闽台缘博物馆以建设闽台族谱文献的数据库为核心，开发闽台谱牒文化保护管理的信息化平台，构建闽台谱牒查询软件系统，展示闽台姓氏族谱文献信息、谱牒图片资料和

族谱研究的重要成果，为闽台谱牒文化交流服务，加强闽台族谱文化的学术研究，为两岸民众提供知根识源、寻根谒祖的血缘图谱和服务指南，不断扩大闽台谱牒文化在台湾社会的影响力和亲和力。两岸与会嘉宾纷纷表示愿意支持这个对接平台发展。

3. 构建两岸一体的谱牒体系

两岸与会嘉宾认为，开展海峡两岸民间谱牒文化研究与交流，通过重点梳理闽台各主要姓氏派系、支脉的繁衍迁徙、分布、流向，不断完善两岸各姓氏在台湾聚落的开基先祖及迁播台湾的根系或世系；通过重点整理闽南先民开发台湾、建设台湾的历史功绩，不断传承闽台姓氏族谱文化和人文历史内涵；通过重点开展海峡两岸民间谱牒互动交流的对接服务，不断推进闽台宗亲的追源报本、寻根谒祖活动；通过对闽台的祖祠家庙、祖坟古厝、昭穆字辈、碑铭匾联、谱牒名录、知名人物事迹记载等方面的补充完善，推动建立海峡两岸融合为一体的谱牒文化传承体系。

4. 增强台湾同胞的民族自信

海峡两岸与会嘉宾表示，海峡两岸的民间谱牒，能够充分展示闽台犹如唇齿依存的相连情缘；闽台民间族谱，是在中华民族历史沧桑岁月中形成的，承载着闽台社会文明历史的延续。本届通过闽台民间谱牒交流，全面认识闽台谱牒文化的形成发展，能够看到海峡两岸悠久的地缘历史渊源和深刻社会根源，更能深刻认识到海峡两岸难以割断的血缘关系。我们需要不断推动两岸民间谱牒文化交流，使台湾同胞正视自己的根在大陆；开展两岸民间谱牒文化研究与交流，根本价值在于：不仅能够加深对闽台地缘关系和血缘关系的深刻理解，而且能够加深对闽台人文历史的深刻认识，更能够增强台湾同胞对中华民族的认同感、凝聚力和向心力。

5. 推动两岸和平统一的发展进程

在本届大会上，海峡两岸与会嘉宾形成的基本共识是，开展两岸民间谱牒文化研究与交流，有利于增进两岸姓氏家族的高度认同和血脉亲情，成为广泛团结两岸乡亲的重要纽带。大会通过组织闽台族谱文化研究与对接，积极开展姓氏寻根交流活动，增进两岸同胞的一家亲情；有利于台湾同胞回祖籍地寻根问祖，更有利于增进中华民族认同感，构建闽台文化精神家园的新平台。

两岸与会嘉宾纷纷表示，闽台谱牒文化是以一种姓氏血缘文化的特殊形式，记录了海峡两岸人文社会的历史形成，在中华民族文化的高度同化和国家高度认同的基础上，曾起过独特的、巨大的凝聚作用；闽台谱牒文化已根植在海峡两岸，这是不可撼动的中华民族文化基础。因此，进一步弘扬闽台祖地谱牒文化，让广大台湾民众知根识源，促进台湾同胞的民族认同，必将积极推动祖国和平统一大业的发展进程。

二、首届两岸民间谱牒文化交流大会研讨的主要内容

本届大会上，两岸与会嘉宾对闽台族谱的文化内涵进行了深入研讨交流，并共同认为，闽台族谱文化并无差别，是与地方志、国史，构成了我国三大志书体系和人文历史的三大支柱之一，并足以说明海峡两岸致力于传承慎终追远、敦亲睦族等中华民族传统文化的永续努力与坚持。修编闽台族谱的主要动机是：溯渊源，分疏戚，序尊卑；尊祖先、敬族亲、睦族群；重修养、重德行、重家传，不断提高姓氏家族在社会中的地位、声望和影响。海峡两岸与会嘉宾在开展两岸民间谱牒文化的研究与交流方面，着重在五个方面进行了深入研讨。

1. 探讨如何不断完善编修谱牒的表现形式

两岸与会嘉宾就开展如何完善闽台编修谱牒的表现形式进行交流。海峡两岸谱牒是一种特殊的姓氏家族历史文献，就其内容而言，是中国五千年文明史中最具有姓氏家族人文特色的文献，记载同宗共祖血缘族群世系人物、人文和事迹等方面情况的历史传承图籍。闽台谱牒文献资源极为丰富，据相关资料表明，仅台湾的林氏族谱已有766种。在新的时代背景，我们需要不断探讨创新闽台谱牒的编修方法，完善闽台谱牒的编修结构。

一是应当根据族谱种类形式进行修编创新。闽台家谱种类丰富多彩，根据家谱记载姓氏宗族范围的大小，可分为宗姓总谱、大宗谱、宗谱、支谱、房谱；按照编撰姓氏宗族的特色，又分为宗谱、统谱、合谱、联谱等；根据家谱编修的主体不同，又可分为官方修谱、宗族修谱、区域修谱。

二是应当利用现代信息技术推进族谱形式创新。现代信息技术的不断发展，为闽台修编族谱体例形式的创新，开辟了一个崭新的发展空间和展示平台。在修编闽台族谱中，我们应当运用现代信息技术，在族谱体例上采用地图、照片、画像、音像等修编新形式。同时，应当把修编纸质族谱与数据族谱紧密结合起来，应当完整

保存纸质旧族谱，并利用现代信息技术推进闽台族谱修编的科学化、规范化和制度化。

三是应当开展闽台修编族谱的"联谱"活动。闽台同一姓氏宗族的不同分支家族，应当利用族谱中的血缘世系排行记载，进行修编"联谱"活动。闽台宗姓大联谱辈分明确后，闽台各宗姓宗支修纂总谱，以不断扩大闽台宗姓宗亲的联系和交流。

四是应当推进两岸族谱志书平台创新。推动构建以闽台姓氏族谱为中心的区域性、地方性、家族性的谱牒研究团体和修编族谱志书平台；特别是应当推进以区域性的闽台姓氏历史渊源为据的编修联宗谱。

五是开展闽台族谱的经验交流和修编培训。应当积极推动闽台谱牒研究和修编成果的交流借鉴。传统的修撰谱牒多为分散的、封闭地进行，族谱研究成果应用不多。随着闽台族谱文化研究的深入发展，闽台宗姓交流活动范围也日益扩大，应当突破闽台民间修编谱牒的传统局限，突破闽台宗姓家族血缘的传统界限；需要以海峡两岸宗姓族谱修编为平台，寻求更大范围的修编联系与对接交流。

六是应当在其他修编形式方面进行创新。为方便宗亲联络的需要，闽台族谱设置宗亲联系通讯录和世系检索表，使闽台谱牒成为宗亲可利用的一种社会资源。闽台族谱编修需要相互借鉴、相互影响、相互创新，使得闽台族谱修编的体例完备，装帧精美。

2. 探讨如何不断完善编修谱牒的主要内容

在新的历史时期，完善海峡两岸编修谱牒的主要内容，包括家族的姓氏起源、宗族世系表、家族祖训、艺文著述、族人图像、郡望堂号、家谱体例、世代昭穆，以及其他相关专题资料或专项介绍等等。海峡两岸与会嘉宾指出，闽台谱牒文化是姓氏血脉的根亲文化，根植在两岸社会，立足于基层民众，为两岸民间所广泛认同，具有极其广泛的社会基础，是中华民族认同感的重要依据和主要根源。闽台民间自古注重宗族文化传承，编修祖谱更是宗族之大事。在新的历史时期，我们需要在不断探索完善编修谱牒的主要内容方面，进行深入交流。

一是闽台族谱体例纲目方面创新。包括祖先图像、谱序、祖籍变迁、姓氏源流考、凡例、昭穆字行、家族的世系表和血缘关系图表、族规、祠堂、祖墓、族产与契约文书、祖例家规、家传家训、恩荣录、人物传与科名录、大事记、艺文、宗亲通讯录，以及家族聚落的社会经济、地方人文历史和社会环境现状等。

二是充分体现男女平等的新观念。在闽台族谱编修中，应当正确处理男女族裔的内容，充分体现男女平等思想；应当改革旧族谱记男不记女的修编体例，在人物传、科名录等都应当予完整保留记载，女儿、媳妇、女子出嫁，应当采用全姓氏；记载宗族的出嫁女性，应当至少列出女性繁衍三代的完整信息；对于记载宗族独生的女性家庭，应当保留列出女性家庭历代繁衍的完整信息。

三是应参考地方志书的修编体例。修编当代闽台族谱，尽量参考地方志书的修编体例；修编闽台族谱体例，应当参照族史、族志、宗姓源流的规范体例，彰显闽台族谱文化特色和闽台谱牒人文历史，并成为地方志书历史的重要组成部分。

四是规避陈旧观念的族谱修编内容。海峡两岸谱牒编修的内容创新，不应再续编旧谱中一些不适合时代发展、社会环境的篇目或内容。

3. 探讨如何强化编修谱牒的社会功能

海峡两岸与会嘉宾认为，编纂海峡两岸家谱的目的，主要是为了说世系、序长幼、辨亲疏、尊祖敬宗、睦族聚族，关注亲亲之道，倡导代代传承。海峡两岸家谱中的家训内涵和人文历史，在教化族人孝敬、和睦、祭祀、亲情、乡情等方面，有着不可替代的潜移默化作用。海峡两岸同根同祖、血脉相连，谱牒文化成为维系两岸血脉情缘的重要纽带；在海峡两岸民间交流交往特别是民间编修谱牒交往中，闽台谱牒文化的社会功能已经起到越来越重要的作用。

因此，在新的历史时期，如何挖掘闽台族谱的人文历史价值，如何探索提升编修闽台族谱所涉及的丰富历史内涵，如何不断强化编修闽台谱牒的社会功能，都需要海峡两岸姓氏宗亲从不同的层面和视角，去进行研究探析。海峡两岸与会嘉宾认为，我们应当不断强化两岸谱牒文化的社会功能创新，包括以下几个方面：

一是关于谱牒族产的社会功能创新。海峡两岸族谱文献中的族产，是指姓氏宗族的公有财产，是维持宗姓家族制度的经济支柱。族田收入用于赈济贫困，俗称"义田"；族产用于办学助学，俗称"儒资"。许多宗姓家族通过筹集家族经费，增殖家族财产，服务宗亲祭祀，资助族裔发展。现代台湾宗姓家族的族产为祭祀公业；据相关文献统计，1907 年前后，台湾已经建立有 22199 个祭祀公业。海峡两岸修编族谱，应当正确引导族谱文献中的祭祀公业或族产的社会功能创新，正确引导族谱在社会文明发展进程中的积极作用。

二是关于谱牒族规的社会功能创新。闽台族谱的族规，是宗姓家族制定的公约。各宗姓族谱大多有族规、谱禁、宗规、祠规、家范、族约、族训、家训等条款。闽台民间所谓"国有国法，族有族规"，反映了家族规约对宗姓族人的影响力和制约力。族规的核心是"敬宗"和"凝聚"两大方面；"敬宗"是强调传统的宗姓追溯，旨在建立家族血缘关系的尊卑伦序；"凝聚"则着眼于现实，寻求家族宗亲长期和谐共处、聚而不散的基本途径；倡导家族宗亲之间的相互扶助、相互恤救的原则。闽台宗姓家族制定的各种族规、家范的内容，主要是出于兴族旺宗的目的。海峡两岸修编现代族谱，应当探索在正确引导新修族规和规范族群的行为方面，发挥正面的、积极的作用。

三是关于谱牒堂号的社会功能创新。堂号和郡望一样是闽台谱牒文化中的特有范畴，也是闽台谱牒进行对接的重要概念。堂号就是祠堂的名称、称号。堂号对于敦宗睦族，弘扬孝道，启迪后人，催人向上，维护家庭、宗族和整个社会的稳定，都具有十分重大的作用。堂号具有深厚的文化内涵和实际意义。

从社会功能上说，堂号的意义主要在于区别姓氏、区分宗派，劝善惩恶，教育族人。堂号作为家族的徽号和别称，是宗姓家族文化中用以弘扬祖德、敦宗睦族的符号标志，是寻根意识与祖先崇拜的体现。堂号的产生、发展与传承，主要是与修族谱、建宗祠、祭祖先、联宗亲的活动同时进行。现代修编姓氏族谱而自立堂号的，也应当进行探索必要的规范引导。

四是关于谱牒昭穆的社会功能创新。闽台族谱为尊重亲族辈分的秩序而订立昭穆。昭穆又称辈序，或字伦、字行、字辈，为姓氏宗族传统命名需要遵守的依据。中国农耕社会世世代代传承的文化习俗，各姓氏宗亲支派昭穆，均在歌颂祖先，并勉励后代子孙之词。修编闽台族谱而新订立的宗姓昭穆，应当不断适应新时代的新要求，进行其社会功能的不断创新。

五是关于谱牒家训的社会功能创新。海峡两岸族谱中的的家训，也是中华民族传统文化的人文特色。闽台姓氏宗族家训的重要内涵，包括：崇孝道、睦宗族、重教养、齐家政、正礼节、务读书、明德性、谨言语、慎交游、善处世等。闽台族谱中记载着许多家训，均深刻反映了中华传统优秀文化之精神，具深刻的教育意义和历史内涵。修编现代族谱制定家训，应当探索创新传承中华优秀文化与时代文明。

六是关于谱牒内容的社会功能创新。闽台谱牒编修应当规避消极因素，避免遗存封建宗法思想或宗法文化；不应当为亲者讳、假托始祖、美化先人、牵强附会、言过其实等。我们应当进行必要的引导与规范，使之兴利除弊，以促进闽台谱牒文化的规范建设和历史传承。在新修的闽台族谱中，应当加强对迁居台湾的开基先祖、入垦聚落和宗族源流的内容研究。

七是关于谱牒出版的社会功能创新。闽台编修族谱的类型和数量都很多，应当不断提高闽台民间谱牒修撰工作质量，才能发挥闽台文化交流的作用。提倡各个宗姓的闽台族谱通过正式出版，得到政府出版机构的审核认可，以提高闽台民间族谱的编修质量。

4. 探讨如何做好闽台谱牒文献的征集工作

海峡两岸与会嘉宾一致认为，闽台谱牒文献资料是中华民族文化的重要组成部分，是了解海峡两岸民众血缘亲情关系、开展寻根认祖最为可靠的文献依据。闽台谱牒文献资料，包括闽台各个时期出版的谱牒文献资料，也包括在闽台社会书市流通或出售的谱牒文献资料，还包括新旧版本闽台谱牒文献资料的电子版和复制品，都是十分宝贵的历史文献资料。

两岸与会嘉宾表示，本届大会为进一步收集、保护、研究、开发、利用好海峡两岸的谱牒资源，提供一个崭新平台。闽台缘博物馆长期广泛征集海峡两岸各个时期的族谱、家乘等谱牒文献资料，欢迎两岸各姓氏宗亲会、宗祠管委会，各博物馆、图书馆及拥有谱牒的广大民众积极应征，提供包括原件、复印件或电子文本数据；本馆对捐赠者发给收藏证书。期盼两岸各姓氏宗亲组织和广大民众继续踊跃捐赠各种谱牒文献资料；我们也将为海峡两岸同胞的寻根谒祖和谱牒对接，提供更多、更好的咨询服务。

5. 探讨如何做好闽台谱牒对接的服务工作

针对闽台谱牒对接服务，许多与会嘉宾提出，应做好谱牒文献资料的采集、保护、研究、开发、利用工作，构建对接服务网络平台，牵线搭桥。有的嘉宾提出，谱牒查询对接服务是谱牒文献信息的工作重点，要增加这方面的学术研究和专业投入。因此，在新的历史时期，探析如何做好闽台谱牒对接的服务，以及如何更准确快速的确认族谱之间的对接关系，将是我们重要的工作任务，也是这次大会将要进行探索研究的重要内容。

中国闽台缘博物馆致力收藏闽台谱牒文献资料，广泛联系海峡两岸的各姓宗亲，举办族谱展览及民间谱牒论坛等姓氏文化交流、谱牒学术研究活动，为海峡两岸同胞提供寻亲探源服务。历经多年，一直努力改善谱牒数据收藏环境、举办谱牒展览、推动谱牒文献数字化、信息化，在谱牒收藏、研究、展示、交流等方面取得丰硕成果。

基于积极为两岸民众开展族谱对接提供咨询服务，目前，闽台两地宗亲登记寻亲与族谱对接需求的已越来越多。我们在本届大会上提出：欢迎闽台两地民众根据族谱的资讯，把明清时期迁居台湾的宗亲基本情况，进行采集汇总给闽台缘谱牒文献馆，我们将负责开展查询，做好两岸族谱对接服务。

三、首届两岸民间谱牒文化交流大会举行三项重要活动

1. 举行闽台谱牒文献资料展示交流

首届海峡两岸民间谱牒文化交流大会，在闽台缘博物馆东苑展厅专设闽台谱牒文献展馆，同时举行闽台谱牒文献资料的展示、对接与交流；展示中国闽台缘博物馆重要馆藏谱牒文献120多种共4000多册，以及与会嘉宾所提供的闽台谱牒文献资料400多册；同时，设立两岸族谱对接咨询服务台，采用近期构建的海峡两岸谱牒文献的数据化查询系统，以方便两岸宗亲对接家谱、寻根溯祖；免费为两岸乡亲提供族谱对接服务。

在本届大会召开之际，台湾省姓氏源流研究学会来函表示，准备在中国闽台缘博物馆挂牌设立族谱研究室；双方立足于优势互补，加强两岸谱牒研究合作，共同构建海峡两岸民间谱牒资讯的服务平台，促进海峡两岸民间谱牒文化的传承与发展。

本届大会登记两岸乡亲提供族谱对接的信息有九个；其中有五名台湾嘉宾在大会结束后，分别到安溪魁斗、安溪城厢、晋江安海、石狮大仑，以及厦门同安西柯等祖籍地进行族谱对接活动。来自台湾的高雄福建同乡会王渊华先生，在闽台缘族谱文献馆找到了缺失多年的先祖族谱文献资料后，十分欣喜。泉港区峰尾诚平刘文龙先生、南埔林柄的王峰谋先生、南埔凤翔文坂的刘其明先生等宗亲，也带来各自宗姓族谱，把明末清初族裔大量迁居台湾的族人信息资料，交给与会台湾嘉宾请帮忙查询对接。

2. 举行两岸谱牒文献资料捐赠仪式

首届海峡两岸民间谱牒文化交流大会期间，与会台湾谱牒专家和大陆谱牒研究代表，十分踊跃向中国闽台缘博物馆捐赠族谱文献资料484册；其中，纸质族谱364册，电子版族谱文献120册。为此，本届大会举行了热烈而又隆重的两岸谱牒文献资料捐赠仪式，为70多名捐赠谱牒的与会嘉宾发放捐赠证书。

最值得一提的是，台湾谱牒专家陆炳文先生捐赠纸质的台湾谱牒文献有 3 大类计 52 种 65 册；台湾谱牒专家廖庆六先生捐赠纸质的台湾谱牒文献 10 册；台湾谱牒专家、金门的许金龙先生捐赠纸质的台湾谱牒文献 10 册和电子版的台湾族谱文献 120 册。台湾谱牒专家捐赠的谱牒文献，大大丰富中国闽台缘博物馆的谱牒文献的馆藏。

3. 推广传承中国民间优秀传统节日——"晒谱节"

首届海峡两岸民间谱牒文化交流大会的开幕时间，特别选择在农历六月六日召开，这是基于这一天具有重要的历史意义和现实作用：每年的农历六月六日，是中国历史悠久的民间传统节日"晒谱节"。旧时读书人在这天曝晒书画、宗庙祠堂翻晒经书族谱，并举行各种形式的晒谱祭祖活动。晾晒家谱的目的，一个是更好保存族谱，一个是缅怀祖先功德，再一个就是增强宗亲团结。

为此，海峡两岸与会嘉宾充分肯定，在"晒谱节"召开两岸民间谱牒文化交流大会，起到了联络闽台宗亲感情、增强民族凝聚力的作用；并表示将共同在海峡两岸推动弘扬"晒谱节"文化。我们立足于推广、普及、传承中国民间优秀的谱牒文化，弘扬闽台民间优秀的"晒谱节"文化内涵，这对于推动两岸民间谱牒文化交流，促进闽台谱牒文化交流平台建设，推动海峡两岸统一和平发展进程，都具有十分重要意义。

四、两岸嘉宾高度评价举办两岸民间谱牒文化交流大会

中国闽台缘博物馆主办首届海峡两岸民间谱牒文化交流大会，获得了两岸与会嘉宾的高度评价和一致赞赏。

台湾省文化艺术界联合会理事主席、海峡两岸和谐文化交流协进会会长陆炳文先生，代表台湾嘉宾致辞指出："台湾与大陆、过去与现在，一直血脉相通，枝叶相连，任凭什么力量也无法分割切断，谱牒就是两岸同胞血浓于水的见证"；衷心期盼从此次交流大会开始，两岸民间谱牒文化有更好的发展，促进两岸朝着更深层次交流与合作，共同实现"中国梦"。

福建省姓氏源流研究会副会长、秘书长、著名谱牒专家蔡干豪说，首届海峡两岸民间谱牒文化大会，满足两岸民间谱牒交流的迫切需求，符合海峡两岸民间交流的根本趋势，是一次非常成功的两岸民间交流大会。我们十分愿意与闽台缘博物馆

开展这方面的长期合作，包括共同举办两岸民间谱牒研究活动。福建具有极为丰富的族谱文献资源，我们只有充分利用族谱文献资源，才能更好地为海峡两岸族谱对接服务；今后我们将广泛发动福建省姓氏源流研究会的各个姓氏研究会，给闽台缘博物馆捐赠已经出版的族谱文献；今后两岸同胞还要进一步携手并肩，将这一活动打造成为常态化的交流平台。

与会的龙岩市人大常委会教科文卫委主任张开龙先生说，非常高兴看到闽台缘博物馆积极构建海峡两岸民间谱牒文化交流平台并发挥作用；并表示将在下次大会捐赠一批简姓族谱和其他客家谱牒文献。来自台湾台南嘉宾蔡世明先生表示，将再准备捐赠一批长年收藏十分珍贵的台湾谱牒文史资料。会议期间，还有20多名的两岸与会嘉宾纷纷表示，将再捐赠一批他们长期收藏的闽台族谱文献。

厦门市姓氏源流研究会常务副秘书长江艺平先生认为，本届大会是一次盛大的、成功的闽台谱牒文化交流会议，也是一次高水平的、高质量的根亲文化交流活动；厦门市姓氏源流研究会十分乐意与闽台缘博物馆共同合作，期待能够承办明年的海峡两岸民间谱牒文化大会。福建省仓山区王审知研究会副会长王学智先生提出，希望能够与闽台缘博物馆共同合作举办海峡两岸开闽王王氏族谱文化研讨大会。

来自台湾的著名谱牒专家陆炳文、廖庆六、台湾省姓氏研究学会原理事长和著名谱牒专家林瑶棋先生说：十几年来，我们曾经参加过大陆举办的许多族谱研讨会议和两岸文化交流活动，但是，从来没有过像本届大会达到如此的热络、务实和反响；大会精心筹划、研讨主题突出、探索内容丰富，确实是非常成功的，值得称赞。

本届大会活动广泛引起了海峡两岸的社会各界、网络媒体和新闻媒体的高度关注，泉州晚报、海峡都市报等报刊媒体，人民网、新华网、泉州网、台海网、中新网、闽南网、东南网等网络媒体，以及泉州电视台、厦门卫视等新闻媒体，都大量刊登报道了大会情况。我们以务实的精神推进首届海峡两岸民间谱牒文化交流，取得了圆满成功！

今后，我们要继续积极做好这个海峡两岸交流重点项目，将海峡两岸民间族谱交流大会积极打造成为联系两岸血缘关系的品牌活动。

（作者系中国闽台缘博物馆副馆长）

新书简介

陈孔立著作系列

定价：55.00元　　　　　定价：48.00元　　　　　定价：75.00元

台湾史事解读

本书是作者研究台湾史事的专题论文集。全书分三部分，第一部分是对台湾研究的历史观和方法论的考察，第二部分是对台湾若干史事的辨正，第三部分主要针对台湾方面有人蓄意制造"历史失忆"的行为，对台湾历史作出了深刻的解读。

台湾民意与群体认同

本书是作者研究台湾民众心态和民意趋向的文集。全书分三部分，第一部分着重分析不同社会政治背景下台湾民众的复杂心态，第二部分研究台湾民众的身份认同问题，第三部分提出了"省籍—族群—本土化"的台湾政治研究模式，对台湾近年来"去中国化"等现象进行了深刻的剖析。

心系两岸

本书是作者多年来研究台湾政局和两岸关系发展的一部文章合集，全书将岛内蓝绿较量、观察国民党、观察民进党、剖析"台独"言论和两岸政治大局及政治难题等内容分为两个部分：观察台湾和关注两岸。研究范围涉及2012年"大选"后岛内政治生态、马英九第二任期执政理念、两岸间政治难题的解决方案等等。

海峡两岸法学研究
（第一辑）

本书为首届两岸和平发展法学论坛的论文集，大陆学者论文和台湾学者论文分别以简体字和繁体字排版，各自分为法治理论、民事法治和刑事法治三部分，既有两岸法治发展的理论分析，也有契合当下两岸事务和经贸往来的具体问题的讨论。

海峡两岸关系法学研究会　编
定价：78.00元

海峡两岸法学研究
（第二辑）

本书是海峡两岸关系法学研究会 2012 年学术年会的论文集。共分六个专题，分别为两岸关系研究、两岸民商事法律问题研究、两岸司法互助研究、两岸相关的国际法问题研究、涉台立法研究和两岸比较法学研究。

海峡两岸关系法学研究会　编
定价：72.00元

海峡两岸法学研究
（第三辑）

本书为海峡两岸关系法学研究会会议论文合集，大陆学者论文和台湾学者论文分别以简体字和繁体字排版。内容涉及两岸共同打击犯罪、两岸被判刑人移管、两岸罪赃移交、两岸民事判决认可与执行、两岸投资权益保障、两岸投资争端解决机制完善等多个方面。

海峡两岸关系法学研究会　编
定价：70.00元

两岸关系的法学思考
（增订版）

本书从法学角度思考和研究两岸关系，内容包括台湾问题的宪法学思考、构建两岸关系和平发展框架的法律机制、海峡两岸和平协议研究、台湾地区法律制度研究。

周叶中　祝　捷　著
定价：138.00元

台湾地区继承制度概论

本书以台湾地区"民法"第五编"继承"为基准，系统介绍台湾地区继承制度的主要内容，并对海峡两岸主要继承制度进行了比较研究，总结了台湾地区"继承法"中可资借鉴的有益经验，提出完善《继承法》的若干立法建议。

吴国平　主编
定价：58.00元

构建两岸关系和平发展框架的法律机制研究

本书以构建两岸和平发展框架的法律机制为研究对象，先从宏观方面论述宪法机制对于构建两岸和平发展框架的意义以及构建该框架的法律障碍和解决机制，进而从微观入手，论述构建行政合作机制及司法协调机制面临的困境。

周叶中　祝　捷　主编
定价：48.00元